Stanisław

Koz

mian, Saul Rafael Landau

Das Jahr 1863

Polen und die europäische Diplomatie

Stanisław
Koz

mian, Saul Rafael Landau

Das Jahr 1863
Polen und die europäische Diplomatie

ISBN/EAN: 9783742898999

Hergestellt in Europa, USA, Kanada, Australien, Japan

Cover: Foto ©ninafisch / pixelio.de

Manufactured and distributed by brebook publishing software
(www.brebook.com)

Stanisław

Koz

mian, Saul Rafael Landau

Das Jahr 1863

St. von Koźmian

Das Jahr 1863.

Polen und die europäische Diplomatie.

Autorisierte deutsche Bearbeitung

von

Dr. S. R. Landau.

Wien.

Verlag von Carl Konegen.

1896.

Vorwort.

Selten hat ein Buch in der polnischen Publicistik eine
so mächtige Bewegung der Geister hervorgerufen, wie
die vorliegende historiosophische Abhandlung. Die ganze Nation
schien sich in zwei Lager zu theilen; der zur Ruhe gekommene
Streit über die Berechtigung nationaler Aufstände und über die
Aussichten der polnischen Unabhängigkeitsidee entbrannte von
neuem: in Wort und Schrift. Das Buch wurde zum Ausgangspunkte einer neuen Literatur. Politiker und Schriftsteller, Adel
und Bauern, das nüchterne Alter und die begeisterungsfähige
Jugend nahmen dazu Stellung; über die bisherigen kleinlichen
Parteizänkereien und politischen Plänkeleien schwang sich die
Discussion empor zur höchsten Frage des polnisch-nationalen
Lebens: „War der letzte polnische Aufstand ein „nationales
Unglück", ein „leichtsinniges Spiel", das nicht mehr erneuert
werden darf, oder soll es noch heute als unbestrittene Wahr-
heit gelten, dass die Polen von Zeit zu Zeit durch einen Auf-
stand ihr nationales Gefühl erwecken und sich dem europäischen
Gewissen in Erinnerung bringen müssen? Realpolitik oder
Gefühlspolitik?"

Koźmian ist Realpolitiker. Auf den Trümmern des
Jahres 1863 gründete er mit drei Freunden die „Krakauer
Schule" und, nachdem sie zu Erfolgen und zur jetzigen
Stellung der Polen in Österreich geführt hat, schrieb er die
Geschichtsphilosophie des Jahres 1863.

Die polnischen Unabhängigkeitskriege gehören nunmehr zur Geschichte. Aber ohne ihre genaue Kenntnis wird man die heutige Politik der Polen nicht verstehen. Das Jahr 1863 wirft seinen warnenden Schatten bis auf die heutige Generation. Dass man es nicht so bald vergesse und es in seiner ganzen und vollen Bedeutung, mit allen seinen Schwächen und Fehlern, Gefahren und Schäden, inn- und auch außerhalb Polens erfasse, dafür sorgt das Werk Koźmians.

Haben uns andere polnische Geschichtsschreiber dieser Epoche den Schlachtenkampf und seine Helden, den Lauf der Ereignisse und ihre Verzweigung, ihre Ursachen und Folgen bis in die interessantesten Details geschildert, so führt uns Koźmian hinter die Coulissen, er zeigt uns die leitende Hand und den historischen Causalzusammenhang der Ereignisse, er schafft uns einen Einblick in die diplomatischen Noten und höfischen Intriguen, er entrollt vor unseren Augen auf europäischem Hintergrunde das blutige polnische Panorama. Er schwingt sich auf den Richterstuhl der Geschichte und zerfasert mit kritischem Messer die leitenden Männer und ihre Thaten.

Koźmian stößt auch das Messer der Kritik in das Fleisch der eigenen Nation. Das ist sein Hauptzweck. Er will einmal die letzten Ursachen des 1863er Aufstandes gründlich prüfen, was sie herbeiführte und veranlasste untersuchen, die Schuldigen von den Märtyrern trennen, demgemäß eine Theorie der Verantwortung für das Jahr 1863 aufstellen und daraus historiosophische Schlüsse für die Zukunft ziehen. Diese Zukunft heißt: „Verzicht auf die politische Einheit behufs Erhaltung der nationalen und geistigen Einheit. Politischer Patriotismus statt des bisherigen schädlichen Patriotismus."

Dass ein historisch und politisch so wichtiges Werk über den engen Kreis des polnisch lesenden Publicums hinaus interessiere, bewies mir die eingehende Würdigung desselben seitens der hervorragendsten Wiener und auswärtigen Blätter,

und das veranlasste mich, dieses Werk durch eine Bearbeitung
dem deutsch lesenden Publicum zugänglich zu machen.

Von den verschiedenen Schwierigkeiten, die sich bei der
Bearbeitung ergaben, sei hier Eine erwähnt: der terminus
technicus für die Provinzen Podolien, Wolhynien und Ukraine
„zabrane prowincye". Die Etymologie und das Alter dieser
Bezeichnung sind wissenschaftlich noch nicht genügend erforscht.
Die hervorragendsten deutschen Autoritäten auf dem Gebiete
der polnischen Geschichtsforschung konnten mir weder eine
Aufklärung noch eine richtige Übersetzung mittheilen; von polnischen Autoritäten gab mir Herr Professor Dr. Smolka die
auf Seite 264 angeführte Übersetzung an, die er jedoch selbst
als zu weitschweifig bezeichnete. Die Übersetzung „erworbene
Provinzen" schien mir noch immer die richtigste.

Zum Schlusse halte ich es noch für meine Pflicht, dem
bekannten Publicisten Herrn Dr. Wilhelm Goldbaum für den
freundlichen Rath, mit dem er mich bei der Herausgabe dieses
Buches unterstützte, meinen wärmsten Dank auszusprechen.

Wien, im März 1896.

Dr. S. R. Landau.

Inhalts-Verzeichnis.

Zweiter Theil.

Erstes Capitel.   Die Ursachen des Staatenunterganges.

Zweites Capitel. Alexander II. und der Nimbus Napoleons III.

Drittes Capitel. Napoleon III.

Die Ursachen der polnischen Bewegung. Der Krimkrieg. Der Pariser
Congress. Die Rheingrenze. Das Memorandum des Fürsten Adam
Czartoryski. Die Unterhandlungen zwischen Russland und Frankreich.
Die Monarchenzusammenkunft in Stuttgart. Die Landwirtschafts-Gesell-
schaft. Alexander II. will einer Occupation Galiziens nicht zustimmen.

ERSTER THEIL.

Erstes Capitel.
Einleitung.

An den Ereignissen, die ich hier betrachten will, trifft Alle ein Verschulden.

Sie sollen nun selbst sprechen, und so am besten jene Wahrheiten lehren, von denen die Erlösung der Nationen abhängig ist. Aber ist es nicht zu spät, oder gar zu früh?

Nein, nie kann man zu spät oder zu früh das der Öffentlichkeit mittheilen, was man von den Ursachen einer nationalen Niederlage weiß, damit sie stets der Gesellschaft vor Augen stehen, als Lehre und als Warnung; nicht als unbarmherziges Mene Tekel, sondern als Wegweiser auf dem schiefen Pfade, den sie zu überschreiten hatte.

Meine Aufgabe soll darin bestehen, die Verantwortlichkeiten zu vertheilen, die Hauptschuldigen von den Mitschuldigen, die Übelthäter von denjenigen, die nur das Übel nicht verhindern konnten, zu unterscheiden und endlich die Ursachen der Irrthümer bei den einen, die Fehler bei den anderen nachzuweisen. Es soll erklärt werden, warum an den Fehlern der Unvernünftigen auch die Vernünftigen theilnahmen, und warum diese dorthin gelangten, wohin nur Unvernunft, Leichtsinn und Leidenschaft führen.

Nicht die Geschichte des 1863er Aufstandes will ich niederschreiben. Es wird das Hauptkennzeichen dieser Epoche und auch ihre Strafe bleiben, dass sie wohl Geschichtsschreiber, aber keine Geschichte haben wird.

Ich will im ersten Theile bloß den mir bekannten und erinnerlichen Lauf der Ereignisse und meine Theilnahme an denselben erzählen; es soll dies gleichzeitig einen Commentar zu dem Verhalten des kleinen Kreises, der sich nach dem

Jahre 1863 um die „Polnische Revue" concentrirte, und eine
Darstellung der Ursachen des Verhaltens eines großen Theiles
der conservativen Elemente in der polnischen Gesellschaft gegenüber dem Jahre 1863 bilden.

Hier soll die Stellung Galiziens im Jahre 1863 erörtert
werden.

Im zweiten Theile will ich die Ursachen der Fehler
und Irrthümer und der allen gemeinsamen Schuld näher untersuchen. Ich werde die Merkmale dieser Zeit bezeichnen; die
Männer und Ereignisse, die nicht nur für die polnische Nation,
sondern auch für die ganze Welt von Bedeutung waren, beurtheilen. Ich will endlich auch die durch das Jahr 1863 für die
polnische Nation herbeigeführte Wandlung beschreiben sowie
die durch jenen engen Kreis aufgebaute Schule, die dann im
politischen Leben und in der Publicistik eine ganz eigenartige
Stellung eingenommen hat, schildern.

Es ist mir nicht vergönnt, nationale Triumphe, persönliche
oder Erfolge von Freunden zu beschreiben. Die Niederlage
aller, verursacht durch die Fehler aller, soll hier erzählt
und betrachtet werden.

Der Aufstand.

Im galizischen Dorfe D o b r z e c h ó w traf mich in der zweiten Hälfte des Monates Jänner 1863 die Nachricht von dem Ausbruche eines bewaffneten Aufstandes im Königreiche Polen. Meine Erziehung, Traditionen, Anschauungen, die persönlichen Beziehungen und die mir zugekommenen Nachrichten, die Atmosphäre, in der ich lebte, hießen mich schließen, dass der Aufstand für meine Nation unglücklich ausfallen werde. Doch wendete sich mein Gedankenkreis nach jener einzigen Richtung, von der man damals Hilfe, Unterstützung oder Vertheidigung der polnischen Sache erwarten durfte, nach Frankreich und seinem Herrscher, dem Kaiser N a p o l e o n III. Ich wusste, dass der Aufstand dem Kaiser Napoleon III. nicht gelegen kam, dass er nicht nur nicht zugerathen, sondern sogar davon abgerathen hatte; allein das Vertrauen in ihn, die Überzeugung, dass er sich für die Wiedergeburt Polens interessiere und sie in sein Nationalitätenprincip eingeschlossen habe, war so festgewurzelt, dass ich mich dem Glauben hingab, er werde im kritischen Augenblicke Polen nicht verlassen. Ich baute auf seine Autorität und Macht, seine geistige Überlegenheit stand bei mir außer Zweifel und so glaubte ich, dass er sich keiner Sache erfolglos annehmen könne. Ich calculierte daher: Der Aufstand ist verderblich, aber das Verhalten Napoleons wird doch entscheidend sein. Heute, an der Hand der Erfahrung und bei der gegenwärtigen Gemüthsstimmung, lässt sich wohl sagen: „Man hätte sich bald darüber klar sein sollen, dass man von niemanden etwas zu erwarten habe. Ein Krieg wegen Polens sei unmöglich, ein solcher werde ungeachtet der polnischen Pläne Napoleons nicht stattfinden; ein unsinniger Aufstand werde ihn gewiss nicht

hervorrufen. Napoleon könne nicht zu den Waffen greifen —
auch wenn er wollte. Der Aufstand sei daher für die Nation
das größte Unglück und werde es bleiben."

Ich müsste von der Wahrheit abweichen, wollte ich
behaupten, dass ich und meine Freunde damals einem solchen
Raisonnement zugänglich waren. Das Entgegengesetzte war
der Fall.

Menschen und Ereignisse soll man nicht entschuldigen,
sondern beurtheilen, unter Zugrundelegung ihrer Erziehung, der
moralischen und materiellen Factoren der Epoche, in der sie
lebten und wirkten, der Stellung, von der aus sie die Situation
betrachteten. Nur dann gewinnt man einen klaren Überblick.

Mein Raisonnement war das Resultat der Anschauungen
und Factoren meiner Zeit und meiner persönlichen Beziehungen.
Es ist für jene Zeit und für Männer meiner Überzeugung und
Anschauung charakteristisch; es wurde zum Leitfaden für jenen
engen Kreis, der später die „Polnische Rovue" gründete und
den ich hier den „Krakauer Kreis" nennen will.

So erwartete ich denn mit fieberhafter Ungeduld die ersten
Mittheilungen meines Vaters aus Paris, denn er war durch seine
Beziehungen zur officiellen Welt und insbesondere zum Staats-
minister Grafen Walewski am besten in der Lage, über den
Eindruck des Aufstandes auf die Regierung und den Kaiser
selbst und die von demselben gefassten, für uns entscheidenden
Entschlüsse zu berichten.

Nicht minder ungeduldig sah ich den Mittheilungen jener
Männer entgegen, die sich gleich meinem Vater um den Fürsten
Ladislaus Czartoryski im Hôtel Lambert vereinigten,
mit dem mich zwar dieselbe Überzeugung, doch nicht dieselben
Anschauungen verbanden. Im Hôtel Lambert befand sich das
Pariser Bureau, das die Emigrationspolitik der fürstlich Czartoryski'schen Familie leitete. Bedeutende, in der polnischen Gesellschaft bekannte Männer gehörten ihm an, die Grafen Johann
und Stanislaus Tarnowski, Ludwig Wodzicki und ich
standen mit ihm von Galizien aus in Verbindung.

Ich wusste, dass Fürst Czartoryski zu Napoleon in directen
Beziehungen stand.

Die ersten Briefe meines Vaters aus Paris brandmarkten
den leichtsinnig ins Werk gesetzten Aufstand. Man konnte für

denselben nur in der durch die eigenartige Conscription herbei-
geführten Verzweiflung einen Grund finden. Weder Napoleon,
noch die kaiserliche Regierung, noch Walowski und deshalb
ebensowenig das Hôtel Lambert gaben irgendeine Aufmunterung oder versprachen irgendwelche Hilfe; sie sahen in dem Aufstande ein Unglück, ein verderbliches Beginnen, das die letzten
Chancen der polnischen Sache zugrunde richte, und wollten ihn
daher anfangs nur für einen bloßen Widerstand gegen die Conscription betrachten. Darin täuschten sie sich.

Manche sahen im Aufstande ein außerordentliches, über-
menschliches Ereignis, wie früher in den Warschauer Demonstrationen; doch niemand gab auch nur die leiseste Hoffnung
auf irgendwelche Unterstützung von außen.

Ich fühlte das Bedürfnis, mich dem Schauplatze der Ereignisse und meinen Freunden zu nähern. Am 3. Februar eilte ich
nach Krakau und traf hier den Grafen Ludwig Wodzicki.

Zu der schon damals in allen polnischen Ländern verzweigten Verschwörung stand ich in gar keinen Beziehungen. Ich
unterhielt solche nur mit dem Hôtel Lambert. In Krakau fand ich
einen Ortsausschuss der Warschauer Verschwörung unter dem
Namen „Iawa" (die Bank), sowie einen Kreis von vernünftigen
conservativen Patrioten vor, die letzteren rathlos, bestürzt, der
Gefährlichkeit der Lage eingedenk, aber, wie stets in Polen,
ohne den Muth, gegen die waghalsige Bewegung aufzutreten,
um nicht als weniger patriotisch zu gelten.

Diesen Leuten näherten wir uns, Wodzicki und ich, um
bei ihnen und für sie einen Ausweg aus diesen bedauerlichen
Verhältnissen zu finden.

Ich war noch zu jung und zu unerfahren, um zu wissen,
dass man verderbliche Unternehmungen und wahnsinnige Bewegungen nur entschieden brandmarken und bekämpfen oder
aber sich von ihnen ganz fernhalten muss. Ich hoffte, wie
viele andere, sie beeinflussen, das Übel nach Möglichkeit eindämmen, ja vielleicht daraus den guten Kern herausschälen zu
können. Wie konnte ich ahnen, dass durch eine Annäherung
ohne rücksichtslose Verurtheilung die Niederlage nur vergrößert
werde?

Der „Czas" erfreute sich damals eines großen Ansehens
vermöge des großen Stabes seiner hervorragenden Mitarbeiter,

darunter Moriz Mann, der Begründer der politisch geschulten polnischen Journalistik. Für den vernünftigeren und politisch einsichtsvolleren Theil der polnischen Gesellschaft war dieses Organ allein maßgebend. Und dasselbe sympathisirte mit der Verschwörung. Es lobte sie, ließ sich sogar von ihr leiten, lieh dem Marquis Wielopolski gar keine Stütze, sondern griff ihn im Gegentheil an, und als der Aufstand ausbrach, fand es kein Wort des Tadels. Der „Czas" idealisirte in den Einzelnheiten und im ganzen diesen Aufstand, den es „Widerstand gegen die Gewalt" nannte.

Für mich galt es als zweifellos, dass entweder ein europäischer Krieg die polnische Frage lösen oder aber ein Aufstand sie vernichten werde. Das war mein Standpunkt und an ihm hielt ich fest, bis ans Ende. Heute scheint dies logisch, damals standen dem gegenüber: die Hoffnungen auf eine europäische Revolution, die Theorie von den eigenen Kräften, das Dogma der nothwendigen Opfer und jener Grundsatz, in dessen Namen thatsächlich die Revolution ausgebrochen war: es wird schon gehen!

Das Verhalten Napoleons und der kaiserlichen Regierung bestärkten nur meine Anschauungen von der Aussichtslosigkeit einer fremden Intervention. Die offiziösen französischen Journale: „La France" und „Constitutionel," welch letzterer von der Regierung inspirirt war, verurtheilten den Aufstand und erklärten, dass er hoffnungslos sei. Der amtliche „Moniteur" veröffentlichte am 30. Jänner ein Schreiben aus Warschau, muthmaßlich vom französischen Consul Valbezau, das eigentlich weder für noch gegen die Revolution sprach, und fügte hinzu: „Die Schar unglücklicher Jünglinge wird dem hunderttausendköpfigen Heere unter der Leitung erprobter Officiere keinen Widerstand leisten können." Selbst der sonst mit der polnischen Sache sehr sympathisirenden „Patrie" war es um das Schicksal des unglücklichen Volkes bange. Es war klar, dass Kaiser Napoleon den Ausbruch des polnischen Aufstandes weder dazu benützen wolle noch könne, um die polnische Frage auf das Tapet zu bringen. Die mexicanische Expedition und die kaiserliche, wenn auch für die Völker wohlwollende und sehr friedliche Botschaft vom 12. Jänner an das Parlament waren ein Fingerzeig, dass der Kaiser mit dem polnischen Aufstande nicht rechne, dass er trotz des festen Entschlusses, die polnische Frage zu lösen, diese Aufgabe wiederum beiseite legen würde.

Ich war daher gegen jede Unterstützung des Aufstandes und bemühte mich, meine Freunde davon fernzuhalten, bis sich die Gelegenheit finden würde, ihn öffentlich zu verurtheilen. Aber der Druck seitens der Verschwörung und der ganzen revolutionären Bewegung, in Krakau seitens der „Iawa" wurde immer größer und stärker. Der Kreis, den ich conservativ nennen will — obwohl ihm dazu viele Bedingungen fehlten — wusste nicht, wonach zu greifen, was anzufangen, und je mehr er instinctiv fühlte, dass der Aufstand verderblich sei, desto mehr unterlag er der Furcht, hinter der nationalen Bewegung zurückzubleiben. Das Echo der Schüsse von jenseits der Grenze, das Lager in Ojców und die Nachrichten über blutige Scharmützel zerrütteten sein Nervensystem.

Der erste Schritt, zu dem man diesen Kreis drängen wollte, war das Goldsammeln behufs Anschaffung von Waffen und Errichtung von Heeresabtheilungen. Von da war zur eigentlichen Theilnahme am Aufstande nur ein Schritt. Wodzicki und ich befürchteten dies und wir wollten dem vorbeugen. Nach langen Bemühungen erreichten wir, dass nur für Verwundete Gelder gesammelt wurden. Es entstand ein Comité zur Rettung von Verwundeten, das jedoch, wenn die Nothwendigkeit eintreten sollte, auch den Aufstand zu unterstützen hätte.

In Lemberg bildeten sich drei Richtungen: Iawy (Bänke) mit den heißblütigen Elementen, die eine sofortige Unterstützung des Aufstandes forderten; solche, die eine zuwartende Stellung einnehmen wollten, und endlich eine dritte Richtung mit Franz Smolka und dem Grafen Alexander Dzieduszycki an der Spitze, die eine Verurtheilung des Aufstandes verlangte. Wie in Krakau, überwog auch in Lemberg die zweite Richtung.

Die Nachrichten aus Paris lauteten immer gleich — trostlos. Die Briefe meines Vaters, in denen sich die Gedanken des der polnischen Sache am meisten gewogenen kaiserlichen Vertrauensmannos, Walewski, abspiegelten, ließen keinem Zweifel Raum, dass der Aufstand auf Frankreichs Unterstützung nicht rechnen dürfe. Sie bestätigten mir die an mich gerichteten Worte Leon Rzewuskis: L'Empereur n'aime pas la cuisine, qu'il n'a pas faite.

„Der Kaiser isst nicht gern die Suppe, die er sich nicht selbst
eingebrockt hat."

Am 5. Februar hielt B i l l a u l t, der Minister ohne Portefeuille, die denkwürdige Rede. Guyard Delalain und Jules Favre
sprachen aus Anlass der Adressdebatte für Polen und erhielten
darauf von Billault folgende Antwort:

„Meine Herren! Die Regierung hält es nicht für angezeigt,
in eine Discussion der vorgebrachten Frage einzugehen. Frankreich hält seine Sympathien für Polen aufrecht, allein es glaubt,
dass die Autonomie dieses Landes von den edelmüthigen und
liberalen Gefühlen des gegenwärtigen Herrschers viel mehr
erwarten darf, als von der revolutionären Bewegung, die auf
das unglückliche Land nur neue Schicksalsschläge herbeiführen
könnte. Die kaiserliche Regierung ist zu politisch, um durch
Versprechungen die revolutionären Leidenschaften zu entflammen,
und zu sehr besorgt um die eigene und um Frankreichs Würde,
als dass sie zugeben könnte, man solle sechzehn Jahre hindurch
nutzlose Worte und vergebliche Proteste in der Adresse wiederholen." Der „Constitutionel" schrieb an demselben Tage: „Die
französische Regierung hatte für Polen einen anderen Weg
gewählt und auf diesem Wege gieng die polnische Frage ihrer
Lösung entgegen." Über die Rede Billaults theilte mein Vater
dem „Czas" am 10. Februar mit: „Guyard Delalain sprach zuvor
über die Sache mit dem Präsidenten des Parlamentes, dem
Herzog von Morny, der, mit einer Russin verheiratet, der polnischen Frage gleichgiltig, ja sogar feindselig gegenübersteht.
Dieser suchte Herrn Delalain von seinem Plane abzulenken und
ließ sogar durchschimmern, dass sein Schweigen den Wünschen
des Kaisers entsprechen würde."

Als Billault seine Rede beendigt hatte, drückte ihm die
Herzogin von Morny die Hand. Einige Tage später äußerte
sich Minister Baroche gleichfalls sehr ungünstig über die polnische Frage. Es war kein Zweifel, durch den Mund der Minister
sprach der Wille des Kaisers.

Wir mussten einhalten, die Leidenschaften zähmen, aus der
zuwartenden Stellung heraustreten und zur Verleugnung des
Aufstandes gelangen. Wir hätten dies auch erreicht, wenn uns
nicht eine Änderung in der allgemeinen Lage davon abgeleitet
hätte.

Meine Freunde hielten es für angezeigt, mit der gemäßigten Partei in Warschau, den „Weißen“, ein Einvernehmen herbeizuführen. Sie sollten das erste entscheidende Wort sprechen. Wir sandten Wladimir Cielecki nach Warschau, und er brachte uns eine sonderbare, unerhörte, in der Geschichte einzig dastehende Antwort, die doch die unglückselige Stellung der „Weißen“ gegenüber den Ereignissen kennzeichnete und ihre Stimmung wiederspiegelte. Diese Antwort lautete: „Die Revolution nicht unterstützen, aber als national anerkennen.“ Der politische Sinn und das patriotische Gefühl in mir protestierten dagegen, und ich drang durch mit meiner Ansicht, diese Antwort zu ignorieren. Wir verlangten nunmehr ein entschiedenes und letztes Wort vom Hôtel Lambert, welches das entschiedene und letzte Wort des Kaisers Napoleon gewesen wäre. Dann sollte auch unser letzter Entschluss gefasst werden: Die zuwartende Stellung verlassen und sich entweder in das Kampfgetümmel stürzen, wenn dies die Intervention Napoleons im Interesse Polens erheischen würde, oder aber sich vom Aufstande lossagen und zum häuslichen Herde zurückkehren.

Drittes Capitel.
Eine europäische Wendung.

Die bisherigen Nachrichten aus Paris, die Instructionen des Hôtel Lambert schienen die äußeren Zeichen zu bestätigen, dass der Aufstand auf eine Unterstützung Napoleons nicht zu rechnen habe. Aber das Hôtel Lambert sagte nicht, was zu beginnen sei, wie man sich zu verhalten habe, ob mitthun, oder sich zurückziehen; es war selbst unentschieden und zaghaft. Es fürchtete durch Verurtheilung der Aufständischen sie der russischen Rache preiszugeben, und so vertheidigte es gegenüber Fremden einen verzweiflungsvollen Schritt, dessen Verderblichkeit es selbst fühlte. Dieses Vorgehen des Hôtel Lambert bewog auch uns zu warten.

Fürst Ladislaus Czartoryski sandte uns endlich durch einen Express-Courier G. F. die erbetene endgiltige und entscheidende Antwort. Der Courier verließ am 9. Februar Paris, um über Dresden nach Krakau und Lemberg zu gelangen. Seine Botschaft ließ keinem Zweifel Raum. Die Revolution wurde als eine tolle, bedauernswerte That hingestellt, die nicht nur auf keine Unterstützung Napoleons rechnen dürfe, sondern im Gegentheile alle seine Pläne und seine ganze polnische Politik durchkreuze. Napoleon habe weder die Lust, noch die Möglichkeit, im Interesse der polnischen Sache zu den Waffen zu greifen. Die öffentliche Meinung in Frankreich würde vor einem Kriege für Polen zurückschrecken, der Mangel an Verbündeten mache ihn schon ganz unmöglich. Durch eine Annäherung an Russland, durch den Einfluss auf das Petersburger Cabinet und endlich durch ein Bündniss mit dem nordischen Kaiserreich hoffe Napoleon der Sache zu helfen, die er stets im Auge behalte und deren Lösung zu seinen Hauptaufgaben gehöre. Diese Absichten würden durch den Aufstand gehemmt, sie könnten durch ihn auch ganz zerstört werden. Es könne der polnischen Sache nur durch eine sofortige Sistierung des Aufstandes geholfen werden.

Das war der Inhalt der Pariser Instruction, die sich mit der Rede Billaults und der Haltung der halbofficiellen Pariser Blätter deckte. Wer konnte da noch länger zweifeln? Unser Kreis beschloss einstimmig, den Aufstand nicht anzuerkennen, ihn laut zu verdammen und die Theilnahme Galiziens an demselben zu verhindern. Nun musste der Courier nach Lemberg eilen, um auch die dortigen ernsten und vernünftigen Patrioten und insbesondere den Fürsten Leo Sapieha aufzuklären. Ich setzte ihn in einen Wagen, der ihn zur Bahn führte, nachdem ich ihm eingeschärft, wem und wie er alles darzustellen hätte. Besonders richtete ich sein Augenmerk auf den Fürsten Sapieha, einen Mann von gesundem Menschenverstand und gereifter politischer Erfahrung. Kaum war ich in meine Wohnung zurückgekehrt, als ein Bote mit einer chiffrierten Depesche hereinstürzte. Diese lautete: „Alles geändert. Die Instructionen G. F. als nicht vorhanden zu betrachten. Den Kampf so lange als möglich aushalten. Weiteres brieflich." Das geschah am 16. Februar.

Solcher Augenblicke gibt es im Leben glücklicherweise nur sehr wenige. Die Depesche war für mich ein Donnerschlag und ein Sonnenstrahl zugleich; mein Instinct sagte mir, dass eine solche Minute die ganze Zukunft enthalte. Ich sprang in einen Wagen und erreichte noch rechtzeitig den Bahnhof. G. F. war überrascht, verblüfft. Als er die Depesche las, wurde er verwirrt und meinte: „Es muss etwas seit meiner Abreise geschehen sein." „Jedenfalls" — erwiderte ich — „ist jetzt Ihre Mission eine andere. Erzählen Sie dem Fürsten Sapieha alles, berichten Sie ihm über Ihre Instructionen und die mir soeben zugekommene Depesche. Er wird dann zu beurtheilen wissen, wie wir uns nunmehr verhalten sollen."

Diese Drahtnachricht zeigte uns den Weg. Sie war von großer und für den Lauf der Ereignisse entscheidender Bedeutung; sie führte die verderbliche Einmengung der fremden Mächte in die polnische Frage herbei, in der man leider damals einen Rettungsanker sah. Von dem Augenblicke an, wo es sich nicht mehr um eine unvernünftige Revolution handelte, sondern ernste Factoren, die Diplomatie, die europäischen Staaten und Regierungen mitthaten, war die Situation eine ganz andere und man musste ganz anders argumentieren. Ist das größte Übel, die Revolution, nun einmal da, so darf man nicht die Mittel zurückweisen, durch welche das Übel zum Guten gewendet werden kann. Endlich fand sich Gelegenheit, die auswärtige Hilfe, das europäische Interesse, auszunützen, an das unsere ganze, in der Unabhängigkeitsidee erzogene Generation glaubte, indem sie von Europa die Wiederaufrichtung Polens erwartete.

Die Depesche des Hôtel Lambert fand bald in den französischen offiziösen Tagblättern ihr getreues Echo. Diese sprachen jetzt ganz anders; anstatt die Aufständischen zu entmuthigen, feuerten sie sie an, anstatt zu verurtheilen, vertheidigten sie. Selbst der „Moniteur" veröffentlichte in seinen Spalten ausführliche, sympathische Berichte über die Revolution. Da war mit einemmale alles anders wie früher — das bewirkte die preußisch-russische Militär-Convention vom 8. Februar.

„La France," die bisher den Polen feindselig gesinnt gewesen war, erklärte jetzt, dass Preußen durch den Vertrag mit Russland über eine Intervention in Polen die ganze Frage auf das Gebiet der 1815er Tractate zurückgelenkt habe. „So lange Russland und Polen sich allein gegenüberstanden, hielten wir es für unsere Pflicht, nichts zu sagen, was den Aufstand beschleunigen könnte." Sie berichtete weiter, dass, um der Regierung Gelegenheit zu geben, sich zu äußern, mehrere hervorragende Persönlichkeiten im Interesse Polens an den Senat eine Petition richten würden.

Das maßgebendste Regierungsorgan, der „Constitutionel," setzte am 21. Februar den Standpunkt Napoleons vollkommen klar auseinander.

„Der polnische Aufstand konnte als eine interne politische Angelegenheit betrachtet werden. Durch die Einmengung Preußens wurde daraus eine europäische Frage. Das Vorgehen Preußens wird einstimmig getadelt, Preußen konnte sich überzeugen, dass es gefehlt hat, indem es versuchte, zwischen sich und Russland eine Solidarität zu schaffen, die gar nicht besteht. Die Convention vom 8. Februar hat sowohl Preußen wie Russland in eine schiefe Stellung gebracht; wenn sie in der angedeuteten Absicht errichtet wurde, kann sie verhängnisvolle Consequenzen nach sich ziehen. Es steht zu befürchten, dass vermöge des Eifers Preußens in der Unterstützung Russlands gegen

die polnische Revolution Europa nicht plötzlich den alten Namen
Polens wiedererblicke, und anstatt eines Aufstandes von Unterthanen gegen die Regierung nicht eine nationale Revindication
sehe. Das hieße die ganze Frage wieder auf den Tisch bringen,
die Theilungsscene erneuern und absichtlich der Welt eine That
der höchsten Ungerechtigkeit vor die Augen führen, gegen
welche das Gewissen der jetzigen Generation noch nicht zu
protestieren aufgehört hat. Und in welchem Augenblicke glaubt
Preußen eine solche Verantwortung auf sich nehmen zu können?
In dem Augenblicke, wo Frankreich seinen lebhaften Sympathien
Gewalt anthut und davor zurückscheut, auch nur mit einem
Worte zu betonen, wie es für seine alten, unglücklichen Bundesgenossen fühlt, um nur ein Beispiel von gewissenhafter Schonung
der Verträge und von großer politischer Mäßigung zu geben.
Hoffentlich wird der Wortlaut der Convention einen großen
Theil dieser Befürchtungen zerstreuen; jedenfalls hat es dann
Preußen nicht an guten Rathschlägen gefehlt. Es weiß heute,
was das ganze liberale Europa von der Verletzung des Grund-
satzes der Nichtintervention denkt.“

Die „Indépendance Belge“ sprach ähnlich. Die westlichen
Mächte hätten sich, sagte sie, auch ohne die Dazwischenkunft
Preußens der polnischen Sache annehmen müssen, da die
russische Regierung durch die gewaltsame Conscription aggressiv
vorgegangen sei. Der Abschluss eines Bündnisses zwischen
Preußen und Russland habe die Intervention nur beschleunigt.
Das Blatt berichtete auch von der Absendung sehr höflicher,
aber ganz entschiedener Depeschen aus Paris nach Berlin
und Petersburg, in welchen der Minister des Auswärtigen,
Drouyn de Lhuys, betonte, dass kein europäischer Staat berech-
tigt sei, ohne Verletzung des Grundsatzes der Nichtintervention,
Russland gegen seine polnischen Unterthanen mit bewaffneter
Macht zu unterstützen, und dass, wenn die Bewegung größere
Dimensionen annehmen würde, Europa gezwungen wäre, sich
damit zu befassen.

Die englischen Blätter griffen Preußen gleichfalls an und
die Berathungen des preußischen Abgeordnetenhauses über die
Convention gaben den französischen und englischen Blättern
Anlass zu lebhaften Besprechungen.

„La Patrie" behauptete, Drouyn de Lhuys habe an seinen Berliner Botschafter, Talleyrand, eine Note betreffs Polens abgesandt; „La France" versicherte, dass auch Österreich sich der zwischen England und Frankreich bestehenden Übereinstimmung nähern wolle. Die Petition an den Senat wurde überreicht, „La Patrie" eröffnete eine Subscription für die Verwundeten.

Im Oberhause interpellierte Lord Ellenborough in der polnischen Frage und meinte, dass es sonderbar wäre, wenn Napoleon, der Anhänger des Nationalitätenprincips, seine Sympathien für die polnische Sache nicht öffentlich kundgeben würde.

Die „Times" behauptete sogar, Napoleon werde die Convention zum Anlasse nehmen, um an die Frage der Rheingrenze heranzutreten.

Lord John Russell, Minister des Auswärtigen, brandmarkte im house of commons die ungerechte Haltung Russlands und erklärte, dies auch dem russischen Botschafter mitgetheilt zu haben. Es häuften sich die für Polen günstigen Erklärungen; die Antwort Napoleons an die mit der Parlamentsadresse erschienene Deputation erregte viel Aufsehen: „Die Adresse" - - sagte er — „ist ein neuer Beweis der Übereinstimmung, die zwischen der Regierung und dem Parlamente herrscht. Diese Übereinstimmung ist heute unerlässlicher, als zu einer anderen Zeit; denn auf allen Punkten der Erdkugel wird die Wahrheit durch so viel Leidenschaften verdunkelt, dass Frankreich im Innern kräftig und friedlich dastehen muss, will es seinen berechtigten Einfluss zu Gunsten der Gerechtigkeit und des Fortschrittes geltend machen, die leider zu oft von den extremen Parteien bedroht werden."

Bald kamen auch die vom Hôtel Lambert angekündigten Briefe. Sie berichteten über die durch die preußisch-russische Convention hervorgerufene Wandlung, prophezeiten eine Änderung in den Anschauungen Frankreichs, Englands und Österreichs, wussten sogar schon von schwebenden Unterhandlungen zu erzählen und versicherten, dass Napoleon und seine Regierung sich jetzt ganz anders über die Revolution geäußert hätten. Napoleon habe bereits die ersten diplomatischen Schritte in Berlin unternommen, nur müsse man dem Aufstande seine revolutionären Merkmale abstreifen und ihn zu einer rein nationalen, antirussischen Bewegung stempeln. Dies sei nur möglich, wenn die conservativen Elemente und höheren Volksschichten den Aufstand unterstützen und bei Beginn einer europäischen Intervention thätig eingreifen würden.

Das Verhalten der österreichischen Behörden in Galizien schien uns die Pariser Instructionen nur zu bestätigen. Durch dasselbe fühlten wir uns bekräftigt in der Ansicht, dass die Unterstützung des Aufstandes durch Galizien im Interesse des österreichischen Cabinets liege. Die durch die Verschwörung unternommene Werbung von Soldaten für die aufständischen Abtheilungen geschah in Krakau öffentlich. Die Militärbehörden legten der zu den Insurgenten nach Polen eilenden Jugend keine unübersteiglichen Hindernisse in den Weg; die Strafen, welche man den Soldaten für den Verlust von Gewehren auferlegte, waren eher aufmunternd; trotz der Censur schrieben die Tagblätter in der freimüthigsten Weise über den Aufstand. Die Wiener Blätter waren ihm gewogen.

Die Ursachen dieses Vorgehens der österreichischen Behörden in Galizien vermögen wir erst heute zu beurtheilen; damals wurden wir durch dasselbe nur getäuscht und zu einer Unterstützung des Aufstandes angeeifert. Es war eine Folge der diplomatischen Schritte und der stets sich ändernden europäischen Verhältnisse, ja sogar der neu geschaffenen constitutionellen Einrichtungen und der Absicht, die polnische Bewegung ausschließlich gegen Russland zu richten.

Unterdessen schrieben die unabhängigen und officiellen Wiener Tagblätter sehr günstig über Polen und betonten, dass sich Österreich mit Russland nicht solidarisire. Die einflussreiche „Presse", unter der Redaction von Zang, führte aus, dass die Abmachung von Münchengrätz über ein gemeinsames Vorgehen der drei Mächte gegenüber Polen veraltet und für Österreich nicht mehr verpflichtend sei. Die Wiener Minister verhehlten nicht in vertraulichen Gesprächen, dass, wenn sich nur der Aufstand eine Zeitlang halten könnte, die polnische Sache Europas Aufmerksamkeit auf sich ziehen würde.

Die Reclamationen des russischen Botschafters in Wien, Balabin, wegen Auslieferung der nach Österreich geflüchteten Aufständischen wurden vom Minister Rechberg unter Hinweis auf die getroffenen Maßregeln zurückgewiesen. Gleichzeitig gab

die Krakauer Polizei in einer Verordnung über die Melde-
vorschriften bekannt, dass die österreichische Regierung gerne
fremden Personen, die bei ihr Schutz suchen, eine Zuflucht
gewähre, aber auch von ihnen eine strenge Einhaltung der gesetzlichen Vorschriften verlange.

Der gerade versammelte galizische Landtag wurde am
7. Februar infolge einer angekündigten Interpellation des Fürsten
Adam Sapieha über die polizeilichen Maßregeln und infolge des
Gerüchtes, dass ein Abgeordneter die Absendung einer Petition
an den Kaiser beantragen wolle, vertagt. Das ministerielle Organ,
die „Donau-Zeitung", erklärte, dass die Regierung im Hinblick
auf die Ereignisse im benachbarten Lande sich zu dieser Ver-
tagung entschlossen habe.

Die beiden hochoffiziösen Organe, die „Donau-Zeitung"
und die „General-Correspondenz", schenkten den Ereignissen im
Königreiche Polen ihre stete Aufmerksamkeit. Schon am 15. Februar veröffentlichte das erstere aus Anlass der preußisch-
russischen Convention einen polemischen Artikel: „Die polnischen
Angelegenheiten Österreichs," in dem bewiesen wurde, wie richtig
es von Österreich sei, sich dem Vorgehen Preußens und Russlands nicht anzuschließen. Die „General-Correspondenz" wies am
18. Februar darauf hin, dass für Galizien keine außerordentlichen
Maßregeln nöthig seien, und noch weniger irgendeine Abmachung
über gemeinsame Schritte mit Russland und Preußen. Das Wiener
Cabinet wollte keinem Zweifel Raum lassen, dass Österreich mit
Russland und Preußen nicht zusammengehen werde.

Der galizische Landtag wurde am 25. Februar neuerlich
bis zum 15. März vertagt, und damit bewies die Regierung, dass
sich die Sache im Gange befinde. So entstand eine verderbliche
Verkettung von Umständen, die sogar ältere und erfahrene Leute
irreleiten konnte.

Gegen Ende Februar kam Graf Stanislaus Tarnowski nach
Krakau. In Italien hatte ihn die Kunde von den Ereignissen
ereilt und, um sich genau zu informieren, war er nach Paris
gereist. Dort war er am 20. Februar eingetroffen und hatte
sich sofort überzeugt, dass die Dinge ernster waren, als er sich
gedacht hatte. Die Erregung unter den Mitgliedern des Pariser
Bureaus war groß und bange sah man der Zukunft entgegen.
Fürst Ladislaus Czartoryski hatte eine Audienz bei Napoleon:

was dieser sagte, war unbestimmt, aber doch aufmunternd, denn er gab zu verstehen, dass sein Vorgehen von England und Österreich abhängig sein werde, und diese habe er bereits sondirt. Da entstand die Frage, was thun? Konnte man noch weiter auf einem abweisenden Standpunkte gegenüber dem Aufstande beharren, wie es in den Instructionen des Couriers G. F. geheißen hatte? Es wurden die Meinungen der Minister Walewski, Drouyn de Lhuys' und des kaiserlichen Geheimsecretärs Mocquard eingeholt, auf Grund deren dann die Depesche vom 16. Februar abgesandt wurde.

Jetzt wollte man den Kampf aufrechthalten, ihn unterstützen, an Stelle der revolutionären Merkmale nationale setzen und, wenn die angekündigte Intervention der drei Mächte beginne, auch selbst thätig eingreifen. Man musste also auch an eine militärische Leitung denken; es war niemandem bekannt, ob die, welche in den polnischen Wäldern kämpften, Militärs seien, von wem und wie das Commando geführt werde, nur aus den Zeitungen kannte man den Namen Langiewicz. Graf Poniński, der später als italienischer General ein Corps commandierte, wollte sich einer Organisation der Aufständischen nur mit Zuhilfenahme von tüchtig geschulten Unterofficieren unterziehen; Oberst Sigmund Jordan, ein Mitglied des Bureaus, wollte vor Übernahme eines Commandos von Paris die Versicherung haben, dass aus London und Wien auf die Anfragen Napoleons zustimmende Antworten eingelangt seien.

Graf Tarnowski verließ in Gesellschaft Jordans am 24. Feber Paris. Jordan blieb in Wien zurück, um aus Paris Nachrichten abzuwarten. Tarnowski sprach den Fürsten Leon Sapieha, der sich über die österreichische Vorsicht und Einsilbigkeit beklagte, aber der Ansicht war, dass man in Wien etwas thun wolle. Der Sectionschef im Ministerium des Auswärtigen, Biegeleben, hatte ihm dies mitgetheilt.

Von nun an giengen Ludwig Wodzicki, Stanislaus Tarnowski und ich vereint und geschlossen vor. Diese Einigkeit und Übereinstimmung sollte die beklagenswerten Ereignisse vom Jahre 1863 überdauern und uns in unserer öffentlichen und schriftstellerischen Wirksamkeit, in der nationalen Arbeit, zusammenhalten. Nur ein Genosse der späteren Arbeiten und Bestrebungen, der ihnen den Stempel seiner Rechtlichkeit, seiner geistigen

Überlegenheit und Gelehrsamkeit aufdrücken sollte, fehlte uns
damals — Josef von S z u j s k i.

Seit zwei Jahren war Tarnowski mit Szujski gar nicht zusam-
mengekommen. Nach seiner Ankunft in Krakau erfuhr er, dass
Szujski zu Leuten, die mit der Warschauer Verschwörung in
Verbindung standen, Beziehungen unterhalte. Dadurch wurde die
Kluft zwischen ihnen nur noch größer; wenn sie zusammentrafen,
war ihr Gespräch weder lang noch aufrichtig. Szujski war
Herausgeber einer Zeitschrift „Naprzód" (Vorwärts). Zusammen
mit M a t e j k o führte er auch im Auftrage der Ława eine Wa-
genladung Carabiner in das Lager Langiewiczs nach Goszcza.
Während jedoch Matejko die verzweifelte Lage der Aufständischen sofort erkannte, war Szujski aufs höchste begeistert, wie
wenn er schon ein polnisches Heer in Warschau sähe. Aber im
Laufe der Ereignisse, seit dem Ende des Jahres 1863, näherte er
sich uns, und er erzählte uns oft später, auch während seiner
letzten Krankheit: „Es war für mich am schmerzlichsten, dass
ich niemanden hatte, dem ich mich anvertrauen konnte; denn
Du (Tarnowski) und Koźmian, Ihr wart ja in Haft."

Nach der Ankunft Tarnowskis war der von mir benannte
Krakauer Kreis, dem bald die öffentliche Meinung einen anderen
Namen gab, vorläufig vollzählig. Wir wussten mehr als andere,
da wir genaue Nachrichten und Instructionen hatten, aber dafür
war auch der Druck von außen auf uns größer. Überzeugt,
dass der Aufstand die polnische Frage nicht lösen, sondern nur
in einen Krieg hineinzerren könne, versuchten wir es, in Übereinstimmung mit den Instructionen des Hôtel Lambert, denselben
auf den status quo zu beschränken und unnütze Opfer zu vermeiden. Um uns jedoch ein besseres und genaueres Bild der
Sachlage zu verschaffen, begnügten wir uns nicht mit der
bloßen Pariser Correspondenz, auch nicht mit den Berichten
Tarnowskis, sondern schickten Ludwig Wodzicki nach Paris. Das
Hôtel Lambert, sowie mein Vater verlangten dies gleichfalls,
damit jemand aus dem Lande selbst, de visu et auditu die
Chancen einer fremden Unterstützung kennen lerne. Wodzicki
kam in einem günstigen, ja dem günstigsten Augenblick für die
polnische Sache nach Paris. Zwischen den Mächten schwebten
Unterhandlungen; Napoleon und seine Regierung hegten die
besten Hoffnungen, gestützt auf die Mitwirkung Englands und

insbesondere Österreichs. Wodzicki setzte sich ins Einvernehmen
mit dem Hôtel Lambert, mit den Ministern Drouyn de Lhuys
und Walewski, deren Einfluss auf die auswärtige Politik entscheidend war, sowie mit dem kaiserlichen Geheimsecretär
Mocquard. Überall wurde ihm mitgetheilt, dass seit der Theilung Polens die polnische Sache noch nie einer so günstigen
Lösung sich zu verhoffen hatte, wie jetzt. Dadurch eiferten die
Minister auch diejenigen an, von denen sie wussten, dass sie für
solche Worte nicht unempfänglich waren. Der Refrain hieß:
„ausharren." Minister Walewski setzte dem Grafen Wodzicki
auseinander, dass die kaiserliche Regierung mit England und
Österreich Unterhandlungen eingeleitet habe, um von Russland
zu verlangen, dass es im Königreiche Polen den status quo vom
Jahre 1831 wieder einführe, widrigenfalls die Errichtung eines
unabhängigen Polens mit einem österreichischen Erzherzog an
der Spitze auf die Tagesordnung zu stellen wäre. „Um dies zu
ermöglichen" — erklärte Walewski — „müsse der Aufstand
fortdauern; um die Einmischung fremder Mächte zu erleichtern,
müsse der Aufstand nationale Merkmale erhalten und von
dem revolutionären Zugehör gereinigt werden. Faites durer et
faites elargir les limites de l'insurrection. (Lasset den Aufstand
fortdauern und erweitert seine Grenzen.)"

Auch mit dem kaiserlichen Geheimsecretär Mocquard,
dessen Feder so oft die Gedanken des Kaisers zum Ausdrucke
brachte, hatte Wodzicki Gelegenheit zu sprechen. Er hörte dasselbe, was ihm bereits Walewski gesagt. Noch mehr. „Étendez
l'insurrection territorialement, car cela peut influer sur les limites
dans lesquelles la reconnaissance des droits nationaux sera
exigée et comprise." (Erweitert das Territorium des Aufstandes,
denn das dürfte von Einfluss sein auf den Umfang, innerhalb
dessen eine Anerkennung der nationalen Rechte beansprucht
und gewährt werden könnte.)

Wodzicki kehrte voll Hoffnung und Zuversicht nach Krakau
zurück; das letzte Fragezeichen „darf man den Aufstand unterstützen?" war verschwunden.

Was war zwischen der Absendung des Couriers G. F. vom
Hôtel Lambert und der chiffrierten Depesche geschehen?

Napoleon fand plötzlich eine Aussicht auf Verwirklichung
längst gehegter Pläne, auf Erreichung geträumter Vortheile, im

2*

Interesse Frankreichs und der eigenen Dynastie, und auf Verbindung derselben mit der ihm und Frankreich „so theuren" polnischen Sache, die ja ein Ausfluss seines Nationalitäten-Princips war. Diese Aussicht verschaffte die preußisch-russische Convention vom 8. Februar, von der man in Paris erst gegen Ende der ersten Hälfte dieses Monates Kenntnis erlangt hatte. Bald fand sich auch die Möglichkeit zur Benützung des einzig erfolgreichen Mittels, des Bündnisses mit dem an die polnischen Besitzungen Russlands grenzenden Österreich. Diesem Bündnisse sollte dann auch England beitreten, das nicht so nützlich als Bundesgenosse wie gefährlich als Gegner sein konnte.

Die preußisch-russische, in Petersburg am 8. Februar abgeschlossene Convention, die eine Solidarität beider Mächte in der polnischen Frage herstellte und dem russischen Staate seine polnischen Besitzungen gewährleistete, gab den Anstoß zur Änderung der europäischen Lage. Bismarck hatte mit diesem Vertrage, den er Russland aufoctroyierte, die polnische Frage auf die Tagesordnung gesetzt.

Die Convention machte anfangs auch auf uns einen nicht geringen Eindruck und ehe sie noch bekannt war, lenkte der „Czas" die öffentliche Aufmerksamkeit auf ein gemeinsames, preußisch-russisches Vorgehen an der Grenze, das auf ein beiderseitiges Einvernehmen hinwies. Allein wir erwarteten nicht, dass deshalb die fremden Mächte rascher für die polnische Sache einschreiten würden.

Doch es kam anders. Die Convention, die in Petersburg von General Alvensleben abgeschlossen wurde, gelangte bald, wenn auch nicht dem ganzen Inhalte nach, zur Kenntnis der westlichen Mächte, ebenso, dass sie Geheimartikel enthalte. Napoleon sah darin einen Anlass, die Frage der Rheingrenze zu lösen und sich in die polnischen Ereignisse einzumengen, ohne dabei die bisherigen Beziehungen zu Russland zu erschüttern. Der Minister des Auswärtigen, Drouyn de Lhuys, verlangte von seinem Botschafter in Berlin, Talleyrand, Aufklärungen. Gleichzeitig wandte er sich an die englische Regierung mit der Aufforderung zu gemeinsamen diplomatischen Schritten in der polnischen Sache.

England hatte Napoleon wegen des Rheins im Verdacht und wies diesen Antrag zurück. Der englische Botschafter in

Paris, Lord Cowley, meinte, dass man sich doch an den Hauptschuldigen, an Russland, wenden sollte. Das österreichische Cabinet erklärte, es habe seine Stellung schon genügend dadurch gekennzeichnet, dass es sich der Convention nicht anschloss. Schließlich zog sich auch Preußen aus der Affaire. Es zeigte sich, dass die Geheimartikel bedeutungslos waren, und infolge der Interpellationen im preußischen Landtag von Schultze-Delitzsch und Carlowitz,*) sowie des Antrages von Bockum-Dolffs, der die Convention missbilligte, wurde diese ganz fallen gelassen, was Drouyn de Lhuys in einem Circulandum den französischen Agenten bekanntgab.

Die erste Episode, welche zu einer Fronländerung gegenüber dem Aufstande führte, fand ihren Abschluss. Allein die polnische Frage wurde auf eine andere, unmittelbarere Weise erhoben.

Am 2. März kam nach Petersburg die erste Note des Lords John Russell über die polnische Frage, worin eine Amnestie und Wiederherstellung des Zustandes vom Jahre 1815 verlangt

---

*) Die preußisch-russische Convention nahm sechs Sitzungen des preußischen Landtages in Anspruch. Die Debatte begann am 18. Februar 1863 mit der Interpellation Schultze-Delitzsch's und Genossen, „ob ein Vertrag mit Russland zur Unterdrückung des polnischen Aufstandes abgeschlossen worden, eventuell was der Inhalt desselben sei." Die Debatte war sehr erregt. Abgeordneter Waldeck sagte: „Der Gensdarmendienst, den Preußen Russland leiste, müsse jedem Preußen die Schamröthe ins Gesicht treiben." Abgeordneter von Unruh griff die Bismarck'sche Politik scharf an; Abgeordneter Dr. Simson erklärte: „Es sei eine Donquixoterie, wenn der Ministerpräsident Preußen die Aufgabe zuschriebe, einem jeden Aufstand entgegenzutreten." Bismarck antwortete sehr gereizt und griff von Unruh persönlich an. Das führte zu einem Conflicte zwischen dem Vorsitzenden Behrend und Bismarck über die Frage, ob der Präsident des Hauses berechtigt sei, einen Minister zu unterbrechen; ein Conflict, der sich zwei Monate später zwischen Minister von Roon und dem Vorsitzenden von Bockum-Dolffs wiederholte und schließlich zur Auflösung des Hauses führte. Im Anschlusse an jene Interpellation wurde auch vom Abgeordneten Freiherrn von Hoverbeck und Genossen ein Antrag eingebracht, der mit einem Amendement Bockum-Dolffs' trotz der heftigen Opposition Bismarcks mit 246 gegen 57 Stimmen in folgender Fassung angenommen wurde: „Das Interesse Preußens erfordert, dass die königl. Staatsregierung gegenüber dem im Königreiche Polen ausgebrochenen Aufstande keinem der kämpfenden Theile irgendeine Unterstützung oder Begünstigung zuwende, noch auch Bewaffneten gestatte, das preußische Gebiet ohne gleichzeitige Entwaffnung zu betreten." (Anm. d. Übers.)

wurde. Gleichzeitig forderte Lord Russell auch Frankreich zur
Absendung ähnlicher Vorstellungen nach Peterburg auf. Aber
Napoleon, der den Boden der Wiener Verträge nicht betreten
und sich die Gunst Russlands nicht verscherzen wollte, wählte
einen anderen Weg. Er schrieb einen Brief an den Czaren
Alexander II. mit der Aufforderung, den Polen seinen Edelmuth
zu beweisen. Gleichzeitig suchte er eine Verständigung mit
Österreich, und dafür galt als Beweis die Sensation erregende
Anwesenheit des Kaisers und der Kaiserin auf dem Balle des
österreichischen Botschafters, Richard M e t t e r n i c h. Eine nähere
Verständigung sollte erst durch die Worte der Kaiserin Eugenie
zu dem Fürsten Metternich auf dem Hofballe in den Tuilerien
herbeigeführt werden. Es war während einer Quadrille. Als der
Botschafter der Kaiserin die Hand reichte, sagte sie: „Habt
Ihr denn gar kein Mitgefühl mit den armen Polen?“ --- „Mehr
als Sie glauben, Majestät!“ — war die Antwort. Nach beendigter
Quadrille setzte die Kaiserin das Gespräch fort, in dessen Verlaufe sie erfuhr, dass Österreich gegenüber den polnischen Ereignissen nicht gleichgiltig bleiben könne und eine Verständigung
mit Frankreich wünsche. Das alles theilte die Kaiserin dem Kaiser
wortgetreu mit, und in einer besonderen Audienz setzte Napoleon
mit dem Fürsten Metternich den Plan zu gemeinsamem Vorgehen
in der polnischen Frage und auch in anderen europäischen
Angelegenheiten fest. Metternich verständigte hievon sofort das
Wiener Cabinet.

Mein Vater berichtete damals auf Grund von bei Walewski
eingeholten Informationen an den „Czas“:

„Die polnische Frage hat eine solche Bedeutung und einen
solchen Umfang angenommen, dass die Mächte, ehe sie sich, sei
es unter dem Einflusse der öffentlichen Meinung, sei es des
Gerechtigkeitsgefühles, entschließen werden, sie vorwärts zu
bringen, auch in anderen europäischen Fragen zur Verständigung, zu gemeinsamen Gesichtspunkten gelangen und sich gegenseitig Garantien gewähren müssen. Das erfordert Überlegung
und Aufklärung; also einen Aufschub, wiewohl Dringlichkeit
nothtut. Denn während Berathungen abgehalten werden, fließt
Blut, und ganz Polen ist ein blutiges Schlachtfeld, bedeckt mit
Märtyrern. Nicht um Polens, sondern um Europas Schicksal
handelt es sich vielleicht. Die große Frage soll heute entschieden

werden, ob der für die Civilisation, die Völkerfreiheit und den Fortschritt nützlichste Bund zwischen England, Frankreich und Österreich geschlossen oder aber die gelösten Bande zwischen Frankreich und Russland aufs neue gefestigt werden sollen. Die Orientpolitik bildet das Band und Polen die Scheidewand. Jetzt ist die Scheidewand stärker als die Anziehungskraft. Von England und Österreich hängt es ab, ob diese Anziehungskraft ganz gelähmt werde."

Am 9. März bekam die französische Regierung auf ihren Compromissvorschlag aus Petersburg eine Antwort — abweisend und für Napoleon unannehmbar. Napoleon beschied den Fürsten Metternich zu sich und bat ihn, nunmehr nach Wien zu reisen und den vor einigen Tagen skizzierten Plan dem Kaiser Franz Josef vorzulegen. „Wenn Österreich in der polnischen Sache vorgehen will, bin ich zu jedem Opfer bereit," fügte Napoleon am Schlusse der Audienz hinzu, und Metternich unterzog sich voll Zuversicht dieser Mission. Auch die Wiener Regierung berief ihn zur Klärung der Situation; am 12. März reiste er ab. Zur gleichen Zeit langte Ludwig Wodzicki in Paris an und fand die jüngste Wendung in der Napoleonischen Politik bereits vor. Es war ein ernster Augenblick — die polnische Frage gelangte auf eine neue Bahn, man durfte viel hoffen und erwarten. Freilich, bei der damaligen europäischen Lage war eine Lösung der polnischen Frage gegen Russland ohne ein actives, militärisches Eingreifen Österreichs unmöglich und dieses Einschreiten war nothwendig, um eine erfolgreiche militärische Mitwirkung Frankreichs zu ermöglichen. Die Lehren der Vergangenheit und gewisse bestehende Traditionen konnten für Österreich die Nothwendigkeit beweisen, sich von dieser Seite ethnographisch und geographisch sicherzustellen: das Interesse sowohl der Gegenwart, wie auch der Zukunft hießen es, das angebotene Bündnis, das es vor den immer feindseligeren Aspirationen Preußens schützte, nicht zurückzuweisen. So verschaffte die Idee einer Verständigung zwischen Österreich und Frankreich, das schnelle Zugreifen Napoleons, verbunden mit der nöthigen Opferwilligkeit, und die schnelle Abreise Metternichs nach Wien der polnischen Frage nicht bloß Aussichten, sondern auch schon Bedingungen des Erfolges. Gleichzeitig kamen auch aus London günstige Berichte nach Paris. Die englische Regierung wollte sich nicht passiv verhalten, und deutete an, dass sie sehr erstaunt wäre, wollte der Vertheidiger des Nationalitätenprincips, Napoleon, dem russischen Vorgehen in Polen kühl zuschauen. Wer hätte die Bedeutung solch mächtiger Factoren nicht anerkennen sollen?

Und doch sollten wir wiederum zum Spielball der eigenen Leichtgläubigkeit und politischen Erziehung werden, die wir unsere Unabhängigkeit nur von fremder, europäischer Intervention erwarteten. Wir sollten noch einmal dem Spiele der Mächte zum Opfer fallen.

Viertes Capitel.
Die Dictatur.

Von den Aufträgen, die uns vom Hôtel Lambert zukamen, war einer besonders beklagenswert. Man beauftragte uns wiederum, um zu zeigen, dass der Aufstand national und nicht revolutionär sei, dass der Marquis Wielopolski gemieden und sein System verurtheilt werde, darauf hinzuarbeiten, dass alle Mitglieder des Staatsrathes und der Bezirks-, sowie der Gemeinde-Ausschüsse in Polen ihre Demission gäben. Wir schickten diese Nachricht nach Warschau, wo man ohnedies aus Paris direct hievon verständigt wurde. Es hieß, die französische Regierung halte die Demission für eine unbedingte Voraussetzung der Intervention der Mächte.

Ich schreibe keine Geschichte dieser Ereignisse. Ich betrachte vielmehr ihre Bedeutung und ihre Folgen und lege daher das Hauptgewicht auf die Handlungsweise und Verantwortlichkeit der Personen. Deshalb bespreche ich ausführlicher die Demission des Staatsrathes und dann der Bezirks-, sowie der Gubernial-Ausschüsse — denn sie bedeutete den entscheidenden Bruch zwischen den vernünftigeren Elementen und dem System Wielopolski.

Als die Nachricht von dem ersten blutigen Zusammenstoße des russischen Heeres mit den Aufständischen eingelangt war, erhielten die Staatsräthe eine Einladung zu einer Soirée bei dem Großfürsten Constantin. Die Brüder Lewinski, General und Staatsrath, Gruszecki, Alexander Kurz, Wegliński und andere versammelten sich zur Berathung; es kamen auch Nichtmitglieder des Staatsrathes. Kurz erklärte offen, man könne, wenn Blut fließe, nicht zum Großfürsten gehen, um Thee zu nehmen; Wegliński schloss sich an. Ein Mitglied des Staatsrathes beantragte, hinzugehen, um nicht zu reizen; ein anderer, man

möge consequent sein, die bisherige Politik befehle, der Einladung Folge zu leisten. Man beschloss dennoch, nicht hinzugehen. Nur Einer wahrte wenigstens den Anstand und entschuldigte sein Ausbleiben beim Hofceremonienmeister des Großfürsten. Der Vortreter des englischen Consuls, White, der an
diesem Abende im Schlosse weilte, sagte ihm dann: „Was habt
Ihr gethan? Der Großfürst hatte seine Augen fortwährend auf
die Thüre gerichtet und schaute unruhig hin, ob Ihr vielleicht
doch kommen würdet."

Seitdem sahen sie auch den Großfürsten nicht mehr. Sie
waren von allem abgeschnitten.

Der französische Consul Valbesan, der Vertreter Ségurs,
hielt es in den ersten Tagen mit Wielopolski. Aber geheime
Agenten, Eingeweihte Mocquards, darunter Felix Wołowski,
hetzten das Volk auf und befahlen ihm: „durez" (harret aus).
Felix Wołowski brachte aus Paris den angeblichen Wunsch der
französischen Regierung mit, dass die Mitglieder des Staatsrathes, der Bezirks- und Gubernial-Ausschüsse demissionieren
möchten. Gegen die Staatsräthe, die sich weigerten, beabsichtigte er, Demonstrationen hervorzurufen. K l a c z k o und K a l i n k a
bestürmten gleichfalls einen im Staatsrathe sitzenden Freund, zu
demissionieren.

So beschlossen denn die Mitglieder des Staatsrathes, trotz
der Opposition eines Collegen, ihre Demission zu geben. Allen
voran: Kurz und Węgliński. Aber ein Mitglied des gewesenen
Comités der Landwirtschafts-Gesellschaft rieth noch, vorher
jemanden nach Paris zu schicken, um dort festzustellen, ob der
Kaiser die Demission wünsche. Paul von P o p i e l unterzog sich
dieser Mission. Er verabredete, dass seine Depesche „Vendez
actions Bromberg" (Verkaufet Bromberger Action) die Demission
und „Gardez actions Bromberg" (Haltet Bromberger Action)
deren Unterlassung zu bedeuten habe. Popiel telegraphierte von
Paris „Attendez mon retour" (Erwartet meine Rückkehr). Inzwischen demissionierten doch die Staatsräthe, bis auf Mala-
chowski und Ostrowski. Auch Erzbischof F e l i ń s k i war darunter.
Popiel kehrte bald zurück und erklärte, die Situation sei klar,
jetzt heiße es: „Auf, zu Pferd!"

Einen Staatsrath warnte der Staatssecretär Enoch, die
Demission nicht zu überreichen, er könne dagegen einen Pass

nach dem Auslande bekommen. Dieser wollte dem Großfürsten
selbst seine Demission überreichen und ihn über Alles aufklären.
Der Großfürst selbst erklärte später, dass ihn die Demission
dieses Statsrathes und des Erzbischofs am peinlichsten berührt
hätten. Dem Staatsrathe wurde die Audienz bewilligt. Er versicherte dem Großfürsten, dass er und seine Collegen sich der
Hoffnung hingegeben hätten, gleichzeitig dem Lande und dem
Monarchen dienen zu können. Allein es scheine jetzt ein militärisches Regime bevorzustehen, und darum könnten sie weder
dem Lande noch dem Monarchen nützlich sein. „Aber, mein
Lieber,“ — antwortete der Großfürst — „wenn hier ein militärisches System eingeführt werden sollte, so wäre ich der Erste,
der dies Land verließe.“ Das Gespräch erstreckte sich auf die
gesammte politische Lage. „Was wollt Ihr denn?“ — fragte der
Großfürst. — „Was will das Land?“ — „Liberale Reformen können
das Land nicht zufriedenstellen; dieses Land hat ein National-
bewusstsein und nationale Gefühle beherrschen es vorwiegend.
Eure kaiserliche Hoheit haben in einer großen socialen Frage
des Kaiserreiches bereits die Initiative ergriffen; jetzt stehen Sie
vor einer mächtigen politischen Frage. Würde Russland gegenüber
dem Auslande die Initiative in der polnischen Frage ergreifen,
so hätte es die polnischen Sympathien auf seiner Seite, und Polen
könnte unter dem Scepter der russischen Dynastie verbleiben.“
Der Großfürst neigte bestätigend sein Haupt. Er träumte ja
davon, und die Großfürstin noch von manch Anderem; darum
entgegnete er: „Sie werden doch zugeben, dass Eure Lage hier
viel besser ist, als in Galizien oder im Großherzogthum Posen.“
„Wie können Eure Hoheit jene Provinzen mit dem Königreich
vergleichen, man könnte sie höchstens mit Lithauen oder Ruthenien vergleichen; das Königreich hat durch Tractate ausdrücklich
gesicherte Rechte.“ Der Großfürst bestritt dies nicht, er meinte
nur: „Die polnische Frage bietet große Schwierigkeiten. Als Ihr
mächtig wart, habt Ihr uns beherrscht, jetzt sind wir mächtig
und beherrschen Euch, so geht der geschichtliche Process. Ich
bedauere es, dass Sie Ihre Demission überreicht haben, aber
ich erkenne die Loyalität Ihrer Handlungsweise an.“ Er küsste
darauf den Staatsrath auf beide Wangen und rief die Großfürstin, damit auch sie sich verabschiede. Dieser Staatsrath wurde
auch später, wahrscheinlich infolge einer Instruction des Groß-

fürsten, nicht nach Sibirien verschickt; er hat später den Großfürsten in Petersburg besucht.

Der letzte Faden, an dem das rettende Compromiss befestigt
werden konnte, wurde zerrissen. Die sogenannten unabhängigen
Mitglieder des Staatsrathes: Gruszecki, Alexander Kurz, die
Brüder Lewiński, Franz Węgliński, Constantin Górski reichten
am 10. März ihre Demission ein; ihnen folgten Erzbischof Feliński
und Stawiński. Bald demissionierten alle Adelsmarschälle und
Kreisverwalter Lithauens, in einer Anzahl von beinahe 250, und
ließen die Bahn frei, für Murawiew und Berg.

So schritten wir, oder wateten eigentlich vorwärts, geschoben
von einem Fatalismus, der in der Politik nichts anderes ist,
als die nothwendige Folge des einmal begangenen principiellen
Fehlers.

Die Instructionen und Aufträge aus Paris, die, gestützt auf
die Verschiebung der europäischen Verhältnisse, eine Unterstützung der Revolution, Beseitigung ihrer revolutionären und
Ersetzung durch nationale Merkmale verlangten, riefen den
Entschluss hervor, von der bisher geheimen nationalen Conspi-
rations-Regierung den Schleier zu lüften. So erwachte der
Gedanke einer Dictatur.

Es war eine Anomalie, dass trotz des bewaffneten Aufstandes das Central-Comité als provisorische National-Regierung
geheim blieb, aber in dieser unglückseligen, sonderbaren Epoche
herrschten eben eigenthümliche Fictionen.

Der bewaffnete Kampf war kein Krieg, jene National-
Regierung war keine Regierung, und doch wurden Schlachten
ausgekämpft und das Verschwörungs-Comité regierte in gewissem
Sinne. Die Verschwörung konnte zwar weder von einem Stück
Boden, noch von der factischen Herrschaft Besitz ergreifen, aber
auch die Behörden waren nicht imstande, die Revolution zu
ersticken oder der National-Regierung habhaft zu werden. Die
Sachlage war eine geradezu unbegreifliche und unfassbare, halb
fictiv, halb wirklich. Um einen Ausweg zu finden, griff man zur
öffentlichen Dictatur an Stelle der bisherigen geheimen National-
Regierung. Wir betheiligten uns daran nicht, schon deshalb,
weil wir keine geeignete Persönlichkeit kannten.

Sie wählten Langiowicz, der in einigen Schlachten
gesiegt hatte. Aber dies war zu wenig.

Es war eine gute Seite der Dictatur, dass sie die Verschwörung zum Abschlusse brachte. Denn, wenn die erhoffte Intervention der Mächte eintraf, so konnten sich diese mit einer geheimen Regierung nicht ins Einvernehmen setzen, sondern nur mit einer öffentlichen. Eine negative Seite der Dictatur war es, dass sie sich nicht halten konnte, denn gerade aus den Gründen, die ihre Stärke bedeuteten, musste die russische Regierung alle ihre Kräfte anstrengen, um dem Dictator und seinen Scharen ein Ende zu machen oder sie zu verdrängen.

Die Dictatur, die keine unmittelbare Unterstützung von draußen hatte, musste fallen, und es wäre auch das Geeignetste gewesen, mit ihrer Verlautbarung zu warten, bis fremde Hilfskräfte die Grenzen überschritten haben würden. Der missglückte Versuch einer Dictatur war nur für die geheime Regierung von Vortheil, er befestigte die Meinung von ihrer Nothwendigkeit und deshalb ihre Macht; auf die auswärtige Action wirkte er ungünstig zurück. Mit einem Worte, die im Princip richtige Dictatur war in der Anwendung unpraktisch. Als sie aber dennoch entstand, war es ihre Pflicht auszuharren - - so lange als möglich, wenigstens solange, um die zwischen den Mächten schwebenden Unterhandlungen zu beeinflussen. Unterdessen begann, gleich nach der Proclamation der Dictatur in Goszcza am 10. März, jene noch von der Vergangenheit und den alten Sitten übernommene patriotische Feilbietung in plus, die Langiewicz zu unmöglichen, zu den verfügbaren Kräften in keinem Verhältnisse stehenden Unternehmungen drängte, das ist zum Versuche, das russische Heer aus einem großen Theile des Landes zu verjagen, um die Hand der Dictatur darauf zu legen. Das war eine Unwahrscheinlichkeit, und so blieb die Dictatur ohne ein entsprechendes Territorium eine Fiction, eine größere noch als die geheime National-Regierung.

Um die Lage zu erfassen und zu beherrschen, war ein Mann von außerordentlichen Fähigkeiten nöthig, und auch dann noch konnte es fraglich erscheinen, ob er der Aufgabe gewachsen wäre. Langiewicz jedoch war nichts als ein braver und vernünftiger Mensch, was er am besten bewies, indem er nie den Exdictator spielte. Einen solchen Durchschnittsmenschen mit einem so schweren Amte zu bekleiden, nur deshalb, weil seine

Abtheilung den Russen zu widerstehen vermochte, war unvernünftig.

Ich bekam vom Hôtel Lambert den Auftrag, mich zu Langiewicz zu begeben, ihm die äußere Lage auseinanderzusetzen und ihn aufzufordern, er möge mit Rücksicht auf die Verhältnisse bestrebt sein, sich zu halten, eine eventuelle Sprengung seiner Scharen zu vermeiden und endlich gegenüber den gefährlichen Plänen Mierosławskis vorsichtig zu sein. Über die Verhältnisse im Lager und den empfangenen Eindruck sollte ich dann Bericht erstatten.

In dieser Mission begab ich mich nach Goszcza, in das Lager des Dictators. In meiner Gesellschaft befand sich der Fürst Eustach S a n g u s z k o, der dem Dictator ein schönes Reitpferd zum Geschenke machen wollte. Unser Weg führte über Michałowice. Hie und da sahen wir Kosaken, aber wir kamen mit ihnen nicht in Berührung. Endlich trafen wir auf die aufständischen Vorposten, berittene Krakusen,*) die Wache hielten. Bald befanden wir uns in einem Meierhofe – im Hauptquartier des Dictators. Alles machte den Eindruck wie die Vorbereitung zur Jagd auf einem altadeligen Meierhofe. Bloß eine einzige Abtheilung, die Zuaven Rochebruns, die von ihrem Anführer stets gemustert und eingeübt wurden, hatte eine militärische Schulung. In der Mitte des Hofes stand umgeben von den Aufständischen die P u s t o w o j t o w.

Der Anblick dieses Lagers ließ keinem Zweifel Raum über die Stärke des Aufstandes. Das Unternehmen zeigte sich hier in seiner ganzen Nacktheit, als ein verderblicher Leichtsinn, dem lediglich fremde Intervention einen ernsten Anschein geben konnte.

Langiewicz empfieng mich in einem kleinen Stübchen, inmitten seines Stabes, darunter auch das Mitglied des preußischen Landtages, Ladislaus B e n t k o w s k i, der damalige Stabschef. Der Dictator führte mich in den Garten und dort hatten wir ein längeres Gespräch. Ich theilte ihm den Zweck meiner Mission mit, die mit der auswärtigen Lage und den schwebenden Unterhandlungen im Zusammenhange stand; ich erklärte ihm, dass, wenn schon einmal die Dictatur publiciert sei, sie

---

*) Landleute aus der Umgebung von Krakau in sehr malerischer Tracht.
(Anm. d. Übers.)

auch nothwendigerweise sowohl als Ausgangspunkt der Action gegenüber Russland, wie als Mittelpunkt der Unterhandlungen zwischen den Mächten ausdauern müsse, dass es also vorläufig nach der Ansicht des Hôtel Lambert nicht sowohl einzelner Siege als vielmehr des begeisterten Bestandes der Dictatur bedürfe. Ich fügte hinzu, dass man in Paris in der Dictatur das beste Ausgangsmittel aus der revolutionären Phase sehe, und dass Langiewicz daher alle revolutionären Mittel, somit auch jede Verbindung mit Mieroslawski meiden müsse.

Langiewicz hörte mir aufmerksam und höflich zu. Bezüglich Mieroslawskis beschwichtigte er mich, dass er die Intriguen desselben kenne, und ihn, sollte er sich nur zeigen, erschießen lassen werde; aber betreffs des Ausharrens nahm er einen von mir abweichenden Standpunkt ein. Er erklärte, die Russen nicht zu fürchten, er würde sie aufsuchen und in einigen Tagen die Krakauer Umgebung von ihnen säubern. Ich sah, dass er dem Verderben entgegeneile. Deshalb versuchte ich, ihn umzustimmen. Vergebens. Langiewicz war sympathisch und bescheiden: doch sein Kopf war ihm verwirrt; nicht durch seine Stellung, sondern durch die bisherigen kleinen Erfolge. Er fürchtete, Mieroslawski könne ihn überflügeln; er fühlte, dass die National-Regierung trotz seiner Dictatur doch noch existiere und nur auf seinen ersten Fehler warte; endlich drängten ihn jene Stimmen, die hinter dem Rücken aller polnischen Revolutions-Feldherren laut wurden und das Zuwarten, den Mangel an Entschiedenheit zum Verrath stempelten. Für die entgegengesetzte, vernünftigere Richtung plaidierte niemand. Ladislaus Bentkowski, ein klarer Geist, der den wirklichen Krieg theoretisch, ja auch ein wenig praktisch kannte, war sein Stabschef, allein er verhielt sich mehr passiv, er handelte ohne Zuversicht, lediglich durchdrungen von einem mystischen Pflichtbewusstsein.

Doch der Fehler steckte in der Lage selbst, die durch die Dictatur geschaffen war. Die Dictatur ohne Land wurde fast zur Lächerlichkeit. Dieses Land konnte nicht erobert werden, ohne die Dictatur dem Verfalle preiszugeben; die Dictatur musste die Russen zu einer Anspannung der Kräfte zwingen. So entstand ein circulus vitiosus. Aber wenn man schon in diesen Zirkel trat, musste man so lange als möglich darin verbleiben, das heißt, wenn es im Interesse der Russen lag, die

Abtheilung des Dictators zu sprengen, so musste einer jeden Gelegenheit hiezu aus dem Wege gegangen werden.

Als ich nach Krakau zurückkehrte, schickte ich einen Bericht an das Hôtel Lambert. Man machte mir später den Vorwurf, er sei zu schmeichelhaft gewesen. Es ist wahr, Langiewicz machte auf mich einen guten Eindruck, einen viel günstigeren als die anderen Männer des Aufstandes, denen ich seit Wochen begegnete. Über den Werth des Aufstandes und der bewaffneten Abtheilungen habe ich mich jedoch nie einer Täuschung hingegeben und ich konnte auch durch meinen Bericht eine solche nicht hervorrufen.

Einige Tage später, nach einigen blutigen Zusammenstößen, kam es am 18. März bei Grochowiska zu einer Katastrophe, die der Dictatur ein Ende machte. Langiewicz verließ das Königreich Polen und überschritt die galizische Grenze. Hier wurde er verhaftet. Grochowiska erschien damals als eine große Niederlage; in Wirklichkeit beeinflusste sie den endgiltigen Ausgang nicht, denn sie konnte nicht ein Unternehmen beeinflussen, das ohne die mindeste Aussicht auf Erfolg in Scene gesetzt war.

Die Entscheidung sollte an einer anderen, höheren Stelle fallen. Nur mit Rücksicht auf die zwischen den Mächten schwebenden Unterhandlungen konnte Grochowiska ungünstig zurückwirken, schon deshalb, weil es den Unwilligen neue Argumente lieferte. Mit je größerer Bewunderung und Hoffnung die Dictatur vom Auslande aufgenommen worden war, umso ungünstiger wirkte ihre rapide Niederlage. Ich meine, dass diese Niederlage nur den Anlass, aber nicht den wirklichen Grund zum nachtheiligen Umschlag in den Gesinnungen der Mächte gegeben hat.

Jedenfalls zeigte es sich, dass die schwachen Seiten der Dictatur durch ihre Vortheile nicht aufgewogen wurden. Ihre Niederlage wirkte dämpfend auf das Ausland und den Kaiser Napoleon. Die geheime National-Regierung war befestigt.

Napoleon III. und Fürst Richard Metternich.

Inzwischen entschieden sich die Schicksale eines Zwischenfalles, der für die polnische Sache erfolgreich werden konnte, aber in Wahrheit für sie verderblich wurde. Der österreichische Botschafter in Paris, Fürst Richard Metternich, der Sohn des berühmten Staatskanzlers, unterzog sich auf Wunsch Napoleons und mit Zustimmung der eigenen Regierung, wie manche behaupten, im Auftrage des Kaisers Franz Josef selbst, der Mission, zwischen dem Pariser und dem Wiener Cabinet behufs gemeinsamer Intervention in der polnischen Sache ein Einverständniss herbeizuführen. Fürst Metternich, ein damals noch junger Diplomat, nahm am französischen Hofe eine hervorragende Stellung ein und erfreute sich der besonderen Sympathien des französischen Kaiserpaares. Jetzt fand er Gelegenheit, eine hervorragende Rolle zu spielen und seinem Monarchen, sowie seinem Staate umso glänzendere Dienste zu leisten, als dadurch die jüngst in Italien erlittene Niederlage wettgemacht und die Stellung Österreichs gegenüber den zutage getretenen Bestrebungen Preußens gefestigt werden konnte.

Die Ereignisse im Königreiche Polen, der Entschluss Napoleons, sich in Anbetracht derselben Österreich zu nähern, eröffneten ganz neue Aussichten, die besonders für denjenigen verlockend waren, der zuerst an ihrer Verwirklichung zu arbeiten hatte. Gewisse, wenn auch nie genau definierte Traditionen des Staatskanzlers Metternich konnten seinen Sohn nur aneifern. So konnte man daher annehmen, dass, wie es damals hieß, Fürst Metternich sich in gutem Glauben seiner Mission unterzog, zugleich aber auch, dass er sich hiebei ausschließlich vom Interesse und von der Sicherheit Österreichs leiten ließ.

Im Gespräch mit dem österreichischen Botschafter, der plötzlich gleichzeitig zum französischen Abgesandten nach Wien werden sollte, erklärte Napoleon III., dass mit dem Augenblicke, wo sich Österreich nicht mehr so gleichgiltig stelle zu den Ereignissen in Polen, die Lage eine andere werde und die Stellung Frankreichs sich gleichfalls ändere; dass er in dieser Frage eine vollständige Übereinstimmung mit dem Wiener Cabinet wünsche und alles Nothwendige anwenden werde, um die polnische Frage mit Erfolg zu lösen.

So viel wussten wir damals.

Es hieß, Napoleons Vereinbarungen bezögen sich auch auf die Rheingrenze. Darnach zerfiel die Mission Metternichs in zwei Theile: Die vertrauliche, nur für den österreichischen Kaiser bestimmte, sollte weit reichen und alle europäischen Verhältnisse umfassen; die officielle sollte die Form wählen, in der Frankreich, England und Österreich die polnische Frage aufzurollen hätten.

Am 16. März schrieb man uns aus Wien: „Fürst Metternich hatte bereits gestern eine zweistündige Audienz beim Kaiser. Die einen behaupten, er hätte einen Brief vom Kaiser Napoleon zu übergeben, die anderen, er sei nur beauftragt gewesen, dem Kaiser Franz Josef die besondere Anerkennung für den Takt und Scharfsinn, mit denen in Wien vom Anfange an die politische Situation beurtheilt wurde, zu überbringen und zu erklären, dass wichtigere Garantien, und zwar Tractate nothwendig seien. Kaiser Napoleon habe auch gegen die von Lord Russell proponierte Conferenz der acht Großmächte des Wiener Congresses nichts einzuwenden, aber er halte doch einen besonderen Vertrag zwischen Österreich, Frankreich und England mit Rücksicht auf die polnische Frage für viel ersprießlicher. Hier würde man darauf eingehen, aber nur gemeinsam mit England; der französischen Politik schenkt man kein Vertrauen. Österreich glaubt nur an die Aufrichtigkeit Englands. Die Entschlüsse des Cabinets von St. James werden somit die Basis bilden für die Instructionen, die Fürst Metternich erhalten wird.“

„Jedenfalls bleibt er noch bis Ende des Monates hier; er hatte bereits eine lange Conferenz mit dem Herzog von Gramont und mit Lord Bloomfield. Frankreich möchte sich festigen, Österreich und England wollen eher Russland schwächen und einfür allemal den Orient seinem unheilvollen Einflusse entziehen. Der Kaiser beschäftigt sich eingehend mit der Lage und beurtheilt sie vortrefflich. Sein Vertrauen in die bisher eingehaltene Politik ist stark. Energie und Wille sind vorhanden; es fehlen nur die Mittel. Diese befinden sich in den Händen Europas. Man darf nicht vergessen, dass Österreich auf seinen Schultern die ganze Last eines Krieges nicht nur mit Russland, sondern auch mit Preußen zu tragen hätte."

Wir brachten in Erfahrung, dass Fürst Metternich, der bis Ende März in Wien bleiben sollte, schon am 23. nach Paris zurückkehrte. Das Resultat seiner Mission war uns nicht bekannt. Der Moment, in dem diese Mission erfolgte, ward von größter Wichtigkeit, er konnte auch heilbringend werden. Unter dem Gesichtspunkte dieser Mission wurde unser Kreis in das Gewirr der Ereignisse hineingedrängt und zum Anschlusse überredet. Es war ein Fehler, eine Folge der damaligen Anschauungen, dass Europa das polnische Reich wieder herstellen werde, weil es in seinem Interesse liege, weil es, wie die Gutmüthigeren meinten, seine — Pflicht sei. Wären diese Anschauungen nicht irrig gewesen, so wären sie im Augenblicke der Metternich'schen Mission am gerechtfertigtsten erschienen. Doch diese zog sich schleppend hin. Zwischen der ersten Nachricht von ihrem Beginn und einer genauen Mittheilung von ihrem Resultate verstrich Zeit genug, um den Krakauer Kreis in das Getriebe der Revolution zu schleudern und ihn auf den verderblichen Pfad zu führen, den er noch gestern verurtheilt hatte. Der einzige vernünftige Grund unserer Handlungsweise, der Keim eines Bündnisses zwischen Österreich und Frankreich, um Russland den Krieg zu erklären, war längst nicht mehr vorhanden, und doch zwang uns die Nothwendigkeit, auf diesem Wege zu verharren. Jene grausame Nothwendigkeit, die ein französisches Sprichwort so richtig bezeichnet: „Il faut boire le vin, puis qu'il est tiré."

Galizien wurde zur Operationsbasis des Aufstandes im Königreiche Polen, was ihn nur fruchtlos und zu seinem Verderben in die Länge zog. Das Hôtel Lambert und der Krakauer Kreis wurden nunmehr, nachdem sie infolge der Convention ihre bisherige widerstrebende Haltung aufgegeben, durch die Ereignisse beherrscht. Aus Paris kamen Aufträge, die Revolution zu unterstützen, um die Verständigung der Mächte

auszunützen, obwohl das Resultat der Metternich'schen Mission
noch nicht genau bekannt war.

Paul von Popiel, der sich in der Frage der Demission
des Staatsrathes nach Paris begeben hatte, erzählte mir selbst, wie
ihn Minister Walewski aufmunterte, „dass die polnische Sache
seit der Theilung keine besseren Chancen einer europäischen
Lösung hatte," und dass, wenn schon einmal der Aufstand ausgebrochen sei, diese Chancen ausgenützt werden müssten. Auf
die Bemerkungen und Zweifel Popiels antwortete er: „C'est a
prendre où à laisser." Das hieß: „Die Wahl steht bei Euch."

Diese Erwägungen veranlassten uns, den Aufstand von
Galizien aus zu unterstützen. Es bildete sich eine nationale, aus
den Mitgliedern des Krakauer Kreises bestehende Organisation,
die sich mit der National-Regierung in Warschau ins Einvernehmen setzte. Diese Hilfe und Unterstützung trugen nur dazu
bei, die polnische Niederlage in Russland zu vergrößern. Das
Fiasco der Dictatur Langiewicz' hat auf das Ausland einen
üblen, aber nicht entscheidenden Einfluss ausgeübt. Denn die
Ohnmacht der Mächte in der polnischen Frage hatte ihre Wurzel
in der europäischen Situation, vielleicht gar in der Beschränkt-
heit der Staatsmänner, aber nicht in diesem Fiasco. Es verhinderte ja nicht die fruchtlose, verderbliche Intervention der
Mächte, die sich nur von ihrem Antagonismus, vielleicht auch
von ihrer Kurzsichtigkeit leiten ließen; es setzte keinen Damm
der Revolution, weil es ihn nicht setzen konnte, da die Intervention noch immer dauerte. So concentrierte sich wiederum
alles in der geheimen National-Regierung, die ja auch neben
der Dictatur bestand und, weil den Begriffen von Regierung
und Krieg widersprechend, eben nur unter solchen anormalen
Verhältnissen möglich war.

Nach der Niederlage Langiewicz' sagte Kaiser Napoleon
zum Fürsten Ladislaus Czartoryski: „Jetzt ist alles zu Ende.
Die Niederlage scheint eine entscheidende zu sein und es ist
schwer, nach ihr noch etwas zu unternehmen." Darauf antwortete Fürst Czartoryski, dass die Sprengung der Abtheilung
Langiewicz' den Aufstand noch nicht abschließe; er erklärte
dem Kaiser die Bedingungen der gegenwärtigen Kriegführung
in Polen; wenn eine Abtheilung zerstreut werde, tauchen neue
Abtheilungen auf anderen Punkten auf und schließlich, wenn

es zur Erleichterung der europäischen Intervention im Interesse Polens nöthig sei, würden auch neue Abtheilungen in den Kampf eintreten. Der Kaiser hörte mit einiger Verwunderung zu und meinte, nach seiner Gewohnheit, ohne ein entscheidendes Wort zu sprechen: „Wenn die Sache so steht, so wollen Wir noch sehen; es ist ja selbstverständlich, dass ohne die Insurrection die Mächte gar keinen Anlass zum Einschreiten hätten." Später erinnerte sich Fürst Czartoryski nicht mehr genau, ob die einleitenden Worte des Kaisers — dass jetzt schon alles zu Ende sei — eine Behauptung waren, sie dürften vielleicht eher eine Frage gewesen sein.

Der Eigenthümer des „Czas", Vincenz K i r c h m a y e r, bot mir damals eine Stelle in der Redaction an. Ich acceptierte, um in dem damals sehr einflussreichen und verbreiteten Organe, das selbst nach dem Königreiche Polen auf Umwegen gelangte, die Politik des Hôtel Lambert und des Krakauer Kreises zu vertreten.

Der „Czas" war insbesondere wichtig mit Rücksicht auf das Ausland, denn er war dort das einzige, wenn auch nur dem Namen nach bekannte Tagblatt. Als später der Chefredacteur des „Czas", Leon von C h r z a n o w s k i, wegen Betheiligung an der Errichtung der Dictatur Langiewicz nach einer bei ihm vorgenommenen Hausdurchsuchung von den österreichischen Behörden am 11. April verhaftet wurde, übernahm ich ausschließlich die politische Leitung des Blattes. Meine Aufgabe bestand darin, in Übereinstimmung mit der Politik des Hôtel Lambert und mittelbar mit der Politik der französischen Regierung das Gelingen der polnischen Sache auf die ausländische Intervention und hauptsächlich auf die Pläne Napoleons III. zu stützen. Deshalb hatte ich, ohne an der Vergangenheit zu rütteln, den Aufstand als ein fait accompli zu betrachten, das als ein Zeichen der ungesunden Zustände in Russland eine Einmengung Frankreichs, Österreichs und Englands herbeiführen musste. Auch hatte ich den Aufstand als einen rein nationalen, von allen revolutionären und demagogischen Umtrieben freien darzustellen und darauf einen Einfluss zu nehmen, dass er auch so bleibe; es sollte dabei besonders betont werden, dass der Aufstand und die ganze nationale Agitation nur gegen Russland gerichtet seien. Dies war keine leichte Aufgabe. Doch die Jugend, die sich Täuschungen

hingibt und von der Einbildung beherrscht ist, lässt den Muth
nicht sinken.

Ich muss aufrichtig gestehen, ich habe durch dieses Programm, das ich mit Ausdauer und Entschiedenheit im „Czas"
vertrat, nichts Gutes erreicht, nichts Schlechtes verhindert. Es
ist unmöglich, selbst unter Anwendung der rationellsten Mittel,
auf falscher Basis etwas Positives und Nützliches zu leisten.

Da der Krakauer Kreis schon von früherher durch Vermittlung des Hôtel Lambert und auf dessen Wunsch sowohl
die französische Regierung wie auch die auswärtigen Blätter
mit verschiedenen telegraphischen Nachrichten über den Aufstand versorgte, so errichteten wir jetzt zu diesem Zwecke, um
die öffentliche Meinung zu erwärmen und die diplomatische
Correspondenz wachzuhalten, ein Krakauer Bureau. Seine Aufgabe bestand darin, die oft erdichteten Erfolge des Aufstandes
mitzutheilen, die geheime National-Regierung und die Ereignisse
von den revolutionären und demagogischen Merkmalen zu puri-
ficieren und gleichzeitig das Vorgehen der russischen Behörden
im ärgsten Lichte darzustellen. So entstanden oft Schlachten
und Kämpfe beim telegraphischen Apparat.

Haltlose Unternehmungen müssen sich in höherem Maße
der Unwahrheit bedienen, als andere. Die übertriebenen und
absichtlich optimistischen Mittheilungen waren anfangs von Vortheil, aber in ihren Folgen schädlich, denn mit schlechten Mitteln
kann man vernünftigen Unternehmungen helfen, nicht aber
unvernünftige retten.

Bismarck hat zu eben dieser Zeit in Beantwortung einer im
preußischen Landtage an ihn gerichteten Interpellation erklärt,
dass in Polen ein Aufstand nicht mehr bestehe und dass die
meisten Schlachten und Treffen, von denen man in den Zeitungen lese, durch Telegramme fabriciert würden, die nach
Paris abgeschickt und bald „Stanislas", bald „Koźmian"
unterschrieben seien.*)

*) Sitzung des preußischen Landtages vom 31. März 1863.
(Anm. d. Übers.)

Paris und Krakau.

Das Resultat der Metternich'schen Mission war uns nicht bekannt, vielleicht deshalb, weil die französische Regierung dem Hôtel Lambert nach der Rückkehr des Fürsten darüber nichts mittheilte. So blieben wir stets unter dem Eindrucke der großen Bedeutung dieser Mission, und wussten nur, dass infolge derselben zwischen den Mächten wichtige Unterhandlungen schwebten, sowie dass die Katastrophe Langiewiczs' eine ungünstige Wirkung ausgeübt habe.

Wir erwarteten nicht, dass heute oder morgen ein Krieg ausbrechen könnte, dass Hilfs- oder Rettungstruppen sofort die Grenzen des polnischen Königreiches überschreiten würden. Allein das Zögern und Zuwarten der Mächte, trotz der gespannten Situation, fieng uns zu beunruhigen an, und dies umsomehr, als für die anbefohlene Unterstützung des Aufstandes nur wir mit jedem Tage immer mehr verantwortlich wurden. Obwohl man uns warnte und wir wussten, dass das Eingreifen nicht sofort erfolgen könne, so wünschten wir es doch und angesichts unserer erfolglosen Bemühungen hofften wir auch, dass es alsbald geschehen werde.

Der Krakauer Kreis beschloss daher, mich, da ich durch meinen Vater und das Hôtel Lambert mit den Regierungskreisen in Fühlung treten konnte, nach Paris zu schicken. Dort hatte ich die Sachlage zu untersuchen und die Wahrheit zu erforschen.

Am 24. März verließ ich Krakau. Meine Reise gieng über Wien, wo ich den Fürsten Leo Sapieha sprach. Nach seiner Ansicht glaubte das Wiener Cabinet, dass sich Frankreich in der Sache sehr reserviert verhalte, dass Napoleon sich nicht zu weit engagieren wolle und einem entscheidenden Schritte aus dem Wege gehe.

In dieser Meinungsäußerung des Wiener Cabinets war ein
Vorwurf, ja fast eine Klage enthalten; doch blieb auch seine
Haltung zweifelhaft, zweideutig. Abends reiste ich nach Paris;
mir gegenüber im Coupé saß Rochebrune, dessen Abtheilung
bei Grochowiska neben Langiewicz gekämpft und dann gesprengt,
die österreichische Grenze überschritten hatte. Rochebrune war
ein Franzose, von niedriger Statur, mager, nervös, mit ausdrucks-
vollen, feurigen Augen. In den Anfängen des Aufstandes schloss
er sich ihm an und zeichnete sich in der unglückseligen Schlacht
bei Miechów durch einen außerordentlichen Muth aus. Er war
ein tapferer Soldat, wenn auch ohne strategische Bildung; für
Politik hatte er kein Verständnis. Schon damals sagte er mir,
dass er sich für den entscheidenden Augenblick erhalten wolle,
wo Frankreich mit Preußen abrechnen werde. Er war sehr
erregt und aufgebracht über alles, was geschah; er überhäufte
die Führer des Aufstandes, die ganze Art dieser Kriegführung
und der Heeresadministration mit bitteren, beleidigenden Worten.
Die letzte Niederlage war nach seiner Meinung nicht durch die
Verhältnisse, unter welchen sich die Schlacht abspielte, sondern
durch den Antagonismus, die Zwietracht, Unbeholfenheit, mit
einem Worte durch die polnischen Untugenden verschuldet worden.
Er betheuerte heilig, einen solchen Krieg unter solchen Führern
nicht mehr mitmachen zu wollen; er wollte alles in den französischen Blättern erzählen, um seine Connationalen zu warnen,
dass sie nicht einer Sache Opfer brächten, die die Polen selbst
nicht vertheidigen könnten. Das musste verhindert werden, jetzt,
wo uns daran lag, dass das Ausland möglichst gut über uns
denke. Die Drohung erschreckte mich und dieses Entsetzen war
ein Maßstab für die Hoffnung, mit der wir auf Frankreich
und Napoleon blickten. Ich sah vor meinen Augen einen
Scandal und berechnete dessen Folgen. Ich versuchte es daher,
Rochebrune zu beruhigen und dann ihn milder zu stimmen.
Ich versprach, ihn zum Fürsten Czartoryski zu führen und ihm
zur Bildung einer neuen, ausländischen Legion zu verhelfen.
Dies war sein geheimer Wunsch; so gelang es mir, den von
dieser Seite drohenden Sturm zu beschwichtigen.

Der erste Eindruck, den ich in Paris empfieng, war nicht
günstig. Das erste Gespräch mit meinem Vater, der durch seine
vielfachen Beziehungen und insbesondere durch das Vertrauen

Walewskis die Stimmung und die Absichten des Kaisers, soweit dies möglich war, kannte, brachte mir eine Enttäuschung. Sofort wurde es mir klar, dass in der polnischen Sache bisher nichts Entscheidendes geschehen, dass die erwartete Wendung entweder noch gar nicht eingetroffen, oder bereits zum Abschlusse gelangt war. Doch, ich sollte ja die Verhältnisse persönlich prüfen.

In Begleitung Julian Klaczkos besuchte ich die Boulevards. Hier trafen wir Herrn Téxier, den Redacteur des „Siècle", und begannen mit ihm über die polnischen Ereignisse zu sprechen. Er bewies uns, dass alles verloren sei, sprach mit Geringschätzung vom Kaiser und von seinem Verhalten gegenüber Polen, und schloss mit bewunderungswürdigem Selbstbewusstsein: „Er wollte mich nicht hören; ich habe ihm gerathen, dass er für den Anfang sofort vierzigtausend Schweden über die polnischen Grenzen werfe. Er hat nichts gethan. Jetzt ist es zu spät." Daraus erkannte ich, mit welcher Leichtfertigkeit die „öffentliche Meinung" und die französischen Journale die schrecklichen Ereignisse in Polen beurtheilten. Die Auslassungen dieses Journalisten mussten in meinen Augen die hohe Meinung, die wir von der französischen Presse hatten, herabsetzen.

Im Hôtel Lambert hoffte man, aber ohne Glauben; man fühlte, dass ein Zurückweichen unmöglich und der endgiltige Erfolg unsicher war; diese Lage wurde mit jedem Tage peinlicher. Fürst Ladislaus Czartoryski und seine Umgebung standen vor einem Conflict mit dem eigenen politischen Gewissen. Man fand schon alles abgeschmackt. Hier erfuhr ich deutlich, dass die eigentliche Mission Metternichs misslungen war und er nur den Wunsch der österreichischen Regierung mitgebracht hatte, die Unterhandlungen weiter zu führen und die Ereignisse abzuwarten. Wie man mir versicherte, hatte Metternich eine mehr oder weniger folgendermaßen lautende Antwort mitgebracht: „Die Ereignisse sind nach Ansicht der österreichischen Regierung noch nicht reif genug, um schon jetzt behufs eventueller Kriegserklärung an Russland ein Bündnis zu schließen. Wiewohl man in Wien die Bedeutung der polnischen Frage und der Napoleonischen Entschlüsse nicht verkenne, so müsse doch zuvor eine gemeinsame diplomatische Basis gefunden werden, auf der zwischen Frankreich, England und Österreich ein Einverständnis herbeigeführt werden könnte. Die diplomatische Action müsse

jeder anderen vorausgehen, und erst nach derselben könne an
weitere Mittel gedacht werden."

Als ich in Paris ankam, gehörte die Mission Metternichs
bereits zum größten Theile der Vergangenheit an. So weit ich
mich erinnern kann, hatte Czartoryski unmittelbar vor meiner
Ankunft eine Unterredung mit dem Kaiser gehabt. In derselben
skizzirte Napoleon, von dem Misslingen jener Mission ausgehend, die verschiedenen Arten, wie man die polnische Frage
lösen und wie man sie materiell unterstützen könnte. Alle diese
Pläne bewiesen jedoch, dass ein eigentlicher Plan nicht vorhanden war.

Auf Czartoryskis Einwand, man solle eine französische
Armee über die Ostsee nach Lithauen schicken, erwiderte der
Kaiser: „Nein! Der Stier muss bei den Hörnern gefasst werden."
Dies hieß, auf Kronstadt und Petersburg losschlagen. Czartoryski
wollte etwas Bestimmteres hören. „Glauben Sie, Sire, dass die
Fortdauer des Aufstandes nothwendig sei?" „Jawohl" — bekam
er zur Antwort — „und Ich bevollmächtige Sie auch, dies weiter
zu sagen."

Der Fürst begab sich sodann zu Walewski, der ihm erklärte:
„Jedenfalls wird ja Polen nach dem Aufstand bessere Bedin-
gungen erhalten als es heute hat, Ihr verliert also durch die
Fortsetzung des Aufstandes gar nichts." Auch der Minister des
Auswärtigen meinte: „Il faut nous donner le temps d'arriver."
(Man muss uns möglich machen, mit der Hilfe zu kommen.)

Die öffentliche Meinung Frankreichs, soweit man auf sie
und mit ihr rechnen konnte, war der polnischen Sache geneigt,
ohne jedoch für dieselbe begeistert zu sein; ihr Enthusiasmus,
der unter dem Eindrucke der Februar-Ereignisse entstanden war,
schwächte sich allmählich ab, wahrscheinlich infolge der Niederlage Langiewicz'. Im ersten Augenblicke wäre es dem Kaiser
vielleicht gelungen, die Nation für Polen mit sich fortzureißen,
insbesondere, wenn er die französischen Grenzen bis an den
Rhein ausgedehnt hätte. Jetzt berechneten die Franzosen ganz
kühl die schlechten Chancen eines solchen Krieges, seine Opfer
und Kosten.

Im Schoße der kaiserlichen Regierung gab es zwei entgegengesetzte Strömungen. Ein Theil der kaiserlichen Berather,
Walewski und Drouyn de Lhuys, unterstützte die polnische

Sache mit Ausdauer, Beharrlichkeit, aber auch mit Vorsicht. Prinz Napoleon plaidirte mehr leidenschaftlich als erfolgreich. Am 17. März, bei der Debatte über die Petitionen für die polnische Sache, hielt er eine großangelegte, formvollendete, polenfreundliche Rede, die er mit folgenden Worten schloss:

„Es wäre traurig, die Polen zur Resignation zu bewegen. Die Verhältnisse sind günstig, der Kaiser ist in der Blüte seiner Jahre und seines Genies, der Glanz seines Namens ist groß. Jetzt ist die Zeit zum Handeln. Handeln Sie also mit möglichster Schnelligkeit. Wie? Ich weiß es nicht, ich kann es nicht wissen, aber handeln Sie! Der Aufstand wird fortdauern, wenn man ihn aufmuntert; möge der Kaiser thun, was er will. Die Würfel sind gefallen; möge jeder der Stimme seines Gewissens folgen. Was mich betrifft, so setze ich Vertrauen in eine Sache, die der Kaiser in seine Hand nimmt."

Darauf erwiderte Minister Billault: „Meine Herren! Ich kenne die negativen Seiten, ja sogar die Gefährlichkeit der Discussion, die Sie seit zwei Tagen beschäftigt. Jedes unvernünftige Wort, das hier fällt, muss die Ströme von Blut, die in Polen fließen, vergrößern, und auf dem diplomatischen Schachbrett neue unberechenbare Complicationen herbeiführen. Es ist an der Zeit, durch ein ruhiges Wort das Gleichgewicht in der Sache herzustellen. Ich bitte mir also morgen zu gestatten, durch eine ausführliche Darlegung jene Eindrücke, die aus der heutigen Discussion hervorgehen könnten, zu verwischen, und zu beweisen, dass sich die Tagesordnung mit unseren Sympathien für Polen, mit Ihrem Vertrauen zur Politik des Kaisers, und hauptsächlich mit dem wahren Interesse Frankreichs vereinbaren lassen könne."

Am andern Tage setzte Billault die Politik des Kaisers in der polnischen Frage auseinander: „Betrachten wir die Folgen dieser Politik. Vergleichen Sie das Frankreich von heute mit dem von vor fünfzehn Jahren. Es ist mächtig, von allen geliebt, und von denen, die es nicht lieben, gefürchtet. Dank dieser Stellung kann es den Landes-Interessen sein Augenmerk zuwenden und durch friedliche Mittel seinen Absichten Nachdruck verschaffen. Sollen wir heute der polnischen Sache zuliebe von dieser Politik abweichen und dadurch die heilige Allianz wieder erwecken? Die polnische Sache ist eine europäische Frage, sie

kümmert daher auch alle anderen Nationen ebenso wie uns.
Glauben Sie nicht, meine Herren, dass wir mächtiger dastehen,
wenn wir alle Nationen um uns concentrieren, wie wenn wir
isolirt dastehen? So denkt der Kaiser über die Lage. Die kaiserliche Regierung ist der polnischen Sache, sofern sie keinen
revolutionären Beigeschmack hat, gewogen; zweifellos. Wenn
man hier an die Generäle, die auf den Schlachtfeldern unter
dem ersten Kaiserreich neben den Polen gekämpft, oder in der
Krim die Russen geschlagen, oder gar an die Cardinäle als
Vertreter der katholischen Kirche appellirt hat, so will auch ich
an diese und an Sie appelliren. Polen soll nicht verlassen, sondern
im Wege einer vernünftigen und erfolgreichen Politik unterstützt
werden. Das ist die Bedeutung Ihrer Tagesordnung. Es handelt
sich um eine Sympathiebezeugung für Polen, aber es soll auch
das unbedingte Vertrauen zu den Absichten des Kaisers ausgesprochen werden."

Auch Walewski griff in die Discussion ein, indem er auf
die in den Wiener Verträgen begründeten Rechte Polens hinwies
und ausrief: „Ich kann nicht mit Stillschweigen übergehen, was
Herr Larochejaquelein zum Schlusse anführte: dass Mazzini
den Aufstand anspornte, dass Langiewicz ein Agent Garibaldis,
Mazzinis oder gar Ledru-Rollins war. Er meint sogar, dass die
kaiserliche Regierung davon wisse. Das ist falsch! falsch! falsch!
Der polnische Aufstand war weder das Werk Mazzinis, noch
Garibaldis, noch Ledru-Rollins!"

Die Kaiserin E u g e n i e war den Polen gewogen. Sie rühmte
deren Tapferkeit, nannte ihr schönstes Reitpferd „Langiewicz"
und sah in der polnischen Sache die des Katholicismus. Aber Mexico,
zum Theile ihr Werk, nahm sie zumeist in Anspruch, dasselbe
Mexico, welches, indem es Frankreich Geld und Militär entzog,
auch die Macht seines Wortes in den europäischen Angelegenheiten schwächen musste. Andererseits aber gab es Männer, deren
Bestreben dahin gieng, wenn nicht die Beziehungen zu Russland, so doch wenigstens die Möglichkeit ihrer Anknüpfung
um den Preis der Aufopferung der polnischen Sache und des Aufstandes zu erhalten und dadurch den Frieden nicht stören zu
lassen. An ihrer Spitze stand Herzog von M o r n y, dessen russenfreundliche Bestrebungen vorläufig nicht zur Geltung kamen, und
als Repräsentant der haute finance der Finanzminister F o u l d. Die

der polnischen Sache feindlich gegenüberstehende Partei hatte im Kronrathe sogar ein Übergewicht. So blieb nur noch der entscheidende Wille des Kaisers übrig, der mit den bestehenden Verhältnissen rechnen musste. Derselbe äußerte sich in einem Briefe an den Minister Billault, der am 22. März im „Monitour" veröffentlicht wurde:

„Ich habe soeben Ihre Rede gelesen. Ich war glücklich, in derselben ein so treues Bild Meiner Politik zu finden. Sie wussten Unsere Sympathien für eine Sache, die auch Frankreich theuer ist, mit der fremden Mächten und Regierungen gebürenden Rücksicht zu vereinigen. Ihre Worte stimmten in allen Punkten mit Meinen Gedanken überein. Jede andere Erklärung Meiner Gefühle weise Ich zurück."

Angesichts dieser Sachlage verlor man im Hôtel Lambert nicht die Hoffnung, aber man gab sich Befürchtungen hin, da man die traurige Lage des Landes aus vertraulichen Berichten und meinen Mittheilungen kannte. Man wusste, was von den angeblichen Siegen der Aufständischen und der Thätigkeit der National-Regierung zu halten sei. Ich erinnere mich noch, wie während meiner Anwesenheit im Hôtel Lambert eine Depesche mit der Nachricht von einem bedeutenden Siege der Aufständischen aus Krakau einlangte. Klaczko fragte mich, ob dies möglich sei. „O ja!" — antwortete ich — „die Depesche ist ja nicht von mir."

Wir selbst gaben uns keiner Täuschung hin. Allein wir wollten das Ausland täuschen, im Glauben, daraus einen Nutzen zu ziehen und die Unterstützung eines Unternehmens zu erwirken, das an und für sich keine Aussichten hatte. Wir sahen da unseren Rettungsanker; wir fühlten also, dass wir am Ertrinken waren. Ich suchte Walowski auf und hatte mit ihm in Gegenwart meines Vaters ein längeres Gespräch. Ich setzte ihm die Situation in unserem Lande auseinander, ich erklärte ihm, dass der Aufstand, somit auch dessen Unterstützung, nie in den Intentionen des ernsten und vernünftigen Theiles der Bevölkerung gelegen hatte, dass wir uns nur deshalb herbeigelassen hatten, ihn zu unterstützen, weil wir aus den uns zugekommenen Pariser Mittheilungen ersehen hatten, dass eine solche Unterstützung zum Anlasse einer europäischen Intervention dienen könnte und die Hoffnung auf eine militärische Hilfe nicht aussichtslos sei. Ich schloss mit den Worten:

„Entweder ist die Absicht und die Möglichkeit vorhanden, militärische Hilfe zu leisten, oder es muss entschieden erklärt werden, dass
der Aufstand einzustellen sei. Denn durch den bloßen Aufstand
wird nichts erreicht und das Land erleidet nur immer mehr
Niederlagen." Walewski meinte jedoch: „Jetzt ist ja Frühling.
Ihr werdet unter günstigeren Bedingungen kämpfen können."
- - „Warum?" - - „Die Wege sind ja besser und Ihr werdet
mit Euren Kanonen leichter vorwärts kommen." Diese Worte
verblüfften mich. Ich schaute meinen Vater an; es war mir
klar, dass unsere rosig gefärbten Mittheilungen über den
Aufstand und die Schlachten ihre Wirkung nicht verfehlt hatten,
auch, wenn in ihnen von Kanonen keine Rede gewesen war.
„Höchstens werden die Russen" - erwiderte ich - „ihre Kanonen
besser vorrücken und aufstellen können." Jetzt ergriff Walewski
zu längeren Ausführungen das Wort. Er beschrieb die bisherige
Thätigkeit Frankreichs und seine Unterhandlungen mit den
Mächten im Interesse Polens und setzte fort: „Wir befinden
uns gegenwärtig in einer Periode der Unterhandlungen mit den
Mächten behufs Einleitung einer diplomatischen Action; vor
deren Abschlusse lässt sich etwas Bestimmtes weder sagen noch
unternehmen. Wir erwarten eben eine Antwort von England und
Österreich auf unsere Vorschläge; sie zögern jedoch mit derselben. Sehr viel hängt von Österreich ab, das doch in erster
Linie sein eigenes Interesse verstehen sollte." - - „Ich war in
Wien" - - unterbrach ich den Minister - - „und da forderte mich
gerade Fürst Leon Sapieha auf, zu erklären, dass sich das Wiener
Cabinet über die Saumseligkeit und kühle Haltung des Pariser
Cabinets beklage." Walewski antwortete darauf nichts, sondern
zuckte die Achseln und meinte: „Mit einem Worte, wir stehen
vor einer Geburt; alles ist davon abhängig, ob das Kind lebendig
oder todt zur Welt kommt."

Da im Lande Gerüchte im Umlaufe waren, dass Napoleon
und Walewski zur Fortsetzung der Revolution aufmunterten,
jener durch das „durez", dieser durch den Ausspruch: „Die
Ströme von Blut werden die Grenzen des zukünftigen Polens
bezeichnen," so fragte ich: „Glauben Sie, Herr Graf, dass die
Fortdauer des Aufstandes eine glückliche Geburt herbeiführen
könne?" Darauf erhob sich Walewski nervös vom Sopha, schritt
zum Kamin und rief aus: „Il n'y a que cela! Il n'y a que

cela!" (Nur dies allein kann helfen!) Er fragte mich noch, wann
ich abreisen wolle, und als er zur Antwort erhielt, dass dies
möglichst bald geschehen werde, da man im Lande mit Ungeduld
Nachrichten aus Paris erwarte, schloss er unsere Unterredung:
„Das ist alles, was ich Ihnen jetzt sagen kann, und ich glaube,
dass Ihnen niemand etwas Anderes sagen kann. Wiederholen
Sie dies Ihren Freunden; sollte ich noch etwas vor Ihrer Abreise
beizufügen haben, so will ich es durch Ihren Vater oder durch
meine Frau thun," und verabschiedete sich. Ich erinnere mich,
wie mich, den noch jungen und in öffentlichen Dingen uner-
fahrenen Mann, jenes Gespräch betrübte. Ich merkte an Walewski
eine Unsicherheit, ja sogar eine Verlegenheit, wie wenn es sich
um seine eigene Verantwortlichkeit handele. Instinctiv fühlte ich,
dass wir jetzt nur auf eine diplomatische Intervention Frankreichs und der zwei anderen Mächte zu rechnen hätten, und
dass auch diese aller Wahrscheinlichkeit nach fruchtlose Intervention nicht den verderblichen Aufstand abschließen würde.
Diese Wahrheit, die mir damals nur nebelhaft vorschwebte, legte
sich dann wie ein schwerer Alp auf die weitere Entwickelung
der Ereignisse.

Ich will noch erwähnen, was ich in meinen Notizen vor-
finde. Mein Vater erzählte mir damals, dass Walewski den ihm
zugeschriebenen Satz: „Die polnischen Grenzen werden durch
das Blut des Aufstandes bezeichnet werden," nicht gebraucht
habe. Allein Fürst Ladislaus Czartoryski erinnert sich ganz
genau, diese Worte aus dem Munde Walewskis, noch dazu im
Beisein meines Vaters, gehört zu haben. Es ist wohl möglich,
dass sich die Verneinung meines Vaters nur auf die Form, nicht
auf den Inhalt selbst bezog, dass ich in meiner Überzeugung
von der Nutzlosigkeit, ja sogar Verderblichkeit des Aufstandes
in Wollhynien, Ukraine, Podolien es wünschte, dass Walewski
diese Worte nicht gebraucht hätte, dass er sie aber doch einmal
ausgesprochen hat. Klaczko und Ludwig Wodzicki haben gleichfalls, nur wissen sie nicht, ob aus dem Munde Walewskis oder
Mocquards, von der Nothwendigkeit des Ausharrens und Erwei-
terns des Aufstandes „la durée et l'extension" gehört. Mir sagte
Walewski von einer Extension nichts mehr. Das so entscheidende
„durez" wurde vom Kaiser nicht imperativ gebraucht. Der Kaiser
und Walewski sprachen lediglich in dem Sinne, dass nur die

Fortdauer des Aufstandes auch die Fortdauer der polnischen Frage als einer europäischen herbeiführen könne, womit sie nur etwas Selbstverständliches aussprachen, da mit dem Wegfallen der Revolution auch der Anlass zur diplomatischen, eventuell militärischen Intervention wegfiel. So waren auch die Instructionen des Hôtel Lambert, die Briefe meines Vaters nach seinen Unterredungen mit Walewski und Drouyn de Lhuys und die Antwort Walewskis auf meine obige Frage gemeint. Das war auch der Sinn des Gespräches zwischen Napoleon und Czartoryski nach der Katastrophe Langiewicz'.

Am Anfange sprach man zwar auch von einer „Extension". Als Fürst Czartoryski in der Rede Napoleons vom 5. November 1863, die die Einberufung eines Congresses anregte, die Worte las: „La durée de l'insurrection lui a imprimé ce caractère national" (Die Fortdauer des Aufstandes gab ihm ein nationales Gepräge), begrüßte er sie als eine Bestätigung und Rechtfertigung der Mittheilungen und Aufträge, die er am Anfange des Jahres dem Lande hatte zukommen lassen. Aber von einer „Extension" enthielt diese Rede keine Erwähnung.

Ich verabschiedete mich von meinem Vater und gieng hinauf zur Gräfin Walewska. Sie begrüßte mich mit der ihr eigenthümlichen Liebenswürdigkeit und erkundigte sich nach meinen Eindrücken in Paris. Ich antwortete, dass ich mir darüber eigentlich noch nicht klar sei, dass aber jedenfalls die jetzigen Eindrücke für mich weniger angenehm seien als frühere. Graf Nigra, der italienische Botschafter, war zugegen und Madame Walewska stellte mich vor: „Das ist Herr von Koźmian, kommt eben aus Polen." „Ah!" sagte darauf Graf Nigra — „dort gehen ja recht interessante Dinge vor." „Interessante, aber auch traurige" — gab ich zur Antwort. „Warum denn traurige? Es scheint ja den Aufständischen gut zu gehen, ich ersehe aus den Zeitungen, dass sie bald sogar eine Flotte haben werden." Damit war die geplante Expedition Łapińskis auf den Dampfern „Ward Jackson" und „Gipsy Queen" von England gegen Samogitien gemeint.

War dies seitens des gewandten und schlauen Diplomaten eine Leichtfertigkeit oder ein Hohn? Ich weiß es nicht. Allein ich denke, dass mich die Schweden Téxiers, die Kanonen Walewskis und die Dampfschiffe Nigras aufs tiefste verletzten.

Ich sah darin einerseits den ganzen Wahn der in ein Nichts
zerfließenden Revolution, ihre ganze Tragik mit einem Anfluge
von Lächerlichkeit; andererseits die Flachheit der Urtheile der
europäischen Diplomatie über Polen.

Madame Cornu war die Milchschwester und Jugend-
genossin Napoleons III. Sie besuchte ihn oft und war im Voll-
besitze seines Vertrauens. Mein Vater war mit ihr bekannt und
befreundet. Diese Freundschaft war umso inniger, als diese kluge
und edle Dame der polnischen Sache gewogen war. Durch ihre
Vermittlung informierte mein Vater den Kaiser über den Stand
der Dinge in Polen und theilte ihm Details mit; durch sie ließ
der Kaiser seine Anschauungen erkennen.

Madame Cornu sollte mir eine Audienz beim Kaiser verschaffen. Ich suchte sie eilig auf. Aber hier erfuhr ich, dass
mich der Kaiser nicht empfangen wolle, denn: „Cela me fait
trop souffrir, de voir maintenant des Polonais, du reste je n'ai
rien pour le moment à lui dire." (Es schmerzt mich allzusehr,
jetzt einen Polen zu sehen; übrigens habe ich ihm jetzt nichts zu
sagen.) Das bewies ein großes Mitgefühl, aber auch eine, sei es
nur momentane Unfähigkeit, demselben einen praktischen Ausdruck zu geben. Mein Gespräch mit Madame Cornu bestärkte
mich in dieser Meinung. Sie versicherte mir, dass sich der Kaiser
für unsere Sache interessiere — woran ich gar nicht zweifelte
— dass er sie nicht verlassen würde, dass man ihm jedoch seine
Pläne durchkreuzt, und das „verdorben" habe, was er thun wollte.
Er habe darum, nur vorläufig, die Sache aus den Händen gelassen
und an die Minister und Diplomatie abgegeben, von deren Intervention er sich gar nichts verspreche. Da er wisse, wie traurig die
Lage des polnischen Volkes und seines Landes seien, wäre es
ihm schmerzlich, mit einem Polen zu sprechen. Madame Cornu
fügte noch hinzu, dass sie den Kaiser in diesem Gespräche an
seine Kindheit erinnert habe, als er eine polnische Uhlanen-
uniform trug. „Nicht wahr" - meinte darauf Napoleon — „es
war dies eine Prophezeiung, dass ich die Bestimmung habe, für
Polen etwas zu thun."

Aus diesem Gespräche und aus anderen Merkmalen ersah
ich, dass der Kaiser, der bei Antritt seiner Regierung die polnische Frage in sein Programm aufgenommen hatte — wovon ich
überzeugt war, da ich Beweise dafür in Händen hatte, und

woran man auch nicht zweifeln kann, wenn man seine „Napoleonischen Ideen", seine Pläne und sein Nationalitätenprincip kennt
dass der Kaiser in seiner Action für Polen, durch den Aufstand
unterbrochen, befürchten musste, gerade an ihr seine Machtlosigkeit zu offenbaren. Als er jedoch die Möglichkeit sah, nebst
der Lösung der polnischen Frage infolge der russisch-preußischen
Convention auch für Frankreich Eroberungen zu machen, und
dann sowohl seitens Englands, wie auch Österreichs aufgemuntert
wurde, da erwachte in ihm nicht nur die Hoffnung, etwas Ernstes
und Erfolgreiches, sich mit seinen eigenen Interessen und den
Interessen Frankreichs Vereinbarendes zu thun, aber auch die
Befürchtung, dass man ihm eine der erhabensten Fragen seines
Nationalitäten-Programms aus den Händen reißen könnte, die
von so großem Zauber war und durch welche er seinen Einfluss
so sehr erhöhen konnte.

Deshalb, calculierte ich, wandte sich der Kaiser an Österreich, nahm er die polnische Sache in seine Hand, und als er
keine Möglichkeit sah, sie mit Russland zu lösen, versuchte er
dies gegen Russland zu thun. Die Mission des Fürsten Metternich
nach Wien war das Werk Napoleons und stellte die polnische
Frage auf einen praktischen Boden. In ihrem Hauptinhalte und
Wesen, Österreich zu einem sofortigen Bündnisse mit Frankreich
und zu einer bewaffneten Intervention in Polen zu bewegen, die
durch in Triest landende französische Truppen unterstützt worden
sollte, war diese Mission gescheitert; eine diplomatische Intervention der drei Mächte kam aus ihr zum Vorschein. Somit
wurde Napoleon in den zwei rationellen und möglichen Erwartungen einer Lösung der polnischen Frage, durch Russland friedlich, durch Österreich mit Waffen getäuscht. Momentan war also
eine Hilfe nicht möglich, und doch dachte er daran, wie ja
seine Unterredung mit Czartoryski beweist. Der Kaiser hegt kein
Vertrauen in den Erfolg der diplomatischen Intervention, und
doch betraut er seine Regierung und Diplomatie damit, sie zu
Ende zu führen; er stört sie nicht, denn er kann sich nicht an
den Gedanken gewöhnen, für Polen nichts zu thun, sein Nationalitätenprincip zu verleugnen, und endlich den schönen Traum
von der Rheingrenze aufzugeben. So wird er denn, gekränkt,
verbittert, gebrochen, auf die erstbeste Gelegenheit warten, um
praktisch und erfolgreich zu handeln, und diese Gelegenheit kann

die diplomatische Intervention bieten. Hätte er nicht diese Hoffnung, wozu denn würde er sich in Unterhandlungen einlassen, die die Kluft zwischen Frankreich und Russland nur noch erweitern könnten?

So calculirte ich.

Nach meinen Gesprächen mit Walewski und Madame Cornu gewann ich die Überzeugung, dass mir niemand Anderer etwas mehr sagen könne. Selbst Herrn Drouyn de Lhuys, den Minister des Auswärtigen, besuchte ich nicht mehr, da ihn ja mein Vater fast alltäglich sah und nur dasselbe von ihm hörte, was von Walewski.

Ich hielt meine Mission in Paris für beendigt. Die Zukunft kam mir unsicher und düster vor; ich fühlte die Schrecklichkeit der Lage, die infolge der auswärtigen Action ein nahes Ende nicht erwarten ließ. Aber Eines stand bei mir fest: das Land müsse geschont, die Opfer auf das geringste Maß beschränkt werden. Ich sandte Depeschen nach Krakau, die ein Sinken des Hoffnungsgrades und der Aussicht auf fremde Hilfe herbeiführen sollten. Man klagte mich nun an, auf den öffentlichen Geist schädlich einzuwirken.

Es folgten zahlreiche Berathungen im Hôtel Lambert und Debatten über den Bericht, den ich in Krakau und in Lemberg erstatten sollte. Endlich giengen wir speisen zu Durand, wo sich Polen aus allen Provinzen und Repräsentanten der Pariser Emigrationscolonie versammelten. Hier sollte ich mittheilen, was ich in Paris erfahren und erlebt hatte. Ich ergriff das Wort und erklärte, dass ich an den Erfolg eines auf sich selbst gestellten Aufstandes nie geglaubt hätte, dass jetzt nicht einmal das Einzige, auf das man vernünftigerweise rechnen konnte, das ist ein europäischer Krieg, eingetroffen, dass überhaupt ein greifbarer Plan nicht vorhanden sei, und dass sich die Sache lediglich im Stadium der an und für sich erfolglosen diplomatischen Intervention befinde. Jetzt, in Anbetracht dieser Lage, meinte ich, sollte man zu der früher bereits von den conservativen Elementen eingenommenen Stellung zurückkehren, und sich fragen, ob man den Aufstand weiterhin unterstützen, oder sich von ihm zurückziehen solle. Ein allgemeines Stillschweigen war die Antwort. Dasselbe bedeutete weder eine Billigung, noch eine Verurtheilung meiner Worte; es drückte sich darin lediglich der dem pol-

4*

nischen Charakter eigenthümliche Mangel der Entschlussfähig-
keit aus. Es herrschte eine Scheu, die einmal vertretene Sache
zu verlassen; es war unmöglich, zum Rückzug zu blasen,
solange doch noch irgendeine Hilfe zu erwarten stand. So erkläre
ich mir dieses Stillschweigen; in demselben Sinne musste ich es
auch damals auffassen, denn ich fuhr fort: „Ich glaube jedenfalls, wenn die Mächte zuwarten, sollten auch wir, soweit dies
geht, das Gleiche thun. Es geht wohl nicht an, den Aufstand
zu brandmarken, angesichts der eingeleiteten diplomatischen
Action, es ist nicht möglich, ihn aufzuhalten, aber man soll
wenigstens vorläufig nicht seinen Rahmen erweitern, denn dies
wäre eine unnütze Verschwendung der Kräfte, die, sobald die
europäische Action eine ernste und praktische Richtung ein-
geschlagen haben wird, von Nutzen sein dürften. Dann könnten
die Kräfte auf der Wagschale entscheiden; heute wären sie nur
fruchtlos vergeudet. In keiner Weise dürften jedoch Lithauen
und die „Erworbenen Provinzen" *) vorzeitig und vielleicht nutzlos
der Gefahr einer Entkräftung ausgesetzt werden."

Die Anwesenden aus Lithauen beschrieben mir in traurigen
Farben die Lage ihres Landes, das unter doppeltem Terrorismus
zu dulden habe, dem der russischen und der geheimen National-
Regierung, und das doch „alles thue und noch thun werde, was
das gemeinsame Wohl erheische". Alexander Rembieliński meinte
jedoch: „Was uns da Herr Koźmian sagte, zeigt, wie sehr wir
uns freuen sollten, dass sich die nationale Bewegung nicht in
den Händen der Conservativen und Reactionäre befindet." Ich
hörte noch Mehreres, was mich belehrte, dass die Nachrichten
und Rathschläge vom Palais Royal, wo Prinz Napoleon wohnte,
anderer Natur waren, als die mir zutheil gewordenen, und dass
sie von den Anschauungen Walewskis abwichen. Wie schon unter
Polen üblich, giengen wir auseinander, ohne etwas beschlossen
zu haben.

Ich glaubte, dass das politische Übel schon durch das bloße
Factum des Aufstandes begangen sei und dass im Falle des
Misslingens, das heißt, wenn wir in unseren Erwartungen
fremder Hilfe getäuscht würden, durch die größere oder gerin-
gere Unterstützung des Aufstandes das politische Übel im König-

---

*) So wurden damals die Provinzen Podolien, Wolhynien und Ukraine
genannt.   (Anm. d. Übers.)

reiche Polen nicht vergrößert werde. Aber ich sprach deshalb
so, weil ich mir vor Augen hielt, dass die Ausdehnung des
Aufstandes über die Grenzen des polnischen Königreiches für
das polnische Element in den anderen unter russischer Herrschaft stehenden Provinzen unheilvoll werden könnte.

Vom Anfange an war ich der Ansicht, dass die Verbindung
und Vereinigung des Königreiches mit Lithauen und den „erworbenen Provinzen" in Bezug auf den Aufstand nur die politischen
Combinationen und Compromisse erschweren und den Rückzug,
an den sowohl der Feldherr wie der Politiker denken müssen,
gefährde. Diesen Gesichtspunkt vertrat ich überall, wo ich
konnte, und ich glaube, dass, wenn ich ihn erfolgreich vertheidigt hätte, wenigstens die Niederlage kleiner gewesen wäre.

Lithauen war bereits in den Anfängen des Aufstandes com-
promittiert, aber ich fühlte, dass dort die Erneuerung des Aufstandes und ein hartnäckiges Festhalten an demselben nicht
nur eine strenge Repression, sondern auch ein System der
Rache, der Vernichtung des polnischen Elementes heraufbeschwören könnte, wie es bald darauf das Regime Murawiows war.
Hauptsächlich handelte es sich mir darum, bewaffnete Expeditionen nach Wollhynien und Podolien, sowie Revolten in der
Ukraine zu verhindern, denn dort konnte es zu einer Katastrophe
kommen, bevor noch eine Hilfe von außen herbeigelangt war.
Es war daher der Zweck meiner Ansprache an die Anwesenden
aus allen Theilen Polens, ihnen das Bewusstsein der Nutzlosigkeit,
ja sogar der Verderblichkeit eines Aufstandes in den erworbenen
Provinzen, sowie die Nothwendigkeit eines Schutzes der nationalen Kräfte beizubringen. An die Möglichkeit einer vollständigen Unterlassung des Aufstandes oder einer Verhinderung
der Weiterentwickelung glaubte ich nicht, mit Rücksicht auf
die zwischen den Mächten schwebenden Unterhandlungen und
die in Aussicht gestellte politische Action. Eigentlich sollte ich,
da ich an den Erfolg dieser Action nicht glaubte, auch meine
Freunde überreden und mich selbst dazu entschließen, uns von
dem Aufstande zurückzuziehen. Doch in diesem Momente fehlte
es mir an Standhaftigkeit und Kraft, um dieser inneren Stimme
zu folgen. Wenn ich jedoch heute jene Ereignisse betrachte, so
habe ich die Überzeugung, dass es mir höchstens gelungen wäre,
meine persönliche Stellung und Verantwortlichkeit und im

besten Falle auch meine Freunde zu retten. Dass jedoch
damals die Beendigung des Aufstandes und die Verurtheilung
desselben unsererseits für die polnische Frage von Nutzen sein
würde, davon war ich nicht überzeugt.

Ich glaubte damals nicht, dass mit Rücksicht auf das
Geschehene sich die russische Regierung entschließen könnte,
dem Königreiche Polen seine nationale Existenz zu lassen, auch
wenn wir den Aufstand beendigt hätten. Nach dreitägigem
Aufenthalte verließ ich Paris. Abends, vor meiner Abreise, begab
ich mich, wie vereinbart war, zur Gräfin Walewska, denn
durch dieselbe hätte mir ja Graf Walewski, falls etwas Neues
geschehen wäre, dies mittheilen lassen sollen. Ich traf sie allein
und sie fragte mich sofort, ob ich mit Befriedigung Paris ver-
lasse. Ich antwortete, dass ich nicht vollständig zufrieden sei.
„Warum denn?" fragte sie. „Weil man ja nicht gern Paris ver-
lässt, zumal wenn man nicht weiß, wann man wieder kommen
wird." Mit lebhaftem Interesse und Mitgefühl, aber nicht
ohne eine gewisse Verlegenheit wendete sie sich dem
eigentlichen Thema unseres Gespräches zu. Ich verhehlte ihr
nicht, dass ich eigentlich gar nichts Gutes nach Hause zu bringen
hätte, dass alles sich gegenwärtig auf die diplomatische Action
beschränke, die fruchtlos bleiben müsse und sogar für die uns
beide interessierenden Mächte, für Frankreich und Polen, auch
schädlich werden könnte, wenn sie nicht mit den Waffen unterstützt werden solle, dass ich jedoch weder Vorbereitungen noch
eine derartige Absicht bemerke und aus alldem, was ich hier
gesehen, nicht schließen könne, dass Frankreich mit der Waffe
in der Hand einzuschreiten beabsichtige; inzwischen würde das
Land zahlreiche Niederlagen erleiden, und die Verantwortung
hiefür auf uns fallen.

Madame Walewska war bemüht, mich zu trösten und meine
Eindrücke zu mildern, allein ich sah, dass auch sie bis zu
einem gewissen Grade die Richtigkeit meiner Argumentation
anerkannte und meine Zweifel theilte. Es war ihr dies wohl
peinlich, da sie sich mit Rücksicht auf die Persönlichkeit ihres
Gatten und auf seine Zukunft für die polnische Frage lebhaft
interessierte.

Ich bat sie, ihren Gatten fragen zu lassen, ob ich ihn
nicht noch vor meiner Abreise sprechen könnte. Sie sendete

einen Kammerdiener zu dem Grafen, und erhielt die Antwort,
der Minister lasse sie zu sich bitten. Als sie bald zurückkehrte,
theilte sie mir mit, der Graf sei momentan durch eine drin-
gende Unterredung mit dem Minister ohne Portefeuille Magne
verhindert, mich zu empfangen, und lasse mir sagen, dass alles,
was er mir mitzutheilen hätte, sich in der soeben erschienenen
Nummer der „Patrie“, die Madame Walewska in der Hand hielt,
befinde, dass diese Worte officiell seien und im Zusammenhange
mit unserer Unterredung alles Dasjenige enthielten, was ich dem
Lande zu überbringen hätte. Madame Walewska übergab mir
die Nummer der „Patrie“ und darin fand ich mit Blaustift folgende
Worte angezeichnet: „Mit Recht wendet die öffentliche Meinung
ihre Aufmerksamkeit den Unterhandlungen zu, die wegen der
polnischen Frage zwischen den Cabineten gepflogen werden. Es
wäre voreilig, die Natur und den Gegenstand dieser Berathungen
jetzt näher anzugeben, allein soviel mag constatiert werden,
dass die Negotiationen fortschreiten, dass sie sich von der englischen Proposition vom 4. März dieses Jahres unterscheiden,
insoferne, als sie nicht die Tractate des Jahres 1815 zum Ausgangspunkte nehmen. Man wird bald beurtheilen können,
mit welch lebhafter Fürsorge Frankreich für die polnische
Sache eintritt.“

Mit ihrem Blicke fragte mich Madame Walewska um meine
Meinung. Ich erwiderte: „Das ist ja dasselbe, worüber wir vor
einem Augenblick gesprochen haben, allein wir werden sehen.“
Ich nahm die Nummer der „Patrie“ mit und eine Stunde später
saß ich im Coupé.

Franz Smolkas Warnung.

Nach Krakau heimgekehrt, begab ich mich ungesäumt zum Grafen Adam Potocki. Er war damals leidend und lag auf dem Ruhebett. „Nun, was gibt's?" fragte er. „Das, was ich mitbringe," erwiderte ich, „hat keinen Wert; es ist sogar traurig. Eine diplomatische Intervention, die uns den Sieg nicht verschafft, aber auch eine Beendigung des Aufstandes nicht zulässt." Nachdem ich über meinen Aufenthalt in Paris Näheres erzählt hatte, zeigte ich dem Grafen die Nummer der „Patrie". Adam Potocki, der mit außerordentlichen Fähigkeiten und einem scharfen Geiste auch ein edles Gemüth und eine innige Anhänglichkeit an das Vaterland in sich vereinigte, lächelte mit bitterer Ironie und wies darauf hin, wie verhängnisvoll die auf Napoleon III. gesetzten Erwartungen seien. Er konnte umso richtiger urtheilen, da er selbst einige Jahre vor dem Ausbruche des Aufstandes mit Napoleon III. mehrere Unterredungen über die polnische Frage gehabt hatte und die Einzelnheiten der Gespräche zwischen dem Kaiser und Siegmund Krasiński genau kannte.

Potocki wusste ebensogut wie ich, dass die Absichten Napoleons III. in der polnischen Frage sehr entschiedener und ernster Natur waren, allein er sah jetzt, wie sich Napoleon unter dem Eindrucke des Aufstandes auf Irrwege begab, auf denen für die polnische Nation bloß Niederlagen zu gewärtigen waren.

Nach längerem Gespräche vereinigten wir uns in der Überzeugung, dass das Auftreten einiger, wenn auch muthiger Männer gegen den Aufstand trotz der geringen Chancen der diplomatischen Intervention nutzlos wäre. Waren die Dinge schon soweit gediehen, dass eine europäische Intervention sogar amtlich ange-

kündigt wurde, so konnte von einem solchen Entschlusse nicht
mehr die Rede sein.

Am anderen Tage begab ich mich nach Lemberg, wo ich
das Mitglied des Nationalcomités für Westgalizien, den Fürsten
Adam Sapieha, aufsuchte. Dieser bat auch das Comité zu
sich und es erschienen Franz Smolka und Florian Ziemiałkowski. Ich theilte den Herren die Details meines Aufenthaltes
in Paris und meine Gedanken darüber mit. Ich erklärte, dass
ich persönlich gegen eine Expedition nach Wolhynien sei und
begründete meine Meinung damit, dass dies zum Zustandekommen einer auswärtigen Action überflüssig sei und für die
eroberten Provinzen nur eine Katastrophe herbeiführen könnte.
Smolka unterstützte mich, und zwar in einer Weise, die mir
unvergesslich bleiben wird; damals gewann ich das richtige
Urtheil über die außerordentlichen politischen Fähigkeiten dieses
Mannes. Er argumentierte ähnlich wie ich, aber besser und reifer,
und schloss seine Ausführungen: „Eine Expedition nach Wolhynien wird der Sache nicht nur nichts nützen, sondern die
dortigen Bürger der Gefahr einer Abschlachtung durch die Bauern
aussetzen.“

Adam Sapieha war entgegengesetzter Anschauung und es
kam zwischen ihm und Smolka zu einem scharfen Disput.
Ziemiałkowski schwieg. Leider erreichte ich nichts. Die Expedition nach Wolhynien wurde trotz der heftigen Opposition
Smolkas, trotzdem dieser sie als eine wahnwitzige Idee bezeichnete, nicht unterlassen.

Franz Smolka nahm im National-Comité für Ostgalizien
von Anfang an einen Platz ein, aber nur deshalb, um entschieden gegen „diesen verrückten Krieg“ aufzutreten. Als er sah,
dass nichts auszurichten war, trat er im April aus dem
Comité aus.

Wir warteten auf die Absendung der diplomatischen Noten
der drei Mächte nach Petersburg. Wir berichteten noch immer
ins Ausland über verschiedene Siege; denn es war ja logisch,
wenn wir unsere ganze Zukunft auf die auswärtige Hilfe stützten,
die Ereignisse in unserem Lande im besten Lichte darzustellen.

Jedem brannte der Kopf und das Herz, jeder hatte es
eilig, dieses Spiel einmal abzuschließen. Aber wie? Sollten wir
verlangen, dass der Aufstand abrüste und sich ergebe, wenn

doch die auswärtigen Mächte intervenierten? So blieb nichts
Anderes übrig, als sich an die bekannte geheime National-
Regierung anzuschließen und sie anzuerkennen, um die Einigkeit und den ausschließlich nationalen Charakter des Aufstandes
zu documentieren.

Fürst Ladislaus Czartoryski mit seinem ererbten großen
Namen und seiner hervorragenden europäischen Stellung gieng
darauf ein, als diplomatischer Agent und Repräsentant der
geheimen National-Regierung im Auslande zu figurieren. Er
fasste diese Stellung als ausschließliche Repräsentanz der
National-Regierung gegenüber dem Auslande auf. Allein wie
aus seiner Correspondenz mit der National-Regierung und deren
Departement für auswärtige Angelegenheiten hervorgeht, war
er thatsächlich nur zum Agenten für Paris und London ernannt
und auch dies nur bis zu dem Augenblicke, wo er selbst die
Ernennung des Generals Zamoyski zum Agenten in London
in Vorschlag brachte.

Nach dieser Ernennung des Fürsten Czartoryski verwandelte sich das Bureau des Hôtel Lambert in eine Agentie der
National-Regierung. Jenes Fatum, das durch die Vereinigung
eines Fehlers der Wahnsinnigen und eines Irrthums der Vernünftigen erzeugt wurde, drängte Menschen und Ereignisse
unheimlich vorwärts. Wir sollten ihm bald erliegen.

Die Amnestie.

Es war am Sonntag, den 12. April. Wie gewöhnlich traf ich vor zwölf Uhr Mittags mit Alexander Szukiewicz in der Redaction des „Czas" zusammen. Wir kamen, um die Zeitungen und Briefe durchzublicken und dann die Dienstag-Nummer*) zusammenzustellen. Szukiewicz zeigte mir ein Telegramm, in dem uns die an demselben Tage vom russischen Kaiser gewährte Amnestie gemeldet wurde. Dasselbe lautete: „Es erschien ein Manifest des Czaren Alexander, in dem unter der Bedingung, dass die Aufständischen vor dem 1. Mai (alten Stils) die Waffen strecken, eine Amnestie und Fortsetzung der durch Wielopolski im Königreiche Polen angebahnten Organisation in Aussicht gestellt wird." Wir begriffen die Wichtigkeit dieses Factums, und sahen wiederum einen jener wichtigen Augenblicke vor uns, die über die Zukunft entscheiden. Aber wir wussten selbst nicht, wie zu handeln, was zu unternehmen. Plötzlich öffnete sich die Thüre, Adam Potocki und Heinrich Wodzicki traten ein. Die Amnestie war ihnen beiden schon bekannt, beide fragten, was wir zu thun gedächten, und wie sich der „Czas" gegenüber der Amnestie verhalten werde. Beide waren für die Annahme der Amnestie und brachten diese Anschauung in einer ihrem Temperamente entsprechenden Weise zum Ausdrucke: Potocki leidenschaftlich, Wodzicki ruhiger. Ich sollte für die nächste Nummer einen entsprechenden Leitartikel schreiben. Für sie war die Amnestie ein durch die Vorsehung gebotener Ausweg aus dieser jammer- und verzweiflungsvollen Lage. Szukiewicz sprach wenig; ich

---

*) Der „Czas" erscheint jeden Abend mit dem Datum des folgenden Tages. (Anm. d. Übers.)

merkte, dass er die Verantwortung für die plötzliche Wendung
des Blattes nicht tragen wollte. So griff denn ich in die Discussion ein. Ich führte aus, dass es noch nicht feststehe, ob der
„Czas“, wenn er für die Amnestie auftrete, auch Gehör finden
oder ob er nicht vielmehr die Sympathien aller jener, die hinter
ihm standen, verlieren würde; ich glaubte, dass der Appell des
„Czas“ fruchtlos bleiben werde. Szukiewicz war meiner Ansicht.
Da rief Potocki mit seinem schönen Pathos: „Möge auf Euer
Haupt das Blut fallen, das von nun an vergossen wird!“ und
verließ uns. Wir trennten uns. Die ganze Nacht und Montag
früh hatten wir Zeit, uns den Entschluss zu überlegen.

Niedergedrückt von der Last der Verantwortung begab
ich mich in die Parkanlagen. Die Worte Potockis hatten auf
mich tief eingewirkt; ich fühlte ihre Wahrheit und die Schwäche
meiner Argumentation. Ich musste mir selbst sagen, dass eine
Erklärung des „Czas“, der sich großer Achtung erfreute und
mit dem sogar die geheime Regierung rechnete, wenn auch
keinen sofortigen Abschluss des Aufstandes, so doch eine Scheidung der maßvollen Elemente von demselben herbeiführen
könnte. (Die Amnestie schaffte ja eines jener wichtigen Argumente für die Fortdauer des Aufstandes aus dem Wege — dass
es außerhalb der auswärtigen Intervention keinen Ausweg gebe.)
Man wusste zwar noch nicht, wie weit die russische Regierung
diese Amnestie erstrecken würde; allein aus der Mitwirkung
des Großfürsten Constantin und Wielopolskis war zu ersehen,
dass durch die Annahme der Amnestie nicht nur jede strenge
Repression verhütet, sondern sogar die nationalen Institutionen
und mit denselben die nationale Existenz des Königreiches
Polen gerettet werden sollten.

Allein da ich auf dem Pfade wandelte, wohin mich das
Hôtel Lambert und die französische Regierung geleitet, so
konnte ich in einer so wichtigen und entscheidenden Frage
nicht allein einen Entschluss fassen, ohne jene Leute um Rath
gefragt zu haben, denen ich vertraute und deren Instructionen
ich folgte.

Stanislaus Tarnowski und Ludwig Wodzicki waren auf dem
Lande; mit Szujski stand ich noch nicht in Verbindung. Ich schrack
davor zurück, ganz auf eigene Hand das mühsam aufgerichtete
Gebäude der europäischen Intervention zu zerstören. Endlich gieng

ich zu Vincenz K i r c h m a j e r, dem Eigenthümer des „Czas". Es
ist etwas Schreckliches im journalistischen Berufe, bei den
wichtigsten öffentlichen Fragen oft das Wohl des Blattes in
Betracht ziehen zu müssen, nicht gerade sein materielles Wohl,
aber seinen Einfluss und seine Bedeutung. Es entsteht in wichtigen Fällen die Pflicht, den Rath des Eigenthümers einzuholen,
aber in diesem Falle konnte ich ein reifes, politisches Urtheil,
einen klugen, vernünftigen Rath erwarten, der das Wohl der
Sache in die erste Reihe stellen hieß.

Ich begab mich in die Wohnung Kirchmajers, erzählte ihm
alles, die Worte Potockis, die Argumentation Wodzickis, und
bat ihn um seine Meinung, nicht um eine Instruction, denn die
politische Unabhängigkeit des Blattes gegenüber dem Eigenthümer war gesichert. Unser ruhiges, rein sachliches Gespräch
dauerte lange; wir kamen nicht über die Schwierigkeit hinaus,
wie nutzlos und damit wie schädlich eine Erklärung des „Czas"
für die Amnestie wäre. Da plötzlich läutete es, es war der
Telegraphenbote, der eine an den „Czas" gerichtete Depesche
abgab. Ich erbrach sie und las: „Die Noten der Mächte nach
Petersburg abgegangen."

Wir sahen ein, dass jede weitere Erörterung nutzlos sei.
Die Amnestie und die Noten standen miteinander im Zusammenhange, die erste war eine Folge der letzteren. Die Amnestie
sollte Russland vor den Noten und der auswärtigen Intervention
schützen; ihre Bedeutung wurde dadurch in unseren Augen nur
noch größer. Im Augenblicke, wo in Petersburg die Noten der
auswärtigen Mächte überreicht wurden, durften wir nicht mehr,
auch wenn wir wollten, im „Czas" die Annahme der Amnestie
empfehlen.

Ich begab mich zu Szukiewicz, mit dem ich die Herausgabe einer Extrabeilage zum „Czas" veranlasste. Darin veröffentlichten wir beide Telegramme: Eines mit dem kaiserlichen
Manifest und der Amnestie, das andere mit der Nachricht von
dem Eintreffen der Noten in Petersburg. In dieser Beilage beurtheilte ich die Amnestie — wie Szukiewicz am anderen Tage
in der politischen Übersicht meinte — „wenn auch nicht er-
schöpfend, so doch vielseitig." Ich plaidirte für die Zurückweisung der Amnestie.

Montag abends erschien in der Dienstag-Nummer des
„Czas“ ein ausführlicher Leitartikel. Da hieß es: „Der kaiserliche Ukas an die Polen, die mit der Waffe in der Hand ihre
nationalen und Menschenrechte fordern, will vorerst die polnische
Frage von ihrer weiten, europäischen Basis verdrängen und zu
einer inneren Frage machen. Russland bestreitet das Recht
Europas, sein Verhältnis zu Polen zu untersuchen, und will
sich mit einem Schlage von den diplomatischen Noten, die aus
Wien, Paris und London nach Petersburg abgegangen sind,
befreien. Es will die ganze Frage in die engen Grenzen der
politischen Einheit der russischen Monarchie einzwängen. Allein
durch diesen Ukas kann sich der Stand der polnischen Sache
wenn nicht ändern, so doch aufklären. Die Regierungen, die
ihre Noten nach Petersburg abgesandt haben, wurden durch
diesen Ukas überrascht. Nicht bevor diese Noten vorbereitet
wurden, sondern nachdem sie in Petersburg angelangt sind,
erschien der russische Ukas; es ist also kein freiwilliger Act,
sondern eine durch den ersten Schritt der diplomatischen Intervention erzwungene Concession. Das weitere Verhalten der
Mächte gegenüber diesem Ukas lässt sich nicht vorhersehen,
denn es wird von der Stellung unseres Landes gegenüber dem
Ukas abhängen. Die drei Mächte müssen also auf den 1. Mai
warten. Wird das Resultat ausfallen im Sinne der russischen
Regierung, so werden sich die Mächte dem Willen der Nation,
deren Vertheidiger sie sind, fügen; im entgegengesetzten Falle
werden sie die polnische Sache gewiss nicht der Gnade des Czaren
überlassen, da das für sie eine diplomatische Niederlage wäre.“
    Deutlicher konnte man sich wohl gegen die Annahme der
Amnestie nicht aussprechen. Auch wenn ich nicht gerade älter,
aber erfahrener gewesen wäre, wenn ich die bitteren Erfahrungen des Jahres 1863 schon hinter mir gehabt hätte, so weiß
ich doch nicht, ob ich in diesem Falle, bei dieser Verkettung
von Umständen, anders gehandelt haben würde. Erwägt man
genau die Situation, prüft man eingehend die Verhältnisse, so
muss man zugeben, dass es einer außerordentlichen Kraft und
Vernunft bedurfte, um anders zu handeln.
    Das Verhängnis fügte es, dass jene beiden Nachrichten
innerhalb einiger Stunden bei uns eintrafen, dass sich die
zweite nicht um einen halben Tag verspätete.

Für uns, die wir den Aufstand nicht hervorgerufen, sondern mit Rücksicht auf die auswärtige Hilfe unterstützt hatten, gab es zwei wichtige, bedeutungsvolle Momente, in denen wir noch etwas mehr als die bloße persönliche Verantwortlichkeit retten konnten. Den ersten Moment bildete die Mission des Fürsten Metternich, unter deren Einflusse wir uns dem Aufstande anschlossen; den zweiten die Amnestie, deren Annahme wir entgegentraten. Unser Vorgehen wurde in beiden Fällen verderblich, aber nicht durch unsere Schuld, sondern infolge des principiellen Fehlers der Revolution und unseres Irrthums, dass es uns gelingen werde, die Wunden der Revolution durch fremde Hilfe zu heilen.

Ich verschuldete nicht weniger als die anderen — aber auch nicht mehr.

Die diplomatische Intervention.

Jetzt handelte es sich um den Inhalt der Noten. Schon während meines Aufenthaltes in Paris war es eine wichtige Frage, ob die Noten der Mächte gleichlautend — wie es Frankreich wünschte — oder aber verschiedenen Inhaltes sein würden. Die Briefe, die ich aus Paris bekam, sagten mir, dass die Noten nicht scharf sein, aber die Einmengung in eine, für Russland als intern geltende Frage betonen würden. Es war kein gutes Zeichen, als zugegeben wurde, dass die Noten nicht identisch seien. Dies bedeutete, dass zwischen den Mächten weder in Bezug auf den Ausgangspunkt, noch auf das weitere Verhalten eine Einigung zustande gekommen sei. Der verschiedene Wortlaut der Noten ließ die Absicht der Mächte erkennen, sich die Freiheit des Rückzuges zu sichern.

Gegen Ende April wurden die Noten veröffentlicht. Die französische vom 10. April, unterzeichnet von Drouyn de Lhuys und gerichtet an den Fürsten Montebello, den Botschafter in Petersburg, war gemäßigt, aber ernst. Die englische, gleichfalls vom 10. April, die Graf Russell an seinen Botschafter Napier in Petersburg richtete, war von allen die wärmste. Sie berief sich auf die Wiener Verträge und protestierte heftig gegen die Prätensionen Russlands, die polnische Frage als eine innere zu betrachten.

Am schwächsten fiel die wichtigste Note aus — die österreichische. Mit dem Datum vom 12. April, unterfertigt vom Grafen Rechberg und gerichtet an den Chargé d'affaires in Petersburg, den Grafen Friedrich Revertera, vertrat sie den Standpunkt, dass die Revolution jetzt weniger bedrohlich sei, und dass aus der Verlängerung der Unruhen für Galizien Gefahren entstehen könnten. Alle drei Noten drangen — jede für sich — in die russische Regierung, dass sie für Polen „Bedingungen eines dauernden Friedens" schaffe. Die Botschafter hatten sie dem Vicekanzler Fürsten Gortschakow vorzutragen.

Der scheinbar so schöne, edle und effectvolle Anschluss aller anderen Mächte an die Intervention — mit Ausnahme Preußens — nahm diesem Schritte viel von seiner Bedeutung. Das war die Verkleinerung der Verantwortlichkeit Europas, die Umwandlung einer politischen Affaire in eine humanitäre, eine Manifestation statt einer Action; es sollte bedeuten, dass, wenn so viele die Noten unterstützen, thatsächlich niemand hinter denselben stehe. Fürst Gortschakow unterschätzte diesen ersten Schritt der Mächte nicht, vielleicht deshalb, weil gewöhnlich der erste Schritt der schwerste ist und er fürchten musste, dass dann weitere folgen würden. Es ist diesen Zeiten eigenthümlich, dass die russische Regierung in ihrem politischen, militärischen und diplomatischen Eingreifen in die polnischen Ereignisse immer und überall für den ersten Augenblick von einer Angst beherrscht wurde, die auch die Katastrophe und ihre Ausdehnung beeinflusste.

Die Warschauer Manifestationen machten die russische Regierung und den Statthalter Gortschakow erzittern; die Militär-Behörden befürchteten einen bewaffneten Aufstand in Warschau. Glaubten sie ja doch bei den Anfängen des Januar-Aufstandes, dass den geringen, dürftig bewaffneten Abtheilungen zahlreiche Scharen nachdrängten! Sie waren daher behutsam, vorsichtig, anstatt ihre ganze Energie zu entwickeln und die Banden zu erdrücken; die Behutsamkeit wurde oft zur Panik, die dann vom „Czas" und vom Krakauer Bureau als Sieg bejubelt wurde.

So war es auch nach dem Einlangen der Noten in Petersburg. Der Minister des Auswärtigen, Fürst Gortschakow, war unsicher, er konnte ja nicht annehmen, dass hinter den so mächtig unterstützten Noten thatsächlich niemand stehe. In einer Depesche vom 26. April an den Gesandten in Wien, Balaban, antwortete Gortschakow sehr höflich, indem er nicht ohne Ironie die österreichische Regierung darauf aufmerksam machte, dass sie gleichfalls zur dauernden Beruhigung des Königreiches

Polen beitragen könne. Ähnliche Telegramme ergiengen an die Botschafter in London und Paris.

Nach dieser Antwort, die nur dazu dienen sollte, Zeit zu gewinnen, entstand eine lange Pause. Die Mächte dachten an weitere Maßregeln und die russische Regierung sammelte ihre Kräfte, um den Aufstand zu bewältigen.

Am 17. Juni giengen die französische und die englische Note, am 18. die österreichische als Antwort auf Gortschakows Depeschen nach Petersburg ab. Sie enthielten sechs Punkte:

1. Eine vollständige und allgemeine Amnestie.

2. Eine nationale Repräsentation behufs Theilnahme an der Landesgesetzgebung und Ausübung einer Controle.

3. Die Besetzung der öffentlichen Ämter mit Polen, damit eine besondere, nationale Administration, der das Land vertrauen würde, entstehe.

4. Volle Gewissensfreiheit und Aufhebung der für die katholische Confession bestehenden Beschränkungen.

5. Ausschließliche Verwendung der polnischen Sprache als Amtssprache in Gericht, Administration und Erziehung.

6. Einführung eines regelmäßigen, gerechten Recrutierungs-Systems.

Es wurde auch die Einberufung einer Conferenz der Mächte des Wiener Congresses gestreift; Lord Russell wünschte einen Waffenstillstand. Letzteres geschah auf Betreiben des Fürsten Czartoryski. Das Hôtel Lambert sah darin die Anerkennung der Aufständischen als einer kriegführenden Partei und gleichzeitig die Möglichkeit zur Aufnahme eines Darlehens im Auslande. England richtete schon im Mai die Aufmerksamkeit der zwei anderen Mächte darauf. Es war zwar überzeugt, dass Russland nicht zustimmen, aber es wusste, dass die ablehnende Partei den Unwillen Europas sich zuziehen würde. Kaiser Napoleon hielt die Idee des Waffenstillstandes für unpraktisch, aber für ein sehr gutes Mittel, um England mitzuziehen. Der National-Regierung war es schon lange daran gelegen, dass die Aufständischen als kriegführende Partei anerkannt würden. Fürst Czartoryski bestürmte sie daher, dem Waffenstillstande zuzustimmen, weil sie dadurch ihre Absicht erreichen könne, und

sie stimmte, wenn auch nach langem Zögern, zu. Es half
nichts. Wie alles Andere, wurde auch der Waffenstillstand von
Russland zurückgewiesen.

Die sechs Punkte boten nach so langem Zuwarten eine
Enttäuschung: für uns weniger, da die französische Regierung
im Geheimen versicherte, dass sie nur einen Anhalt bilden
sollten, um, im Principe von Russland acceptiert, auf einer Conferenz ausgedehnt oder, von Russland zurückgewiesen, im Wege
einer weiteren Action der drei Mächte durchgesetzt zu werden.
Wir betrachteten im allgemeinen die diplomatische Intervention
nur als ein Mittel, um einen Bruch der Beziehungen zwischen
Russland und den Mächten herbeizuführen, England und Österreich an die Seite Frankreichs zu drängen und einen Krieg
zu veranlassen.

Fürst Gortschakow erwiderte am 13. Juli. Er gab eine
der hochmüthigsten und kühnsten Antworten, die jemals in
der Geschichte der Diplomatie erfolgt sind. Dadurch vernichtete er die polnische Frage in ihrer europäischen Bedeutung und gab der als unfehlbar geltenden Napoleonischen
Politik den Todesstoß; bei seinen Landsleuten erwarb er sich
die größte Popularität, dem Polenhasse, gab er neuen Nährstoff.
Jetzt zeigte es sich, wie unvernünftig der polnische Aufstand
war, wenn beim besten Willen, bei der größten Bereitwilligkeit
des mächtigsten Monarchen selbst die günstigen Momente infolge
der irrthümlichen Voraussetzungen für die Sache verderblich
wurden. Die diplomatische Intervention der Mächte verlängerte
den Aufstand, ermuthigte viele vernünftige Männer, auch den
Krakauer Kreis, zu seiner Unterstützung, machte jedes Compromiss
zwischen dem Lande und der russischen Regierung durch Vermittlung des Großfürsten Constantin und Wielopolskis unmöglich,
verletzte die Eigenliebe und den Nationalstolz Russlands und
erweckte einen tiefen Groll der russischen Bevölkerung gegen
die Polen. Die Intervention bildete den ersten Anlass zur
Umwandlung des Systems der Beschwichtigung in ein System
der Ausrottung und gab den Anstoss zu jener rücksichtslosen,
brutalen russischen Politik, in deren Gewaltsamkeit von heute
noch die Furcht von damals zu erkennen ist.

Die erfolglos gebliebene Intervention entlud Russland
aller Befürchtungen, aller Rücksichten gegenüber dem Auslande

und gab seiner Handlungsweise gegenüber den Polen den
Stempel des Patriotismus, des nationalen Muthes und der nationalen Würde. Die Intervention machte der polnischen Frage
in ihrer europäischen Bedeutung ein Ende und erreichte so das
entgegengesetzte Ziel. Aber einen Erfolg hatte sie dennoch: Die
polnische Nation gab sich keinen Täuschungen mehr hin; sie
sollte fortan Mittel zur Selbsterhaltung und Wohlfahrt auf
anderen, weniger verführerischen, wenn auch — dornenvollen
Wegen suchen.

Dass diese Intervention nur auf die bloßen Noten beschränkt
bleiben werde, daran dachte niemand. Nur Marquis Wielopolski
soll auch nach der Absendung der Noten der festen Überzeugung
gewesen sein, dass es zu einem activen Eingreifen nicht kommen
würde. Wir hätten da nur einen neuen Beweis seiner geistigen
Überlegenheit.

William White, ein Mann von großem Geist und hervorragenden politischen Fähigkeiten, der seine glanzende diplomatische Carrière als englischer Botschafter in Constantinopel
beschloss, war damals englischer Vice-Consul in Warschau. Er
war der polnischen Nation sehr zugethan und tadelte daher die
ganze Bewegung; den Aufstand betrachtete er als das größte
Unglück. Offen und muthig rieth er, man solle sich um Wielopolski sammeln, dessen Einrichtungen den einzigen Ausgang,
den einzigen Vortheil dem Volke böten. Und doch wurde er
in seiner Überzeugung wankend, als die diplomatischen Noten
nach Petersburg abgiengen. Als er damals dem Marquis Siegmund
Wielopolski begegnete, meinte er: „Also, jetzt habt Ihr's verloren
und wir werden nicht mehr Recht haben.“ — „Warum denn?
Glauben Sie, dass die diplomatische Intervention einen Erfolg
haben wird? Sie werden sehen, dass mit ihr alles zu Ende sein
wird.“ — „Bah!“ — erwiderte White — „drei Mächte gehen nie
so weit, ohne etwas auszurichten oder zu erreichen.“

Die Meinung Whites war die Meinung aller, mit sehr
geringen Ausnahmen. Die Zukunft sollte zeigen, dass sie
irrig war.

Wer an jene Zeiten denkt, an die Stellung, die Frankreich
und Napoleon III. im europäischen Concerte einnahmen, wie
hochmüthig stets der französische Kaiser zu sprechen pflegte,
der wird zugeben, dass man erwarten durfte, die rücksichtslose,

höhnische Antwort Gortschakows werde die französische Eigenliebe verletzen, ihren Herrscher beunruhigen und deshalb nicht unbeantwortet bleiben.

Weder die französische Regierung, noch das Hôtel Lambert gaben uns ein Zeichen zur Umkehr; im Gegentheil, sie hießen uns ausharren, Napoleon werde trotzdem die polnische Sache nicht verlassen. So schritten wir weiter auf dem Wege, auf den man uns gedrängt, mit dem bitteren Gefühl, den Rahmen des Übels noch zu vergrößern. Die Verschwörung 1860—1863 und die Revolution des Jahres 1863 waren Zwillings-Ungeheuer, dem Schoße der polnischen Nation entsprossen. Die Geburt dieser Zwillinge bedrohte das Leben der Mutter. Wir schlugen sie todt, indem wir sie retten wollten.

Der einzige Wielopolski war im Besitze des Receptes und des Heilmittels. Die Patientin stieß mit dem Arzte auch das Recept und das Heilmittel von sich. Denn der Arzt konnte in ihr nicht das Vertrauen zu ihm, zum Recepte und zum Heilmittel erwecken. Wenn auch der Arzt vorzüglich, das Recept und die Cur heilbringend waren, so war doch die Methode, die Behandlung ungeschickt, psychologisch verfehlt und die Patientin wies das Heilmittel zurück.

Die geheime National-Regierung.

Dieses „schreckliche" polnische Jahr schleppte sich so
trüb, so widrig, so blutig vorwärts. Keine einzige schöne Erinnerung. Wir hatten der Intervention bereits eine der schönsten
Einrichtungen Wielopolskis, den Staatsrath, geopfert. In der
zweiten Hälfte des Monats April sollte auf den Altar der verführerischen Hoffnungen ein zweites Opfer niedergelegt werden.
Die Bezirks- und Gubernialräthe des Königreiches Polen hatten
bisher ihre Demission noch nicht eingereicht, sie sollten es nun
thun. Am 17. April kam mir von meinem Vater der Auftrag
Walewskis und des Hôtel Lambert zu, zur Demission zu drängen.
Es wurde mir mitgetheilt, dass die französische Regierung dies
wünsche, dass man den schreienden Widerspruch beseitigen
müsse, der darin liege, dass die Intervention der Mächte das
jetzige System als ein unhaltbares bezeichnete und die Bürger
dasselbe anerkannten, indem sie in den Bezirks- und Gubernialräthen blieben. Dem Fürsten Gortschakow sollte dadurch ein
Argument entzogen werden. Ich befolgte den Auftrag und
gab meine Hand her zu diesem Zerstörungswerke der schönsten,
vernünftigsten Institutionen, die die Nationalexistenz des Königreiches Polen sicherstellten.

Diesmal fand meine Stimme leider Gehör. Der officielle
„Dziennik Powszechny" in Warschau veröffentlichte die Enthebung des Erzbischofs Feliński und Edward Stawiskis „auf
ihr Ansuchen" vom Amte eines Staatsrathes. Erzbischof Feliński
richtete gleichzeitig mit seiner Demission einen Brief an den
Kaiser Alexander, indem er ihn „im Namen der christlichen
Liebe und der Interessen beider Länder" beschwor, dem Ver-
nichtungskampfe ein Ende zu machen. In derselben Nummer

des Amtsblattes, vom 14. April, wurde auch die Ernennung des Generals Berg zum Adlatus des commandierenden Generals, Großfürsten Constantin, und zum Statthalter in dessen Abwesenheit veröffentlicht.

Die geheime Regierung oder das Warschauer Central-Comité, das bisher als Provisorische National-Regierung aufgetreten war, erließ am 10. Mai ein Decret, in dem es sich zur National-Regierung proclamierte. Am 13. Mai gab es bekannt, dass der Termin zur Amnestie resultatlos verlaufen sei. Nach Polen kamen aus Galizien immer neue, bewaffnete Abtheilungen; viele kehrten wieder zurück, decimiert, gesprengt, um in Galizien neue Kräfte zu sammeln. Der akademische Senat forderte in einer patriotischen Kundmachung die Jugend auf, sich dem Aufstande fernzuhalten. Julian von Dunajewski, damals Universitätsprofessor in Krakau, später österreichischer Finanzminister, gehörte zu jenen Ausnahmsmännern, die damals die Sachlage vollkommen klar und nüchtern beurtheilten. Nicht einen Augenblick wankte er in seiner Überzeugung, dass der Aufstand verderblich sei und dass man von auswärts Hilfe nicht zu erwarten habe. Als aufrichtiger Mensch gab er seiner Überzeugung offenen Ausdruck, und brandmarkte, was er für schädlich hielt. In diesem Sinne ermahnte er eines Tages einen Universitätshörer. Dieser erwiderte, dass sogar die österreichische Regierung öffentliche Recrutenwerbungen gestatte. Als Dunajewski nach einigen Tagen dem Vorsteher der Statthalterei-Delegation in Krakau, August Merkel, begegnete, fragte er ihn, wie es komme, dass, während er im Namen der Regierung fortwährend den Senat aufforderte, die Jugend von der Theilnahme am Aufstande abzuhalten, in Krakau, unter den Augen der Behörden Werbungen stattfänden. Merkel wurde verwirrt und meinte: „Ja, die Regierung sollte endlich einmal klar sagen, was sie wünscht."

Zwar hatte am 6. April der Statthalter, Graf Mensdorff, in einem geheimen Erlasse an die Behörden verfügt, dem Zuzug zum Aufstande entgegenzutreten; Revisionen und Arretierungen fanden wiederholt statt. Merkel stand im Einvernehmen mit russischen Polizeiagenten, die sich heimlich in Krakau aufhielten. Allein im Laufe der diplomatischen Action änderten sich die Instructionen und das Vorgehen der Behörden, man konnte

meinen, dass von Wien aus die Thätigkeit des Statthalters
gehemmt wurde. Die Aufständischen und Verdächtigen wurden
verhaftet, aber bald freigelassen; in den seltenen Fällen, wo es
zur Verhandlung kam, waren die Gerichte nicht streng.

Das Vorgehen der österreichischen Behörden in Galizien
änderte sich wie ein Chamäleon, seine Farben wechselten in
einemfort; für uns kehrte stets die strahlende Farbe der
Hoffnung zurück, dass die Wiener Regierung die polnischen
Ereignisse im Interesse Polens ausnützen würde. In der zweiten
Hälfte des Monats Juni sprachen die Tagblätter bereits von
einem Entschlusse der österreichischen Regierung, bei Krakau
ein großes Heereslager zu errichten. Adam Potocki bat den Major
Pawlikowski und Kazimierz Starzeński, die mit militärischen
Kreisen im Contacte standen, Erkundigungen einzuziehen, ob
irgendwelche militärische Vorbereitungen getroffen würden. Beide
erklärten nach gewissenhaften Nachforschungen, dass davon
keine Rede sei. Sie ließen sich herbei zu schweigen, um die
Stimmung nicht zu verderben.

Das Vorgehen der Wiener Diplomatie und der galizischen
Behörden war zweideutig, wir deuteten es zu unseren Gunsten,
was praktisch eine Verlängerung des Aufstandes herbeiführte.
Nie wurde ein Aufstand unter ärgeren Bedingungen unternommen,
er war fruchtlos, erfolglos; leider verliehen ihm die diplomatische
Intervention und die damit verbundenen Aussichten einen Schein
von Berechtigung und den Charakter - - einer bewaffneten
Demonstration.

Die Aufgaben einer bewaffneten Demonstration erfüllte der
Aufstand bis ans Ende. Dass die Abtheilungen oft zersprengt
wurden, dass sie oft die österreichische oder preußische Grenze
überschritten, durfte weder wundern noch ärgern; man musste
vielmehr erstaunen, dass sie sich gegenüber der russischen
Übermacht so lange halten konnten. Das Menschenmaterial
der Abtheilungen war außer den Anführern, Officieren und
Soldaten des russischen, österreichischen oder preußischen Heeres
sehr wenig wert, ein undisciplinierter Haufen. Die Anführer
wussten, wofür sie sich schlugen, und es gab unter ihnen viele
tapfere Männer, aber keine hervorragende Kraft, wie überhaupt
in der ganzen Bewegung von 1860--1864 nicht. Auch diejenigen,
die durchdrungen von patriotischem Pflichtgefühl in den Kampf

schritten, wussten, ohne Unterschied des Ranges, wofür sie
kämpften; aber die gemeinen Soldaten, die die Werbetrommel
herbeilockte, kämpften nur für den Sold. In der Schlacht bei
Miechów marschierte die Gymnasial-, Universitäts- und Hand-
werker-Jugend mit Begeisterung ins Feuer, aber diese Begeisterung wurde später immer schwächer, die Abtheilungen bestanden zumeist aus jenen Elementen, die vor der Fahnenflucht
nicht zurückschrecken. Doch die Anführer waren muthig und
standhaft. Die Scharmützel fielen einmal unglücklich, das anderemal glücklich aus; sie waren indessen nie entscheidend.
Jeziorański, Czachowski, Lelewel (Borelowski), Taczanowski,
Ćwiek (Cieczkowski), Boncza, Miniowski, Kruk strengten, zum
Theile unter angenommenen Namen, unter diesen jeder Kriegführung hohnsprechenden Bedingungen ihre ganze Kraft an. In
den Reihen gab es aufopferungsvolle Männer, die bis ans Ende
ausharrten, auch als andere den Glauben fallen ließen. Die
russischen Officiere, mit denen ich später sprach, sagten mir,
dass es dem Aufstande weder an Muth, noch an Tapferkeit, nur
an Waffen, Munition, Nahrungsmitteln, Organisation, Feldherren
gefehlt habe, dass das Terrain ungeeignet war, dass mit einem
Worte alle Voraussetzungen für einen Guerilla-Krieg mangelten.
　　Fügen wir noch hinzu, dass der Aufstand in einem Lande
unternommen wurde, wo nicht auf die Theilnahme der bäuerlichen Bevölkerung, sondern auf ihre Gleichgiltigkeit gerechnet
werden konnte. Die etlichen Tausend Bauern von den sogenannten
königlichen Gütern und aus den Fabriksgegenden, die, mit Sensen
bewaffnet, dem Aufstande sich anschlossen, bildeten eine Ausnahme. Das Decret des Central-Comités, das die Bauernbefreiung
proclamierte, verfehlte seinen Zweck. Ohne fremde Hilfe konnte
der Aufstand nur einige Monate sich fortfristen und auch dies
nur infolge der unbegreiflichen oder absichtlichen Unbeholfenheit der russischen Militärbehörden.
　　Die nationale Organisation in Galizien, der sich später
auch der Krakauer Kreis anschloss, hatte die Aufgabe, die
bewaffnete Demonstration in Polen zu unterstützen und zu fördern. Dies sollte geschehen durch Bewaffnung und Expedition
von Abtheilungen, durch Sammlung von Fonds in der Form
der sogenannten Nationalsteuer. Für Westgalizien bestand ein
Comité in Krakau, für Ostgalizien in Lemberg.

An diesen Vorbereitungen nahm der Krakauer Kreis nicht
theil; er beschränkte sich, und auch dies erst nach dem Empfange
der erwähnten chiffrierten Depesche, auf die Absendung von
Nachrichten über das Land und den Aufstand an das Hôtel
Lambert und durch dasselbe an die französische Regierung und
die europäischen Journale. Er war das einzige Bindeglied
zwischen dem Lande, speciell zwischen Galizien und den maß-
gebenden ausländischen Factoren. Die unmittelbare Verbindung
zwischen Warschau und Paris war erschwert.

Ludwig Wodzicki, Stanislaus Tarnowski und ich unterzogen
uns dieser Aufgabe; neben uns auch die Brüder Tarnowski,
August Gorajski, Ladislaus Jabłonowski u. a. Mir wurden
die auswärtigen Angelegenheiten, die Direction des Krakauer
Bureaus, der Contact mit Paris und dem Hôtel Lambert, die Press-
thätigkeit anvertraut. Gleichzeitig mit der Ernennung des Fürsten
Czartoryski zum ausländischen Agenten ernannte mich die
National-Regierung, deren Zusammensetzung mir ganz unbekannt
war, zum diplomatischen Agenten für Krakau und forderte mich
auf, auch weiterhin diese Geschäfte zu besorgen. Meine
Ernennung war mit dem denkwürdigen und unvermeidlichen
Siegel versehen; von mir wurde weder irgendeine Angelobung
noch ein Eid verlangt. Aus denselben Rücksichten, wie meine
Freunde und Fürst Czartoryski, steckte ich die Ernennung in
die Tasche und setzte meine Thätigkeit fort. Nur musste ich
mich jetzt mit der Krakauer National-Regierung ins Einvernehmen setzen. Das zu jener Zeit sehr bekannte und viel
genannte Warschauer Bureau befand sich seit dem 1. Mai im Hause
Wojczyński auf der Brackagasse. Es hatte auch ein Organ, das
Tagblatt „L'Europe", in Frankfurt a. M. unter der Redaction
des mir befreundeten Rumänen Ganesco. Durch die Vermittlung dieses Organes sandte unser Bureau seine Nachrichten in
die Welt hinaus. Das Krakauer und das Lemberger Comité
anerkannten die Warschauer National-Regierung, aber sie waren
autonom und bis zu einem gewissen Grade selbständig, sie
standen mit ihr in Verbindung durch Commissäre, die in
Krakau und Lemberg ihren Sitz hatten.

Die galizischen Comités waren nicht das Resultat der Verschwörung wie die Warschauer geheime National-Regierung, sie
hatten daher einen ganz anderen Charakter und behielten denselben

bis ans Ende. Sie entstanden nicht infolge der Bewegung oder der Revolution, sondern infolge der auswärtigen Intervention; sie rissen gar keine Gewalt an sich, sondern waren lediglich Vermittler in der Unterstützung des Aufstandes, um durch Verlängerung der bewaffneten Demonstration die Intervention der Mächte zu ermöglichen. Diese Comités hatten endlich Galizien vor den Fehlern der tollen Bewegung, die über das Königreich Polen und andere Provinzen des russischen Staates so furchtbare Folgen heraufbeschworen hatten, zu bewahren. Diese Aufgaben haben sie erfüllt.

Man machte uns und dem Fürsten Ladislaus Czartoryski später Vorwürfe, dass wir zur geheimen National-Regierung in Beziehungen getreten seien, obwohl wir weder seine Genesis noch seine Praktiken anerkennen konnten. Ein ungerechter Vorwurf, denn er betrifft nur eine Einzelheit, nicht die Sache selbst, eine Einzelheit, die weder Fehler noch Irrthum, sondern bloß Consequenz des Hauptirrthums war: des Glaubens an auswärtige Hilfe.

Die Folge zeigte, dass wir uns in dieser Hoffnung täuschten. Allein indem wir von diesem Gesichtspunkte ausgiengen, fügten wir uns der Nothwendigkeit und unterdrückten das eigene Widerstreben in der Meinung, einer guten Sache zu dienen. Hätten wir der National-Regierung unsere Mitwirkung versagt, so wäre sie, und damit der Aufstand, vom Auslande abgeschnitten, gewesen, auf das wir ausschließlich rechneten; wir hätten, nach den damaligen Begriffen, die ganze Sache vor Europa ins Schwanken gebracht, hätten den polnischen Ereignissen das nationale Gepräge genommen und ihnen dafür revolutionäre und demagogische Merkmale verliehen. Durch unseren Beitritt zur National-Regierung gaben wir dem Auslande Garantien, und hofften auch diese Regierung zur Mäßigung und Vernunft zu bewegen. Dieser Glaube war irrig, aber unsere Argumentation, aber unser Vorgehen war richtig und logisch. In entscheidenden Augenblicken darf man sich von der Doctrin nicht leiten lassen. Unser Anschluss an die National-Regierung verschlimmerte die Lage in keiner Weise, er verschaffte uns nur eine persönliche Demüthigung. Die geheime National-Regierung war sowohl vom juridischen, wie vom politischen Standpunkt eine Fiction. Schon in dem Namen „geheime Regierung" liegt

ein Widerspruch. Denn es ist die Aufgabe, der Beruf und das
Wesen einer Regierung, die bestehende Ordnung öffentlich zu
vertreten und zu vertheidigen. Mit dem Momente, wo eine Verschwörung ihre Absichten enthüllt, muss zu deren Durchführung
ein öffentliches Organ vorhanden sein, die Verschwörung hat
dann ihre Existenzberechtigung verloren, zumal, wenn die
Verschwörung einen Krieg proclamirt. Und doch geschah
es damals, dass die Verschwörung, nachdem sie ihre Absichten und Mittel enthüllt, Russland offen den Krieg erklärt
hatte, nicht abdicirte, nicht einer öffentlichen Regierung Platz
machte, sondern als National-Regierung am Ruder blieb und
weder in der Form noch im Wesen geändert den geheim
erklärten Krieg mit Russland offen führte. Sie hatte Kräfte
genug, um eine geheime Vereinigung zu bleiben, aber nicht
genug, um zur offenen Regierung zu werden. So wurde die
Fiction zur Wirklichkeit und die Wirklichkeit zur Fiction. Die
geheime Verschwörung übte offen ihre Gewalt aus; die Thatsache strafte die einfachsten Begriffe Lügen. Die National-
Regierung war ein krankhaftes Geschöpf, entstanden in krankhaften Zeiten und hervorgegangen aus einem selbstmörderischen
Unternehmen. Und als solches Amphibiengeschöpf, zur Hälfte Verschwörung, zur Hälfte Regierung, ein unfruchtbarer Hermaphrodit,
eine maskierte Sphinx, existierte diese geheime Regierung in Warschau neben den russischen Behörden, dirigierte den Krieg, beherrschte das Land, besaß einen Staatsschatz, hob Steuern ein, unterhielt Beziehungen zum Auslande, hatte ihre Polizei, ihre Gendarmerie, ihre Post, ihre Zeitungen, und war doch Niemandem bekannt,
Niemandem verantwortlich, in sich selbst Änderungen und Umwälzungen unterworfen. Durch zwei bis drei Jahre konnte ihr
die russische Regierung nicht beikommen, selten konnte sich
jemand ihrem Terrorismus entziehen. Alle rechneten mit ihr, die
ihr dienten und die sie verurtheilten.

Es gab Tage, an welchen die National-Regierung mächtig
schien; öfter zeigte sich jedoch ihre Schwäche in Gewaltsam-
keiten, die viel eher mit dem Wesen einer Verschwörung als
mit dem Begriffe einer Regierung vereinbar waren. Allein mit
der Zeit entstanden mehrere geheime Regierungen; man konnte
nicht mehr unterscheiden, welche die rechte war. Oft handelte die
sogen. „geheime Polizei" ganz auf eigene Hand, aber auf Rechnung

der National-Regierung, und sie unterwühlte dadurch deren Namen
und Macht. Nichtsdestoweniger war die Organisation der Verschwörung als einer solchen einzig in ihrer Art. Ich beurtheile sie nach
ihren Folgen. Sie muss meisterhaft gewesen sein, da es ihr im
Laufe einiger Jahre gelang, so viele Männer heranzuziehen,
zum Gehorsam zu bewegen, ihrer Disciplin unterzuordnen und
in den Aufstand zu führen, alles unter den Augen der abso-
luten russischen Polizeigewalt. Noch mehr beweisen Existenz,
Thätigkeit, Dauer und Erneuerung der Centralgewalt der
National-Regierung, wie vorzüglich die Organisation war. Man
hat gesagt, der Organisationsplan wäre nicht originell gewesen,
er entstamme dem Auslande; sein Vater soll Mazzini, nach anderen
sollen es Russen gewesen sein. Aber eine ganze Reihe von
Männern voll Energie, Muth, Opferwilligkeit, Ausdauer hat diesen
Plan verwirklicht; Männer, die im Interesse der Wohlfahrt des
Landes so viel Schönes hätten ausrichten können.

Wir hatten es also mit einer Verschwörung zu thun, die
eine Regierung, und mit einer Regierung, die eine Verschwörung
war. Uns fiel die Aufgabe zu, indem wir diese Regierung nach
außen repräsentirten und ihr die Fortsetzung des Aufstandes
ermöglichten, ihr Übergreifen nach Galizien zu verhüten, zumal
wir auf eine Mitwirkung Österreichs bei der Lösung der polnischen Frage rechneten. Den italienischen Tendenzen und insbesondere den Absichten Mazzinis, die Revolution nach Galizien
zu verpflanzen, traten sowohl das Hôtel Lambert, wie Fürst
Czartoryski entgegen. Letzterer trat gegenüber der National-
Regierung entschieden für die Autonomie Galiziens ein.

Die National-Regierung, insoferne in derselben vernünftige
Elemente das Übergewicht hatten, erschwerte uns unsere Aufgabe nicht. Allein sie erlag der eisernen Nothwendigkeit ihres
Wesens, und sandte uns Männer als Commissäre oder in einem
anderen Charakter zu, die alle Gewohnheiten und Anschauungen
von Aufständischen und nicht von Politikern hatten, mit denen
leichter war zu kämpfen als sich zu verständigen. Und wir
mussten auch fortwährend einen Kampf führen. Dabei hatten
wir zu thun mit verschrobenen Köpfen und verschrobenen
Gewissen.

Unausgesetzt hatten wir den Standpunkt zu vertheidigen, dass
die vernünftigen Aussichten auf eine auswärtige Hilfe gerichtet

sein, dass daher, solange dieselbe nicht eintraf, die eigenen Kräfte geschont werden müssten. Dagegen sträubte sich der demagogische Geist, der das Losungswort „Durch eigene Kraft" umso lauter wiederholte, je schwächer die Hoffnungen auf auswärtige Hilfe wurden. Auch fand unser Appell, Maß zu halten, die Eigenliebe der russischen Nation zu schonen, Lithauen und die eroberten Provinzen weder in Schrift noch in That mit der polnischen Sache zu verquicken, wenig Anklang. Das „Italia farà da sè" übersetzte man „Durch eigene Kraft von Meer zu Meer", ohne Rücksicht auf die Verschiedenheit der Sachlagen. Das nationale Dogma der Grenzen vom Jahre 1772 wurde aufrecht gehalten, trotzdem an der Intervention eine der Theilungsmächte sich betheiligte, und mit schwerer Mühe konnten wir es der National-Regierung beibringen, dass dies mit Rücksicht auf Österreich nicht angehe. Wir mussten auch im „Czas" die unbeholfene und übertriebene Proclamation der National-Regierung vom 31. Juli „An die Nation" wegen der Phrase von der „Wiederherstellung Polens in den Grenzen des Jahres 1772" vertheidigen, indem wir erklärten, „dass sie sich nur auf die polnischen Länder unter der russischen Herrschaft, auf das Königreich, auf Lithauen und Ruthenien beziehe."

Dies half jedoch wenig. Die österreichischen Behörden gelangten in den Besitz von Beweisen der Rücksichtslosigkeit des Aufstandes und seiner weitergehenden Ziele. Am 5. August 1863 bevollmächtigte die National-Regierung Severin Elżanowski, sich mit dem ungarischen Revolutions-Comité wegen Bildung einer ungarischen Fremden-Legion ins Einvernehmen zu setzen. Sollte in Ungarn eine Revolution ausbrechen — hieß es in der Vollmacht — so könnte die Legion nach Ungarn zurückkehren, aber erst nach dreißig Tagen. Diese Legion kam nie zustande. Dafür mehrten sich die Angriffe nicht nur gegen die russische Regierung, sondern auch gegen die russische Bevölkerung; es wurde der Grund gelegt zu jenen schrecklichen Ausbrüchen des Hasses und der Rache, wie sie bis heute wüthen. Nur durch Standhaftigkeit und Energie konnte diesen Strömungen entgegengewirkt werden. In unseren Beziehungen zur National-Regierung mangelte es uns daran nicht. Es sei nur erinnert, dass, als sie uns einmal nicht nachgeben wollte, wir aufhörten, dem Auslande Nachrichten über den Aufstand zuzusenden. Da verschwand plötzlich der Aufstand für Europa; die National-Regierung musste nachgeben.

Zu den traurigsten und beklagenswertesten Consequenzen der Fiction der Verschwörung, die sich in eine geheime Regierung umgewandelt hatte, gehörten die auf ihren Befehl und in ihrem Namen verübten Mordthaten. Diese Regierung musste für ihre Sicherheit sorgen; da sie geheim war, konnte sie öffentlich weder urtheilen noch strafen und musste daher zum Meuchelmorde greifen, wenn auch auf Grund von Urtheilen, die mit dem anonymen Siegel versehen waren. In der Nothwendigkeit, Verräther zu bestrafen und die eigene Sicherheit zu wahren, fanden diese Mordthaten ihre Erklärung, aber nicht ihre Rechtfertigung. Der gesunde Menschenverstand, der Instinct und das Gewissen ergaben, dass diese Fiction einer Regierung, die nur infolge unglaublicher Verhältnisse und nur in einem gewissen Rahmen, ohne jede rechtliche und moralische Sanction, zur Wirklichkeit geworden war, dass dieses Phänomen, National-Regierung genannt, gewisse Grenzen nicht überschreiten und in das Gebiet der Justiz nicht einbrechen dürfe; sonst wurde die Fiction zu einem Ungeheuer, und die Todesurtheile dieser Regierung zu blutigen Gespenstern. Die National-Regierung hatte kein Land, wo sie sich offen behaupten konnte; es stand ihr keine Jurisdiction zu, kein Recht, Todesurtheile zu fällen; die Verhöre und Entscheidungen waren voreilig und daher gleichfalls fictiv; die Executionen blieben somit Morde politischer Natur, aber Morde. Sie ließen sich weder rechtlich, noch moralisch, ja nicht einmal politisch rechtfertigen; sie discreditirten die Sache des Aufstandes, ja selbst die polnische Bevölkerung. Von Paris aus wurden wir gewarnt, wie verderblich diese Urtheile und Morde auf die ausländische öffentliche Meinung wirkten; wir wurden aufgefordert, unter Anwendung unseres ganzen Einflusses dieselben einzudämmen. Wir versuchten es vergeblich. Bald wurde auch die Provinz zum Schauplatze der Meuchelmorde, wo nicht einmal eine Fiction der National-Regierung bestand — Galizien. In den öffentlichen Anlagen fand man Leichen. Am 22. Juni wurde in Krakau der Polizeiagent Siatkowski in der Johannesgasse von einem unbekannten Manne mit einem Dolche erstochen, am 20. Juli fand man im botanischen Garten einen ermordeten jungen Mann, und am 8. August im Graben dieses Gartens gleichfalls die bereits in Fäulnis begriffene Leiche eines Ermordeten. In Lemberg wurde am 14. Juni die Leiche eines unbekannten Mannes aus dem Pełczyński-Teiche gezogen. An einem Tage wurden in Krakau fünf Mordthaten verübt; vielen Personen kamen Drohbriefe zu, mit der Aufforderung, um eine bestimmte Zeit an einem bestimmten Orte zu erscheinen. Nach jenen Mordthaten erklärten wir entschieden, dass, wenn im Auftrage der National-Regierung oder ihrer Organe noch Ein solcher Fall vorkommen würde, von unserer weiteren Mitwirkung nicht weiter die Rede sein könne. Diese Erklärung blieb nicht mehr fruchtlos; wenigstens hatten wir diesen Einen Erfolg unserer unglückseligen Theilnahme.

Doch die Mordthaten in Galizien geschahen oft von der Hand demagogischer Elemente, ohne Wissen der National-Regierung oder ihrer Organe. In Krakau bildeten Handwerker eine terroristische Organisation; zwei Meister standen an der Spitze. In einem Keller der Schustergasse hatte diese Verschwörung ihren Sitz, wo in die Hände der Anführer der Eid geleistet wurde. Alfred Szczepański, der vom Commissär der National-Regierung Habicht ernannte Krakauer Stadtchef, drang in diesen Schlupfwinkel und löste die Organisation auf; sie bestand jedoch weiter und inscenierte die Hinrichtungen der angeblichen Spione und Verräther in Krakau.

Es gab auch Fälle, dass in Galizien die Todesurtheile der Warschauer National-Regierung vollstreckt wurden. Den größten Eindruck und die tiefste Entrüstung rief die Ermordung des Untersuchungsrichters, Landesgerichtsrathes Leopold Kuczyński in Lemberg hervor, der am 28. October 1863, um ¼8 Uhr, am Castrum-Platze in der Nähe des Polizeidirections-Gebäudes von rückwärts mit einem Dolche erstochen wurde. Diese Greuelthat erschreckte nicht nur das Hôtel Lambert, sondern auch die französische Regierung. Aber alle diese Mordthaten geschahen hinter dem Rücken der galizischen Comités und ohne ihr Wissen.

In Bezug auf die auswärtige Politik zeigte die National-Regierung während meines Verkehres mit ihr ein genaues Verständnis für die Beurtheilung der Sachlage, sie anerkannte die Nothwendigkeit, trotz dem Dogma von den Grenzen des Jahres 1772 die Wiederherstellung nur auf Russland zu beschränken, und war verschiedenen Rathschlägen zugänglich, wenn sie dieselben auch nicht immer befolgte. Selbst ihr Memorandum an den Fürsten Czartoryski vom 15. August, dem Namenstage Napoleons, als Telegramm von Warschau abgesandt, war mit diplomatischer Feinheit und genauer Sachkenntnis verfasst, so dass es, für das Ausland bestimmt, auf dieses vortheilhaft wirken konnte. Im geheimen Amtsorgan „Niepodległość" (Die Unabhängigkeit) veröffentlicht, wurde es dann vom „Czas" und anderen Blättern, zur allgemeinen Verwunderung selbst, im nichtamtlichen Theile des „Moniteur" vom 22. September nachgedruckt. Als jemand einen russischen Diplomaten darüber fragte, erwiderte dieser: „Je ne lis jamais dans le Moniteur les faits-divers." (Ich lese nie im „Moniteur" die Rubrik „Verschiedenes".)

Vorher hatte ich aus Warschau vom auswärtigen Departement der National-Regierung den Auftrag erhalten, dem Grafen Adam Potocki ein Beglaubigungsschreiben als außerordentlichem Gesandten beim heiligen Vater und ein Memorandum für denselben zu übermitteln. Die Instruction war kurz und stützte sich hauptsächlich auf die Vertrauenswürdigkeit und den Charakter des Grafen Potocki; im Memorandum wurde die Lage des Landes und des Clerus beleuchtet und um Hilfe gebeten. Ich wusste, dass Potocki diese Mission nicht annehmen werde; trotzdem begab ich mich zu ihm nach Krzeszowice und setzte ihm alles auseinander. Er weigerte sich und man musste von dieser Mission Abstand nehmen, aber sie war ein Beweis, dass man sich endlich klar geworden war, es müsse dem Aufstande der revolutionäre Stempel genommen und der rein nationale aufgedrückt werden. So sandte ich denn im Auftrag der National-Regierung dieses Memorandum dem Fürsten Czartoryski und er ließ es dann im Juli durch Vermittlung eines Specialgesandten dem Papste zukommen, der sich bereits zweimal, einmal in einer Bitte an den Kaiser Franz Josef, das anderemal anlässlich der allgemeinen europäischen Manifestation in einem Schreiben an den Czaren Alexander II. für die polnische Sache eingesetzt hatte.

Die Vorbereitungen zum Feldzuge Jordans dauerten lange. Es hieß, dass er die Aufgabe habe, die polnische Militärehre zu retten und zu zeigen, dass die Szlachta tapfer sein könne. Jordan war ein schneidiger Officier und ein gescheiter Mensch, etwas selbstbewusst. Er hatte in Ungarn im Jahre 1848 gekämpft, sich sehr vortheilhaft einer Mission des Fürsten Czartoryski an den schwedischen König entledigt, und zur polnischen Legion im Krimkriege gehört. Dann war er Mitglied des Hôtel Lambert geworden. Als er nach Krakau kam, standen die Chancen einer auswärtigen Hilfe am besten; sie hatten sich bedeutend verringert, als er mit seiner Abtheilung die Grenzen überschritt.

Sein Feldzug wurde von einem Tage auf den andern verlegt, erst im Juni kam er zustande. Man versprach sich von ihm sehr viel, man hoffte, er werde die Situation retten. In der Abtheilung befanden sich vielversprechende junge Leute aus den vornehmsten Familien, von hohem Bildungsgrade. Ich rieth Jordan, er möge darauf bedacht sein, sich möglichst lange zu halten, jedem Zusammenstoße aus dem Wege zu gehen. Aber sein militärisches Temperament lehnte sich gegen eine solche Kriegführung auf und ich hörte aus seinem Munde die Worte, die auch Langiewicz ausgesprochen hatte: „Ich will Polen von den Russen reinigen, ich werde bis in das Innerste des Landes dringen." Ich ahnte damals, dass dieses Losungswort zu seinem Verderben führen werde.

Die langwierigen Vorbereitungen in Chorzelów lenkten die Aufmerksamkeit der Russen auf sich. Gleich am ersten Tage, als die Abtheilung die Grenze überschritt und am anderen Ufer der Weichsel landete, wurde sie in der zwischen den Hügeln und der Weichsel liegenden Ebene von größeren Truppen angegriffen und nach einigen Stunden bei Komorów zersprengt. Meine zwei Freunde, Julius Tarnowski und Ladislaus Jabłonowski, junge Leute von außerordentlichen Fähigkeiten, blieben auf dem Schlachtfelde. Jordan, Ludwig Wodzicki, der Cavallerie-Commandant Stojowski, Stephan Prek und August Gorajski, der Infanterie-Commandant Johann Popiel, ein gewesener österreichischer und päpstlicher Officier, von unerschrockenem Muth, konnten erst nach mehrtägigen Irrfahrten zur Nachtzeit über die Weichsel nach Galizien gelangen. Auch diese schweren Opfer führten nicht zum Ziele. Es ist schädlich, sich in der Politik vom Gefühl leiten zu lassen. Die Abtheilung Jordans, die unter solchem Einflusse zustande gekommen war, rieb sich fruchtlos auf.

Im Laufe der Ereignisse erschienen auch Fremde, um sich dem Aufstande anzuschließen, darunter mehrere französische Officiere, die in dieser Absicht desertiert waren, einige päpstliche Zuaven, darunter Graf de Montbel, Berichterstatter und Touristen, die in der Nähe des Aufstandes sein wollten. Der Correspondent der „Times", Russell, der Correspondent des „Progrès de Lyon", Roland, der bald von den österreichischen Behörden verhaftet wurde, der Irländer O'Brien, ein für alle Revolutionen sehr begeisterter junger Franzose Maison, der nur auf Mieroslawski schwur, endlich das Mitglied des englischen Unterhauses, der Ire Pope Hennessy, der schon am 16. April ankam, um Materialien zu einer Interpellation über die polnische Frage im Unterhause zu sammeln, die er auch einbrachte — sie blieben alle in Krakau, nur die Engländer näherten sich dem Schauplatze der Ereignisse, um die Schlachten beobachten zu können.

Unter den Fremden waren besonders interessante Persönlichkeiten die englischen Diplomaten Ashley und Olifant, Vertrauensmänner Lord Palmerstons, in dessen Auftrage sie an Ort und Stelle die Sachlage zu prüfen hatten.

Ich glaube, dass sie den Aufstand aus der Nähe noch viel schwerer verstanden haben, als aus der Ferne; er war in der That schwer zu verstehen.

Eilftes Capitel.
Illusionen und Hoffnungen.

Während sich die diplomatische Correspondenz über die polnische Frage in die Länge zog, gieng die russische Regierung daran, in den polnischen Ländern die von den drei Mächten in ihren April-Noten empfohlene „dauernde Ruhe" einzuführen. Am 24. Mai begab sich Murawiew als General-Gouverneur der sechs westlichen Gouvernements von Petersburg nach Wilna, übernahm am 28. das Amt und erließ im Juni jene denkwürdige Instruction, durch welche er in Strömen von Blut „mit jacobinischem Terrorismus nicht nur die Revolution, sondern auch das polnische Element in Lithauen erdrücken wollte. Von leidenschaftlicher, grausamer und rachsüchtiger Veranlagung, ohne besondere Fähigkeiten oder Anschauungen, suchte er in der Geschichte Beispiele für die ihm anvertrauten Aufgaben und schöpfte aus ihr seine blutrünstigen Einfälle.

Die herbeigesehnte Vereitelung des Regime's Wielopolski war vollendet. Wielopolski gab am 28. Juni seine Demission und dieselbe wurde angenommen. Der letzte Strohhalm der Rettung, den das Land von sich stieß, wurde vom wilden Strom der Ereignisse fortgerissen. General Berg übernahm am 9. Juli die Civilgeschäfte in Warschau, um auf Grund eines Systems, dessen Zeugen wir noch heute sind, auch hier eine „dauernde Ruhe" einzuführen. Vier Tage später wurde im „Dziennik Powszechny" die Beurlaubung Wielopolski's, die in Wirklichkeit eine Enthebung war, und die Übergabe des Vorsitzes im Administrationsrathe an den Grafen Berg publiciert, „für jedesmal, wenn Seine kaiserliche Hoheit der Statthalter persönlich den Vorsitz zu führen verhindert wäre."

Selbst diese zwei bedeutungsvollen Thatsachen, die einen großen Umschwung in den Schicksalen des Königreiches bezeichneten, machten keinen Eindruck, so sehr war die ganze Aufmerksamkeit der Bevölkerung auf die Intervention der Mächte gerichtet.

Der „Czas" notierte sie bloß in der politischen Übersicht. Die polnische Regierung war jetzt nur die — National-Regierung. Die bewaffnete Demonstration dauerte fort; man verlängerte sie immer aus denselben Gründen, angesichts der diplomatischen Intervention, von der man einen Krieg erwartete. Am 25. Juni enthielt das officielle Organ der National-Regierung, die geheim gedruckte „Unabhängigkeit" die Ernennung des „Bürgers Czartoryski" zum Agenten in London und Paris, die schon im Mai erfolgt war, aber nunmehr, in dieser Form wiederholt, als Verweigerung des Fürstentitels an den Nachkommen der Jagellonen eine lächerliche Concession zu Gunsten der extremen Elemente bedeutete.

Nach einigen Tagen überschritt die in ihren Folgen so beklagenswerte Expedition nach Wolhynien die ostgalizische Grenze. Sie bestand aus drei Abtheilungen unter dem Obercommando des Generals Wysocki, der persönlich eine Abtheilung anführte, während die beiden anderen von Horodyński und Arthur Goluchowski befehligt werden. Als erster marschierte Horodyński und griff Radziwiłłów an; Wysocki und Goluchowski sollten nachfolgen. Allein Horodyńskis Abtheilung wurde bei Radziwiłłów gesprengt, er selbst getödtet; erst am 1. Juli um 7 Uhr früh, verspätet, traf Wysocki an der Spitze von zweitausend Mann ein. Es kam zu einer Schlacht bei Leniatyn, in der die Abtheilung nach Galizien zurückgedrängt, dann vom österreichischen Militär zum großen Theile entwaffnet und gefangen gesetzt wurde. An einem einzigen Tage war die Expedition niedergeschlagen. Ein leidenschaftlicher Vernichtungskampf und schwere Maßregeln gegen das Polenthum sollten sich als Folge dieser Expedition in den „Erworbenen Provinzen" einstellen. Und man hat den phantastischen Plan gehegt, gleichzeitig mit jener Expedition Odessa vom Meere aus zu überrumpeln und in Kaukasien zu landen, wozu die französische Regierung es an Aufmunterung nicht fehlen ließ! . . .

Da nahm unter dem Drucke des Finanzministers F o u l d
der Staatsminister Walewski seine Demission, und an seine Stelle
trat Billault, derselbe, der gleich zu Anfang die Polen an den
Edelmuth des Czaren gewiesen hatte. Man versuchte es, uns zu
überzeugen, dass der Rücktritt Walewskis für uns nichts Nach-
theiliges bedeute, dass er als Mitglied des kaiserlichen Geheim-
rathes auch weiter im Interesse Polens werde handeln können,
und doch war es ein Sieg der Partei, die jede active Einmengung Frankreichs, jeden Krieg perhorrescierte.

Die Juli-Noten des Fürsten Gortschakow an die drei Mächte
waren verletzend; sie enthielten eine höhnische und beleidigende
Zurückweisung der Einmengung in die actuellen Ereignisse
und eine Negation des Interventionsrechtes in die polnischen
Angelegenheiten des russischen Staates. In seiner Antwort an
den Grafen Rechberg machte Fürst Gortschakow bei aller Höf-
lichkeit und Betonung der Interessengemeinschaft doch die Aus-
stellung, dass der Aufstand in der Stellung Österreichs eine
Aufmunterung finde; er wollte Österreich geradezu an seine
Pflichten gegenüber den anderen zwei Theilungsmächten erinnern
und lud dasselbe sammt Preußen zu einer Berathung der drei
Theilungsmächte in Ansehung der polnischen Ländereien ein,
nur, um es gegenüber England und insbesonders gegenüber
Frankreich bloßzustellen. Der Spott über die Verlegenheit
des Grafen Rechberg war deutlich zwischen den Zeilen zu lesen.

Die Note des russischen Vice-Kanzlers an Lord Russell
bestand dagegen in einer langen Polemik. Sie wies darauf hin,
dass der Aufstand nur auf fremde Intervention baue, dass „die
Verbreitung von Lügen und Verleumdungen gegen die tapferen
russischen Soldaten, die ihren schmerzlichen Pflichten in Polen
mit Selbstverleugnung und Aufopferung nachkommen, ganz
Russland aufs tiefste entrüste", dass der Waffenstillstands-An-
trag Lord Russells ganz unpraktisch sei, und betonte hochmüthig, die Aufständischen hätten die Waffen zu strecken und
an die Gnade des Czaren zu appelliren - das sei der einzige
Ausweg.

Der Gedanke einer Conferenz der Wiener Congressmächte
über die sechs Punkte wurde als eine fremde Einmischung in
die „innersten" Angelegenheiten Russlands zurückgewiesen und
demselben eine Verständigung der drei Theilungsmächte ent-

gegengestellt; die drei Interventionsmächte wurden belehrt, dass sie am besten zur Beruhigung Polens beitragen könnten, wenn sie dem Aufstande die Hoffnung auf fremde Intervention benähmen. Gortschakow unterließ auch nicht, anzubringen, dass alle Concessionen von den Polen nur dazu benützt würden, um ein großes, unabhängiges Reich zu schaffen, das über das Königreich Polen hinaus „von Meer zu Meer" auch die erworbenen Provinzen, Lithauen, ja selbst Galizien und das Großherzogthum Posen umfassen solle.

Wir hielten die Antwort an Frankreich für die wichtigste. Sie war eine kategorische und bündige Zurückweisung jener sechs Punkte. Ja, es wurde sogar gegen Frankreich der Vorwurf erhoben, dass es die Fortdauer des Aufstandes begünstige. „Wir müssen umsomehr die Aufmerksamkeit der Regierung Seiner Majestät des Kaisers Napoleon III. auf diesen Gegenstand lenken, als einer der Hauptherde der Agitation sich in Paris befindet. Die polnische Emigration hat dort unter Ausnützung ihrer gesellschaftlichen Beziehungen eine ausgedehnte Verschwörung organisiert, die einerseits durch ein System beispielloser Verleumdung die öffentliche Meinung Frankreichs irrezuführen beabsichtigt, anderseits, sei es durch Gewährung materieller Hilfe, sei es durch den Terrorismus eines Geheimcomités und insbesondere durch die Verbreitung des Glaubens an eine auswärtige Intervention die Bewegung in Polen wachhält. Dieser Einfluss ist heute eine Hauptquelle der Agitation, die sonst unter Anwendung der Gesetze bei der Gleichgiltigkeit der Massen leicht erdrückt werden könnte. Dort ist die moralische Ursache der Verlängerung der traurigen Situation zu suchen und dieser Situation ein Ende zu machen, ist sowohl unser als auch das Bestreben der französischen Regierung im Namen des Friedens und der Humanität. Wir hoffen, dass sie nicht zugeben wird, dass ihr Name in Polen und in Europa zu Gunsten der Revolution missbraucht werde."

Deutlicher konnte auf die Beziehungen Napoleons zum Fürsten Czartoryski, als eine der Hauptursachen der Verlängerung des Aufstandes, nicht hingewiesen werden.

Diese beleidigende Antwort an den Kaiser Napoleon, die höhnische Zurückweisung aller Wünsche der Mächte waren für uns erfreuliche Symptome, dass sich die Sache verschärfe, dass

es bei der immer größeren Gereiztheit — wie im Privatleben —
von Worten zu Thätlichkeiten kommen werde. Und solche Aussichten schienen umso eher begründet, als gleich nach Empfang
der russischen Antwort am 19. Juli Graf Rechberg in Depeschen
an den Fürsten Metternich in Paris und den Grafen Apponyi
in London den Netzen Gortschakows zu entgehen suchte und
die Anregung einer Conferenz der drei Theilungsmächte über
die polnische Frage zurückwies, „da die zwischen den drei
Cabinetten, das ist, zwischen Österreich, England und Frankreich,
getroffene Vereinbarung ein festes Band bilde, von dem sich
Österreich nicht frei machen könne, um allein mit Russland zu
pactieren.“

Wir erwarteten die Folgen dieser Vereinbarung, wir warteten
darauf, was die drei Cabinette beschließen und unternehmen
würden, gegenüber den unerhört verwegenen und rücksichtslosen Depeschen des Fürsten Gortschakow. Ein vorurtheilsloser
Richter wird zugeben, dass wir nach allen Grundsätzen der
Logik, ja der Politik, die nicht immer von der Logik beherrscht
wird, berechtigt waren, den Folgen der schon so weit erhitzten
diplomatischen Controverse, die angesichts des blutigen polnischen Kampfes geführt wurde, entgegenzusehen.

Fürst Gortschakow scheint plötzlich durch den Eindruck,
den seine Antwort an die Mächte ausüben konnte und ausüben
musste, beunruhigt worden zu sein; er versuchte sie abzuschwächen,
und übersandte daher eine mildere Depesche an seinen Geschäfts-
träger in Wien, Baron Knorring, worin er von einer „den
gerechten Wünschen der Polen und der Aufmerksamkeit Europas
für den Frieden jener Länder“ entsprechenden Lösung sprach.
Die neuerliche Antwort Gortschakows an den Botschafter, Baron
Budberg, in Paris auf die Beurtheilung seiner Depesche vom
13. Juli durch Drouyn de Lhuys lautete gleichfalls weniger
scharf, wenn sie sich auch weiter gegen alle Wünsche der
Mächte ablehnend verhielt. Sie wurde am 27. Juli im „Journal
de St. Petersbourg“ veröffentlicht und schloss mit den Worten:
„In der Depesche vom 13. Juli liegt weder eine Ironie, noch
eine Herausforderung, sondern lediglich das Gefühl verletzter
persönlicher Würde. Wir mussten auf das russische Nationalgefühl Rücksicht nehmen, das wir zu beruhigen trachten. Unsere
Aufgabe wäre uns erschwert, wenn Frankreich das, was uns

unsere Traditionen, unsere vitalen Staatsinteressen und der Volks-
charakter gebieten, verkennen würde." Gortschakow stützte sich
immer stärker auf die Eigenliebe und die Leidenschaft der russischen Nation, er wollte Österreich schonen und rückte dafür
immer mehr den Franzosen und Napoleon an den Leib.

Endlich, in der ersten Hälfte des Monates August beant-
worteten die Mächte die russischen Noten vom Juli. Auch sie
sandten Noten nach Petersburg und überließen „Russland die Verantwortung für die Folgen der Dauer der polnischen Unruhen".
Gortschakow erklärte in einer Depesche vom 7. September
plötzlich, dass er diese Verantwortung übernehme, und brach
jede weitere Discussion ab.

Die diplomatische Correspondenz zwischen den drei Mächten
und Russland in der polnischen Sache, die einen Ausgangspunkt
ihrer Intervention hatte bilden sollen und die nur den unsinnigen,
blutigen und verderblichen Kampf verlängerte, war zu Ende;
sie führte zu einer argen Enttäuschung und leuchtet in der
Geschichte als das Denkmal einer seltenen, demüthigenden
diplomatischen Niederlage dreier großer und mächtiger Staaten.
Nur einige Combinationen und Versuche hielten den Aufstand
noch bis zum Frühjahr des Jahres 1864 wach, um den Abgrund
noch mehr zu vertiefen.

Inzwischen ereignete sich auf dem großen Weltschauplatze
ein Vorfall, der in anderer Richtung trügerische Hoffnungen
erweckte und zu einer weniger schrecklichen, aber für Europa
bedeutungsvolleren Katastrophe führen sollte. Kaiser Franz Josef
hatte am 2. und 3. August mit dem preußischen König Wilhelm
in Gastein eine Zusammenkunft. Er setzte ihm die Gründe
seines Verhaltens in der polnischen Frage auseinander, betonte
den friedlichen Charakter seines Bündnisses mit den westlichen
Mächten und benachrichtigte ihn von seiner Absicht, einen
Versammlung der deutschen Fürsten nach Frankfurt einzuberufen.
Der preußische König wollte dazu seine Zustimmung nicht
geben. Trotzdem ließ ihm der österreichische Kaiser durch den
Adjutanten eine Einladung nach Frankfurt für den 16. August
übermitteln. Am 14. August hielt Kaiser Franz Josef, umgeben
von den deutschen Bundesfürsten mit Ausnahme des preußischen
Königs, unter dem patriotischen Jubel der Einwohner in Frankfurt
seinen Einzug.

Dieser denkwürdige Fürstentag wurde zum Ausgangspunkte vielfacher unklarer, nebelhafter Combinationen. Es entschwanden unseren Augen immer mehr die Umrisse der polnischen Sache, sie wurden zur Fata Morgana, der wir nachjagten. Viel haben wir von diesem Fürstentage für die polnische Sache nicht erwartet, schon deshalb, weil man ihn im Hôtel Lambert und im Lande unter dem Einflusse des alles überwältigenden Napoleonismus nach dem schlechten Eindrucke beurtheilte, den er in Paris und in der Umgebung Napoleons hervorrief. Für uns hatte er noch die unangenehme Folge, dass er momentan die Aufmerksamkeit der politischen Welt, der Presse und der Öffentlichkeit von den polnischen Ereignissen ablenkte.

Im Besitze der Nachricht, dass Österreich trotz des preußischen Druckes in Gastein seine Stellung in der polnischen Frage nicht ändern und sich von den westlichen Mächten nicht trennen wolle, beauftragte das Pariser Cabinet seinen Wiener Botschafter, Gramont, in Wien auf ein entschiedeneres Eingreifen in die polnischen Ereignisse hinzuwirken. Während der Dauer des Frankfurter Fürstentages hatte das Wiener Cabinet einen Vorwand, mit der Antwort zu zögern. Als sich jedoch der Fürstentag zerschlug und halbamtliche französische Organe die Möglichkeit einer Verständigung zwischen Frankreich, Russland und Preußen zu verstehen gaben, zeigte Österreich wieder den lebhaften Willen, sich Frankreich zu nähern. Graf Rechberg sprach proprio motu von der Nothwendigkeit, doch endlich etwas Bestimmtes für Polen zu thun, und Hofrath von Merkel, der Chef der Civil-Verwaltung in Krakau, erhielt im September den Auftrag, seine Beziehungen zur russischen Polizei und deren Agenten abzubrechen.

In dieser beklagenswerten Lage, da man weder zurückweichen, noch begangene Fehler repariren, noch von irgendwoher einen rettenden Schimmer gewahren konnte, ereilte uns der Herbst. Die bewaffnete Demonstration dauerte fort, der psychologische Process der Enttäuschungen, die trotzdem neuen Hoffnungen Platz machten, zog sich in die Länge, zum ökonomischen und socialen, nicht bloß zum politischen Verderben des Landes. Wenn auch Galizien von Anfang an die wesentliche Basis der Demonstration gebildet hatte, so eilten auch aus Posen bewaffnete Abtheilungen nach dem Königreiche, eine unter dem

Commando des tapferen Taczanowski. Aber die Zahl der
galizischen Hilfstruppen wurde immer schwächer; im August
rückte bloß Eine größere Abtheilung unter Taniowski nach
Polen und dann Johann Popiel an der Spitze einer kleineren Schar.

Da kam uns aus Paris die Nachricht von einer neuen Idee
zu, die eine Anerkennung des Aufstandes als kriegführender
Partei herbeiführen sollte, und der Auftrag, diese Anerkennung
zu verlangen. Das praktische Ziel eines solchen diplomatisch-
platonischen Schrittes, einer solchen akademischen Sanction des
in den letzten Zügen liegenden Guerilla-Kampfes war uns unklar.
Hieß es ja doch, dass eine Anerkennung des Aufstandes als
kriegführender Macht Russland verletzen und in einen Streit mit
den Mächten verwickeln könnte; man meinte, dies würde nur
zu neuen Complicationen führen. Eine neue, optische Täuschung in der großen Wüste unserer Berechnungen —; allein
wir mussten uns auch ihr fügen, um der vollständigen Verzweiflung zu entgehen. Nur eine so unsinnige Unternehmung,
wie es der Aufstand des Jahres 1863 war, konnte eine solche
Zwangslage schaffen.

Wir begannen auf der ganzen Linie, hauptsächlich im „Czas",
einen Kampf um die Anerkennung. Wie weit im Ernste auch
die Diplomatie der drei Mächte sich der Sache annahm, wussten
wir nicht genau. Den Ausgangspunkt bildete der Lieblings-
gedanke des Generals Ladislaus Zamojski, Russland das Besitz-
recht auf Polen abzusprechen, da es den Bedingungen des
Wiener Vertrages nicht nachgekommen sei. Es gelang ihm auch,
nach langen und anstrengenden Discussionen mit den englischen
Ministern dem Lord Russell diese Überzeugung beizubringen.
Dem letzteren mag dieser Standpunkt vielleicht deshalb zugesagt
haben, weil er ein platonischer war; doch hielt der Lord am 29. September in Blairgowrie eine Rede, in der er betonte, dass nur
Österreich und Preußen, nicht aber Russland den Bedingungen
des Wiener Vertrages nachgekommen wären, dass daher Russland
seines Besitzrechtes auf Polen verlustig geworden sei. Als Folge
dieser Aburtheilung des Besitzrechtes sollte dann die vom Fürsten
Czartoryski besonders unterstützte Anerkennung des Aufstandes
als kriegführender Partei eintreten. General Zamoyski hoffte,
dass Österreich nunmehr — wozu es auch von England aufgemuntert wurde — Polen besetzen würde.

England war, wie man uns mittheilte, nach der Aberkennung der russischen Rechte auf Polen entschlossen, den Aufstand als kriegführende Partei anzuerkennen. Ein vielverbreitetes Gerücht behauptete, England hätte mittelst eines Express-Couriers eine Note nach Petersburg gesandt und in derselben erklärt, dass es Russland sein Recht auf Polen abspreche. Doch gleichzeitig wurde in Erfahrung gebracht, dass dieser Courier unterwegs von Lord Russell Contre-Ordre erhalten hatte und dass die Note zurückgezogen worden war. Als Grund bezeichnete man die Furcht Englands, Frankreich könnte sich zu einer gleichen Erklärung entschließen, was dann zu einem für Frankreich siegreichen Kriege mit Preußen und damit zu einer Erweiterung seiner Grenzen bis an den Rhein führen könnte. Die Furcht vor der Übermacht Napoleons beherrschte die ganze auswärtige Politik Englands, Palmerstons und Russells. Wir waren um eine Enttäuschung, eine platonische, reicher.

Für wahre Patrioten war es klar, dass sich der Abgrund, in den die polnische Sache durch den Aufstand gestürzt worden war, immer mehr vertiefte. Die Ohnmacht der auswärtigen Interventions-Rettungsgesellschaft trat immer deutlicher zutage. Da griffen hervorragende Geister wie nach einem Strohhalm, nach einem neuen Gedanken, der, wäre er früher entstanden, der ganzen Sache eine andere Wendung gegeben hätte.

Adam Potocki, Leon Sapieha und mehrere polnische Abgeordnete des österreichischen Reichsrathes machten ihren Einfluss geltend, um Österreich zur militärischen Besetzung Polens und zum Anschlusse desselben an die Habsburger Monarchie zu bewegen. Es erschien auch gleichzeitig eine polnisch und französisch geschriebene Broschüre des Posener Bürgers Cogielski, der in beredter Sprache für diese Idee eintrat. Der „Czas" unterstützte sie gleichfalls. Erst jetzt erhielt die polnische Frage eine concrete Gestalt; die Ereignisse giengen einer praktischen Lösung entgegen. Allein es war die Stimme eines Rufers in der Wüste. In Wien antwortete man dem Fürsten Sapieha: „Wie können Durchlaucht annehmen, dass wir das Beispiel Victor Emanuels befolgen werden?"

Dieser vielleicht für beide Theile rettende Gedanke wurde zurückgewiesen; er blieb nicht einmal ein Zukunftsgedanke.

Hätte er den Inhalt der Metternich'schen Mission gebildet, so wäre er vielleicht nicht a limine zurückgewiesen worden.

Nur Bismarck nahm ihn in seine der polnischen Nation feindlichen Pläne auf und hat dies sogar zweimal verrathen. Die Occupation Polens und dessen Anschluss an Preußen gehörte zu seinen sehnlichsten Wünschen. Es war allbekannt, dass Bismarck zu Anfang des Jahres 1863 in einem Gespräche mit dem Vice-Präsidenten des preußischen Landtages auf die Möglichkeit der Erweiterung Preußens in der Richtung der letzten Theilung hingewiesen hatte.*) Durch Vermittlung Keudell s suchte Bismarck auf die polnischen Bürger der Stadt Kalisz einzuwirken, damit die Polen ihrem Wunsche nach einer preußischen Occupation Ausdruck gäben; ja selbst Fürst Czartoryski wurde von Bismarck heimlich in dieser Richtung angegangen.

Die russische Regierung, die bisher unbegreiflich taub und ohnmächtig dem Aufstande gegenübergestanden hatte, gieng nunmehr demselben energisch, rücksichtslos, ja sogar grausam an den Leib. Feldmarschall Berg nahm einen erbarmungslosen Kampf gegen die revolutionären Legionen auf, seine eiserne Hand reichte bis zur National-Regierung. Ein wahnwitziges Attentat gegen ihn bildete das Losungswort zu einer wilden, brutalen Repression, der die Einwohner des Palais Andreas Zamojski und das Palais selbst zum Opfer fielen. So benützte die russische Regierung die Gelegenheit, um an den Verbannten ihren Rachedurst zu stillen.

Nun kamen jene Symptome zum Vorschein, die sich bei der Agonie eines jeden Aufstandes einstellen: eine vollständige

---

*) Klaczko erzählt uns, wie Bismarck am Hofball den Vice-Präsidenten des Abgeordnetenhauses, Behrend, für diese Idee zu gewinnen suchte: „Wir müssen abwarten,“ — sagte Bismarck, — „bis die Situation für die Russen unhaltbar wird, und sie aus dem Lande vertrieben, gezwungen sind, unsere Hilfe zu erbitten. Dann occupieren wir das Land für uns; in drei Jahren ist alles unten germanisiert“ Behrend blieb erstarrt. „Machen Sie sich über mich lustig?“ — „Nein, ich spreche ernst über ernste Dinge. Die Russen sind schon dieses Königreiches überdrüssig, erklärte mir Kaiser Alexander II. selbst. Man könnte übrigens die Polen ganz gut zufriedenstellen, beispielsweise durch eine Personal-Union. Die Posener Abgeordneten würden dann ebenfalls nicht nach Berlin, sondern nach Warschau gehen.“ (Études de diplomatie contemporaine, 1866.)   (Anm. d. Übers.)

Verwirrung der Begriffe und Handlungen, verzweifelte, unaus-
führbare Pläne. Die extremste und wahnsinnigste National-
Regierung versuchte es, uns in kindischer Weise zu terrorisieren,
sie verlangte, dass wir uns vollständig ihr unterordnen, dass
wir sie von Galizien aus schützen sollten. Dieser Zustand wurde
mit jedem Tage peinlicher, unerträglicher. Zum Glücke machte
Traugut*) dieser terroristischen Regierung bald ein Ende. Er
setzte an ihre Stelle eine neue, unter seiner Führung, und
verständigte sofort den Fürsten Czartoryski von den eingetretenen
Änderungen. Nach seinem Berichte hatten einige unberufene
Ultras, die nicht nur an die nationale Sache, sondern auch an
eine sociale Revolution dachten, mit Gewalt die National-Regierung
beherrscht und sich in den Besitz des Siegels gesetzt. Diese
usurpatorishe Regierung war es auch gewesen, die nach dem
Attentate auf Berg öffentlich erklärt hatte, dass sie die Verantwortung auf sich nehme. „Jetzt sind wir in der Lage mitzutheilen,“
— besagte Trauguts Bericht „dass es uns gelungen ist, diese
Unberufenen aus der Regierung zu verdrängen, dass die drohende
Gefahr beschwichtigt ist und die National-Regierung den früheren
Weg verfolgt.“ Diese National-Regierung unter der Leitung
Trauguts entstand am 17. October und dauerte bis zur Hälfte
April 1864, bis sie entdeckt und verhaftet wurde. Eine ihrer
ersten Thaten war die Enthebung des Abenteurers Miero-
sławskis von dem ihm verliehenen Amte eines General-
Organisators der polnischen Heere außerhalb des russischen
Reiches, das eigentlich nie existiert hat.

Die österreichischen Behörden in Galizien wurden strenger.
Statthalter Graf Mensdorff trat der Unterstützung des polnischen
Aufstandes von Galizien aus entgegen. Es begannen Revisionen
und Verhaftungen, die nicht mehr so gutmüthig waren, wie
bisher. Stanislaus Tarnowski und einige andere wurden in Krakau
verhaftet, Tarnowski zuerst nach Lemberg, dann in die Olmützer
Casematten abgeführt. Josef Szujski und Ludwig Wodzicki
entgiengen der Verhaftung; letzterer begab sich nach England.

---

*) Romuald Traugut, ein im Departement Grodno ansässiger Guts-
besitzer, war früher Genie-Oberstlieutenant in russischen Diensten. Auch seine
Dictatur war nicht von langer Dauer; von den Russen verhaftet, wurde er am
8. August 1864 mit dem Strange hingerichtet.   (Anm. d. Übers.)

Mich klagte man als Redactionsmitglied des „Czas" wegen Hochverrathes an. Ich vertheidigte mich selbst und bewies, dass die Haltung des „Czas" stets der Politik und den Interessen Österreichs entsprochen hatte. Doch wurde ich zu einer dreimonatlichen Kerkerstrafe verurtheilt, die ich zusammen mit meinem Collegen Anton Kłobukowski anfangs 1865 in Krakau abbüßte.

Die Existenz der galizischen Comités und die Unterstützung der bewaffneten Demonstration in Polen nahmen damit kein Ende. Man hielt sie in Paris und im Schoße der französischen Regierung für nöthig, um eine neue Action der Mächte hervorzurufen. Die Veröffentlichung des Memorandums der National-Regierung vom 15. August im „Moniteur" vom 22. September stand damit im Zusammenhange. An demselben Tage versandte auch, nach unseren Informationen, der französische Minister des Auswärtigen, Drouyn de Lhuys, nicht, um die Affaire abzuschließen, sondern um sie in eine neue Bahn zu lenken, ein Circulär an seine auswärtigen Agenten, in dem er erklärte, Frankreich verzichte auf die Initiative in der polnischen Frage, beharre jedoch darauf, dass dieselbe eine europäische Frage sei.

Die Wiener Mission des Großfürsten Constantin vom 8. September zu dem Zwecke, um von Österreich eine bessere Bewachung seiner galizischen Grenzen und eine Erklärung, dass es die Antwort des Fürsten Gortschakow vom 7. September zur Kenntnis nehme, zu verlangen, scheiterte. Erst später, als Lord Russell seine unterwegs zurückgezogene Depesche nach Petersburg dahin änderte, dass er mit Befriedigung auf den guten Willen des Czaren gegenüber den Polen und auf seine Versöhnlichkeit gegenüber den Mächten hinwies und die polnische Sache für abgeschlossen erklärte, versuchte Graf Rechberg, sich Russland zu nähern. Als Drouyn de Lhuys davon erfuhr, beauftragte er seinen Wiener Botschafter, von Österreich eine bestimmte Erklärung in der polnischen Frage zu verlangen und dabei das Versprechen aller möglichen Garantien zu erneuern. Dadurch wurde, wie man uns aus Wien mittheilte, die österreichische Regierung wieder in ihrem Entschlusse wankend, und es schien eine für uns günstige Wendung einzutreten.

Am 31. October wurde Großfürst Constantin seines Amtes als Statthalter des Königreiches Polen durch das bekannte Schreiben des Czaren aus Livadia enthoben. Napoleon hielt

die Sachlage für reif, um mit dem Gedanken eines europäischen
Congresses hervorzutreten, und er gab demselben in seiner
Thronrede vom 5. November aus Anlass der Eröffnung der
Parlaments-Session Ausdruck. Der Abschnitt über die polnische
Frage lautete:

„Die Sache Polens erheischt eine längere Auseinander-
setzung. Als der polnische Aufstand ausbrach, standen die russische und die französische Regierung in den besten Beziehungen
zueinander. In allen großen europäischen Fragen bestand
zwischen ihnen Übereinstimmung und Wir nehmen keinen
Anstand, zu erklären, dass Uns Kaiser Alexander bei der Ein-
verleibung Nizzas und Savoyens hilfreich zur Seite stand. Dieses
gute Einvernehmen machte eine Rücksichtnahme nothwendig
und Wir mussten die polnische Sache als eine in Frankreich
sehr populäre betrachten, wenn Wir Uns entschlossen haben,
eines der größten Bündnisse auf dem Continente aufs Spiel zu
setzen und Unsere Stimme zu Gunsten einer Nation zu erheben,
die zwar von Russland als eine Rebellin, von Uns aber als die
Erbin eines in der Geschichte und in Verträgen statuierten
Rechtes betrachtet wird.

Diese Frage berührt auch die wichtigsten europäischen
Interessen; da konnte sich Frankreich nicht isolieren. Nur eine
Verletzung Unserer Ehre oder eine Bedrohung Unserer Grenzen
legt Uns die Pflicht auf, selbständig vorzugehen. Im vorliegenden Falle jedoch trat die Nothwendigkeit ein, Uns ebenso
wie aus Anlass der orientalischen Ereignisse mit den Mächten
ins Einvernehmen zu setzen, da auch sie das Recht haben, ihre
Meinung zu äußern. Der polnische Aufstand, der durch seine
Dauer einen nationalen Charakter erhalten hat, erweckte allseits
Sympathien und der Diplomatie fiel die Aufgabe zu, die wei-
testen Kreise zu interessieren, damit auf Russland mit dem
ganzen Druck der europäischen öffentlichen Meinung ein Einfluss
ausgeübt werde. In dieser einheitlichen Action sahen Wir das
geeignetste Mittel, um auf Russland überzeugend zu wirken.

Leider wollte man in Unseren ganz selbstlosen Rathschlägen
die Absicht sehen, jemandem Schrecken einzujagen; die Schritte
Österreichs, Englands und Frankreichs haben, anstatt dem Kampfe
ein Ende zu machen, ihn noch mehr erhitzt. Was bleibt also
übrig? Sollen Wir nur zu wählen haben zwischen Krieg und

Stillschweigen? Nein! Außer beiden haben Wir noch Ein Mittel: die polnische Frage soll einem europäischen Gerichtshofe vorgelegt werden."

Napoleon erklärte noch mehr: „Die Verträge vom Jahre 1815 haben aufgehört zu existieren." Dann wiederholte er die Worte des Memorandums der National-Regierung, „Russland trete dieselben in Warschau mit Füßen" und sagte zum Schlusse: „Wir haben vor Uns zwei Wege: der eine führt durch Frieden und Einigkeit zum Fortschritt, der andere durch Widerstand leider zum Kriege."

Es war klar, dass der Kaiser einen Ausweg suchte, ohne an dessen praktische Verwirklichung zu glauben. Die Absage der Mächte und die Vereitlung des Congresses war leicht vorherzusehen. Die mexicanische Expedition, die einen Theil des französischen Heeres in Schach hielt, ließ Russland erkennen, dass die diplomatische Intervention keine bewaffnete Unterstützung finden werde. Wir übersahen dies; das Vertrauen auf die Macht Napoleons III. war so grenzenlos, dass wir diesem Frankreich lähmenden Feldzuge gar keine Aufmerksamkeit schenkten. Nur anfangs fühlten wir, dass die europäische Politik des Kaisers durch Mexico lahmgelegt sei; jetzt waren wir mit Blindheit geschlagen. Wir hatten die Idee des Congresses, wir klammerten uns an dieselbe. Wir sahen in einer Absage der Mächte eine allzugroße Niederlage Napoleons, als dass daraus nicht weitere Complicationen entstehen sollten, die für uns vielleicht von Nutzen sein konnten.

Die Mächte antworteten. Zum Theile schroff, zum Theile höflich; alle, mit Ausnahme Preußens, ablehnend. Das war die letzte Niederlage der Napoleonischen Politik in der polnischen Frage; ihr Ansehen und ihre Unfehlbarkeit erhielten den ersten Schlag. Die Schwäche des Nationalitätensystems und damit seine Ohnmacht traten in ihrer Nacktheit zutage. Das Räthsel der Sphinx hat seine Lösung gefunden; es konnte sich nur noch darum handeln, wann sich die Sphinx in den Abgrund stürzen wird. Sieben Jahre später sollte dies geschehen. Das Nationalitätenprincip eignete sich Preußen für seine Zwecke an, um es in Holstein und Schleswig durchzuführen. Bismarck machte es zu seinem Banner, um die deutsche Einheit zu verwirklichen — gegen Frankreich und Napoleon.

Auch nach der Vereitelung des Congresses erhielten wir weder vom Hôtel Lambert noch von Napoleon ein Signal zum Rückzuge. Napoleon konnte sich mit dem Gedanken nicht vertraut machen, dass er für Polen nichts thun könne; er fühlte instinctiv, dass die Preisgebung der polnischen Sache und die Constatierung seiner Ohnmacht gleichzeitig ein Anfang seines Endes, weil ein Verrath an seinem Nationalitätenprincip, durch das er allen Zeitgenossen überlegen war, sein würde. Er gab sich also noch der Täuschung hin, dass durch den am 15. November erfolgten Tod des dänischen Königs neue Gegensätze, vielleicht Zusammenstöße der Mächte entstehen könnten; die polnische Frage würde dann in einer neuen Form zum Vorscheine kommen. Dadurch täuschte er auch uns. Aber aus diesen Ereignissen gieng Bismarck hervor und jene ganze heutige Ordnung der Dinge, die sich auf die Kräftigung der deutschen Macht, die Demüthigung Frankreichs, die Beseitigung der polnischen Frage in ihrer europäischen Bedeutung und die Ausrottung des polnischen Elementes unter der russischen Herrschaft stützt. Der Aufstand vom Jahre 1863 hat dem größten Feinde der Polen und des Polenthums zu Erfolgen verholfen. Auf den Trümmern der polnischen Revolution entstand das Werk Bismarcks und das Russificierungssystem im Reiche des Czaren.

Zwölftes Capitel.

Das Ende des Aufstandes.

Während die Großen und Kleinen, Napoleon und wir, in einem Labyrinthe von Speculationen, Combinationen und Täuschungen herumirrten, gestalteten sich die Verhältnisse im Königreiche Polen immer trauriger. Das Land stöhnte unter dem Drucke eines doppelten Terrorismus: der National-Regierung und der aufständischen Legionen einerseits, der russischen Regierung und des russischen Heeres andererseits. Der Aufstand konnte weder leben, noch sterben. Je länger die Ereignisse dauerten, umso trauriger wurden sie. Die National-Regierung und ihr Steuermann, der im brausenden Sturme keinen rettenden Weg fand, waren ohnmächtig, dafür führten Andere eine gewaltsame Sprache und wollten alles terrorisiren. Ihre widrigen Repräsentanten waren die Hängegendarmen.

Da die National-Regierung infolge polizeilicher Verfolgungen und mehrerer Verhaftungen geschwächt war, versuchten es einige Hitzköpfe, sie zu stürzen und die Gewalt an sich zu reißen. Noch gegen Ende des Jahres 1863 wurde von Kurzyna, einem Anhänger Mieroslawskis, in Warschau ein revolutionäres Comité gebildet, das der National-Regierung und ihrem Vorsitzenden Traugut entgegenzuwirken hatte und an dessen Spitze sich Brzozowski stellte. Das Commando des Aufstandes wurde dem in Dresden domicilierenden Kurzyna eingeräumt, und nun sollte, im Sinne Mazzinis und Garibaldis, auch nach Galizien die Brandfackel der Revolution geschleudert werden. An uns war es, ob wir Galizien und seine nationale Organisation in den Dienst dieser Leute stellen und den mörderischen Epilog noch verlängern sollten. Wir wussten nicht, ob wir es mit einer neuen National-Regierung oder mit irgendeiner usurpatorischen Gewalt,

7*

wie es thatsächlich das Revolutions-Comité war, zu thun hatten. Das Urtheil vieler, hauptsächlich derjenigen, die für die Anerkennung der Warschauer National-Regierung bis ans Ende eintraten, wurde dadurch verwirrt. Ich meinte, dass man sich einer National-Regierung, die aus solchen Elementen bestehe, und ein solches Programm aufstelle, nicht unterordnen könne. In mehreren Versammlungen wurde darüber debattiert und ich ergriff zu wiederholtenmalen das Wort, um meine Überzeugung durchzusetzen. Einmal hatte ich sogar, das einzigemal im Leben, ein Rencontre mit Z y b l i k i e w i c z, den ich liebte, schätzte und dem ich auch später stets vertraute. Ich ahnte den wilden Plan der angeblichen National-Regierung, den Aufstand nach Galizien hinüberzutragen. Man glaubte mir nicht, auch Zyblikiewicz nicht; man warf mir Schwarzseherei, Übertreibung vor. Glücklicherweise plauderte einer der glühendsten Apostel jener Geheimregierung den ganzen Plan aus. Zum Schlusse seiner langen Rede erklärte er, dass die Revolution nach Galizien übertragen werden müsse, da sich die aufständischen Legionen in Polen nicht halten könnten, dass hier das nationale Banner entfaltet werden müsse, um die Sache nicht ganz fallen zu lassen. Diese Worte sagten allen deutlich, um was es sich handle. Meine Anschauung drang durch, ich hatte meine Pflicht erfüllt, die neue National-Regierung wurde nicht anerkannt. Dafür verurtheilten mich die Usurpatoren zum Tode; doch die Dolche waren schon schartig.

Die österreichische Regierung gieng streng zuwerke. Am 3. December wurde der „Czas" für die Dauer von drei Monaten suspendiert, an seine Stelle trat nur für kurze Zeit ein neues Tagblatt „Chwila" (der Augenblick), von Szukiewicz und mir in dem bisherigen Geiste geleitet. Im Februar 1864 wurde über Galizien der Belagerungszustand verhängt. Wäre dies im Jänner 1863 geschehen, so hätten die Ereignisse einen anderen Weg genommen; wenigstens wäre das Vorgehen derjenigen ein anderes gewesen, deren Verhalten ich neben dem meinigen charakterisiert habe. Es wäre dann schwerlich Galizien zur Operationsbasis des Aufstandes geworden und eine der Hauptursachen, die selbst vernünftige und politisch geschulte Männer in Galizien zur Unterstützung des Aufstandes verleitete, wäre nicht vorhanden gewesen. Das zweideutige, oft scheinbar wohlwollende Verhalten der österreichischen Behörden ermöglichte nicht nur eine Unterstützung und Verlängerung des Aufstandes von Galizien aus, sondern es ließ auch den Kaiser Napoleon und das Hôtel Lambert erwarten, dass Österreich, welches allein in der Lage war, activ, praktisch, unmittelbar die polnische Frage zu lösen, darüber nachdenke und geneigt sei, die Gelegenheit zu ergreifen. Hätte dagegen die österreichische Regierung sofort den Ausnahmszustand über Galizien verhängt, so wäre die Unterstützung des Aufstandes unmöglich geworden, alle Täuschungen und Combinationen wären verschwunden, das ganze Gewebe von Leichtsinn und hoffnungslosem Wahnsinn wäre nackt dagestanden und ein großer, bedeutender Theil der polnischen Bevölkerung hätte an diesem verderblichen Unternehmen nicht theilgenommen. Der Rahmen des Aufstandes hätte sich auf die Verschwörung beschränken müssen, die unglückselige diplomatische Intervention wäre ausgeblieben, und — vielleicht nach einigen Wochen — wäre es dem Großfürsten Constantin und Wielopolski gelungen, die vom letzteren geschaffenen nationalen Institutionen zu retten. Napoleon hätte, ohne die Freundschaft Russlands aufs Spiel gesetzt zu haben, durch seine ungetrübten Beziehungen in Petersburg die Sache Polens weiter fördern können. Aber gerade deshalb gestattete die Politik, die Mickiewicz „ein schreckliches Ding" genannt hat, nicht eine Verhängung des Ausnahmszustandes am Anfange der Revolution, er sollte erst kommen, als alles zu Ende war.

Die Verhängung des Belagerungszustandes wurde auf den Einfluss einiger Polen in Wien zurückgeführt. Das war ja auch der einzige Ausweg für Polen und für Galizien, und wenn es wahr wäre, dass jener Zustand von einigen Landsleuten herbeigeführt wurde, so haben sie nur ihre Pflicht gethan. Man müsste nur bedauern, dass jene wenigen Männer, die erklärten, sich bezüglich des Aufstandes und der fremden Intervention nie einer Täuschung hingegeben zu haben, nicht schon gleich am Anfange des Aufstandes derartige Schritte in Wien unternommen haben. Allein der Einfluss der Polen in Wien war damals noch zu gering, man traute ihnen noch zu wenig, als dass ihre Stimme in einer so wichtigen Frage Gehör gefunden hätte.

Der Grund dieser Maßregel war ein anderer. General A n e n - k o w, der Schöpfer der asiatischen Eisenbahnen, damals noch

Adjutant des Grafen Berg, wurde von diesem mit der heimlichen
Mittheilung zum Statthalter Grafen Mensdorff nach Lemberg
geschickt, dass, solange über Galizien nicht der Belagerungszustand verhängt sei, der Aufstand nicht erdrückt werden könne,
denn die sporadisch auftauchenden Legionen, die zwar nichts
ausrichten können, gäben immer Anlass zu Unruhen und Ver-
wüstungen. Graf Mensdorff gab dem jungen Officiere ein
Schreiben an den Grafen Rechberg. In Wien erfüllte er seine
Mission. Die dänische Frage und die Mission Manteuffels hatten
bereits eine Annäherung zwischen der preußischen und österreichischen Regierung hervorgerufen.

Der am 29. Februar 1864 verhängte Belagerungszustand
machte dem Aufstande nicht sofort ein Ende. Aber das wilde
Rad drehte sich immer schwächer, langsamer, ohnmächtiger um
seine Achse. Unsere Pariser Freunde konnten die Nützlichkeit
dieser Maßregel nicht einsehen; die mit dem Fürsten Metternich
im Verkehre standen, brachen ihn ab. Endlich am 18. April
empfieng Napoleon den Fürsten Czartoryski, nachdem er ihn
schon lange nicht gesehen, und theilte ihm mit, dass jetzt alles
zu Ende sei und der Aufstand, die Quelle so vieler Übel und
des Ruins des Landes, beendigt werden müsse. Wir wurden von
diesem Gespräche sofort verständigt und setzten die Betheiligten
davon in Kenntnis. Wir zogen uns von jeder weiteren
Action zurück; die galizischen Comités lösten sich auf. Der
„Czas“ erklärte den Aufstand für abgeschlossen. Und er gieng
auch zu Ende. Traugut und seine Collegen wurden verhaftet,
die National-Regierung bestand somit nicht mehr; der Versuch,
ihre Existenz zu verlängern, scheiterte an dem Widerstreben
der Bevölkerung und an der russischen Repression. Es begann
die Unterdrückung des Polenthums.

Warum Napoleon erst im Frühjahr 1864 die entscheidungs-
vollen Worte fallen ließ? . . . Das bleibt ein Räthsel, dessen
Lösung in den Tiefen der menschlichen Natur und in den psychologischen Geheimnissen dieses so ungewöhnlichen, außerordentlichen Monarchen gesucht werden muss, der sich im Glauben
an seinen oft glücklichen Stern, in seinen edlen Plänen und in
den Mitteln zu deren Erreichung verrechnet hatte. Sein Verhalten
vertiefte den Abgrund, in den die polnische Sache gestürzt

wurde; sein Verhalten in der polnischen Frage schwächte seine Stellung und führte nach vielen Niederlagen zu seinem Sturze.

Unsere Stimmung lässt sich nur mit dem Worte „Verzweiflung" kennzeichnen. Jetzt, angesichts der Erfolglosigkeit unserer Bestrebungen, sahen wir deren Verderblichkeit ein; wir fühlten, dass es zu spät war, das Unheil gutzumachen. Die Verzweiflung, die bisher durch die fieberhafte Thätigkeit niedergehalten war, wurde jetzt in der Unthätigkeit lauter, mächtiger und nach dem selbstmörderischen Attentat der Nation kamen nicht Einem selbstmörderische Gedanken.

Ich will meine eigene Schuld und die meiner Freunde nicht verringern. Ich wollte im Gegentheil beweisen, wie die Unerfahrenheit in öffentlichen Dingen, der Mangel an erprobten Charakteren und hauptsächlich der Einfluss irriger, wenn auch edler Anschauungen auf das ganze öffentliche Leben verderblich wirken; wie oft gute und reine Absichten nicht genügen, wenn man von falschen Gesichtspunkten ausgeht. Ich wollte zeigen, dass es wahnsinnige Unternehmungen gibt, denen gegenüber alle Combinationen sich als irrig und vernünftige Bestrebungen als verderblich erweisen. Solche Unternehmungen scheitern an ihrer Unmöglichkeit, und wer ihre Unmöglichkeit nicht erkennt, der hat schon verschuldet.

Allein mein und meiner Freunde Antheil findet, wenn auch nicht seine Rechtfertigung, so doch seine Erklärung in dem Zusammentreffen der Ereignisse, der damaligen Verhältnisse, in den Irrthümern und Fehlern anderer; nicht nur in den Fehlern unserer Landsleute, mit denen uns die Identität der Anschauungen und Gefühle, das Band gemeinsamer Bestrebungen verknüpfte, sondern auch in den Fehlern Mächtiger, der Staatsmänner, Politiker, und insbesondere Napoleons III. Unser Vorgehen war nicht sinnlos, ja selbst unsere Verirrung war nicht grundlos, sondern nur eine Folge der Verirrung anderer, von denen wir glauben konnten, dass sie nicht irren dürfen. Nicht die Hauptschuld, der Aufstand, lastet auf uns, sondern der Fehler, dass wir diese Hauptschuld eindämmen, gut machen wollten. Es war ein Irrthum, fremde Hilfe zu erwarten, aber kein Wahnsinn; wenn sie auch nicht eintraf, so wäre sie doch kein nutzloses Mittel gewesen. Wir haben das Übel nicht gutgemacht, wir haben es noch vergrößert, aber nicht wir haben es hervor-

gerufen. Der Erfolg war nicht nur ein Urtheil, sondern auch
eine Lehre. Möge jenes unwiderruflich bleiben, wenn wir nur
diese nicht vergessen.

Heute, nachdem uns so viele Jahre von jenen Ereignissen
trennen, kann ich in meinem und im Namen meiner Freunde,
mit denen ich damals und später in öffentlichen Fragen Hand
in Hand giong, sagen, dass uns nur die Liebe zur Sache und
zu unserem Volke geleitet, dass wir in der Überzeugung,
es werde gelingen, den großen Irrthum des Aufstandes gutzumachen, gehandelt, und dass wir uns von jedem Leichtsinn ferne
zu halten trachteten, dem wir doch erlegen sind. Persönliche
Ambitionen hatte keiner von uns.

Die menschliche Natur ist schwach und compliciert. Sie
einseitig darzustellen, wäre weder belehrend noch wahrheits-
getreu. Daher will ich, in Bezug auf mich, zugeben, dass mich
die Furcht, hinter anderen zurückzubleiben, die Gelegenheit,
dem Vaterlande in größerem Stile, als es bisher der Fall gewesen war, zu dienen, die Möglichkeit, die polnische Frage in
einem weiten Rahmen zu lösen, leiteten. Ich will zugeben, dass
ich, wenn ich auch im Laufe der Ereignisse weniger Illusionen hegte und manchmal sogar klarer zu sehen glaubte,
doch nicht stehen blieb, weil ich nicht mehr den Muth hatte,
furchtlos und entschieden der Wahrheit ins Auge zu schauen.
Ich sah keinen Ausweg mehr, und da wollte ich weder meine
Freunde, noch meine Illusionen preisgeben. Unpopularität oder
Dolche haben weder mich, noch meine Freunde zurückgeschrekt.

Ich gestehe dies alles, um zu beweisen, wie gefährlich in
der Politik, selbst in Ausnahmsfällen, jene Eingebungen sind,
die nicht der Vernunft oder dem Pflichtgefühle, sondern der
Phantasie, den Gelüsten und der Eigenliebe entstammen.

ZWEITER THEIL.

Erstes Capitel.
Die Ursachen des Staatenunterganges.

Will man einen klaren Begriff von den Kräften und von der Lage einer Nation haben, die keinen Staat mehr bildet, will man deutlich in ihre Zukunft schauen, um ihr neue Pfade zu zeigen, so muss man zuerst die Ursachen des Verfalles dieses Staates untersuchen. Sie können verschieden sein. Ein Staat kann fallen infolge äußerer oder innerer Gründe, oder auch beider zugleich; so, dass wir drei Arten des Verfalles unterscheiden.

Die äußere Ursache kann von einem mächtigen Feinde ausgehen, der durch seine Gewalt den schwächeren Staat niederdrückt; es können dies auch mehrere Nachbarn, jeder besonders, oder alle im Einverständnis thun. Ein zufälliges Zusammentreffen von Umständen, der immer zweifelhafte Ausgang eines Krieges, kann gleichfalls eine solche Ursache bilden. Aufgabe der Politik ist es, durch Anwendung von Vorsicht und Geschicklichkeit, durch Bündnisse, diesen äußeren Gefahren vorzubeugen, eine allzu große Machtentfaltung der Nachbarn zu verhindern, den Abschluss eines Bündnisses zwischen ihnen nicht zuzulassen, die Isolierung zu vermeiden, und sich überhaupt vor Überraschungen zu schützen. Im Inneren ist es die Aufgabe der Staatskunst, den Staat so zu gestalten und zu erhalten, dass er sowohl den Nachbarn, wie auch allen äußeren Zufällen und Gefahren gewachsen sei. Allein es kann doch geschehen, dass ein Staat trotz der vernünftigsten und vorsichtigsten Politik, trotz der besten Regierung im Innern der feindlichen Übermacht keinen Widerstand leisten oder sich vor einer mörderischen Niederlage nicht schützen kann. Dann fällt er ohne eigene Schuld, für eine Zeit oder für immer, das letzte freilich selten, da seine Lebensfähigkeit dem Tode trotzt. Das ist die erste Art des Staatenunterganges.

Die zweite Ursache liegt in der inneren Verfassung des Staates. Hier können die Gründe des Unterganges vielfach und verschieden sein; politischer, socialer, religiöser, ethischer, ökonomischer, militärischer Natur oder alles zusammen. Sie sind nicht nur Ursachen des Verfalles, sondern auch Symptome der Krankheit, der Fäulniß, des Mangels an Lebensfähigkeit; sie schaffen die Basis für äußere Ursachen, sie schwächen den Organismus des Staates, so dass der Gegner im Rennen zum Ziele einen Vorsprung erlangt, der ihm dann zur Herrschaft verhilft. Der Staat kann auch in mehrere Theile zerfallen und dadurch seine Existenz einbüßen. Das ist der zweite Fall: der viel gefährlichere Untergang durch eigenes Verschulden.

Die dritte Art schließt die beiden früheren ein. Das Anwachsen der Nachbarn und ihre Gier fallen mit der inneren und somit auch mit der äußeren Schwächung des Staates zusammen; es entsteht eine Gefahr, gegen die es weder Rettungsmittel noch Rettung gibt; die Katastrophe ist unvermeidlich. Der Staat geht dann infolge seiner eigenen Schuld, seiner Inferiorität nach außen und nach innen, und an der Überlegenheit seines Nachbars oder seiner Nachbarn zugrunde. Dies ist die dritte, wichtigste Ursache des Staatenunterganges.

So gibt es denn sowohl im Gedeihen wie im Verfalle der Staaten Abstufungen. Die Stufe des Unterganges steht im geraden Verhältnisse zu seinen Ursachen. Die dritte Stufe ist gleichzeitig auch die höchste, denn in ihr treffen zwei Ursachen zusammen, die äußere und die innere. Von der Stufe des Unterganges ist die Fähigkeit und Möglichkeit der Ermannung abhängig. Für die Zukunft einer Nation, die keinen Staat mehr bildet, sind daher die Ursachen des Unterganges ihres Staates von besonderer Wichtigkeit; je zahlreicher sie sind, je höher ihre Stufe ist, umso schwächer und entfernter sind die Aussichten der staatlichen Zukunft und umgekehrt. Ein Staat, der aus dem einen oder dem anderen Grunde gefallen ist, kann eher seine staatliche Verfassung zurückerhalten, als derjenige, zu dessen Verschwinden beide Ursachen beigetragen haben, dessen Untergang dritten Grades war.

Der Untergang des polnischen Reiches war dritten Grades. Durch äußere und innere Ursachen, durch die eigene Ohnmacht und das Übergewicht der Nachbarn, wurde er herbeigeführt. Weder ein Zufall, noch ein unglücklicher Krieg, noch eine verlorene Schlacht, haben das polnische Reich zerstört. Auch nicht die innere Anarchie allein. Eine ununterbrochene Kette innerer und äußerer Gründe, politischer Fehler, socialer Sünden ökonomischer Nachlässigkeiten und fehlerhafter Einrichtungen haben es so zugrunde gerichtet, dass es zuletzt nicht einmal einem schwachen Nachbar hätte widerstehen können.

Und seine drei Nachbarn wurden immer stärker, ihre Ländergier immer größer. Polen hatte keine militärischen Vertheidigungsmittel, in seiner Staatskunst gab es weder Vorsicht noch Bündnisse, aber so mancher Staat wollte es erobern. Da einigten sich drei Mächte und thaten dies im Einverständnis — ein einziger Ausnahmsfall in der Geschichte des Staatenunterganges dritter Stufe.

Der Sturz Polens, wenn wir ihn nicht bloß nach seinen Ursachen, sondern nach deren Inhalt und Wesen beurtheilen wollen, war der größte, den wir in der Geschichte vorfinden; innere Zerrüttung, beispiellose Schwächung, ungezügelte Kraftentwickelung der Nachbarn und ein, nicht durch einen, sondern durch drei zu diesem Zwecke vereinigte Staaten geführter Schlag. Nicht eine, nicht mehrere, aber alle Ursachen, die die Zerstörung eines Staates herbeiführen können, haben hier zusammengewirkt. Die Nation, die den polnischen Staat geschaffen, hatte keinen politischen Sinn, keine Fähigkeit, die staatliche Form zu erhalten, zu kräftigen und zu entwickeln, und da die Wiederherstellung eines Staates umso schwerer ist, je höher die Stufe seines Unterganges, so war der Wiederaufbau Polens und die Rückgewinnung seiner staatlichen Stellung am schwersten.

Untersuchen wir daher, inwiefern obige Wahrheiten im Leben und in der Geschichte zutreffen, das heißt, inwiefern der Wiederherstellung des polnischen Staates Hindernisse im Wege standen, die nur durch große Tugenden und politische Fähigkeiten hätten beseitigt werden können. Wir werden dann zu unserem Gegenstande, zum letzten Aufzuge des letzten Actes dieser historischen Tragödie gelangen, die alle Bestrebungen der Wiederherstellung Polens umfasst.

Wir werden nicht auf alle misslungenen Proben, das Königreich Polen wieder herzustellen, eingehen. Zur Synthese unserer
Aufgabe sei so viel festgestellt, dass diese, theils haltlosen, wenn
auch edlen Motiven entsprungenen, theils patriotisch - wahnwitzigen, theils wieder auf concrete Berechnungen gestützten
Versuche, dass sie alle zu nichts führten, mit Ausnahme derjenigen, die den Kriegen Napoleons I. folgten und uns thatsächlich zu einer momentanen und partiellen Unabhängigkeit
verhalfen.

Den letzten Act dieser, sowohl in Bezug auf ihr letztes
Ziel, wie auch auf ihre Lehren erfolglosen Versuche bildeten
die Ereignisse der Jahre 1830—1831. Der letzte Aufzug dieses
Actes spielte sich im Jahre 1863 ab. Ihn wollen wir kritisch
zerlegen; dadurch gelangen wir zur tiefsten Lehre, die in sich
die Quintessenz aller Erfahrungen enthält.

Es ist bekannt, dass die Gesellschaften nicht bloß ein
materielles Dasein führen können, dass selbst die reichsten
materiellen Güter noch keinen Staat und keine Nation bilden,
wie der Körper nicht den Menschen ausmacht. Was für den
Menschen der Geist, ist für die Gesellschaft der gemeinsame
Gedanke. Der Geist unterscheidet den Menschen vom Thiere,
die gemeinsame Idee unterscheidet die Gesellschaft von einer
Thierherde; sie steckt ihr ein hohes, erhabenes Ziel, sie haucht
ihr jene belebende Kraft ein, die die materiellen Güter beherrscht.
Für eine Gesellschaft, die ihre staatliche Gestaltung verloren
hat, muss das höchste, erhabenste Ziel die Wiedergewinnung
jener Gestalt und die belebende Kraft das Streben nach Unabhängigkeit sein. Das ist zweifellos; die Geschichte bestätigt es.
Allein es handelt sich um die Mittel, und deren Erkenntnis und
Auswahl ist für Gesellschaften, die keinen Staat mehr bilden.
gleichbedeutend mit der Wahl eines heilbringenden oder verderblichen Zieles seitens der Gesellschaften, die sich einer staatlichen Verfassung erfreuen.

Nicht nur das wichtigste Mittel, sondern auch eine nothwendige Bedingung zur Wiedergewinnung staatlicher Formen
ist die Erhaltung der nationalen Existenz. Sie ist die heiligste
Pflicht, wenn auch die Unabhängigkeit das schönste Ziel ist.
Sie muss zum Selbstzweck, zur belebenden Kraft gemacht werden,
sie muss die Schönheit der Unabhängigkeitsidee übertreffen;

daher ist es nöthig, dass das Pflichtbewusstsein die Wünsche beherrsche, dass die Vernunft die Phantasie niederhalte, und die Wissenschaft den Irrthum jener Combination, die durch Zerstörung der nothwendigen Bedingung ans Ziel gelangen will, nachweise. Eine Gesellschaft, die die Pflicht nicht höher als den Trieb, die Vernunft nicht höher als die Eingebung, die Berechnung nicht höher als den Mysticismus zu stellen vermag, wird nicht nur ihr Ziel nicht erreichen, sondern sie ist auch dem Untergange verschrieben. Wenn eine Gesellschaft ihr Ziel nicht anders erreichen kann, als durch Vernichtung der nothwendigen Bedingung, so muss ihre belebende Kraft zu einer destructiven werden.

Die ganze conservative Politik einer Gesellschaft, die als Staat zugrunde gieng, beruht daher auf der Erhaltung der nationalen Existenz; die politische Raison auf der Wahl der richtigen Mittel. Wir können es als Axiom hinstellen, dass das Streben nach dem höchsten und erhabensten Ziele, der Unabhängigkeit, der Erhaltung der nationalen Existenz untergeordnet werden muss, dass jede Thätigkeit, die diese nothwendige Bedingung zerstört, unvernünftig ist, und dass endlich, wer sich nicht befreien kann, wenigstens sein Los zu verbessern imstande sein wird. Ein Unternehmen, das zur Unabhängigkeit führen soll, kann oft die Existenz der Nation zerstören, und doch kann nur die Erhaltung der nationalen Existenz zur Unabhängigkeit führen. So gelangen wir zur Überzeugung, dass einer Gesellschaft, die ihre staatliche Existenz verloren hat, durch das Streben nach Erhaltung der nationalen Existenz neues Leben eingeflößt werden könne, und wenn dieses Streben nicht genügen sollte, die Gesellschaft dem Tode verfallen ist.

Der öffentliche Geist war in Polen zu Ende des XVIII. Jahrhundertes so tief gesunken, dass die Gesellschaft nicht mehr in diesem Zustande, weder als Staat noch als Nation, existieren konnte. Selbstsucht und Gleichgiltigkeit gegen das öffentliche Wohl waren vorherrschend. Eine solche Nation hätte nie mehr ohne eine tiefe Wandlung zu neuem Leben erstehen können, wenn sie nicht den Egoismus der Individuen der öffentlichen Sache geopfert hätte. Der Selbsterhaltungstrieb erwachte schon zu Ende des XVIII. Jahrhundertes und es entstand in einem Theil der Gesellschaft jener reformatorische Geist, dessen Spuren

die Geschichte des „Vierjährigen Reichstages" trägt. Allein es
war zu spät.

Der bisherige Geist hat den Staat zugrunde gerichtet;
die Renaissance dieses Geistes gefährdete die Existenz der Nation
und alle seine Erscheinungen, wie sie in den Unabhängigkeits-
Bestrebungen zum Ausdrucke kamen, stürzten die Nation in
eine immer traurigere Lage und versetzten der nationalen Existenz
empfindliche Schläge.

Der Verfall des öffentlichen Geistes war kläglich, seine
Renaissance wurde gefährlich; der Verfall führte zum Untergange, die Renaissance erschwerte die Rettung oder machte sie
unmöglich.

Hier ergibt sich ein historiosophisches Räthsel. Wie soll eine
Nation handeln, bei der der Verfall des Geistes zum Untergange und die Renaissance zu selbstmörderischen Bestrebungen
führt? Was soll sie wählen und woran sich halten? In keinem
der beiden Fälle wird eine Nation ans Ziel gelangen. Bleibt
somit die Aufgabe ungelöst? Stehen wir vor einer Unmöglichkeit? . . . In politischen Dingen gibt es doch keine unlösbaren Aufgaben, so lange ihre Lösung vom menschlichen Willen
und Verstande abhängt. Das obige Dilemma ohne Lösung
könnte eine Abstumpfung des politischen Sinnes zur Folge haben.
Und so ist es angesichts der durch den Verfall des öffentlichen
Geistes und durch seine Renaissance heraufbeschworenen Niederlagen klar, dass ein anderer Weg, ein Mittelweg, angezeigt sei.
In Ermanglung eines geschulten politischen Geistes hat ihn
die Erfahrung ausfindig zu machen. Die Wahl dieses Mittelweges beseitigt das Dilemma und macht die Aufgabe zu einer
lösbaren.

Jede Gesellschaft besitzt, wenn sie auch nicht besonders
reich ist an politischem Sinn, von demselben so viel, wie er
durch den Selbsterhaltungstrieb geboten ist. Dieser Trieb kann
schwächer werden, aber schließlich ersteht er wieder als angeborene Kraft. So war es auch in Polen. Nach dem Verfall
des öffentlichen Geistes kam seine Wiedergeburt. Es war
dies ein Symptom der Gesundung, eine selbständige Reaction
gegen die Krankheit, gegen den Tod. Da er jedoch auf künst-
lichem Wege erweckt wurde, so büßte er dadurch seine Lebens-
kraft ein; er verfiel in den Gegensatz, aus der Gesundheit

entstand eine Fieberhitze. Ein neues Phänomen war da. Wie
der frühere Verfall, so führte jetzt die Fieberhitze zur Vernichtung des Organismus. Eine Gesellschaft kann weder in
der Apathie, noch im Fieber leben. Apathie und Fieberhitze verzehren den Organismus. Ein Leben, das nur durch
Fieberhitze wachgehalten wird, kann nicht lange dauern. Und
daher war auch das Anfachen des öffentlichen Geistes verderblich; nothwendig und heilbringend war nur seine Gesundung.
Nur der öffentliche Geist, der von selbst zur Wiedergeburt gelangt, besitzt eine innere Kraft; künstlich erweckt, bleibt er
ohnmächtig.

Bei zwei Nationen führte das Anfachen des Geistes zur
Sehnsucht nach eigener Zerstörung: bei den Juden und den
Polen. Beide wurden sie zu unsinnigen, haltlosen Unternehmungen gedrängt, die neben den Mitteln auch das Ziel zugrunde
richteten, was auch die Vernichtung Jerusalems und des Tempels
zur Folge hatte. Diese Vernichtung machte nicht einmal den
selbstmörderischen Unternehmungen ein Ende, und wie wenn
diese im Charakter beider Nationen gelegen wären, wurden sie
ihnen zur Gewohnheit.

So waren in der polnischen Gesellschaft die zwei verschiedenen, ja einander widersprechenden Thatsachen, wie die
Lethargie und das Erwachen des öffentlichen Geistes nur Symptome derselben politischen Ohnmacht und der mangelnden
Fähigkeit, dem eigenen Untergange vorzubeugen.

In Polen entstand eine Theorie, die behauptet, dass
alle unsinnigen, ja wahnwitzigen Unternehmungen nothwendig
waren und sind, um den öffentlichen Geist zu erwecken, dass
sonst in einem gewissen Zeitraume die Anhänglichkeit an die
Nation und damit auch diese zugrunde gehen würden. Diese
Theorie stellt das obige Dilemma nur in einer anderen Gestalt
auf und macht damit ebenfalls die polnische Frage zu einer
unlösbaren.

Hätte die polnische Nation ihre Bestimmung nicht anders
erfüllen können, als durch das Jagen nach dem Untergange,
so wäre die Sache präjudiciert und die Zukunft wäre — der
Tod. Aber da sie den Selbsterhaltungstrieb nicht verloren hat,
musste sie wieder erstehen und sich durch Beseitigung des Dilem-
mas ohne Ausgang behaupten. Der Wille und die Vernunft sind

dazu da, um schlechten und verderblichen Gewohnheiten ein
Ende zu machen.

Die Erhaltung der nationalen Existenz macht die polnische
Frage zu einer lösbaren. Sie ist eine Wahrheit, die zwischen
zwei falschen Richtungen steht: zwischen dem Verfall des öffentlichen Geistes und seiner Überhebung, sie schützt den Organismus
vor Apathie und Fieberhitze, sie bildet also eine politische
Pflicht und Raison, und muss daher auch zum Ziele werden.

Die Erfahrung hat diese Wahrheit bestätigt. Aber vor der
letzten Lehre, mit der wir uns befassen, hat an der polnischen
Nation diese Wahrheit sich nie bestätigt. Die Anschauungen,
in denen die vergangenen und heutigen Generationen erzogen
und aufgewachsen sind, nahmen auf dieselbe keine Rücksicht
und stellten sich somit in Widerspruch mit den Erfahrungen.

Trotz des Grades des Verfalles Polens und der Schwierigkeit seiner Wiederherstellung bestand der politische Katechismus
jener zwei Generationen aus zwei Dogmen: Unabhängigkeit und
auswärtige Intervention. Sie hatten nicht nur kein anderes Ziel,
als die Wiederherstellung eines unabhängigen polnischen Königreiches, sondern sie hatten auch kein Verständnis für ein
nationales Leben, als nur innerhalb eines unabhängigen Staates.
Das unmittelbare Streben zum Ziele und die Absicht, dasselbe
rücksichtslos zu erreichen, führten zur Verkennung der nothwendigen Bedingung. Was nicht unmittelbar zur Unabhängigkeit
führte, wurde von den früheren Generationen nicht beachtet, das
war für sie weder genügend noch befriedigend. Sie waren nur
reif, die nationale Existenz zu gefährden und zu opfern um
der Unabhängigkeit willen. Die Vernünftigsten stützten ihre
Combinationen, die in Polen nur Hoffnungen waren, auf die
auswärtige Intervention. Aber auch dieses Mittel war nie genau
präcisiert, es war bloß ein Gebilde willkürlicher Speculationen,
und deren Ausdruck bildeten die wie Frühlingsschwalben alljähr-
lich wiederkehrenden Kriegsbotschaften.

Man lehrte diese Generationen, dass die Wiederherstellung
Polens für die Sicherheit Europas nothwendig sei, und sie
glaubten daran, denn das war bequem, das schmeichelte
der Eigenliebe. Dieser Glaube an eine europäische Nothwendigkeit wurde, wie jeder Glaube, keiner Kritik unterzogen;
man fragte nicht, für welches Europa und warum die Wieder-

herstellung Polens nothwendig sei. Man erwartete sie bloß, wie im ersten Jahrhundert des Christenthums ein Königreich Gottes auf Erden erwartet wurde.

Dieses Ziel erhielt in der Folge die geographische Gestalt des früheren polnischen Königreiches und im patriotischen Katechismus lautete der Glaubensartikel: die Grenzen des Jahres 1772. Die ohnedies großen Schwierigkeiten wurden nunmehr freiwillig noch vergrößert und geradezu in Unmöglichkeiten verwandelt. Auch das war ja bequem und schmeichelte der Eigenliebe, die Wiederherstellung innerhalb jener Grenzen, in denen der Untergang erfolgt war, als Ziel hinzustellen. Wiederum ein Symptom der Trägheit des politischen Sinnes, der nichts Vernünftigeres, nichts der Sachlage Entsprechenderes, nichts Heilbringenderes ausfindig machen konnte, und der sich dort mit einer Formel begnügte, wo man einen Ausweg suchen musste.

Wenn eine Nation aus äußeren und aus inneren Gründen ihre staatliche Existenz eingebüßt hat, so geschah dies, weil sie die zur Erhaltung der staatlichen Form nothwendigen Bedingungen nicht mehr besaß. Wie könnte sie in Knechtschaft und Unterdrückung jene Bedingungen wieder gewinnen, die sie in der Freiheit verloren hat? Nicht Muth, nicht Tapferkeit, sondern Kühnheit und Selbstüberhebung ist es, auf einer niedrigeren Stufe stehend das zurückgewinnen zu wollen, was man auf einer höheren Stufe nicht aufrechterhalten konnte. Wer stufenweise gefallen ist, kann sich auch nur stufenweise aufrichten, will er sich ganz erheben. Was auseinandergefallen ist oder zerrissen wurde, kann in der früheren Form nur zusammengekleistert werden; wachsen, blühen, gedeihen kann es nur in einer neuen Form und Gestalt. Wie niemand daran denken könnte, Polen mit seiner alten politischen und socialen Verfassung herzustellen, ebenso darf an seinen Wiederaufbau innerhalb der alten Grenzen nicht gedacht werden. Es gibt für Völker verschiedene Grade von Unabhängigkeit. Für dasjenige, welches den höchsten Grad verloren hat, ist die Conservierung selbst des untersten Grades eine schwierige Aufgabe. Aber die Zurückweisung aller Grade, mit Ausnahme des höchsten, ist ein Wahnsinn.

Die polnische Nation konnte und musste je nach den Umständen alle Grade der Unabhängigkeit schätzen und pflegen,

von der Halbunabhängigkeit bis zur nationalen Selbständigkeit;
hauptsächlich jedoch durfte sie nicht alle diese Grade gefährden
durch das Saltomortale zum höchsten. Sie hat es jedoch gethan
und hat daher selbst ihre Renaissance aufgeschoben; sie konnte
eine nationale Einheit ohne geographische Einheit nicht begreifen.

Die Theorie von den Grenzen der ersten Theilung erschwerte,
behinderte und vernichtete sogar für lange Zeit die polnische
Sache unter der russischen Herrschaft. Die Ansprüche, schon
nach dem Untergange, auf Ländereien auszudehnen, die man
vor dem Untergange weder politisch, noch social, noch religiös
mit dem Kern der polnischen Bevölkerung hatte vereinigen können,
sie in diesen Combinationen mit dem Kern des polnischen Landes
gleichzustellen, war eine an Vermessenheit grenzende Unvernunft
und machte die Lösung der polnischen Frage durch ein Compromiss mit Russland im Sinne der Gewinnung irgendeines
Grades von politischer Unabhängigkeit für das polnische Element
unmöglich. So entstand die Frage der „Erworbenen Provinzen",
die aus ethnographischen, religiösen und nationalen Gründen
zum Zankapfel zwischen Russland und der polnischen Gesellschaft wurde. Die Frage war eine schwierige, speciell in Bezug
auf Lithauen, das durch einen spontanen Assimilierungsprocess
seiner Bevölkerung mit Polen eng verknüpft war. Allein Erfahrung und Vernunft führen zur Bewältigung der Schwierigkeiten;
in Polen war die erste nutzlos, die zweite nicht vorhanden. Das
Streben, alle unter der russischen Herrschaft befindlichen polnischen Ländereien zu vereinigen, war für Russland so gefährlich,
dass es jedes Compromiss unmöglich machen, und entweder zur
Beseitigung der russischen Herrschaft in diesen Ländern oder
zur Ausrottung der Polen in Russland führen musste.

Es waren weise und auf Erfahrung gestützte Worte, die
Wielopolski aussprach: „Möge Lithauen sich selbst um seine
Autonomie bekümmern."

Zahlreich sind in der Geschichte die Beispiele, dass es
Staaten versucht haben, neu zu erstehen, aber nur wenige,
dass ihnen dies auch gelungen wäre. Allein nie ist ein unter-
gegangener Staat in demselben Umfange wieder erstanden, den
er gehabt, bevor er zu existieren aufhörte. Die polnische
Gesellschaft verkannte diese historische Wahrheit.

Die zwei letzten Generationen wuchsen empor unter dem Einflusse der unfehlbaren Lehre von der vollständigen Unabhängigkeit, von der territorialen Untheilbarkeit, sie wurden erzogen im Glauben, dass nicht nur das Interesse, sondern auch die Pflicht Europas die Wiederherstellung Polens gebieten. Dieses Dogma und dieser Glaubensartikel wurden „Ideale“ genannt. Sie hatten mit Idealen so viel gemein, dass sie weder erreicht, noch verwirklicht werden konnten — sie gehörten somit nicht in das Gebiet der Politik. So erzogen, sollten sich zwei Generationen in den schwersten und bedrohtesten nationalen Verhältnissen zu helfen wissen! Die falsche Prämisse zog verderbliche Fehler nach sich, die Sache wurde einem Schatten, die Wirklichkeit, die Erhaltung der nationalen Existenz dem Unabhängigkeitsphantom geopfert.

Alexander II. und der Nimbus Napoleons III.

Die Periode vom Jahre 1831 bis 1856 wurde ausgefüllt von dem ohnmächtigen Bestreben nach Unabhängigkeit, noch mehr von den Illusionen einer solchen; sie war für die Entwickelung und Stärkung der nationalen Existenz verloren. Das Streben nach Unabhängigkeit bildete eine Scheidewand zwischen der polnischen Gesellschaft und den Theilungsmächten und machte jedes Compromiss unmöglich, das ja das erfolgreichste und wahrste Mittel der Kräftigung der nationalen Existenz gewesen wäre.

In dieser Epoche nimmt die Verschwörung im Leben der Nation einen viel wichtigeren Platz ein als die Arbeit. Zwei Krankheiten waren es, die das Volk beherrschten: die Apathie und das Fieber. Deshalb konnte es den einzigen erfolgreichen Mittelweg nicht finden. Die vollständige Knechtschaft der Bevölkerung innerhalb der polnischen Ländereien und seine vollständige Freiheit in der Emigration vergrößerten das Übel. Einige hervorragende Geister und Charaktere sehen den heilbringenden Mittelweg, allein sie wagen es nicht, offen und muthig mit ihren Plänen hervorzutreten, gefesselt durch Anschauungen, in denen sie erzogen wurden. Niemand wagt es, die Aussichten, die die Emigration bietet, zu Gunsten jener, welche durch ein selbständiges Vorgehen im Lande entstehen können, zu opfern. Niemand will es versuchen, die nationale Existenz zu gewinnen, wenn er dafür die Hoffnung der staatlichen Existenz aufzugeben hat. Die nationale Arbeit ist nirgends Selbstzweck. Verschwörungen und sporadische Bewegungen machen sie wirkungslos. Sie bilden an und für sich einen Zweck, weil sie zu undurchführbaren Zielen führen. Wie in einem circulus vitiosus bewegen sich Vernünftige und Wahnsinnige, Erfahrene und Leichtsinnige, Gewissenhafte und Gewissenlose. So entsteht ein Zustand der Gesellschaft, in dem der Verstand von dem Gefühle beherrscht wird und der schließlich in der Theorie und Praxis nur in der Vorzweiflung das einzige Rettungsmittel sieht und so zum Wahn und zum Kräfteverfall führt. Ein Theil des Volkes hört auf zu fühlen und zu denken, der andere kann nur leidenschaftlich fühlen und unvernünftig denken. Die angeborenen Fehler, die Abstumpfung des politischen Sinnes und die Leidenschaften werden noch gesteigert durch das Sclavenjoch, durch die Feindseligkeit der Gegner und das große Unglück, das alle niederdrückt. Die nationalen Bestrebungen werden beherrscht durch den Schein; denn auf dem Wege zum edelsten Ziele leiten sie irre und lassen eine Unterscheidung zwischen Möglichem und Unmöglichem und somit eine Erkenntnis der wahren nationalen Pflichten nicht zu.

Die Regierung Nikolaus' I. nach dem Aufstande vom Jahre 1831 machte eine große Katastrophe, ein Werk des Leichtsinnes und der Unvernunft unmöglich; aber sie verlängerte jenen unheilbringenden Zustand, in dem die Keime der Niederlagen enthalten sind. Plötzlich treten zwei historische Ereignisse ein, welche die polnische Bevölkerung und ihren durch eine schlechte Hygiene geschwächten Organismus beeinflussten -- die Regierung Napoleons III. und der Regierungswechsel in Russland.

Die neue Regierung Russlands war nicht nur eine Änderung in Bezug auf den Thron, sondern auch in Bezug auf das System. Nicht nur ein Sohn bestieg den Thron seines Vaters, sondern auch ein Mann ergriff die Gewalt, der von seinem Vorgänger ganz verschieden war. Dadurch mussten alle Verhältnisse des großen Staates beeinflusst werden und insbesondere desjenigen Theiles, dem die vergangene Regierung ihren mächtigen Stempel aufgedrückt hatte.

Alexander II. beugte sich vor dem mächtigen Willen Nikolaus' I. ebenso wie das ganze russische Reich; nach dessen Tode versuchte er es jedoch, sich selbst emporzurichten. Aber dies ganz zu thun, ist ihm nie gelungen. Daher war sein Regime eine fortwährende Reaction gegen das vergangene, daher in ihm der Doppelgeist, der auf den Nicolaitischen Traditionen und seinen eigenen Bestrebungen, sich von diesen loszulösen, beruhte, daher Schwäche und Energie, Milde und Grausamkeit, Reformen und Repressionen, Nachgiebigkeit und strenge Rache in unausgesetzter Abwechslung. Wie alle schwachen Charaktere wählte Alexander II. einen Weg, dessen letztes Ziel noch nicht gesteckt war. Er beschritt ihn unter dem Einflusse seiner eigenen Anschauungen und Eingebungen, ohne einen leitenden Gedanken, ohne jene Überlegenheit des Geistes, die sich auch durch Misserfolge nicht erschüttern lässt. Daher schwankte er auch oft und führte andere auf Irrwege. Erzogen in der alten monarchischen Tradition, conservierte er die äußeren monarchischen Formen. Aber es mangelte ihm an innerer Majestät und Herrscherkraft, die seinem Vater eigen waren. Er hatte die Stellung, aber nicht den Geist eines Monarchen. Diesen Geist schöpfte er daher nicht aus sich selbst, aber wenn er ihm in der Gestalt seiner Ahnen erschien, da schrak er zurück und fühlte sich zu jener übertriebenen Grausamkeit gedrängt, die nur eine andere Art von Schwäche ist. Dieser milde, im Umgange höfliche Mensch war als Monarch nie mit sich einig, Milde, Güte, Gutmüthigkeit wechselten bei ihm leicht mit Fanatismus, Rücksichtslosigkeit und blutiger Rache ab.

Ein allzu muthiger Neuerer, war er unter dem Einflusse der Furcht der größten Grausamkeiten fähig. Er besaß alle Mittel, um zu herrschen, aber nicht um zu regieren, so dass seine unbeschränkte Gewalt zum Spielball des Zufalles oder zum Werkzeuge anderer wurde. Solche Männer schaffen den Boden für den Umsturz, dem sie selbst zum Opfer fallen. Sie bereiten eine Zukunft vor, die viel schrecklicher ist als jene Vergangenheit, der sie ein Ende machen wollten. Alexander II. gehört zu denjenigen, die aus dem Freisinne eine Waffe schmieden für die sonderbarste Autokratie, die die Freiheit zum Werkzeuge der Verfolgung und Bedrückung machen. Die Wandlung, die nach seiner Regierung erfolgte, war nicht neu, aber sie war vorher vielleicht nie so schrecklich und zügellos gewesen.

Je mehr Alexander II. in seinen Reformen und in seinem Verhalten von dem System seines Vorgängers abschwenkte, desto empfindlicher musste er sich zeigen gegenüber dem russischen Nationalgefühle, gegenüber dessen Jahrhunderte dauernden Bestrebungen, um seinem eigenen Volke zu beweisen, dass er von den überkommenen Traditionen nichts aufgeben wolle. Diese Gefühle oder besser diese Nothwendigkeiten zeigten sich in den fortwährenden Bemühungen, die für Russland demüthigenden Bedingungen des Pariser Vertrages zu beseitigen, während des polnischen Aufstandes und während des türkisch-russischen Krieges im Jahre 1877. Mit diesen Nothwendigkeiten hätten auch die Polen rechnen müssen; doch sie haben sie verkannt.

Man hat Alexander II. mit Ludwig XVI. verglichen. Wenn wir die großen Unterschiede, die aus der Verschiedenheit ihrer gesellschaftlichen Verhältnisse hervorgiengen, beiseite lassen, so ist die Ähnlichkeit insofern richtig, als beide den Aufgaben ihrer Gewalt und ihrer monarchischen Stellung nicht gewachsen waren, insbesondere unter denjenigen Verhältnissen, in denen sie lebten. In den Geistesfalten dieser beiden Herrscher wird man gewiss ein und dasselbe verderbliche Element finden: die Schwäche des Geistes und, was noch schlimmer, die Schwäche des Charakters, die in dem guten Willen, der allein nicht genügt, zum Ausdruck kam. Beide besaßen mehr Illusionen, als Glauben. Der eine schleuderte Frankreich in ein Blutbad, der andere Russland in ein düsteres und ungeheuerliches System, und beide wurden sie zu Opfern, nicht so sehr ihrer Fehler als des Mangels an entsprechenden Eigenschaften; wenn auch mit dem Unterschiede, dass der eine öffentlich und auf Grund des Urtheils der Nationalversammlung unter der Guillotine und der andere auf der Straße auf Grund des Urtheils der Verschwörer und durch deren Bombe fiel. Nur wenn wir berücksichtigen, dass Ludwig XVI. ein französischer Monarch des XVIII. Jahrhunderts und Alexander II. ein russischer Monarch um die Hälfte des XIX. Jahrhunderts war, kann man eine psychologische Ähnlichkeit zwischen beiden finden.

Die Regierung eines Mannes in Russland, wie Alexander, musste das Schicksal und das Verhalten der polnischen Bevölkerung entschieden beeinflussen.

Die polnische Bevölkerung konnte und sollte die Thronbesteigung ausnützen. Im Charakter des Czaren selbst waren die Voraussetzungen dafür gegeben. Aber es waren dabei, wie bei jedem Vortheile, auch große Gefahren vorhanden. Die Vortheile zu erlangen und den Gefahren zu entgehen, wäre die Auf-

gabe einer politisch geschulten Bevölkerung gewesen, aber einen
solchen politischen Sinn besaß die polnische Nation nicht;
zwischen 1831 und 1856 konnte sie ihn nicht erwerben. So
blieben denn nur die Gefahren übrig.

Die erste Zeit Alexanders II. musste nach den mächtigen,
zwar logisch durchgeführten, wenn auch oft grausamen Regie-
rungsjahren Nikolaus' I. in den polnischen Ländern eine Bewegung der Geister, Gemüther und Interessen, aber zugleich die
Gefahr eines frischen Luftzuges hervorrufen. Dass ein Sinnes-
taumel entstehen konnte und musste, war klar, es fragte sich
nur, ob sich auch eine Ernüchterung zur rechten Zeit einstellen
würde.

Nun wieder zu unserem Ausgangspunkte. Es handelte sich
uns darum, ob die polnische Bevölkerung fähig sein würde,
einen Mittelweg zu wählen und ob sie begreifen würde, dass die
Verhältnisse und Personen ausgenützt werden müssten, um unter
der russischen Herrschaft für die nationale Existenz bessere
Bedingungen zu schaffen, oder ob sie hartnäckig diese Bedingungen außerhalb dieser Regierung suchen würde, zu Zielen hin-
strebend, für welche sie in sich nicht die genügenden Voraussetzungen hatte, das ist, zur Wiederherstellung des alten polnischen Reiches.

Die Anschauungen, in denen die nunmehr zum Eingreifen
berufene Generation erzogen war, waren da von entscheidendem
Einflusse und irrig in ihrem Ausgangspunkte, führten sie zu
verderblichen Folgen. Hauptsächlich jedoch waren hier äußere
Einflüsse und Ereignisse maßgebend. In Frankreich hatte ein
Mann die Gewalt an sich gerissen, der mehr Täuschungen
als wirkliche Aussichten hervorrufend, schon dadurch berufen
war, an die schlechten Neigungen des polnischen Charakters
zu appellieren.

Er sollte jene Elemente in Bewegung setzen, die sich
gewöhnlich gegen denjenigen kehren, der sie ins Leben rief.
Aber wer nicht in jener Epoche lebte, der wird den Einfluss
und den Glanz dieses Mannes, die Gedanken, die er vom Throne
ausstreute und mit der That unterstützte, den Glauben, den er
erweckte, nicht begreifen und daher werden jene, die von diesem
Einfluss, diesem Glanze und diesem Glauben keinen Begriff
haben, die menschlichen Handlungen jener Tage weder gerecht

beurtheilen noch richtig auffassen. Hier ist es mehr als jemals nöthig, sich in Gedanken in jene Zeiten zu versetzen, um sie gut zu verstehen.

Die Ursachen dieses außerordentlichen geschichtlichen Ereignisses und dieses psychologischen Phänomens waren verschieden. Das Ansehen und der Einfluss Napoleons III. waren die Ursache einer Reihe von äußeren und inneren Erfolgen, die die Öffentlichkeit mächtig beeinflussten. Sie waren von einer Räthselhaftigkeit, die stets blendet und auf die Phantasie wirkt; hauptsächlich jedoch zeichneten sie sich durch ein instinctives Einflechten von allgemeinen menschlichen Gefühlen in die Regierung und in die Politik aus; sie hatten die Macht eines Magnets. Alle diese Ursachen des Napoleonischen Einflusses und Ansehens concentrierten sich in dem von ihm kühn aufgestellten Nationalitätenprincipe und dadurch gewannen dieser Einfluss, dieses Ansehen und dieser Glanz einen außerordentlichen Umfang, der größer war als die thatsächliche Macht Napoleons und der Nation, deren Schicksale er leitete.

Die Aufstellung des Nationalitätenprincips sollte die einen verblüffen und erschrecken, in den anderen die schönsten Hoffnungen, die herrlichsten Aussichten und die Illusion hervorrufen, dass es auf dieser Basis möglich sein werde, die internationalen Beziehungen im Sinne höherer, geistiger Begriffe für die Dauer zu ordnen. Die Entfaltung dieses Banners nicht nur von der Höhe des Thrones, sondern auch in Begleitung außerordentlicher Triumphe musste von Erfolg begleitet sein, von einem jener Erfolge, die zunächst einen Nimbus und einen Einfluss schaffen und auch deren unerhörten Grad erklären. Der Lauf der Ereignisse zerstreute die Illusionen und machte diesen Glanz, diesen Einfluss, diesen Glauben für die Epigonen unverständlich, aber die Zeitgenossen standen unter ihrem Einflusse, denn sie waren ein mächtiger historischer Factor, der nicht verkannt werden darf, den man genau berechnen muss, will man die Ereignisse, die Menschen und ihre Handlungen, die Irrthümer und Täuschungen insbesondere in Polen genau beurtheilen.

Dies ist umso schwerer, als jener Mann und seine Ideen, die diesen Einfluss zur Folge hatten, in jener geschichtlichen Katastrophe, die zu seinem Grabe und zum Grabe seiner Ideen wurde, zugrunde giengen und dadurch die Hinfälligkeit der

Urtheile, Gefühle und des menschlichen Glaubens bewiesen
haben.

Man kann heute jene bedauern, beklagen, selbst verurtheilen, die seinem Einflusse erlegen sind, aber man darf diesen
Einfluss nicht verkennen. Es gab einen Augenblick, gerade vor
dem Beginne der Ereignisse in Polen, als der hervorragende
Schriftsteller Moriz Mann in treffenden Worten diesen Einfluss
Napoleons III. charakterisierte: „Napoleon I. hat Europa in französische administrative Departements, Napoleon III. in moralische
getheilt."

Wenn die Ursachen der damaligen allgemeinen Stimmung
der Geister und Anschauungen derartige waren, so erhöhte sich
ihr Grad noch für die polnische Gesellschaft aus vielfachen Gründen. Für sie erweckte der exceptionelle Nimbus Napoleons III.
die Bonapartischen Erinnerungen und Traditionen aus der Zeit
der Wiedergewinnung einer theilweisen Unabhängigkeit. Eine
Generation, die in der Überzeugung erzogen war, dass Europa
Polen wiederherstellen müsse, weil es seine Pflicht und sein
Interesse erforderten, die unter Europa hauptsächlich Frankreich
verstand, jenes Frankreich, an dessen Hilfe der beste Theil der
Emigration durch 25 Jahre appelliert hatte, musste alle ihre Hoff-
nungen auf Napoleon setzen, dessen äußere Politik sich auf das
Nationalitätenprincip stützte. Von der damaligen polnischen
Gesellschaft zu verlangen, dass sie sich von diesem allgemeinen
Principe hätte ausschließen sollen, das hieße eine übermenschliche
Weisheit fordern. Versetzen wir uns in ihre Lage. Nach ihrer
Überzeugung wich das Nationalitätenprincip Napoleons nicht
nur der polnischen Sache nicht aus, sondern es machte sich
dieselbe zur Hauptaufgabe. Combinationen, Möglichkeiten, Wahr-
scheinlichkeiten mussten auf den zweiten Plan zurücktreten; der
erste hauptsächliche Eindruck überwog und ließ keinen Zweifel
übrig. Als Napoleon III. bei Eröffnung des Parlamentes im J. 1859
aus Anlass der rumänischen Frage erklärte: „Und wenn mich
jemand fragen sollte, was für ein Interesse denn Frankreich
dort in jenen weiten Gegenden verfolge, so würde ich ihm
zur Antwort geben, dass das Interesse Frankreichs überall vorhanden ist, wo es sich um eine gerechte und civilisatorische
Frage handelt" — da musste jeder Pole jene Worte auch auf
seine eigene Sache anwenden und in ihnen auch eine Bot-

schaft, wenn nicht der Lösung, so doch der Unterstützung
derselben sehen.

Es gab noch tiefere Ursachen, welche die polnischen Hoffnungen begründet erscheinen ließen und die die verderblichen Illusionen noch steigerten. Das waren die Persönlichkeit und die
Charaktereigenschaften Napoleons III. selbst. Napoleon III., der
Verfasser der „Napoleonischen Ideen", hat nach seinem Oheim
auch die polnische Frage als Erbschaft erhalten und in dessen
Testament von St. Helena die Weisungen gefunden. Der große
Kaiser schrieb auf dem Felseneiland: „Das französische Reich,
das Napoleon nach so vielen Siegen geschaffen hat, wäre nach
seinem Tode unrettbar verloren gewesen und das Scepter
Europas in die Hände des Czaren gelangt, wenn nicht Napo-
leon die Russen über den Dnieper verdrängt und den polnischen Thron als eine natürliche Vormauer des Kaiserreiches
errichtet hätte." Die Anschauungen Napoleons III. und seine
Bestrebungen mussten ihn der polnischen Frage näher bringen.
Wir haben bestimmte Beweise, dass er noch vor der Thronbesteigung und zum Beginne seiner Regierung an deren
Lösung dachte. In den „Napoleonischen Ideen", die im
Jahre 1839 in London verfasst und dann neuerlich in Paris
im Jahre 1857 veröffentlicht wurden, stellte er jene Grundsätze auf, die sich mittelbar oder unmittelbar auch auf Polen
bezogen: „Die Waffen der Napoleonischen Idee sind ganze
Nationen, und ihre Siege oder Niederlagen bedeuten für die
Welt Knechtschaft oder Freiheit. Sie schreitet vorwärts ohne
Zaudern, denn sie weiß, dass sie vor sich die Cultur und hinter
sich die Nationen hat. Wäre sie durch Verfolgungen gezwungen,
bei diesen unglücklichen Nationen, deren einzige Hoffnung sie
wurde, Schutz zu suchen, und würde sie sehen, dass sie die
letzte Zufluchtsstätte des Ruhmes und der Ehre der Nation ist,
erst dann würde sie gerüstet vor den Altar des Vaterlandes
treten, und zum Volke rufen wie St. Remy zum kühnen Sigam-
ber: „Verbrenne die falschen Götzen und die thönernen Götter;
schleudere ins Feuer, was du bisher verehrt, und verehre, was
du bisher ins Feuer geschleudert hast."

Direct über Polen äußert sich der Neffe des großen
Kaisers: „Kaiser Napoleon I. sagte von Illirien, dass es einen

Vorposten gegen Wien bedeute, den er dann gegen Galizien
eintauschen wolle."

„Italien und Polen wollen jene nationale Organisation
wiedergewinnen, die ihnen Napoleon I. verheißen hat."

„Polen ist eine Schwester Frankreichs, so aufopferungsvoll
und so edelmüthig. Durch die Errichtung des Fürstenthums
Warschau hat es die Hoffnung baldiger Wiederherstellung
erhalten."

Kaiser Napoleon III. zauderte nicht, gleich in den ersten
Jahren seiner Herrschaft seine Pläne einem Vertrauensmann mitzutheilen, der sie eher ausnützen als ihnen zustimmen konnte.
Dieser Vertrauensmann war Prinz A l b e r t, der Gemahl der englischen Königin Victoria.

Es war im September 1854, als ihn Prince-Consort Albert
von Sachsen-Coburg in Bologne sur Mer besuchte. Nach einigen
Tagen über den Canal zurückgekehrt, beauftragte der Prinz den
General Grey, über diese Zusammenkunft ein Memorandum
niederzuschreiben, in welchem wir lesen: „Endlich, was Polen
und Italien betrifft, erklärte mir der Kaiser, dass er nur zwei
politische Wünsche hege: den einen, dass die Lombardei von der
schlechten österreichischen Wirtschaft befreit, und den zweiten,
dass Polen wieder hergestellt werde. Er fragte mich darüber
um meine Meinung. In Bezug auf die erste Frage erwiderte
ich, dass dies niemand mehr wünschen könne als ich, im Interesse
Österreichs; dass man jedoch zwei Sachen nicht vergessen
dürfe: erstens die Auflehnung Österreichs gegen das Princip,
dass eine selbständige Nationalität auch das Recht auf Unabhängigkeit habe, denn das wäre für die ganze Monarchie ein
Todesurtheil, und zweitens die militärische Grenze Österreichs.
Österreich könnte die Minciolinie nicht abtreten und die Kriege
vom Jahre 1805 und 1809 beweisen am besten, dass, wenn die
Engpässe von Tirol umgangen werden, Wien keine militärisch
gesicherte Stellung mehr hat. Der Kaiser erwiderte, dass
trotzdem noch ein großer Theil Italiens in österreichischen
Händen zurückbleiben würde. Ich forderte ihn auf, mir eine
andere Vertheidigungsgrenze auf der Landkarte zu zeigen. Er
meinte, dass, wenn militärische Grenzen für die Existenz der
Nationen unbedingt nothwendig wären, auch Frankreich das
Recht hätte, solche zu verlangen. Darauf antwortete ich, dass

Frankreich die beste militärische Grenze besitze, denn es sei
von zwei Seiten geschützt durch die Neutralität der Schweiz
und Belgiens. Er wandte ein, dass die Neutralität keinen Schutz
biete, denn sie werde im Kriege nicht aufrechterhalten. Was
Italien betrifft, so wäre er zufrieden, wenn nur die Lombardei
befreit werden könnte. Ich sagte ihm, dass schon im Jahre 1848
Österreich bereit gewesen sei, dieselbe gegen von Frankreich
zu bestimmende Bedingungen zu opfern, wenn ihm die Erhaltung des Friedens gesichert worden wäre. Lord Palmerston
wies damals dieses Geschenk zurück und verlangte, dass Österreich vollständig auf seine Herrschaft in Italien verzichte. Napoleon
hatte nie davon gehört und nannte dies einen großen politischen Fehler."

„Als er von Polen sprach, fragte ich ihn, was er darunter
verstehe, ob er zur ersten oder zur zweiten oder zur dritten
Theilung zurückkehren wolle. Er antwortete, dass er sich mit
einem kleinen Umfange begnügen würde, wie z. B. mit dem
Großherzogthume Warschau. Er meinte, Galizien sei gut regiert
und die Erhaltung der polnischen Provinzen Österreichs und
der polnischen Provinzen Preußens im Besitze dieser Staaten
betrachte er als den Mittelpunkt der Combination. Dies sei
auch nach seiner Meinung das Populärste in Frankreich, England
und Deutschland. Ich stimmte dem nur in Bezug auf Frankreich
und England bei. Da erzählte er mir, dass er gerade in Deutschland gewesen, als die Polen ihr Land nach der Revolution verließen und da mit unbeschreiblichem Enthusiasmus und mit
den wärmsten Sympathien empfangen wurden. Ich gab den
Enthusiasmus zu, aber ich leugnete die persönliche Sympathie.
Was damals zum Ausdrucke kam, war mehr der Hass gegen
die russische Tyrannei und ein allgemeines Mitgefühl mit den
Leiden der Patrioten. Ohne Mitwirkung Preußens und Österreichs gibt es für Polen keine Hoffnung!"

So sehen wir, dass Napoleon III. weder den Umfang der
polnischen Frage, noch die zu ihrer Lösung führenden Mittel
genau erwogen hat.

Die ersten bekannten Gespräche über die polnische
Frage fanden zwischen Napoleon III. und Siegmund Krasiński
nach dem Krimkriege statt. Da war ein Zweifel über die
Absichten des Kaisers nicht mehr vorhanden, aber es leuchteten

daraus weder die Möglichkeit noch die Mittel zu ihrer Verwirklichung hervor. Sie bewegten sich in einem abstracten
Raume, der den Anschauungen des gekrönten Denkers und
strahlenden Propheten des Nationalitätenprincips mehr entsprach.
Es wurde in diesen Gesprächen viel Geist und Phantasie entwickelt. Der Kaiser war entzückt über den Dichter, der Dichter
voll Glaubens an die Zukunft und die Sendung des Kaisers. Er
trug den Eindruck davon, dass Napoleon der Mann seiner Ideen,
der Mann der Zukunft der polnischen Frage sei. Vielen musste
nach dem Tode des Dichters auffallen, dass in den kaiserlichen
Proclamationen während des italienischen Krieges zahlreiche
von Krasiński in seinen Gesprächen mit Napoleon niedergelegte
Gedanken vorkamen.

Praktischer und intimer war das Verhältnis Napoleons III.
zu den Fürsten Czartoryski, Adam und Ladislaus. Es dauerte
bis ans Ende der traurigen Ereignisse, bis zur Schlusskatastrophe
des Jahres 1863. Auch in den Gesprächen des Kaisers mit Adam
Czartoryski kamen seine Pläne und Träume zum Ausdrucke.
Ein solches Gespräch fand nach den Warschauer Demonstrationen
am 27. Februar 1861 statt.

Da erscheint ein Mann, der sowohl durch seine Abstammung wie durch seine Stellung, durch seine Vorzüge und Fehler,
in hervorragender Weise die polnische Frage und die damaligen
Ereignisse beeinflussen sollte.

Graf Alexander W a l o w s k i, der zur Napoleonischen
Dynastie und zu Polen in nahen Beziehungen stand, ererbte
von seinem Vater wohl die Anmuth, aber nicht das Genie.
Hingegen gewann er durch seinen Verkehr mit Menschen einen
gesunden Menschenverstand, ein Gleichgewicht des Wesens und
vor allem ein Feingefühl, das ihm in der Gesellschaft einen
vorzüglichen Platz sicherte. Allein dieses Feingefühl in den
gesellschaftlichen Beziehungen und in der Diplomatie genügte
nicht inmitten der politischen Ereignisse. Walowski stand stets
in seinem öffentlichen Berufe unter dem Einflusse seiner doppelten
Abstammung; er erhob Ansprüche auf deren Privilegien, aber
unter dem Einflusse des angeborenen Adels vergaß er dabei
nicht, was ihn mit der polnischen Frage verband. Er wollte sich
auszeichnen - - eine Folge seiner glänzenden, aber auch zweideutigen Abstammung.

Große, weitgehende Träume schwebten ihm wohl vor, aber
er führte anfangs ein bewegtes, abenteuerliches Leben: als
Weltmann, Journalist, Soldat, Diplomat, ja selbst als Theater-
schriftsteller. Im Jahre 1830 fühlte er sich verpflichtet, für die
polnische Sache zu kämpfen. Er trat in den Generalstab ein, war
einigemal im Feuer und unterstützte auch Alexander Wielopolski
in der Förderung des neuen Aufstandes in London. Als die
Napoleonische Ära wiederkehrte, erhielt er die wichtigste Stellung im Staate. Er zeichnete sich durch sein Wesen aus inmitten
der neuen Männer, inmitten der neuen Ordnung. Die Erinnerungen der Jugend kamen noch hinzu, zu dem, was ihn durch
die Geburt mit der polnischen Frage verband. Seine Absichten
und sein Wille waren ehrlich und aufrichtig. Sein Urtheil darüber
war nüchtern und blieb bis zu den letzten Ereignissen, wie es
sich für einen Staatsmann geziemte, kalt und überlegen. Walewski
fühlte, dass er dem wiedergeborenen Napoleonischen Regime
nicht nur zu dienen habe, sondern auch, dass er das Recht und
die Pflicht habe, sein Wort in die Wagschale der Schicksale
der Dynastie zu werfen, da er an sie durch Bande des Blutes
gekettet war. So entstand in ihm eine gewisse Unabhängigkeit,
ein gewisser Grad der Selbständigkeit inmitten dieses persönlichen Regimes und an der Seite eines Herrschers, welcher
fähiger war, Rathschläge zu hören, als ihnen zu folgen. Oft sah
sich Walewski gezwungen, seine Stellung zu verlassen, aber
seine persönliche Freundschaft zu Napoleon III. wurde dadurch
nie gestört, und er blieb trotzdem bis ans Ende einer der
wenigen Vertrauensmänner des Kaisers, insbesondere in der
polnischen Frage.

Sein Wohlwollen und seine Rathschläge boten daher umso
größere Garantien.

Im ersten politischen Gespräche Walewskis mit dem ihm
befreundeten Andreas von K o ź m i a n entschuldigte er sich
vorerst, dass der Krimkrieg und der Pariser Congress für die
polnische Frage erfolglos vorübergegangen seien. „Ich meinte,“
sagte er, „dass gegenüber der Wendung, die die orientalische
Frage nach der Eroberung Sebastopols genommen hatte, angesichts der Unmöglichkeit, die Bundesgenossen zur Stellungnahme
gegenüber der polnischen Frage zu bewegen, dass es meine
Pflicht sei, den Kaiser zum Friedensabschlusse zu bewegen.

Wenn wir auf dem Pariser Congresse die polnische Frage beiseite gelassen haben, so geschah dies deshalb, weil es fruchtlos
gewesen wäre, sie auf die Tagesordnung zu setzen und dies
nur den Friedensabschluss mit Russland unmöglich gemacht
hätte. Wir hatten noch besondere Ursache dazu, weil wir für
das Stillschweigen vom russischen Bevollmächtigten und vom
russischen Czaren selbst das Versprechen von Reformen und
Concessionen zu Gunsten Polens erhalten hatten. Die Erfüllung
dieses Versprechens werden wir controlieren. Das waren die
Gründe meines Verhaltens(Die polnische Frage gehört zu dem
Programme des Kaisers, er wird sie nicht fallen lassen.)In dieser
Beziehung kann man ganz sicher sein; man muss die Entwicklung der Ereignisse und die richtige Gelegenheit abwarten. Der
Kaiser wird jede Gelegenheit benützen und wird bestrebt sein,
sie in der einen oder in der anderen Weise zu lösen im Sinne
seiner Politik."

Dieses Gespräch bildete den Anfang zu dem politischen
Verhältnisse, das auf die Ereignisse nicht ohne Einfluss blieb.
Durch dieses Verhältnis kamen wir zur Kenntnis nicht nur der
Anschauungen Walewskis, sondern auch Napoleons III. in der
polnischen Frage.

Im Jahre 1859, nach dem italienischen Kriege, als die
Ereignisse auf der Halbinsel rasch von statten giengen, und
zwar weiter als die in Villafranca und Zürich angenommenen
Bedingungen, sollte sich ein europäischer Congress versammeln.
Die Fürsten Czartoryski einerseits, Andreas Koźmian andererseits,
ließen bei Walewski, dem damaligen Minister des Außern, nichts
unversucht, um die französische Regierung zu bewegen, die
polnische Frage auf die Tagesordnung dieses Congresses zu
setzen. Walewski meinte, es seien hiezu Aussichten vorhanden
und wies diese Idee nicht zurück. Allein das Erscheinen einer
von Napoleon III. inspirierten oder verfassten Broschüre: „Le
Pape et le Congrès" machte das Zustandekommen des Congresses
unmöglich. Die polnische Frage wurde wieder in den Hinter-
grund gedrängt.

So war am Vorabend der Ereignisse das Verhältnis zwischen
einem wichtigen Theile der polnischen Gesellschaft und einem
Factor, der auf die polnischen Ereignisse einen großen Einfluss
üben sollte, gestaltet.

Es mag sein, dass Prinz Napoleon dem hitzigeren und weniger ernsten Theile der polnischen Gesellschaft und insbesondere der demokratischen Emigration weniger vernünftige Rathschläge ertheilte. Es scheint jedoch, dass er vorerst vor der Zwecklosigkeit der vom Kaiser angewendeten Mittel warnte, dass er sie tadelte, dass er eine Lösung auf einem andern revolutionären Wege empfahl und dass er, die polnische Frage mit der italienischen vereinigend, die Spitze dieser Revolution mehr gegen Österreich als gegen Russland kehren wollte.

Der italienische Krieg, proclamiert im Namen des Nationalitätenprincips, die Sicherung der Unabhängigkeit Italiens infolge des Krieges konnten nicht ohne Einfluss bleiben auf eine Gesellschaft, die ihre nationalen Rechte forderte und die von einer Wiedergewinnung der Unabhängigkeit träumte; sie mussten in außerordentlicher Weise den Einfluss und die Vergötterung des Schöpfers dieser Ideen und dieses Programmes vergrößern. Der italienische Krieg hatte in der polnischen Gesellschaft nicht nur neue Träume, neue Illusionen erweckt, sondern er erregte auch das Pflichtbewusstsein, sich in die Reihe der Nationen zu stellen, die ihre Rechte fordern und ihre Unabhängigkeit erstreben. Dieser Calcül der Pflicht geschah nicht im Wege eines Raisonnements, sondern im Wege des Gefühls, ja des Wahnes. Das war ein Übel und der Keim zu allen Niederlagen.

Betrachten wir nun vom objectiven Standpunkte, was damals möglich und was unmöglich, was vermeidlich und was unvermeidlich war. Theilen wir die Verantwortungen und weisen wir nach, was wirkliche Pflicht und was Verkennung der Pflicht war; dabei wollen wir uns auch die außerordentlichen Schwierigkeiten einerseits, die Fehler der Erziehung und des Nationalcharakters andererseits nicht entgehen lassen.

Konnte man angesichts des von Napoleon III. aufgestellten Nationalitätenprincips, angesichts des italienischen und rumänischen Kampfes um die nationale Existenz, angesichts der nationalen Bewegung in Griechenland, im Oriente, in Deutschland, konnte man da verlangen, dass sich die polnische Nation ganz passiv verhalte, gar kein Lebenszeichen von sich' gebe? Trotz der schrecklichen Erfahrungen wäre die Aufstellung einer solchen These a posteriori unvernünftig gewesen. Gehen wir weiter. Abgesehen vom Nationalcharakter der Polen, von ihrer Neigung

zu Illusionen, dem Mangel an tiefer Überlegung müssen wir
sagen, dass die damalige Weltstellung Napoleons III., sein Einfluss, seine uns in der polnischen Frage bekannten Pläne, die
Änderung des Systems in Russland, der Beginn neuer Reformen
daselbst nicht nur ein passives Verhalten der polnischen Gesellschaft ausschlossen, sondern auch ihr Auftreten und ihr Verlangen nach einer Besserung der Nationalexistenz dringend
nothwendig machten. Eine solche Gelegenheit, wie sie sich
damals darbot, außeracht zu lassen, das hieße in eines
jener verderblichen Extreme verfallen, die die polnische Sache
zugrunde richteten, in Apathie und persönlichen Egoismus. Man
durfte aber auch nicht in das entgegengesetzte Extrem verfallen, in jene Fieberhitze und jenen Wahnsinn, wie sie nach
den Theilungen die polnische Gesellschaft immer tiefer in den
Abgrund schleuderten. Man hätte einen rettenden Mittelweg
suchen sollen. Darin kam die Schwierigkeit und die Größe der
Aufgabe zum Ausdrucke.

Das Streben nach einer Verbesserung und Sicherung der
polnischen Nationalexistenz musste sich sowohl mit Rücksicht auf
die Absichten Napoleons als auch auf den Thronwechsel in
Russland und schließlich mit Rücksicht darauf, dass sich die
meisten polnischen Provinzen unter der russischen Herrschaft
befanden, in dem Rahmen Russlands abspielen. Wie? In welcher
Art? Leider fand niemand die richtige Lösung.

Der Thronwechsel in Russland und die von Alexander
eingeleiteten Reformen boten den Polen die Gelegenheit, sich
dem russischen Staate und dem Kaiser nützlich zu machen und
dadurch eine Besserung der nationalen Existenz zu erreichen.
Die aufgerollte Bauernfrage war vorläufig das erste Mittel dazu,
denn in ihr bestand die erste und hauptsächlichste Aufgabe der
neuen Regierung. Auch die Pläne und Bestrebungen Napoleons III., die Versprechungen, die er von Russland erhalten
hatte, sein guter Wille, deren Einhaltung zu überwachen, waren
gleichfalls ein mächtiger Factor.

Im Anschluss an diese zweifellos günstigen Thatsachen
musste eine Lösung der obigen Aufgaben gesucht werden.

Der Erfolg war von den Voraussetzungen abhängig, und
eine Voraussetzung des Erfolges war der Verzicht auf eine poli-

tische Existenz. Man hätte sich mit der Autonomie und der nationalen Existenz begnügen müssen.

Dem standen die Erziehung, die Anschauungen und Begriffe der zur That erzogenen Generation und der Nationalcharakter entgegen, der sich mehr vom Augenblicke fortreißen lässt, anstatt mannhaften Entschlüssen zugänglich zu sein. Wir können auch den verderblichen Einfluss nicht außerachtlassen, den die falsche Darstellung der eigenen Geschichte, die eher den Hochmuth entwickelte, als das Selbstbewusstsein stärkte, ausüben musste. Diese von der Wahrheit abweichenden Vorträge sprachen nur vom Umfang, der Größe und Macht des untergegangenen polnischen Reiches; seine Verdienste wurden hervorgehoben, aber seine Fehler wurden nicht getadelt, seine Vorzüge wurden betont, aber seine Sünden wurden verdeckt. Die Nation kam sich in ihren eigenen Augen viel zu groß vor, um sich mit wenigem zu begnügen, und hatte in sich selbst nicht die Bedingungen, um das zu erobern und zu erhalten, was ihr nach ihrer Meinung gebürte.

Dazu kam noch in der letzten Epoche ein höheres, aber in der Politik verderbliches, weil seiner Natur nach verführerisches Element, die Poesie, die, wie bei den Juden, einen zu großen Platz im Leben der Gesellschaft eingenommen hat.

Wenn die Vorträge der Geschichte eine falsche, übertriebene Vorstellung von der Vergangenheit und von der materiellen Kraft gaben, so schuf die Poesie fast übertriebene Vorstellungen von der Zukunft und von der Macht des Geistes. Wie bei den Juden, so waren auch bei den Polen diese Übertreibungen Symptome einer Krankheit und Keime einer politischen Katastrophe; man sah in ihnen jedoch Beweise einer übermenschlichen Gesundheit und die Verheißung übermenschlicher Erfolge. In der Politik ist nur das sicher und wirklich, was menschlich ist, und da zeigte sich die Wahrheit, dass eine Nation, die in ihrem Leben der Poesie ein Übergewicht einräumt, sich dadurch freiwillig zu unnützen Opfern verurtheilt. Ein solches Schicksal blieb den Polen beschieden, von denen es wahr bleiben wird, mag es, wie man behauptet, Bismarck oder jemand anderer gesagt haben, dass sie in der Politik Dichter und in der Dichtkunst Politiker waren.

Solche Factoren setzten sich zusammen, um nicht nur das gesunde Urtheil, sondern auch das Gewissen der polnischen Gesellschaft zu trüben.

Sie gestatteten nicht, nüchtern und vernünftig nachzudenken über den eigenen, in der Geschichte wie eine Ausnahme dastehenden Untergang, über die eigenthümliche geographische und politische Lage, welch letztere aus der Theilung zwischen drei benachbarten Mächten hervorgegangen war, und schließlich über die Mängel, welche von einer fehlerhaften socialen Organisation und Jahrhunderte dauernden Gewöhnung herrührten.

Theoretisch und praktisch war die polnische Frage immer am schwersten zu lösen, den Polen schien sie am leichtesten: denn sie machten ihre Lösung allein von dem guten Willen anderer abhängig. So entstand ein Ocean von Illusionen.

Noch nie hat eine Nation, deren Staat untergegangen war, ihre Unabhängigkeit ohne fremde Hilfe wieder erlangt. Die Ursache ist gewissermaßen eine mathematische. Wenn es einer unabhängigen Nation an Kräften mangelte, den Staat zu erhalten, so konnte doch diese Nation, ihrer Unabhängigkeit beraubt, in der Knechtschaft nicht zu größerer Macht gelangen, als sie besessen hatte, so lange sie frei war. Wir haben daher in der Geschichte Beispiele der Wiedererlangung der Unabhängigkeit durch fremde Hilfe, denn diese fremde Hilfe ersetzt die fehlende Macht. Allein wir finden in der Geschichte keinen Fall der Wiedererlangung der Unabhängigkeit ohne fremde, mittelbare oder unmittelbare Hilfe. Man kann den Feind aus einem Theile des Vaterlandes verdrängen, aber man kann nie mit eigener Kraft die staatliche Existenz wieder gewinnen, wenn man sie einmal verloren hat. Man kann sich von nomineller Fremdherrschaft befreien, man kann eine Personalunion sprengen, aber nie kann man aus einem untergegangenen Staate einen neuen schaffen. Unter fremder Hilfe verstehen wir eine mittelbar oder unmittelbar zur Verfügung gestellte oder eine solche, die sich als Folge des Unterganges einer Macht darstellt, zu deren Gunsten man selbst seine Unabhängigkeit verloren hat; endlich auch einen Bürgerkrieg in diesem Staate. Es können sich Colonien losreißen vom Mutterlande, aber wir ersehen aus der Geschichte, dass selbst diese nur mit fremder Hilfe ans Ziel gelangen. Wir finden kein Beispiel, dass ein von Fremden vernichteter Staat ohne fremde mittelbare oder unmittelbare Hilfe wiedererstand. Wir finden es höchstens in einer Legende, die durch die Autorität der Geschichte nicht unterstützt wird.

Auch abgesehen davon, dass die polnische Nation nicht in der Lage war, ihre staatliche Existenz aufrechtzuerhalten, auch wenn sie diese gewonnen hätte, und angenommen, dass sie eine solche anstreben musste, wie alle anderen Nationen, ja noch mehr als andere Nationen, so durfte sie doch vernünftigerweise an eine Möglichkeit der Wiedergewinnung ihrer staatlichen Form ohne fremde Hilfe nicht denken.

Allein ihre Situation, die durch die Theilungen und die Theilnahme dreier benachbarter Mächte an denselben herbeigeführt worden war, schloss eine solche Auflösung der erobernden Macht und somit die Möglichkeit einer Wiedergewinnung der Unabhängigkeit aus; der Untergang des polnischen Reiches gehörte zu der ärgsten, denn zur dritten Kategorie, und dies alles zusammengenommen machte eine fremde Hilfe unbedingt nothwendig und hinderte schon aus physischen und materiellen Gründen den Ausbruch eines Aufstandes vor Ankunft fremder Hilfe, weil dadurch das Ziel der Unternehmung, die nationale Existenz gefährdet war. Mit einem Worte: Wenn man auch das Streben nach Unabhängigkeit anerkennt, so müsste doch das Streben nach ihrer Durchsetzung der Rechnung auf fremde bewaffnete Hilfe untergeordnet werden.

Jeder selbständige, bewaffnete Aufstand in den polnischen Ländern ist dadurch ausgeschlossen. Denn im Falle des Eintreffens von Hilfstruppen entsteht ein Krieg und nicht ein Aufstand.

Die Polen haben diese Wahrheit verkannt, sie haben dadurch alle spätern Niederlagen auf sich geladen, die wir heute zu beklagen haben. Nur einmal war die bewaffnete fremde Intervention von Erfolg begleitet. Es war dies 1807 bis 1809 und damals gelangte Polen zu einer theilweisen staatlichen Existenz.

Diese allgemeinen Wahrheiten beziehen sich auch auf die Lage und auf die Ereignisse, von denen wir sprechen.

Selbst wenn wir anerkennen, dass dadurch die Bestrebungen nach Unabhängigkeit berechtigt erscheinen, so war es

doch ohne die Gewissheit eines allgemeinen oder eines bereits
für die polnische Sache eingeleiteten Krieges weder vernünftig,
noch ehrlich, weder nützlich noch heilversprechend, das Banner
der Unabhängigkeit zu erheben und einen bewaffneten Aufstand
zu beginnen. Es war für jedermann klar, dass ein solcher Aufstand nicht nur nutzlos, sondern auch verderblich sein würde.
Alle sagten es auch laut: „Der Aufstand ist das größte Unglück,"
und doch haben alle dazu beigetragen, ihn heraufzubeschwören,
und haben sich ihm endlich auch angeschlossen. In Polen ver-
künden vernünftige Männer nur vernünftige Urtheile, ohne sie zu
verwirklichen; die unvernünftigen dagegen bringen ihre wider-
sinnigen Pläne stets in Erfüllung.

Aus der Überzeugung, dass der Aufstand verderblich sei,
gieng die logische Nothwendigkeit hervor, alles zu vermeiden,
was ihn herbeiführen konnte. Dies konnte umso leichter geschehen,
als die allgemeine Lage sowohl in Europa, wie in Russland, wenn
sie auch für die polnische nationale Existenz günstig war, doch
für die Wiederherstellung Polens keine Grundelemente enthielt.
Es war ein gelegener Zeitpunkt, um auf jenem Mittelwege zu
bleiben, der allein zur Wiedergeburt der polnischen Gesellschaft
führen konnte, und um, erfüllt von wirklichen und nicht bloß
hinfälligen Hoffnungen, mit Erfolg der verschleierten Zukunft
entgegenzusehen.

Diesen Weg betrat auch am Vorabend der Warschauer
Ereignisse ein polnisches Land, dem vorläufig eine zwar beschei-
dene, aber auch weniger gefährliche Aufgabe im Aufstande
zufiel. Galizien hat in seiner denkwürdigen Adresse, die am
31. December 1860 in Krakau verfasst und am 4. Jänner 1861
in Wien dem Staatsminister Schmerling überreicht wurde,
darauf hingewiesen, wie und innerhalb welcher Grenzen die
polnische Frage aufzustellen und zu halten sei. In dieser Adresse
wurde die Freiheit der Autonomie und der nationalen Existenz
begehrt. Es wurde somit die allen Sterblichen verhüllte Zukunft
nicht präjudiciert, sondern eine Aufgabe gelöst, die stets interessiert, weil beiden Extremen ausgewichen wird: dem Marasmus
und der Passivität einerseits, den gefährlichen Aufständen und
fieberhaften Entschlüssen andererseits. Moriz Mann schrieb dazu
einen herrlichen Commentar im „Czas" und gründete dadurch

das Fundament einer Politik des wahren Patriotismus, der auf vernünftiger und pflichtgemäßer Thätigkeit beruht.

Man kann sagen, dass treues Festhalten an diesen Regeln fortan den Erfolg sicherte; jedes Abweichen von denselben hatte nur Niederlagen zur Folge. Diese Adresse hat Siegmund H e l c e l verfasst; die Legende erzählt, dass vor der Schluss-Redaction Alexander Wielopolski nach Krakau kam und in der Wohnung Helcels die Nacht verbrachte. Wie jede Legende, ist auch diese nur ideell, aber nicht thatsächlich wahr. Die galizische Adresse war so nahe verwandt dem Geiste Wielopolskis, dass eine solche Legende leicht entstehen konnte. In Wirklichkeit nahm Wielopolski auf dieselbe gar keinen Einfluss, es sei denn, dass dieselbe von einem Freunde und Genossen seiner Ideen und Anschauungen niedergeschrieben wurde.

Diese Adresse brachte eine zahlreiche Bürgerdeputation mit Franz S m o l k a an der Spitze nach Wien; sie legte die Fundamente zu einer galizischen, ach! warum nicht polnischen Politik!

Alles zeigte, dass die Befreiung der unter der russischen Herrschaft stehenden polnischen Länder von der Wahl des Mittelweges und von dem Verharren auf demselben abhängig war.

Dort lebte ein Mann, über dessen Thätigkeit und Verdienste sich die Meinungen und Urtheile kreuzen, der diesen Weg erwählte und auf demselben verharren zu wollen schien.

Andreas Graf Z a m o y s k i wurde unter dem Einflusse der Traditionen zweier vornehmer, um das Vaterland verdienter Geschlechter erzogen: der Zamoyski und Czartoryski, deren patriotisches Pflichtgefühl er in sich verkörperte. Große Rechtschaffenheit, Tugend im häuslichen und öffentlichen Leben, christliche Gesittung, polnischer Familiensinn, Schlichtheit im Benehmen, hinter der sich der Familien-, oft auch der persönliche, hauptsächlich jedoch der nationale Stolz, Pflichtbewusstsein und Opferfreudigkeit verbargen, waren die Hauptzüge seines Charakters. Erzogen nach fremden Mustern, posierte er, trotz seines durchaus polnischen Naturells, auf einen englischen Staatsmann und liebte es, sich von dem Formenwesen dieser Nation leiten zu lassen. Vieles, was er in England gesehen oder von dort geschöpft hatte, wollte er in seinem eigenen Lande zur Anwendung bringen. Ein fähiger, etwas starrsinniger Mann, hielt

er ausdauernde Arbeit für seine Pflicht, und blieb in öffentlichen
Dingen treu, loyal, wenn er sich auch den Vorurtheilen der
Liebe und des Hasses nicht verschließen konnte. Ein Theil-
nehmer an den Ereignissen des Jahres 1830 und 1831, stand
er sein ganzes Leben hindurch unter dem Einflusse jener Erinnerungen, und aus ihnen schöpfte er eher das Gefühl des Trotzes
und Hasses gegenüber den siegreichen Gegnern als eine Lehre.
Obwohl in seinem Urtheile über die Situation des Landes und
der Gesellschaft vernünftig und überlegend, in den Empfindungen
warm, durch seine ausdauernde Thätigkeit hoch verdient, sollte
er sich schließlich weniger vorsichtig, weniger standhaft und
weniger bedachtsam zeigen. In gewöhnlichen, friedlichen Zeiten
war Andreas Zamoyski ein nützlicher, ausgezeichneter Bürger
und dazu waren auch in ihm alle nothwendigen Voraussetzungen
vorhanden, aber er gehörte zu denjenigen, welche in stürmischen
und außerordentlichen Zeiten nicht standhalten, dieselben nicht
verstehen, und wenn sie auch die Verderblichkeit des in Angriff
Genommenen erkennen, nicht fähig sind, es zu verhindern; sie
unterstützen es noch wider Willen. Es ist unsinnig und gefährlich, von einem Manne dasjenige zu verlangen und zu erwarten,
was er nicht geben kann. Andreas Zamoyski konnte den Ereignissen nicht gerecht werden, in deren Mitte er eine hervorragende
Stellung einnehmen sollte, denn seine Gefühle reichten weiter
als seine Gedanken.

Zu den Fehlern, die er innitten der Ereignisse verschuldete, trug am meisten seine zu weit gehende Verachtung und
sein Hass gegen die Russen bei. Hass und Verachtung stören
in der Politik, die eine Lehre der Compromisse ist, das Gleichgewicht, sie trüben das gesunde Urtheil und machen eine frucht-
bare Thätigkeit sowie die Ausnützung der Lage unmöglich. Die
Verachtung gestattet es nicht, die Kraft des Gegners gebührend
zu schätzen, der Hass strebt eher den Schaden des verhassten
Gegners als die Ausnützung der möglichen Vortheile an. Die
Pfeile schießen über das Ziel hinaus.

Nicht um sich populär zu machen, wirkte Andreas Zamoyski,
sondern lediglich aus Pflichtgefühl und Vaterlandsliebe. Allein
als seine Thätigkeit Anerkennung und Popularität fand, konnte
er ihrem verführerischen Zauber nicht entgehen und wurde
schließlich zu ihrem Werkzeuge. Er war nicht mehr imstande,

dieselbe in die Wagschale eines gesunden, vernünftigen und
rettenden Vorgehens zu werfen. So sah er denn die Keime seiner
eigenen Thätigkeit vernichtet und war ein stummer Zeuge jener
Katastrophe, die die Früchte seiner ehrenvollen Arbeit verschlungen hat. Andreas Zamoyski konnte guten Bestrebungen
eine Richtung geben, verderblichen gegenüber konnte er nicht
standhalten. In der ersten Hälfte seines öffentlichen Berufes hat
er viel Gutes geleistet, in der zweiten hat er das Böse nicht
verhindert.

Seine Thätigkeit theilt sich daher in zwei Perioden, vor und
nach den Ereignissen, mit denen wir uns beschäftigen. Die Fehler
der zweiten können die Verdienste der ersten nicht verwischen.
Andreas Zamoyski hatte eine edle Seele, er liebte sein Vaterland
über alles und seinem Wohle war er Leben und Vermögen zu
opfern bereit. Die erste Periode seiner Thätigkeit war voll
ernster und nützlicher Erfolge. Sie ist deshalb bemerkenswert,
weil er in derselben den Mittelweg gewählt und ihn der Gesellschaft gezeigt hatte, jenen Mittelweg, der aus der Situation der
Nation hervorgieng und allein zum Ziele führte.

Unter der harten Regierung Nikolaus' I. gieng Zamoyski
von dem Standpunkte aus, dass es keine Situation gebe, in der
man seinem Lande und seiner Nation nicht dienen könne, dass
ihretwegen alles, was nur möglich sei, gethan, und was nicht
verwirklicht werden könne, ausgeschlossen werden müsse. Er hat
es gut begriffen, dass die von der radicalen Emigration unterstützte Verschwörung nur zum Unglücke und zum Untergange
führen musste, dass jene Aussichten, die die vernünftige Emigration vorspiegelte, zu entfernt, zu täuschend waren; er sah aber
auch andererseits, dass Gleichgiltigkeit und Passivität, die von
der bedrückenden Regierung der Gesellschaft aufgezwungen
worden sind, das entgegengesetzte Übel herbeiführen können:
den Verfall der Geister, die Auflösung der Sitten und den
Egoismus der Individuen. Da begriff er, dass es nothwendig
sei, die Nation aus dem künstlichen Leben der Träume, aus
der Fieberhitze, aus ihrer Unthätigkeit und Lässigkeit heraus-
zureißen und zu neuem, gesundem Leben, zu möglicher, sicht-
barer Wirksamkeit im Lande zu bewegen. Er machte sich selbst
an die Arbeit und forderte auch andere zur Arbeit auf legalem
Boden auf, so weit es die damaligen Verhältnisse zuließen.

Es war dies keine leichte Aufgabe. Zamoyski war ihr gewachsen und er begann sie glücklich zu verwirklichen. In einem hauptsächlich Landwirtschaft treibenden Lande wandte er seine Aufmerksamkeit vorerst der Landwirtschaft zu. In dieser Richtung begann er seine Unternehmungen. Die damaligen Agrartage in Klemensów, die Herausgabe von „Jahrbüchern der Landwirtschaft", die Schiffahrt auf der Woichsel, die Vereinigung des Adels um seine Person und endlich die Gründung der landwirtschaftlichen Gesellschaft, das waren die Früchte und Folgen jener Bestrebungen; sie gipfelten alle in dem Bestreben, die Bauernfrage zu lösen. Der neue Herrscher schien diesen Bestrebungen gewogen zu sein. Kaiser Alexander II. übertrug Zamoyski das Präsidium im Comité zur Erbauung einer Weichselbrücke; ja noch mehr, er sah es mit Befriedigung, dass dieser an der Spitze der landwirtschaftlichen Gesellschaft stand, und anerkannte dadurch nicht nur seine Verdienste, sondern auch den von ihm eingeschlagenen Weg. Viel wichtiger als das Erreichte war noch, dass die Gesellschaft den richtigen Weg betrat, dass sich unter den gegebenen Verhältnissen ein modus vivendi fand, bei dem man den bekannten zwei verderblichsten Extremen aus dem Wege gehen konnte.

Aber man zog aus den Prämissen nicht die richtigen Schlüsse. Ein solcher Schluss wäre ein Compromiss mit der Wirklichkeit gewesen, als dieses möglich wurde.

Drittes Capitel.
Napoleon III.

Nicht der polnischen Frage, die sich seit dem Jahre 1856 auf der richtigen Fährte befand, sondern der verderblichen Bewegung gaben den Anstoss: die Proclamation des Napoleonischen Nationalitätenprincips, die italienische Frage und der italienische Krieg; der Thronwechsel und die Hoffnung auf eine Revolution in Russland; schließlich die nationale Erziehung.

Betrachten wir den Mann näher, der einen so mächtigen Einfluss auf die polnischen Ereignisse und Schicksale ausübte. Es ist so viel über diese historische Gestalt geschrieben worden, und doch ist sie noch nicht genügend erforscht. Wie für die Zeitgenossen, so wird sie auch für die Nachkommen ein Räthsel bleiben. Erhabene Ideen und herrliche Grundsätze, die gegen ihren Schöpfer ihre Spitze wandten: Vernunft und Vorsicht, die sich in ihr Gegentheil umkehrten: ein blendender Glanz, der bald verdunkelt wurde: die Wiedererweckung eines Systems, das zum eigenen Grabe wurde: ein mächtiger Geist, dessen Folgen doch Fehler und Niederlagen waren: eine Geduld und eine Ruhe, die nicht nur den geeigneten Moment nicht ergriffen, sondern den ungünstigsten abwarteten, um sich zur That aufzuraffen: eine Reihe von außerordentlichen, verblüffenden Erfolgen, die schließlich mit einer geschichtlichen Katastrophe endigten — all' dies trägt dazu bei, das richtige Urtheil über den Mann zu trüben, zu erschweren, ja sogar unmöglich zu machen, der viele außerordentliche Vorzüge eines Herrschers und Politikers besass, solche, die angeboren sind, und solche, die man in der harten Schule des Lebens erwirbt, bevor man zur Herrschaft gelangt; der jedoch von allgemein menschlichen Fehlern und von jenen Schwächen nicht frei war, die daraus

entstehen, dass man zwar für den Thron, aber nicht auf dem
Throne geboren ist.

So setzten sich die geistige und moralische Organisation,
die Lebensbedingungen Napoleons III. zu einer complicierten
Persönlichkeit zusammen und zu einem Charakter ohne Ein-
heitlichkeit, in dem sich Keime von Erfolgen und Misserfolgen,
von Größe und Untergang befanden, die in zwei verschiedenen Epochen seines Lebens zum Vorscheine kamen. Dieser
Mann war keine gewöhnliche Persönlichkeit; als Monarch war
er geradezu eine Ausnahme. Eine verlorene Sache am Leben
zu erhalten und sich mit ihrer verblassten Aureole zu umgeben,
ohne eine persönliche Vergangenheit, mit einem Anfluge von
Lächerlichkeit nützlich, ja unentbehrlich zu werden, sich Anerkennung, Macht zu erringen, durch einen Staatsstreich die
höchste Staatsgewalt an sich zu reißen, eine schwer zu regie-
rende Nation durch zwanzig Jahre zu beherrschen, die revolutionären Elemente zu zähmen, Ordnung und Ruhe aufrechtzuerhalten, zwei erfolgreiche europäische Kriege zu führen, einige
überseeische Expeditionen zu unternehmen, das Ansehen des
Landes bis zum höchsten Gipfel zu heben und seinen Wohlstand
zu erhöhen, die Residenz mit einem Glanz zu umgeben, sich selbst
eine geachtete und gefürchtete Stellung zu erobern, zur ersten
Gestalt Europas und zu seinem Schiedsrichter zu werden ·
dazu sind zweifellos außerordentliche Vorzüge des Geistes nöthig.
Napoleon III. besaß sie, und es wäre der Geschichte unwürdig,
sie ihm wegen der Schlusskatastrophe abzusprechen.

Wie Napoleon I. eine Größe war, trotz der russischen
Campagne und trotz Waterloo, so bleibt es auch Napoleon III.,
trotz des deutschen Krieges und trotz Sedan. Es gibt eine Stufe
von Erfolgen, die den Menschen trotz späterer Fehler und Irrthümer über das Mittelmaß emporhebt. Auf diese Weise lässt
sich der Glanz des Napoleonischen Namens in Polen und der
Glaube an ihn erklären.

Ein Denker, Philanthrop, Schwärmer, ein herrschsüchtiger
Despot und kühl überlegender Politiker, hatte Napoleon III.
auch ein Gefühl für menschliches Elend und menschliche Noth;
er stellte sich oft ideelle Aufgaben, aber er vergaß nicht seine
Bestimmung und seine Stellung. Er war ein Selbstherrscher:
fähig zu höheren Anschauungen und ideellen Aufwallungen,

strebte er für Frankreich und die wiederbelebte Dynastie die
höchsten moralischen und materiellen Vortheile an. Daraus
entstand nicht die Zweideutigkeit, sondern die Verworrenheit
seines Charakters, die ihn zu einer Sphinx machte und die
Gefahr erzeugte, dass jedermann ihn und seine Pläne anders
auffasste.

Napoleon III. war in Einer Person Macchiavell und Ideolog, der von der Republik Platos träumte. Er war in seinen
Mitteln nicht wählerisch, setzte sich und anderen zu weitreichende Ziele, neben denen er jedoch auch die naheliegenden
nicht übersah. Er hatte die Überzeugung, dass durch das Nationalitätenprincip ein Element der Gerechtigkeit in die internationalen
Beziehungen eingeführt werde, und dass sich dadurch sowohl
sein eigener Einfluss, wie der Frankreichs vergrößern könne.

Er dachte an die Lösung der polnischen Frage, aber er
setzte sich die Erweiterung der französischen Grenzen bis an
den Rhein als Ziel.

So viel steht jedoch fest, dass er sich nie von niedrigen
Gefühlen leiten ließ. Er gehörte nicht zu jenen, die in der
Macht nur eine Befriedigung ihrer Eitelkeit sehen. Zu großen
Thaten zog es ihn hin, oft schritt er in geschickter und glücklicher Weise an ihre Verwirklichung. Doch die Erfolge haben
ihn nicht berauscht, auch nicht befriedigt, er strebte stets nach
weiteren Zielen. Es gibt keinen Ruhm, nach dem er nicht geizte,
sei es nach dem politischen, sei es nach dem militärischen, sei
es nach dem literarischen. Auf dem Throne blieb er ein Philosoph, trotz des äußeren Cäsarenglanzes. Der Ideolog stand in
der Praxis dem Politiker, der Politiker dem Ideologen im Wege,
so dass schließlich der letztere sich in dem Netze der eigenen
Combinationen, der erstere in dem der eigenen Träumereien
verfieng. Da er den Gedanken mehr beherrschte, als die That,
so vermochte er das Gleichgewicht zwischen den eigenen
Ansichten und den Interessen Frankreichs nicht zu erhalten.
Seine Ideen reichten weiter als seine Thaten.

Kaltblütig, ausdauernd, selbst im Starrsinn, muthig, kühn
in den Plänen, aber vorsichtig im Handeln, schweigsam, bald
aufrichtig, bald verschlossen, besaß er alle im politischen Leben
nothwendigen Vorzüge. Ohne äußere Majestät, hatte er doch
die Erscheinung eines Herrschers. Er gehörte zu jenen Männern,

die die Macht nicht erben, aber erobern. Unter der Hülle von Gleichgiltigkeit und Kälte barg sich viel Empfindung, Güte, Edelmuth und gierige Sinnlichkeit.

Allzusehr allgemeinen Begriffen zugänglich, unterschätzte er die Details und hatte nicht die Gabe, in dieselben einzudringen, wie sie Napoleon I. in so reichem Maße besessen hatte. Daher hielt er oft für leicht, was sich in der Durchführung als schwer erwies; daher versagten ihm die Mittel im entscheidenden Momente. Er wollte gefallen, um zu herrschen, und herrschen, um zu gefallen, er war eifersüchtig auf seinen Nimbus und seinen Einfluss. Er vertraute zu sehr seiner Geschicklichkeit. Er brachte in die Regierung die Gewohnheit der Conspiration, die er sich in seiner Jugend zum Zwecke der Wiedererrichtung der Napoleonischen Monarchie angeeignet hatte. Ein Verschwörer auf dem Throne ist ein Widerspruch in der Natur dieser beiden Begriffe. Napoleon III. gebrauchte nicht nur, sondern er missbrauchte die Conspiration, sowohl nach innen wie nach außen. Darin liegt der Grund so vieler seiner Rechenfehler, der irrigen Anwendung der Mittel. Napoleon war Publicist, sogar Journalist aus Liebe zur Sache. Es ist aber schwer, zwei so widerspruchs-volle Berufe in sich zu vereinigen, wie den des Monarchen und den des Journalisten. Aufgabe des ersteren ist Verschwiegenheit im Handeln, Aufgabe des letzteren öffentliche Kritik jeder Handlung. Napoleon glaubte nicht nur zu sehr an das, was er schrieb, sondern er gieng zu sehr darin auf, ja er fühlte sich dadurch gebunden. Und so hat die journalistische Literatur des zweiten Kaiserreiches nicht nur andere, sondern auch den gekrönten Schöpfer derselben auf Irrwege geführt.

Napoleon III. glaubte an seinen Stern, nicht astrologisch wie Wallenstein, sondern voll von der Überzeugung, dass er die Bestimmung habe, zu vollführen, was er beabsichtige. Wenn Napoleon jedoch in der zweiten Hälfte seiner Regierung in auffallender Weise seine Vorzüge einbüßte und Fehler deren Stelle einnahmen, so lässt sich dies nur durch einen vorzeitigen physischen und geistigen Verfall erklären. Der Kaiser war in jener zweiten Periode leidend und dadurch geistig geschwächt; seine im großen Weltspiel und infolge eines Übermaßes von sinn-lichen Genüssen ruinierte Gesundheit, eine gewisse moralische Ermüdung, die zum Überdrusse führte, haben jenen Mann, der

in den Jahren 1848 und 1852, im italienischen und im Krimkriege, soviel hervorragende Eigenschaften zeigte, umgewandelt,
und ihn zu jenem gemacht, der sich in die polnische Frage so
unglückselig hineinmengte, der die mexicanische Expedition unternahm, Sadowa zuließ und der endlich nach Sedan gieng. Die
Anfänge dieser tiefen Umwandlung lassen sich schon während
der polnischen Ereignisse erkennen.

Die Napoleonischen Traditionen, seine eigene Veranlagung
und das rein persönliche Mitgefühl veranlassten ihn, sich der
polnischen Sache anzunehmen. Außerdem war er auch überzeugt, dass die polnische Sache in Frankreich populär sei, dass,
wenn er sich ihrer annahm, das Ansehen seines Regimes und
seiner Dynastie wachsen würden. Der Präsident des Staatsrathes,
Vuitry, ein erfahrener und hervorragender Staatsmann, meinte:
„Es ist das Unglück des Kaisers, dass er glaubt, alle europäischen
Fragen, deren sich die Opposition unter Louis Philipp als Waffen
bediente, seien im Lande populär, und ihre Lösung, besonders
die der polnischen Frage, läge dem Volke am Herzen." Thatsächlich musste man staunen, wie wenig Sympathien Frankreich
für die polnische Frage hatte. Es bedurfte großer Anstrengungen
seitens des Hôtel Lambert, um durch Vermittlung der Presse
ein Interesse zu erregen. Secretär Mocquard sah während der
polnischen Ereignisse mit Verwunderung, wie sehr sich der
Kaiser in Bezug auf die Popularität der polnischen Frage geirrt
hatte, und er rieth dem Hôtel Lambert, die öffentliche Meinung
zu entflammen.

An dem guten Willen Napoleons III. in der polnischen
Frage darf nicht gezweifelt werden, aber es war dies der Wille
eines Denkers, Theoretikers, Schwärmers. Jedesmal, wenn er ihn
in That umsetzen sollte, erwachte in ihm der Politiker, welcher
mit dem eigenen Interesse, mit dem Interesse Frankreichs, sowie
mit den Mitteln rechnen musste. Die Vergangenheit und die
Erfahrungen des ersten Kaiserreiches mussten in ihm die Überzeugung hervorrufen, dass eine Wiederherstellung des Reiches,
mit dessen Untergange das Bündnis der drei Theilungsstaaten
gegen Frankreich begonnen hatte, unter deren Schlägen dasselbe
zusammengebrochen war, sowohl im Interesse Frankreichs wie
der Napoleonischen Dynastie und ihrer Sicherheit gelegen war,
dass dadurch erst ihr Einfluss und ihr Übergewicht in Europa

gesichert sein werde. Ob Napoleon von diesem Standpunkte aus-
gieng, wissen wir nicht, soviel steht jedoch fest, dass er, geleitet
von dieser Argumentation oder von seinem Instincte, die polnische
Frage vorsichtig, aber leider fruchtlos anzufassen versuchte. Schon
während des Krimkrieges dachte er für einen Augenblick, dass
der Zeitpunkt zu ihrer Lösung gekommen sei. Der französische
Minister des Außern, Drouyn de Lhuys, berührte in seiner
Depesche vom 26. März 1855 an den Botschafter in London,
Grafen Walewski, die polnische Frage und dies sogar auf Grund
des dem Kaiser unsympathischen Wiener Vertrages. Lord Cla-
rendon, der englische Minister des Äußern, gab eine ablehnende
Antwort. Am 15. September erneuerte Graf Walewski, damals
schon Minister des Äußeren, in einer Depesche an den Botschafter Persigny diese Anregung, aber gleichfalls vergebens.

Durch den Widerstand der Bundesgenossen, infolge ihres
Bestrebens den Krieg zu localisieren, sah sich Napoleon gezwungen, seine Pläne aufzuschieben, aber nicht aufzugeben. Wir
können hier feststellen, dass der oft verkündete Satz, dass ein
polnischer Aufstand während des Krimkrieges an der Zeit gewesen
wäre, ebenfalls irrthümlich ist, wie alle Theorien von der Nothwendigkeit polnischer Aufstände. Auch dieser wäre zweifellos
bald von Russland allein oder mit Hilfe einer Theilungskraft
niedergedrückt und im Interesse des Friedens und vortheilhafter
Bedingungen geopfert worden. Der Ehrlichkeit Napoleons III.,
dem harten Regime Nikolaus' I. verdanken es die polnischen
Länder unter der russischen Herrschaft, dass ihnen damals eine
Niederlage und fruchtlose Opfer erspart blieben; leider verstanden
sie es nicht, in der Zukunft denselben aus dem Wege zu gehen.

Außer durch die angeführten amtlichen Schritte war Napoleon III. noch in anderer Weise bestrebt, die polnische Frage
in den Strudel der sich abspielenden Ereignisse zu ziehen.

Hieher gehörte vorerst die Errichtung einer polnischen
Legion in der Türkei, die von dem Fürsten Czartoryski im Ein-
vernehmen mit Napoleon III. ins Leben gerufen wurde. Der
Kaiser unterstützte den Gedanken einer Legion, die zu einer
Zahl von 30.000 Mann anwachsen und wie das piemontesische
Heer die italienische, die polnische Sache repräsentieren sollte.
Über Auftrag des Kaisers sollte die französische Regierung der
Legion die Uniformen liefern und er gab den Rath, von England

zu verlangen, dass es die Legion in seinen Sold nehme. Sein Hauptbestreben war jedoch, England in die polnische Frage hineinzuziehen, denn er wusste, dass er ohne Mitwirkung von Bundesgenossen ohnmächtig bleiben werde.

Es war daher vernünftig und ehrlich, wenn der Kaiser sagte: „Warten, keinen Aufstand beginnen." Er warnte den Fürsten Adam Czartoryski vor einem Aufstande, weil Frankreich, wenn es allein stehe, nicht in der Lage sei, Hilfe zu leisten.

Hätte er später, im entscheidenden Augenblicke diese Vorsicht eingehalten!

Der Widerstand Englands war auf verschiedene Ursachen zurückzuführen, die sich im Laufe der polnischen Ereignisse stets erneuern sollten. Die deutschen Bundesstaaten fürchteten, dass durch eine Wiederherstellung Polens der Einfluss und das Übergewicht des Napoleonischen Frankreich wachsen könnten; England fürchtete dieses Übergewicht in noch höherem Maße.

Es ließ daher eine Erweiterung des Krieges nicht zu und doch nahm es die polnische Legion in seinen Sold. Der wirkliche Grund dieses widerspruchsvollen Schrittes hätte ein- für allemal den Polen zur Lehre dienen sollen. Als General Ladislaus Zamoyski vom Lord Palmerston die Übernahme der polnischen Legion in englischen Sold verlangte, da zauderte dieser anfangs, endlich aber entschloss er sich und meinte mit jener Aufrichtigkeit, die nur den polnischen Illusionen gegenüber möglich war: „Also gut, durch das Aushängen des polnischen Banners wird Russland nur umso eher sich bewogen fühlen, einen Frieden zu schließen." Man konnte nicht ausdrücklicher die geschichtliche Wahrheit constatieren, dass sich jede fremde Intervention der polnischen Sache nur als eines Mittels, nicht aber als eines Ziels bediente. Auch ein zweites mögliches Bündnis scheiterte. Ali Pascha, ein sehr scharfsinniger türkischer Staatsmann, regte die Idee an, einen polnischen Staat einschließlich Galiziens mit einer Habsburg'schen Secundogenitur zu errichten. Österreichs Truppen in Galizien befanden sich zwar auf Kriegsfuß, um auf Russland einen Druck auszuüben, aber Österreich wollte von einem Kriege nichts wissen.

Graf Buol, der österreichische Minister des Äußern, ließ in Paris erklären, dass Österreich auf dem Standpunkte stehe, die Türkei in ihrem Besitzstande zu erhalten. Das war die Ant-

wort auf den französischen Antrag, das Warschauer Großherzogthum herzustellen. Kaiser Napoleon sah, dass die Bundesgenossen
wegen Polens keinen Krieg führen wollten, und so nahm er
plötzlich die ihm durch den sächsischen Gesandten in Paris,
Baron Seebach, zugesandten russischen Punktationen als eine
Basis des Friedensschlusses an. Er that dies, wie manche
behaupten, infolge einer Ungeduld und Gereiztheit, vielleicht
auch deshalb, weil in ihm der Plan entstand, sich Russland zu
nähern.

Es mochte in ihm eine Verbitterung entstanden sein, dass
die Bundesgenossen seiner Lieblingsidee Hindernisse in den Weg
legten, und so suchte er sie mit Hilfe Russlands zu verwirklichen.
Während des Krieges gratulierte der Director des Ministeriums
des Äußern, Banville, dem Kaiser Napoleon III. dazu, dass seine
Pläne so schnell ihrer Verwirklichung entgegengiengen. Der
Kaiser erwiderte: „Man sagt, ich wäre allmächtig. Es ist eine
wahre Ironie des Schicksals, dass, während ich mein ganzes
Leben davon träumte, etwas für Italien und das arme Polen
zu thun, ich jetzt die Türkei retten muss, die ich nicht aus-
stehen kann.“

Vor dem Pariser Congresse drängte Fürst Adam Czartoryski in Kaiser Napoleon und in den Grafen Walewski,
sowie in die englische Regierung, die polnische Frage auf
die Tagesordnung zu setzen. Die Unterhandlungen zogen sich
hin. Dem Kaiser widerstrebte es, sich auf den Wiener Vertrag zu stützen. England hingegen wollte sich nur auf dieser
Basis in die Erörterung der polnischen Frage einlassen. Da
kam die bekannte Erklärung des russischen Bevollmächtigten,
des Fürsten Orlow, der in vertraulichen Unterredungen bemerkte,
dass, wenn jemand auf dem Congresse von Polen Erwähnung thun sollte, Russland das Königreich als im Jahre 1831
erobert erklären und sich gegen die Anwendbarkeit der Verträge
auf dasselbe verwahren werde. Er fügte jedoch hinzu, wenn
man diese Frage verschweigen sollte, so werde Kaiser Alexander
spontan „mehr für Polen thun, als Ihr erwartet“.

Es ist bekannt, dass infolge dessen sowohl die französische wie die englische Regierung beschlossen, die polnische Frage zu verschweigen, und schon damals war Napoleon III. bestrebt, von Russland Concessionen für Polen zu

erlangen. Die polnische Frage sollte vorläufig nicht in großem
Stile, nicht in gründlicher Weise, nicht gegen Russland, aber
stufenweise durch Russland, durch enge Beziehungen zu demselben und durch die Befriedigung desselben in der orientalischen Frage gelöst werden. Die Versprechungen des Fürsten
Orlow gaben dem Kaiser einen Ausgangspunkt, um auch auf
diese Weise zum letzten Ziele zu gelangen.

Die bald eingeleiteten Unterhandlungen schleppten sich
mühsam vorwärts. Bevor Graf Morny im Jahre 1856 als
Specialgesandter des Kaisers Napoleon zur Krönung des Kaisers
Alexander nach Moskau reiste, hatte er über Einwilligung
Napoleons mit dem Fürsten Czartoryski eine Conferenz.
Graf Morny übernahm vom Fürsten Czartoryski ein Memoran-
dum, in dem die Lage der polnischen Länder unter der russi-
schen Herrschaft geschildert war. In demselben wurden als
Hauptpostulate aufgestellt: die Wahrung der Religion und der
Sprache. Wie weit schon damals die Bemühungen der franzö-
sischen Regierung auf das Vorgehen des Kaisers Alexander in
Polen von Einfluss waren, lässt sich kaum genau bestimmen.
Es ist zweifellos, dass in dieser Frage der Wunsch Russlands,
mit Frankreich freundschaftliche Beziehungen zu erhalten, mit-
spielte, wenn auch die innere Politik Russlands hiefür in erster
Linie maßgebend war.

Das Verhalten Alexanders gegen die Polen bewegte sich
parallel mit jenen Bemühungen Frankreichs und dessen Unterhandlungen.

Nach der Krönung eilte Alexander nach Warschau, wo er
am 22. Mai 1856 eintraf. Er nahm an oder hatte vielleicht
gehört, dass die Polen an seine Regierung übermäßige Hoffnungen knüpften und er fühlte daher die Nothwendigkeit, in jener
denkwürdigen Rede, die er im Belvedere an die Geistlichkeit, die
Beamtenschaft und den Adel hielt, dagegen aufzutreten, indem
er sagte: „Also, meine Herren, fort mit den Illusionen! Keine
Illusionen!"

Diese Rede schloss alle Illusionen von einer unabhängigen
Existenz, sogar von einer nationalen Existenz aus, und auch eine
zweite Rede, die er im Lustschlosse Łazienki am 27. Mai an
den versammelten Adel hielt, that das Gleiche.

Diese Reden setzten die Grenze der Hoffnungen und Reformen fest. Der Kaiser versprach auch eine Amnestie mit geringen Ausnahmen.

Am 6. September 1857 kam der Kaiser neuerlich nach Warschau und bestätigte das Project der Landwirtschafts-Gesellschaft.

Die ersten Schritte des neuen Herrschers, wenn auch unentschieden, vollzogen sich dennoch parallel mit den Bemühungen Napoleons III. Bald begab er sich auch nach Stuttgart zu einer Begegnung mit demselben. Der französische Monarch kam auf Polen zu sprechen und das bewies, dass er dasjenige, was Kaiser Alexander gethan hatte, für ungenügend erachte. Es ist bekannt, dass der Czar damals zu seinen Vertrauensmännern sagte: „Er wagte es, zu mir von Polen zu sprechen." Und doch hat er sich weder damals noch später geweigert, sich wegen der polnischen Frage mit Kaiser Napoleon ins Einvernehmen zu setzen. Er hat auch sein Wohlwollen ihr gegenüber nicht geändert und sich stets daran gehalten, was Fürst Orlow erklärte, dass man ihm die Zeit und die Freiheit der Initiative überlassen müsse.

Als er am 8. October von Stuttgart nach Warschau kam, äußerte er seine Befriedigung über den Empfang und erließ am 24. November einen Ukas, der dem ersten Nationalinstitute, der Landwirtschafts-Gesellschaft, die kaiserliche Genehmigung ertheilte.

Diese Gesellschaft wählte den Grafen Andreas Zamoyski zum Präsidenten, Alexander Ostrowski zum Vicepräsidenten und außerdem ein aus 16 Mitgliedern bestehendes Comité.

Kaiser Alexander begann zuerst mittelst Rescriptes vom 2. December an den Generalgouverneur Nazimow eine Reform der Bauernfrage in Lithauen; bald darauf befasste er sich mit derselben Frage in Polen. Inzwischen schwebten Unterhandlungen zwischen Russland und Frankreich, die zu einem Bündnisse beider Mächte, zur Wiederherstellung der Traditionen von Tilsit und Erfurt führen sollten. Die Einsätze waren für Russland der Orient, für Frankreich die Rheingrenze und die Theilung der Herrschaft über Europa. Aber ein Hindernis bestand: Polen. In seinen Unterhandlungen stellte Napoleon die Lösung der polnischen Frage, die Befriedigung der Polen als Bedingung auf. Dafür opferte er die Türkei, hauptsächlich von Kleinasien an, und nannte sie einen Patienten, um den man sich nicht zu bekümmern brauche. Für sich wollte er die Rheingrenze; aber er brauchte auch Russland, um die italienische Frage zu lösen. In diese wollte er hauptsächlich das nordische Kaiserreich hineinziehen. Dabei betonte er aber stets, dass auch für Polen etwas gethan werden müsse. Russland versprach Concessionen. Wie weit die Bemühungen Napoleons in dieser Beziehung reichten, lässt sich schwer feststellen, allein es scheint, dass seine Hoffnungen sehr weit giengen und dass die Errichtung eines beinahe ganz unabhängigen erweiterten Warschauer Großherzogthums mit einer russischen Dynastie ihren letzten Ausdruck bilden sollte. Schon während dieser Unterhandlungen und auch später während der Ereignisse dachte man an die Ernennung eines Großfürsten zum Vicekönige.

Napoleon verlangte von Alexander Concessionen zu Gunsten Polens, damit auch seine eigene Stellung und die Annäherung Frankreichs an Russland dadurch erleichtert werde. Die Antwort des russischen Kaisers lautete, dass man ihm Zeit lassen müsse, dass er für die Polen noch mehr thun werde, als sie selbst erwarten. Man möge ihn nur nicht drängen und nicht den Anschein erwecken, als ob er unter einem Drucke handelte; er sei schon jetzt in der Lage, dem Kaiser mitzutheilen, dass er seinen Bruder, den Großfürsten Constantin, zum polnischen Vicekönig ernennen wolle.

Angesichts dessen erklärte Napoleon III., dass dies über seine Erwartungen hinausgehe, „das ist noch mehr als ich hoffte, und die Polen können sich damit zufrieden geben."

Napoleon verständigte den Fürsten Ladislaus Czartoryski von diesem Meinungsaustausch erst nach dem Ausbruche des Aufstandes.

Während dieser Unterhandlungen erklärte das Petersburger Cabinet, oft an die Wand gedrückt, in aufrichtiger Weise durch den Fürsten Gortschakow, dass es die polnische Frage für das Wichtigste halte, dass es diese nicht der orientalischen Frage opfern und wegen Constantinopels nicht auf Warschau verzichten könne. Das Pariser Cabinet erwiderte, dass trotz der besten Absicht, ein Bündnis mit Russland abzuschließen, die Genesis des Napoleonischen Regimes, seine Principien, Traditionen und seine Stellung es ihm nicht gestatteten, dies zu thun, solange die

unerledigte polnische Frage zwischen Frankreich und Russland
eine Scheidewand bilde.

Die Unterhandlungen zogen sich in die Länge. Russland
versicherte, ohne seine Pläne näher zu präcisieren, seine Concessionen zu Gunsten Polens würden so groß sein, dass sie
die Polen befriedigen müssten. Frankreich hingegen eröffnete
unter der Voraussetzung der Befriedigung der Polen der russischen Regierung die besten Aussichten im Oriente. Zu einem
formellen Bündnisse kam es nicht; die beiden Cabinette giengen
jedoch gemeinsam vor und unterstützten sich gegenseitig in den
laufenden Fragen. Zur Befestigung der freundlichen Beziehungen
trug der Vertrauensmann Napoleons, der Graf und dann Herzog
von Morny bei, der in seiner vertraulichen Correspondenz mit
Fürst Gortschakow einem dauernden Bündnisse das Wort sprach,
aber dabei auch die polnische Frage, wie die von seinen Söhnen
herausgegebenen Briefe bezeugen, nicht übergieng.

Am 23. September 1858 kam der Czar nach Warschau,
wohin der französische Kaiser den Prinzen Napoleon sandte.
Der Monarch wurde vom Grafen August Potocki in Willanów
begrüßt, und hier nannte er sich der Gräfin Potocki gegenüber
einen Nachfolger Sobieskis.

Inzwischen begab sich ein Ereignis, welches die Politik
Napoleons III. theoretisch verpflichtete und mit der polnischen
Frage noch inniger verknüpfte: die Verkündigung seines Nationalitätenprincips. Vorläufig brachte er es nur gegenüber der
italienischen Frage in Anwendung, aber mit einem unausweich-
lichen Fatalismus wurde der Schöpfer der neuen internationalen
Theorie auch zur polnischen Frage hingezogen. Napoleon III. verkannte nach Aufstellung seines Nationalitätenprincips nicht die
Nothwendigkeit, sich mit der polnischen Frage zu beschäftigen,
wenn er auch nicht genügend begriff, dass ohne eine Lösung der
polnischen Frage dieses System nicht nur entgleisen, sondern
auch seine Spitze gegen Frankreich kehren müsse, worin eben die
Gefahr stockte. Allein die italienische Frage gestattete es ihm
weder theoretisch noch praktisch, die polnische Frage in den
Vordergrund zu stellen, und gerade sie war es, in deren Aufrollung die öffentliche Meinung Polens eine Verheißung der
eigenen Befreiung gesehen hat. Ja, die italienische Frage hat
Napoleon gezwungen, sich Russland zu nähern und mit ihm

gute Beziehungen zu pflegen, um es zu einem passiven Verhalten zu bewegen, zu dem es auch mit Rücksicht auf die
Stellung Österreichs im Krimkriege leicht zu bewegen war.

Knapp vor dem Ausbruche des italienischen Krieges rief
Napoleon den Admiral La Roncière le Noury zu sich und übergab
ihm einen Brief an Alexander II., in dem er mittheilte, dass er
in eine Besetzung Galiziens durch Russland willige, wenn dasselbe
Österreich den Krieg erkläre. Dadurch wollte er sich einerseits
die italienische Aufgabe erleichtern, andererseits mit Hilfe Russlands die polnische Frage lösen, in der Hoffnung, dass durch
den Anschluss der polnischen Länder Österreichs an Russland
die polnische Nationalexistenz unter dem Scepter der russischen
Dynastie gesichert sein würde. Jetzt sah er nicht mehr die
Nothwendigkeit ein, die polnischen Besitzungen Österreichs und
Preußens zu schonen; im Gegentheil, er wollte das Resultat
der drei Theilungen ändern. Alexander II. wies diesen Vorschlag mit Entrüstung zurück und erklärte, dem Kaiser Napoleon auf diesem Wege nicht folgen zu können. Erst nach dem
Tode Napoleons III. hat dies Fürst Ladislaus Czartoryski vom
Admiral La Roncière erfahren.

Die italienische Frage vermochte jedoch weder aus dem
Geiste noch aus dem bereits öffentlich bekanntgegebenen Programm Napoleons die polnische Frage zu beseitigen. Er versuchte es auf jede mögliche Weise, sich ihr zu nähern, um
wenigstens vorläufig daran zu flicken, wenn schon eine vollständige Lösung nicht möglich war. Eine Lösung gegen Russland
war nach der damaligen politischen Constellation, bei den vorhandenen politischen und geographischen Verhältnissen, nur auf
Grund einer Allianz mit Österreich möglich. Einer solchen
Allianz standen wiederum die italienische Frage, ja der ganze
damalige Zeitgeist, die damaligen Traditionen, die österreichischen
Staatsmänner und besonders die Sorge um die Erhaltung der
so theuren, aber bereits zur Neige gehenden Hegemonie in
Deutschland entgegen.

Um den Preis der italienischen Sache wollte Napoleon
diese Allianz nicht schließen. Er hatte für Österreich nie Sympathie; schon wegen des Verhaltens desselben gegen Napoleon I.
Die Weigerung Österreichs während des Krimkrieges in der polni-

schen Frage hatte ihn verletzt. Sein Misstrauen gegen Österreich
wurde immer größer.

Im Herbst 1860 weilte Fürst Czartoryski in Wien. Staatsminister Graf Goluchowski berief den Fürsten zu sich nach
Baden mit der Bemerkung, dass er ihn in Wien nicht empfangen
könnte. In Baden sagte er dem Fürsten Folgendes: „Kaiser
Franz Josef ist gut gestimmt für die Polen. Manche Momente
sprechen für eine Lösung der polnischen Frage, vielleicht auf
Grund einer österreichischen Secundogenitur. Zuvor müsste
jedoch die venezianische Frage geordnet werden, vielleicht in
der Weise, dass Österreich Bosnien und die Herzegowina bekäme.
Dalmatien ist für Österreich ohne diese Länder ein unsicherer
Besitz, nur eine Chaussée am Meere. Gehe Kaiser Napoleon
darauf ein, so möge er wegen einer entgiltigen Vereinbarung
einen vertrauenswürdigen Adjutanten zu den Manövern entsenden
mit der Ermächtigung, die Verhandlungen zu führen. Die Sache
dürfte nicht durch die Minister gehen, sondern müsste ausschließlich zwischen den Monarchen erledigt werden."

Als Fürst Czartoryski, nach Paris zurückgekehrt, Napoleon III. über diese Unterredung berichtete, hörte ihn der Kaiser
unwillig an und sagte: „Dass Ihr doch immer auf dieses Österreich rechnet! Ihr werdet sehen, es wird uns alle hinters Licht
führen." Plötzlich fügte er hinzu: „Welch schöner Tag ist heute!"
„Ja," antwortete der Fürst, „und ich bitte, Majestät, um die
Erlaubnis, im Garten der Tuilerien spazieren gehen zu dürfen."

In Wien war diese Gesinnung Napoleons bekannt, und da
auch dort ein Widerwille gegen den französischen Kaiser herrschte,
so war von einer Änderung des politischen Systems, noch dazu
in Bezug auf Polen, keine Rede. Napoleon hoffte nun, durch
einen engen Anschluss an Russland, den Polen eine beinahe
unabhängige Existenz verschaffen zu können, er glaubte noch
immer, dass die Concessionen Russlands „die Polen befriedigen
würden".

Das war der wirkliche Stand der polnischen Frage. Allein
die Aufstellung des Nationalitätenprincips durch Napoleon III.,
der italienische Krieg, die haltlosen Aussichten auf eine Revolution in Russland und besonders die politische Erziehung des
polnischen Volkes, die, vom Glauben an fremde Hilfe durchdrungen, die Theilungsmächte hassten, geringschätzten und nur

nach Unabhängigkeit strebten, bewirkten, dass das Volk die Wirklichkeit verkannte und sich übermäßigen Hoffnungen hingab.

Die radicale und conservative Emigration hat diese Fehler der Erziehung noch gesteigert. Beide hörten seit dem Jahre 1831 nicht auf, die Unabhängigkeitsidee zu predigen und der Nation einzuprägen, die erstere, dass die Nation stark genug sei, um wieder zu erstehen, sie müsse nur wollen, die andere, dass sie früher oder später durch fremde Hilfe zur Selbständigkeit gelangen werde.

Diesem Einflusse der Emigration schloss sich noch ein neuer Factor an — die französische Presse. Unter dem Einflusse des Hôtel Lambert und des polnischen Geldes wurde sie zu einer immer lebhafteren, immer wärmeren Fürsprecherin der polnischen Sache, um einerseits durch die öffentliche Meinung auf die französische Regierung zu drücken, andererseits, um der polnischen Gesellschaft die Überzeugung beizubringen, dass sie auf eine Unterstützung seitens der öffentlichen Meinung und daher auch seitens der Regierung rechnen könne und solle. Dieser fein erdachte patriotische Plan übersah das Wesen jener Elemente, die man beeinflussen wollte. Er übersah die Wahrheit, dass es in menschlichen Dingen nichts Verderblicheres gibt, als den Schein, den ja schließlich doch die Wirklichkeit Lügen straft. Dieses Wirken war — wie es Julian Klaczko später sehr witzig nannte - - eine Bauchrednerkunst, die nur den Bauchredner allein täuschte und irreführte.

So wurde denn nicht ein Mittelweg, sondern ein Irrweg beschritten. Statt die französisch-russische Entente und die französisch-russischen Unterhandlungen auszunützen, wählte man eine Richtung, die zum Bruche mit der russischen Regierung führen musste, die die polnische Gesellschaft an den Rand des Abgrundes brachte; statt angesichts des russischen Thronwechsels und der beabsichtigten Reformen sich dem neuen Monarchen als mithelfender Factor zur Seite zu stellen, schenkte man Glauben den Gerüchten von Umwälzungen und Revolutionen in Russland. Ja man wartete nicht einmal, bis sich diese Gerüchte bewahrheiteten, zu einer Zeit, wo mehr als je, freilich in anderem Sinne, an die Worte von Fontenoy hätte gedacht werden sollen: „Messieurs les Anglais, tirez les premiers."

Viertes Capitel.
Polen von 1859 bis 1863.

Im Lande selbst waren vier Factoren berufen, an den Ereignissen mitzuwirken, und sie sollten auch gegenüber der Geschichte hiefür die Verantwortung tragen: die Weißen, die Rothen, Wielopolski und seine kleine Umgebung, endlich die russische Regierung und deren Repräsentanten in Petersburg und in Warschau.

Am 17. October 1859 besuchte der Czar Warschau. Der Empfang seitens der Bevölkerung war unter dem Einflusse der italienischen Ereignisse und der conspiratorischen Thätigkeit schon kühler. In demselben Monate benachrichtigte der Statthalter den Grafen Zamoyski, dass der Czar der Landwirtschafts-Gesellschaft gestatte, sich auf Grund der von der Regierung festgestellten Grundzüge mit der Bauernfrage zu befassen.

Im Jahre 1860 wurde die Zusammenkunft der drei Theilungs-monarchen angekündigt; man glaubte, dass ihre Spitze gegen Frankreich gerichtet sei. Am 20. October fanden sich der Czar, der Kaiser von Österreich und der König von Preußen in Warschau zusammen. Das Verhalten der Bevölkerung war ernst, düster. Die Verschwörung und die Jugend veranstalteten, nachdem sie ein phrasenhaftes Manifest erlassen, eine Reihe von Demonstrationen; sie verpesteten das Theater mit assa foetida und verbrannten mit Schwefelsäure die Sammtsitze in der kaiserlichen Loge. Ein Lied gegen die Monarchen wurde gesungen, man beschrieb die Theateraffiche mit Majestätsbeleidigungen und bei der feierlichen Brücken-Grundsteinlegung wurden den Frauen die Kleider besudelt.

Die französischen Blätter begrüßten darin freudig die Erweckung des polnischen Geistes. Bald musste der Czar, infolge

der Krankheit seiner Mutter, Warschau verlassen, und es folgte
nun eine Reihe kleiner Demonstrationen. Die Regierung verhielt
sich passiv. Einige entschiedenere Männer aus der Umgebung des
Statthalters verlangten ein strammeres Auftreten und setzten die
Ernennung des Generals Trepow zum Ober-Polizeimeister durch.

Doch die Verschwörer ließen sich nicht stören. Bei den
Carmelitern in Leszno feierten sie den Jahrestag des November-
Aufstandes. Zum erstenmal gab es Straßendemonstrationen mit
einem nationalen Merkmal. Zum erstenmal stimmten die Massen,
auf den Straßen knieend, das Lied an: „Boże Coś Polskę" mit
dem Refrain:

„Vor Deines Himmels Pforte knien wir nieder,
Ein Vaterland, ein freies, gib uns wieder!"

Die Agitation sollte nunmehr auch in die Provinz getragen,
ja die Landwirtschafts-Gesellschaft zur Abfassung einer politischen Adresse gedrängt werden.

Diese Gesellschaft, die „Weißen", wurden durch die Manifestationen verblüfft. Sie drohten, die Verschwörer der Behörde
zu überliefern; sie begriffen somit deren Gefährlichkeit. Aber sie
brachten es doch zu keinem entschiedenen Entschlusse. Von ihnen
konnte man sagen: Video meliora proboque, deteriora sequor.

Die Conspiration strebte den Aufstand an; sie benützte
daher die Manifestation als ein Aufregungs- und Organisations-
mittel der Gesellschaft, sie wollte die Dinge bis ans Äußerste
führen, um jedes Compromiss mit der Regierung unmöglich zu
machen. Am 25. Februar 1861 beschloss die Verschwörung, am
Jahrestage der Schlacht bei Grochów eine Manifestation zu veranstalten. Schon einige Wochen vorher hatten der „Czas" und
„Dziennik Poznański" darüber geschrieben. Die Manifestation fand
auch statt, theils auf dem Wege nach Grochów, theils in
der Altstadt. Ganze Massen der Bevölkerung waren in den
Straßen versammelt und sangen. Die Polizei schaute diesem
Treiben gleichgiltig zu. Hatte ja General Paulucci, Chef der
Geheimpolizei, von Geburt Italiener, ein Anbeter Garibaldis,
dem Statthalter versichert, dass am 25. eine Manifestation nicht
stattfinden werde.

Die Gendarmerie jagte das Volk auseinander. Die Verschwörer benützten dies, um eine allgemeine Entrüstung hervorzurufen, und verbreiteten das Losungswort: „Die Barbarei der

Moscoviter, die das wehrlose Volk überfallen." Statthalter Fürst Gortschakow soll damals in Petersburg um Verhaltungsmaßregeln gegenüber den unbewaffneten Manifestanten geboten und die charakteristische Antwort erhalten haben: „Mögen sie für sich beten, wir werden für uns beten."

Während dieser Manifestation war die Landwirtschafts-Gesellschaft versammelt und die Mitglieder beschlossen, nach der Altstadt zu gehen. Aber Andreas Zamoyski hielt sie zurück: „Unsere Pflicht ist hier zu bleiben."

Die Verschwörer verfielen dann auf den unheilvollen Gedanken, eine allgemeine Nationaltrauer anzuordnen. Selbst viele Mitglieder der Landwirtschafts-Gesellschaft legten auf ihren Hüten Trauerzeichen an.

Es kam noch besser. Die Verschwörung wollte nicht, sie konnte nicht stehen bleiben. Sie beschloss eine Manifestation in großem Maßstabe zu veranstalten, die ihren Ideen und Zielen förderlich sein könnte. Am 27. Februar wälzte sich eine tausendköpfige Menge von der Carmeliterkirche gegen das Schloss. Unterwegs stieß sie auf den Leichenzug eines Beamten, den sie ihrer Manifestation einverleibte. Das Militär schritt ein; man verhöhnte es und bewarf die Soldaten mit Steinen. Da ereignete sich das wichtigste Factum, das auf der Wagschale der Ereignisse entscheiden sollte, und das einen der größten Fehler russischerseits bildete. General Zabłocki commandierte spontan, ohne einen Befehl oder Instructionen eingeholt zu haben, „Feuer." Fünf Mann blieben am Platze; einige wurden verwundet. Die Staatsmaschine war entweder in Auflösung gerathen oder es mangelte den Behörden an Einsicht und Vernunft. Die Anwendung von Polizei und Gendarmerie, wie bisher, hätte genügt; die Manifestation hätte dadurch ihren dramatischen Charakter verloren.

Jetzt, nach den Schüssen Zabłockis, erschrak die Regierung und man sagte sich mit Recht, dass „das vergossene Blut einen eigenthümlichen Eindruck auf die Regierung ausübe" — sie wurde ohnmächtig. Das Militär wurde zurückgezogen.

Was thaten die Führer der Gesellschaft, die „Weißen", während sich die Regierung so unvernünftig geberdete? Während der Straßenmanifestationen führte die Landwirtschafts-Gesellschaft ein Werk zu Ende, zu dem sie sich früher nicht für berechtigt

gehalten hatte. Über Initiave Thomas Potockis beschloss die Versammlung in feierlicher Weise die Bauernbefreiung. Andreas
Zamoyski war anfangs dagegen, später gieng er darauf ein. Die
Landwirtschafts-Gesellschaft, die „Weißen" standen unter dem
Einflusse der Straße. Mit jeder neuen Nachricht wuchs die
Erregung in der Versammlung. Die Mitglieder der Gesellschaft
wollen aufs Schloss gehen. Zamoyski hält sie zurück. Die Verschwörer dringen in die Versammlung, sie bringen den erschosse-
nen Narzymski. Die Gesellschaft soll dadurch in den Straßen-
kampf gedrängt werden. Zamoyski sträubt sich dagegen, er spricht
jene großen Worte aus: „Ihr wollt, ich soll mich an die Spitze
eines Straßenexcesses stellen -- nie!" Die Gefahr ist nicht
beseitigt, man verlangt, dass die ganze Versammlung aufs Schloss
gehe. Zamoyski sträubt sich, er erliegt schon; erst vor dem
Schloss erwacht in ihm die Energie, und eingedenk seiner
Grundsätze, der Folgen, eilt er, nicht aufs Schloss, sondern ins
eigene Palais.

Auch dorthin folgen ihm die Verschwörer. Sie bringen ein
neues Opfer, sie rufen nach Zamoyski und er zeigt sich; er
schweigt, als man von ihm verlangt, er solle das Volk vertheidigen. Aber ihm zur Seite hält das Comitémitglied Węgliński
eine feurige Rede, die eine Verbrüderung des Comités mit der
Straße bedeutet.

Unter dem Drucke der Straßendemonstrationen zog die
Landwirtschafts-Gesellschaft die von der˙ Conspiration schon
längst verlangte Adresse in Berathung. Die Adresse wurde angenommen; den Intentionen der Verschwörung gemäß musste
sie zu einem Bruche und nicht zum Compromisse führen. Man
verlangte vollständige Unabhängigkeit und die historischen
Grenzen, darüber herrschte volle Einmüthigkeit. Man bewog
Zamoyski, sich zum Statthalter zu begeben. Er that es als
Repräsentant der polnischen Nation, in Begleitung des Vice-
präsidenten Ostrowski und schleuderte dem Fürsten Gortschakow
als einen einzigen Ausweg die Worte hin: „Allez vous en"
(Schert Euch von dannen). Eine Verständigung mit dem Statthalter war nicht mehr möglich.

Da entsteht ein neues, der Landwirtschafts-Gesellschaft
verwandtes Element, ein neuer Kreis von „Weißen" — das
wohlhabende Bürgerthum. In der kaufmännischen Ressource

versammeln sie sich und wählen eine Delegation: die Domherren Wyszyński und Stocki, den General Lewiński, den Rabbiner Meisels, die Bürger Kraszewski, Kenig, Rosen u. s. f. Diese Delegation sendet eine Deputation zum Statthalter. Es wird von ihm verlangt: die Anerkennung der Delegation, die Bestattung der Opfer, Zurückziehung des Militärs und der Polizei während des Leichenzuges, die Enthebung Trepows und Ersetzung durch Paulucci, die Befreiung der in den letzten Tagen Verhafteten, die Bestrafung der Schuldigen und Bewilligung der Absendung einer Adresse an den Czaren.

Statthalter Fürst Gortschakow willigt nach und nach in alles, mit geringen Abänderungen. Er lässt für eine kurze Zeit die ganze Gewalt aus den Händen; er ist einmal ohne Besinnung, das anderemal voll Aufregung. Auf seinen Befehl zieht sich das Militär und die Polizei von den Straßen zurück, und diese Thatsache beweist jedem, meint ein Anhänger der Verschwörung, dass die Regierung nunmehr ganz verwirrt sei und selbst vor dem zurückschrecke, was sie gethan.

Man schritt an die Abfassung der Adresse. Die Mitglieder der Landwirtschafts-Gesellschaft machten sich im Palais Zamoyski an die Arbeit. Da beantragt Wielopolski seine Adresse, die sich an die Constitution vom Jahre 1815 anlehnt. Während der Discussion wird sie von Thomas Potocki eingebracht. Sie wird zurückgewiesen. Die Adresse Stawiskis, vag, nebelhaft, zweideutig, wird angenommen. Sie bildet den Mittelweg zwischen dem Projecte Wielopolskis, das die Institutionen des Jahres 1815 verlangt, und dem Projecte der Verschwörer, die, um jedes Compromiss unmöglich zu machen, für das vereinigte Polen, Lithauen und Ruthenien eine Constitution verlangen. Die Adresse war auch das Nationalitätenprincip war darin erwähnt, als ein Abglanz der auf Napoleon III. gesetzten Hoffnungen — allgemein gehalten, um nicht von Lithauen und Ruthenien sprechen oder sie ausschließen zu müssen. Andreas Zamoyski unterschrieb sie doch, obgleich er sie missbilligte.

Gortschakow gestattete die Abreise einer Delegation nach Petersburg nicht, er sandte selbst am 28. Februar 1861 die Adresse ab.

Bis die Antwort einlangte, hat in Warschau die Regierung zu Gunsten der Delegation abdiciert. Diese war durch ihre Erfolge wie berauscht und, von der Ersprießlichkeit der moralischen Revolution überzeugt, erklärte sie den bewaffneten Aufstand für einen Wahnsinn. Sie sah nicht, dass ein moralischer Aufstand zu einem solchen führe.

Durchdrungen von diesem Geiste, veranstaltete die Delegation das Begräbnis der am 2. März Gefallenen. Hinter dem Conducte schritten Andreas Zamoyski, Erzbischof Fiałkowski, Vertreter der Landwirtschafts-Gesellschaft, die Delegation und alle, die sich dem moralischen Aufstande anschlossen — eine hunderttausendköpfige Menge. Die Jugend hielt die Ordnung aufrecht.

Die Macht der Delegation wuchs immer höher; der Statthalter wurde immer schwächer, nachgiebiger, rathloser. An Stelle Trepows ernannte er zuerst Demoncal, dann Paulucci zum Warschauer Polizeichef.

Dem Beispiele Warschaus folgten andere Städte, und so entstanden überall Delegationen.

Die kaiserliche Antwort an den Statthalter wurde am 14. März verlautbart. Man konnte aus derselben nicht klar werden, was man in Petersburg denke, es fehlte ihr die Entschiedenheit des Tones: die Verschwörer konnten aus ihr neue Hoffnungen, eine Aufmunterung zu weiteren Demonstrationen schöpfen. Die Herrschaft der Delegation erreichte dadurch kein Ende.

Endlich ermannte sich die Regierung und begann selbst zu handeln. Anstatt mit der moralischen Revolution zu pactieren, was unsinnig gewesen wäre, dachte sie unter dem Drucke derselben an eine durchgreifende Reform. Muchanow wurde abberufen. Und jetzt folgte eines der wichtigsten Ereignisse. Durch Vermittlung des General-Procurators Enoch, eines sehr scharfsinnigen Mannes, wurde am 27. März an Stelle Muchanows Markgraf Alexander Wielopolski zum Director für Cultus und Unterricht ernannt. Gleichzeitig wurde auch eine Reihe von Reformen, die sich auf Wielopolskis Vorschläge stützten, verkündet. Es waren: die Einsetzung eines Staatsrathes, die Errichtung von Bezirks-, Gemeinde- und Gubernialräthen, eine vollständige Änderung der öffentlichen Erziehung, Aufhebung des Warschauer Schulbezirkes, der vom Petersburger Ministerium abhängig war, die Einsetzung einer besonderen Commission für nationalen Unterricht und die

Vereinigung derselben mit dem Departement für Cultus-Angelegenheiten unter dem Vorsitze Wielopolskis, und endlich das Versprechen einer gründlichen Lösung der Bauernfrage.*)

Wielopolski empfieng beim Antritt seines Amtes die zu seinem Ressort gehörigen Behörden. Die Lehrer sprach er sehr freundlich an, der Geistlichkeit erklärte er: „Ich dulde keine Nebenregierung.“ Damit war die Theilnahme der Geistlichkeit an der Bewegung und der religiöse Charakter der Demonstrationen, auch vielleicht die Landwirtschafts-Gesellschaft gemeint.

Wiewohl die Ansprachen klug und vertrauenerweckend waren, so erregten diese Worte eine künstliche Entrüstung — dafür sorgte die Verschwörung.

Am 6. April wurde über Antrag Wielopolskis, der dies früher zur Bedingung gemacht hatte, vom Verwaltungsrath die Landwirtschafts-Gesellschaft aufgelöst; nur die ländlichen „Landwirtschafts-Genossenschaften“ sollten weiter bestehen dürfen. Das war die Consequenz der Worte: „Es darf keine Nebenregierung geben.“

Die Verschwörung wachte und beschloss die infolge dieser Maßregel entstandene Erbitterung auszunützen. Große

---

*) Als Napoleon I. im Jahre 1807 das Großherzogthum Warschau gründete, wurde dort die Leibeigenschaft aufgehoben, die persönliche Freiheit und Freizügigkeit der Bauern verkündet und unter Einführung des Code Napoléon das Verhältnis zwischen Gutsherrn und Bauern als ein freier und beiderseitig kündbarer Pachtvertrag charakterisiert. Zu einer näheren Regelung dieses Verhältnisses fand Napoleon keine Zeit; der polnische Adel selbst hat es auch nicht gethan. So hat sich nun die Freiheit der Bauern in folgender Weise gestaltet: Solange der hörige Bauer an die Scholle gebunden war, hat ihn der Herr seines Besitzes nicht berauben können. Jetzt, wo freie Kündigung auf beiden Seiten Rechtens war, fand es der Gutsherr oft nützlich, den Bauern auszutreiben und entweder selbst den Boden zu bewirtschaften oder denselben an einen anderen Bauer zu vergeben. Durch dieses „Bauernlegen“ wurde ein großer Theil der Bevölkerung besitzlos. Oft nutzten auch die Herren die freie Kündbarkeit aus, um ihren Hintersassen neben dem Pachtgelde eine lange Reihe von Naturaldiensten aufzuerlegen: ein amtliches Verzeichnis ergab 121 Arten dieser bäuerlichen Leistungen. Außerdem war der Gutsherr auch Amtmann des Gutsbezirkes, er hatte die Polizei- und Gerichtsgewalt. Kaiser Nicolaus I. dachte an die Besserung dieser Verhältnisse, allein da er in Russland selbst die Leibeigenschaft nicht aufheben wollte, so konnte er nichts ändern. Erst Alexander II. unterzog sich dieser Aufgabe. (H. v. Sybel, Die Begründung des deutschen Reiches durch Wilhelm I. B. II, S. 456 fg.)   (Anm. d. Übers.)

Volksmassen veranstalteten vor dem Gebäude der Landwirtschafts-Gesellschaft und vor dem Palais Zamoyski Demonstrationen. Es musste Militär einschreiten und erst bei Nacht gieng
das Volk auseinander. In derselben Nacht beschloss der Verwaltungsrath eine Verordnung gegen die Volksansammlungen;
wiederum zu spät. Denn erst am 9. April wurde sie veröffentlicht.

Am 8. April kam es zu einer neuen Demonstration, in
weit größerem Maßstabe. Das Volk kniete und sang. Als es
nicht auseinandergehen wollte, wurde wiederholt geschossen, nicht
zufällig, sondern auf Befehl der Vorgesetzten. Viele Personen
wurden ermordet, wie es hieß zweihundert. Damals griff L a n d a u
das Kreuz auf, das den Händen eines Greises entfallen war,
und hob es über die Köpfe des Volkes empor.

Kanty Wołowski, der Director der Justiz-Commission, gab
infolge dieser Vorgänge, die er als ungesetzlich betrachtete,
seine Demission. Wielopolski übernahm auch dieses Ressort und
erklärte den bei ihm erschienenen Gerichtsbeamten: „Die in
dem leider blutigen Zusammenstoße gerettete öffentliche Ordnung übergebe ich jetzt Ihren Händen." Er gab sich noch der
verderblichen Täuschung hin, auf legalem Wege die Verschwörung unterdrücken zu können, die sich immer mehr ausdehnte
und bald auch Lithauen und die „erworbenen Provinzen" in
ihren Wirbel riss.

Die Demonstrationen beschränkten sich nicht auf Warschau
und Polen, doch war Warschau das Centrum der Verschwörung.
Nach Auflösung der Landwirtschafts-Gesellschaft verloren die
„Weißen", das Bürgerthum und der Adel ihre öffentliche Organisation; es entstand zwar eine „weiße" Organisation, aber sie war
illegal. An Stelle des Comités der Gesellschaft trat jetzt die
„weiße Direction". Die Gefahr, die die Verschwörung über das
Land heraufbeschwor, wuchs. Sie wollte keinen Anlass mehr zum
Blutvergießen bieten, sondern ihren Kreis erweitern, vertiefen,
sie wollte der Bewegung einen religiösen Anschein geben. Zahlreiche Handwerksgehilfen sollten auf dem Lande einen Aufstand
hervorrufen. In Warschau gab es keine Straßendemonstrationen
mehr, dafür wurde am 21. Mai für den verstorbenen L e l e w e l
eine Messe gelesen. Als am 15. Juli Wielopolski die Bewilligung
zur Veranstaltung einer Todesfeier für den Fürsten Adam Czarto-

11*

ryski gab, benützte dies die Conspiration, um in der Hauptstadt und im ganzen Lande zu demonstrieren.

Die Verschwörung traf auf ein neues Hindernis. Schon am 4. Mai veröffentlichte Wielopolski einen Ukas, durch welchen vom 1. October angefangen jedes Hörigkeitsverhältnis und alle Frohnden aufgehoben wurden, am 5. Juni wurden neue Institutionen ins Leben gerufen: der Staatsrath und die anderen Corporationen. Jetzt mussten sich die Weißen entscheiden: für Wielopolski oder für die Verschwörung.

Ein Theil der Führer der „Weißen" trat dem System Wielopolskis äußerlich bei; ein anderer, mit Zamoyski an der Spitze, blieb abseits, zuwartend; ein dritter bildete die Organisation der „Weißen". Sie alle konnten sich dem Einflusse der Verschwörung nicht mehr entziehen, die rastlos auf einen Aufstand hinarbeitete.

Der Jahrestag der Verbindung Polens mit Lithauen wurde am 12. August festlich begangen, für diesen Tag sollten sogar die Trauerzeichen abgelegt werden. Die Hauptmanifestationen fanden an beiden Ufern des Niemen statt, wo sich Processionen versammelten und Nationalhymnen anstimmten. In Wilna machte das Militär von der Feuerwaffe Gebrauch und tödtete elf Personen. Darauf folgte die Verhängung des Belagerungszustandes über Lithauen.

Wielopolski war nur im Besitze eines kleinen Theiles der Macht; doch das System trug seinen Namen. Da er seine Reformen verwirklichen wollte, so kam er in Conflict mit dem inzwischen an Stelle des verstorbenen Gortschakow ernannten General Suchozanet. In diesem Conflicte zeigte es sich am deutlichsten, wie sich das alte Militärregime überlebt hatte. Wielopolski überreichte daher am 25. Juli seine Demission, die jedoch den Rücktritt des Generals Suchozanet zur Folge hatte. Nun kam als Statthalter der milde Graf Lambert, ein Katholik; General Gerstenzweig wurde ihm als Repräsentant der Energie zur Seite gestellt. Das Regime war nachsichtiger, wohlwollender, und man fieng an es zu achten. Nur einige hohe Militärs waren unzufrieden. Der Staatsrath trat zusammen und Wielopolski wurde sein Vice-Präsident.

Die Verschwörung veranstaltete am Jahrestage der Union, am 10. October, bei Horodło eine kolossale, phantastische, aber handgreifliche Manifestation. Unübersehbare Massen versammelten sich hier, mit ihren Geistlichen an der Spitze, und ihnen ritt General Chruszczow, inmitten seines Militärs, mit entblößtem Haupte entgegen. Die Manifestanten unterschrieben den Act der Union Polens mit Lithauen und Ruthenien, und der Vereinigung zur Wiedergewinnung der Unabhängigkeit. Der Adel, die „Weißen“, nahmen an den Manifestationen, hauptsächlich in Horodło Antheil, unter dem Losungsworte, dass sich der Adel nicht vom Bürgerthume und vom Volke den Vorrang ablaufen lassen dürfe. An demselben Tage fand in Warschau das Begräbnis des verstorbenen Erzbischofs Fiałkowski statt. Man ließ ihm Nationalembleme, Dornenkronen nachtragen, die Juden begleiteten den Sarg mit ihren Bundestafeln, die protestantischen Geistlichen mit den Wappen Polens und Lithauens, ja selbst eine Schar Bauern wurde beigestellt. Nichts wurde unterlassen, um die unglückliche Nation zu berauschen.

In dieser Atmosphäre war nur Ein Mann nüchtern – Wielopolski. Aber er konnte nicht eine allgemeine Ernüchterung herbeiführen, er reizte nur die Berauschten.

Noch weitere Demonstrationen sollten veranstaltet werden, am 15. October, dem Sterbetage Kościuszkos und am 19., dem Sterbetage des Fürsten Josef Poniatowski. Lambert sah endlich ein, dass der Verschwörung auf gütliche Weise nicht beizukommen sei. Er verhängte den Belagerungszustand über Warschau, gegen den Willen Wielopolskis, der zuvor einen Gesetzentwurf über den Belagerungszustand und die Kirchendemonstrationen zum Schutze der Autonomie Polens ausarbeiten wollte.

Jetzt werden die Manifestationen in das Innere der Kirche übertragen. Am Tage nach der Verhängung des Belagerungszustandes werden die Kirchen auf Commando mit Volksmassen gefüllt und revolutionäre Lieder werden gesungen. Die russische Regierung begeht einen zweiten, ebenso großen Fehler, wie die unsinnigen Schüsse vom 27. Februar; sie lässt die Kirchen besetzen und da die Versammelten nicht freiwillig fortgehen wollen, so werden sie auf Befehl des Generals Gerstenzweig mit Gewalt herausgeschleppt. Die Widerspenstigen werden verhaftet; es sind zwei- bis dreitausend Personen. Bald sieht Gerstenzweig jedoch selbst sein widersinniges Vorgehen ein und ruft: „Was sollen wir denn mit ihnen machen?“

Die Regierung war rathlos. Sie verfolgte nur die sicht-
'baren Folgen der Verschwörung, aber auf deren Motive und
Ursachen konnte sie nicht zurückgreifen, ja sie bemühte sich auch
gar nicht darum. Unter dem Einflusse der Verschwörung sahen
sich die geistlichen Behörden gezwungen, die Kirchen zu schließen ;
das war der Belagerungszustand der Verschwörung. Die Macht-
haber wurden erschüttert. Es folgte ein geheimnisvolles Ereignis
zwischen Lambert und Gerstenzweig, infolge dessen der letztere
starb und jener seinen Posten verließ. *)

Nun wollte die Verschwörung zu Thaten und zum Aufstande
schreiten. Der Antheil der Geistlichkeit an der Bewegung wurde
immer reger. Von dieser Epoche sagt ein radicaler Schriftsteller:
„Sie hatte ein religiöses Gewand an, aber sie war national, ja
selbst revolutionär." In dieser Epoche entstand eine vollständige
Anarchie der Begriffe, Urtheile und Handlungen.

Nun kam wiederum General Suchozanet als Statthalter
nach Warschau. Er wollte die Zügel strammer anziehen, er
geringschätzte die Legalität und übergab alles den Militär-
gerichten. Wielopolski, der Träger der Justizgewalt wollte hiefür
nicht die Verantwortlichkeit übernehmen, und entschloss sich
daher zu einem entscheidenden Schritte. Er veröffentlicht in
dem am 1. October begründeten Amtsblatt „Dziennik Powszechny"
(allgemeine Zeitung) das Project der Agrarreform und erneuert
sein Demissionsgesuch in Petersburg. Suchozanet klagt ihn der
Aufreizung an und so wird er denn nach Petersburg berufen,
um sein Demissionsgesuch zu begründen und über die Situation
Bericht zu erstatten.

Am 7. November wurde General Lüders zum Statthalter
ernannt. Der Administrator der Warschauer Diöcese, Domherr
Bialobrzeski, wurde zum Tode verurtheilt, weil er die Kirchen
nicht wieder öffnen ließ. Der Czar wandelte die Todesstrafe in
Kerkerstrafe um. Auch Wielopolski erhielt einen Monat später
die Demission, aber gleichzeitig die Ernennung zum Mitgliede
des Staatsrathes und den weißen Adlerorden. Es gelang ihm, das
Vertrauen des Kaisers immer mehr zu erwerben, er bezauberte
ihn durch seinen Geist und seine Stellung in Petersburg wurde
immer fester. Da die Wiedereröffnung der Kirchen nothwendig

---

*) Dieses Ereignis war ein amerikanisches Duell.   (Anm. d. Übers.)

war, so setzte er die Ernennung des Pater Foliński, eines edlen
und erleuchteten, aber von der allen Polen gemeinsamen Schwär-
merei nicht freien Mannes, zum Warschauer Erzbischof durch.
Seine Reformen — sie bezogen sich auf die öffentliche Erziehung,
die Erweiterung der civilen und politischen Rechte der jüdischen
Bevölkerung und die Regelung der Bauernabgaben — durch die
die nationale Autonomie des Königreiches befestigt und erweitert
werden sollte, wurden bestätigt. General Lüders, auf den am
27. Juni im sächsischen Garten bei lichthellem Tage ein Attentat
erfolgte, ohne dass der Attentäter ergriffen worden wäre, erhielt
drei Tage später seine Entlassung. Großfürst Constantin wurde
zum Statthalter, Wielopolski zu seinem Civiladlatus ernannt.
Beide wollten mit der Verschwörung fertig werden, aber auf
moralischem Wege.

Großfürst Constantin langte am 2. Juli 1862 in Warschau
an. Es war ein entscheidender Moment, der letzte, in dem
entweder das System Wielopolskis oder die Verschwörung, das
Compromiss mit der Regierung oder die Revolution siegen sollte.
Die Entscheidung lag in der Hand der „Weißen", die sich jetzt
auf eine feste Basis, auf die bestimmte Compromissabsicht des
Kaisers, auf die bedeutenden Reformen stützen konnten. Die
Conspiration übersah dies nicht; durch eine rücksichtslose, kühne
That wollte sie die drohende Gefahr abwenden und ihre eigene
Fieberhitze befriedigen. Am 3. Juli verübte Ludwig Jaroszyński
ein Revolverattentat auf den Großfürsten und verwundete ihn
leicht.

Die „Weißen" gedachten an den Großfürsten eine Adresse
abzusenden, doch sie kam nicht zustande. Eine Adelsdeputation
theilte dem Marquis Wielopolski mit, dass sie bereit sei, ihn zu
unterstützen, wenn er die Lubliner Union*) moralisch anerkennen
wolle. Die Verschwörung triumphierte.

Der Adel erlag immer mehr ihrem Einflusse; die Jugend
schloss sich der Organisation des Central-Comités an. Die „Weißen"
hatten nicht den Muth, sich um Wielopolski zu scharen, und
der Conspiration den Weg abzuschneiden. Diese ließ es auch
gar nicht zu. Gegen Wielopolski wurde zweimal ein Attentat

---

*) Durch diese unter dem König Sigismund II. August im Jahre 1569
erfolgte Union wurden alle von Polen erworbenen Nebenländer mit demselben
zu einem Staatskörper vereinigt.   (Anm. d. Übers.)

versucht; von Ryll mit der Schusswaffe am 7. August, von Rzaca mit dem Dolch am 15. August. In seinem eigenen Hause versuchte man ihn zu vergiften. Sowohl diese beiden wie der Attentäter Jaroszyński wurden gehenkt.

Großfürst Constantin erließ am 27. August eine Kundmachung, worin er alle Bürger aufforderte, das Land nicht in den Abgrund stürzen zu lassen. Andreas Zamoyski setzte, hiezu eingeladen, dem Statthalter seine Ansichten über die Situation auseinander, die dahin giengen, dass Lithauen, die erworbenen Provinzen und das Königreich Polen ein politisches Ganze zu bilden hätten. Er erklärte zugleich, dass der Adel den Großfürsten unterstützen würde, wenn seinen Wünschen, um die man ihn befragen müsse, Genüge geschehe. Der in Warschau versammelte Adel legte nach ungefähr zwei Wochen seine Wünsche in einem Mandat an den Grafen Zamoyski nieder. Dieselben bildeten einen Gegensatz zum System Wielopolski, da sie im Sinne des Verschwörungs-Programmes „eine Vereinigung aller zum Vaterlande gehörenden Provinzen" verlangten. Infolge dessen erhielt Zamoyski die Ordre, nach Petersburg zu reisen. Hier eröffnete ihm der Czar, dass er aus ihm keinen Märtyrer machen wolle, er möge ins Ausland reisen. Zamoyski begab sich nach London und dann nach Paris.

Nun begann der rücksichtslose Kampf Wielopolskis gegen die Verschwörung. Zum erstenmale seit dem Krimkriege wurde am 26. October eine Conscription angeordnet, auf ganz exceptionellen Grundsätzen. Wielopolski mochte die Zauberkraft der Worte geringschätzen, indem er sie dem Großfürsten gegenüber Proscription nannte. Sie sollte zum 1863er Aufstande führen.

In der Nacht vom 14. auf den 15. Jänner, zwischen 1- 8 Uhr morgens, wurde in Warschau die Recrutierung durchgeführt. Im ganzen Königreiche sollte sie am 27. Jänner vor sich gehen. Viele Verschwörer, aus Warschau über tausend, flüchteten. In den Wäldern von Kampinow sammelten sie sich und bildeten Abtheilungen.

Am 16. Jänner erklärte das Central-Comité das ganze Land als im Zustande der Insurrection befindlich und bestimmte den 22. Jänner als Tag des allgemeinen Ausbruches derselben. An diesem Tage brach in der That an mehreren Punkten der Aufstand aus.

Der italienische Krieg und der polnische Aufstand.

Wir konnten bisher sehen, wie sich die vier Hauptfactoren bis zu dem Augenblicke verhalten haben, wo sie allesammt Unglück, Unheil und den bewaffneten Aufstand herbeiführten.

Betrachten wir nun, wie und in welchem Maße jeder von ihnen zur Katastrophe beigetragen hat; zeigen wir die Hauptmomente ihrer Fehler und Irrthümer.

Die Ankunft Alexanders II. in Warschau im Jahre 1856 und die Erscheinungen während seines Aufenthaltes ließen muthmaßen, dass die Gesellschaft den Weg der Compromisse betreten wolle, dass sie jedoch in dieser Richtung übertriebene Hoffnungen hege. Da fielen aus dem Munde des Kaisers jene denkwürdigen Worte: „Fort mit den Illusionen! Ich kann züchtigen und ich werde züchtigen!"

Gut gemeinte, aber unglücklich gewählte Worte. Waren zweideutige Worte nothwendig, oder hat sie die Vorliebe für Phrasen dem Fürsten Gortschakow untergeschoben, oder waren sie die Folge einer politischen Nothwendigkeit? Sie haben eine schädliche Verbitterung hervorgerufen, anstatt als nützliche Lehre zu dienen. Sie haben die polnische Volksseele verkannt, oder waren ein Beweis ihrer totalen Unkenntnis. Es fehlte ihnen die Geschicklichkeit, die dem Kaiser Alexander I. in hohem Maße eigen war und durch welche auch Alexander II. die Polen für sich hätte gewinnen können. „Fort mit den Illusionen!" — wiederholte der Kaiser zweimal drohend. - „Ich kann züchtigen und ich werde züchtigen!" Dasselbe anders, nicht drohend, sondern vernünftig und entschieden ausgesprochen, hätte anders, besser gewirkt. Diese Worte konnten bedeuten, dass der Kaiser alle Unabhängigkeits-Ideen im Zaume halten werde, dann waren

sie überflüssig, denn solche Träume durfte er gar nicht muthmaßen. Sollten sie jedoch das Maß der Concessionen festsetzen,
so waren sie verfrüht und mussten die Bedeutung dieser Concessionen herabsetzen. Der Ausdruck: „Polen ... Finnland und
Polen sind mir ebenso theuer, wie die anderen Theile meines
Kaiserreiches," verletzte die nationale Eitelkeit. Soviel steht
jedoch fest, dass die kaiserliche Ansprache in der Form einer
Drohung eine Warnung enthielt; es war Sache der Gesellschaft,
diese, wenn auch nicht entsprechende Warnung entsprechend
auszunützen.

Allein die kaiserlichen Worte sollten noch zu weit verderblicheren Illusionen, sie sollten zur verblendeten Anschauung
führen, dass sie nur eine vana sine viribus ira seien. Der Zweck
der Verschwörung wurde dadurch erleichtert.

Drei Jahre später kamen der im Namen des Nationalitätenprincips geführte, siegreiche italienische Krieg und die Erfolge
der von den italienischen Patrioten auf eigene Hand unternommenen Kämpfe. Sowohl die „Weißen" wie die „Rothen"
wurden dadurch beeinflusst.

Das Beispiel Italiens wirkte auf die polnischen Gemüther in
entschiedener Weise. Zuerst weniger, dann immer mehr, bis sie
endlich vom Mittelwege auf Irrpfade geleitet wurden. Und doch
war die Lage Italiens eine andere. Italien hatte sich nur mit
einer Macht, Polen mit drei Mächten zu messen; Italien befand
sich nur zum Theile unter fremder Herrschaft; die auswärtige
Hilfe konnte ihm sofort und unmittelbar zutheil werden, ja
sie wurde ihm nicht wie den Polen bloß in Aussicht gestellt,
sondern thatsächlich geleistet. Aber dieser unerhörte Fehler in
der Beurtheilung verschiedener Situationen sollte trotzdem einen
entscheidenden Einfluss auf die polnischen Ereignisse ausüben.

Während der Monarchenbegegnung in Warschau im Jahre
1860 sprachen schon mehrere Wahrzeichen dafür, dass eine
geheime Organisation, eine Verschwörung bestehe. So war es
auch. Die Verschwörer handelten theils selbständig, theils im
Einvernehmen mit der radicalen Emigration in Paris, in deren
Mitte Mieroslawski die tragikomische erste Rolle spielte, ein
politischer Gaukler, ein fähiger, redegewandter Mann, aber ein
Meister in der Irreführung der Geister, der das Princip aufstellte,

dass Polen durch periodische, wenn auch fruchtlose Aufstände, die es im Gegentheil tödteten, wieder erweckt werden müsse.

Diese Theorie wurde zu seinem Berufe und die politische Gauklerei zu seinem Handwerke, so weit, dass er schließlich selbst daran glaubte. Obwohl militärischer, fachmännisch anerkannter Theoretiker, führte er dennoch auf dem Schlachtfelde nur Niederlagen herbei, denen er selbst auswich. Er machte die polnischen Unabhängigkeits-Bestrebungen zur Caricatur.

Da kamen die Demonstrationen, zuerst als Einzelerscheinungen, dann systematisch -- in den Straßen Warschaus. Sie waren ein Ergebnis der Zeitpoesie, hauptsächlich der von Sigmund Krasiński, und ihres verderblichen Übergewichtes im Leben der Nation. Man führte diese Demonstrationen auf fast überirdische Ursachen zurück und erwartete von ihnen übermenschliche Folgen; man vergaß, dass die Politik eine menschliche Fertigkeit ist, dass nur in religiösen, nicht aber in politischen Dingen überirdische Factoren von Werth sind. Ja, man verkannte sogar anfangs, dass die Demonstrationen nur ein Menschenwerk, das Work kurzsichtiger, leidenschaftlicher, verblendeter Menschen waren.

Wie wurde das Warschauer Volk bewundert, weil es wehrlos, nur mit Gesang und Gebet seinem Patriotismus und seinen Bestrebungen Ausdruck verlieh! Aber es wurde außeracht gelassen, dass auf solche Art noch niemand einen politischen Erfolg erreicht hat. Man apotheosierte die Wehrlosen und Gefallenen, aber man dachte nicht daran, dass ein Wehrloser nicht erobern kann. So poetisierte man politisch und politisierte poetisch.

Man muss zugestehen, dass nicht bloß die polnische Gesellschaft von einem solchen Wahne beherrscht war. Die Warschauer Ereignisse vom Jahre 1861 beeinflussten ganz Europa, und als Warschau und die Nation Trauer anlegten, nahm „die Nation in Trauer" die vom Psalmisten geträumte Stellung ein.

Die Überzeugung, dass Frankreich und Napoleon für Polen die Selbständigkeit erobern würden, kam wiederholt offen zum Ausdrucke. Im Jahre 1855, nach dem Attentate auf den Champs Élysées gegen Napoleon, begrüßte ihn Adam Czartoryski in einer Adresse als den Retter Polens und General Rybiński schrieb: „Ganz Polen würde meine Worte bestätigen, wenn es ihm gestattet wäre, seinen Gedanken Ausdruck zu geben. Ja, Sire! Polen duldet und seine Augen sind nach dem Westen gerichtet, wo es nur Dich sieht und liebt."

Prinz Napoleon wurde im Jahre 1858 in Warschau lärmend mit den Rufen begrüßt: „Es lebe Frankreich!" „Es lebe Kaiser Napoleon!" Als man im Februar 1861 auf das Volk schießen wollte, da rief es aus: „Das ist nicht gestattet, Napoleon hat es verboten." Die Leiche eines der Ermordeten wurde in das französische Consulatsgebäude gebracht. Selbst die Führer der Verschwörung beriefen sich bei ihren Werbungen auf Napoleon.

Es unterlag keinem Zweifel, dass Napoleon ebenso Polen befreien werde, wie er Italien befreit hatte.

Gegen Ende des Jahres 1860 erklärte jedoch Napoleon dem Fürsten Czartoryski, dass er die polnische Frage noch nicht in die Hand nehmen könne, dass ihn die Nothwendigkeit der Aufrechthaltung guter Beziehungen zu Russland zu außerordentlicher Vorsicht zwinge. Darum kamen ihm auch die Straßendemonstrationen des Jahres 1861 nicht gelegen; sie entsprachen weder seiner politischen Richtung, noch seinen Absichten in der polnischen Frage. Aber er konnte sich nicht entschließen, infolge derselben einerseits sein Nationalitätenprincip zu verleugnen, andererseits die guten Beziehungen zu Russland abzubrechen. Er sah in der Bewegung ein Mittel, Russland zu Concessionen, „zur Befriedigung der Polen" zu bewegen. Doch er äußerte sich nicht, er verlangte von Czartoryski nur genaue Informationen. Die officiösen Organe billigten einmal und verurtheilten das anderemal die Demonstrationen. Man konnte sich vorläufig über die Absichten des Kaisers nicht klar werden.

In Warschau selbst eiferte der französische Consul Ségur in Gesprächen mit den „Weißen" zu Demonstrationen an: „Si vous voulez manger une omelette, il faut casser des oeufs." (Wenn Ihr eine Eierspeise essen wollt, so müsst Ihr die Eier zerbrechen.)

Das Verhalten Napoleons, seiner Regierung und Organe hat die Polen nicht nur nicht ernüchtert, sondern noch im Gegentheil ihre Illusionen vergrößert. Nach den größeren Manifestationen im Februar 1861 haben die Organe der französischen Regierung und die öffentliche Meinung nur mehr gestaunt, als dass sie gewarnt oder missbilligt hätten.

Die Opposition versuchte es, die Verantwortlichkeit für das Geschehene auf die Regierung zu überwälzen und besonders auf die Rede des Prinzen Napoleon im Senat. Man wusste, dass der Kaiser bald nach dem Eintreffen der Warschauer Depesche über die Metzeleien den russischen Botschafter, Grafen Kisselew, zu sich hatte bitten lassen. Bald sprach man auch laut von einem eigenhändigen Schreiben Napoleons an Alexander II. und die offiziösen Organe rückten die Drohung mit einem westlichen Bündnisse in den Vordergrund. Prinz Napoleon erklärte laut, „dass die Polen durch die Warschauer Ereignisse mehr gewonnen hätten, als wenn sie hunderttausend Mann bewaffneten und eine entsprechende Anzahl von Kanonen besäßen.“ Paris betrachtete die Warschauer Ereignisse als einen Schlag gegen die Unterhandlungen zwischen Frankreich und Russland.

Gleichzeitig äußerte sich der englische Minister des Auswärtigen, Lord Russell, im Parlamente sehr wohlwollend über Polen, wobei er der Hoffnung Ausdruck gab, dass wenigstens ein Theil der im Jahre 1831 verlorenen Privilegien wiedergewonnen werden wird.

Waren diese äußeren Erscheinungen und das Urtheil des Hôtel Lambert für die Demonstrationen günstig, so musste andererseits das Verhalten der russischen Behörden, das unsichere und schwankende Vorgehen des Fürsten Gortschakow, der selbst dort pactierte und parlamentierte, wo er energisch, entschieden sein sollte, irreführen.

Es musste auch zersetzend auf die Gemüther, Charaktere und Ereignisse wirken, dass die Demonstrationen bald größere, bald kleinere Zugeständnisse zur Folge hatten, von der Bewilligung der feierlichen Bestattung der gefallenen Opfer bis zum Eintritt Wielopolskis in die Regierung, dass sie bald von sonderbaren Verirrungen des plötzlich ohnmächtig gewordenen Czarenthums, bald von der Abdication der Regierung, wenn auch nur für einige Stunden oder einige Tage zu Gunsten unberufener Factoren begleitet waren.

Die polnische Gesellschaft unter russischer Herrschaft war aus der Zeit Nikolaus' I. an eine solche Methode nicht gewöhnt, sie wurde jetzt dadurch in einen Zustand des Taumels oder der Verirrung versetzt. Die Gründe dieses Verhaltens der russi-

schen Behörden waren mir damals unverständlich; heute bin ich
mir darüber klar.

Sie waren zweifacher Natur: innere und äußere.

Der reformatorisch gesinnte Kaiser wollte es nicht bis zum
Äußersten kommen lassen, er wollte das System, das er in Polen
und vielleicht auch in Russland durchzusetzen beschlossen hatte,
nicht in Strömen von Blut ertränken; er wollte nicht, dass ihn
die Ereignisse Lügen strafen, und er glaubte, dass mit Geduld
und Milde etwas auszurichten sei. Der Charakter und die äußeren
Formen der ersten Straßendemonstrationen konnten jeden, den
Kaiser und die Regierung in Petersburg, sowie die Behörden
in Warschau nur verblüffen, ja in Verlegenheit bringen — so
geschickt und listig waren sie arrangiert. Denn was sollte man
beginnen mit den knieenden, betenden und singenden Massen?
Sollte man schießen auf die Wehrlosen? Oder wird man sie
mit Geduld besiegen können? Kein Wunder, dass man im
ersten Augenblicke zauderte. Übrigens erklärt schon der Charakter des Fürsten Gortschakow dieses unentschiedene, schwankende Verhalten der Warschauer Localbehörden: sie fürchteten
thatsächlich, die Dinge auf die Spitze zu treiben. Anders verhielt
es sich mit den Concessionen, die auf die Demonstrationen
folgten, anstatt ihnen vorzubeugen. Eine Falle steckte in ihnen
nicht; aber es war eine Charakterschwäche des Kaisers Alexander II., der, anstatt auf das Ziel loszugehen, durch Anwendung
von Palliativmitteln alle Pläne zugrunde richtete und die Entscheidung mehr dem Zufalle als einer starken, zielbewussten
Willenskraft überließ.

Aber auch äußere Gründe wirkten da mit. Weder der
Kaiser, noch der Minister Fürst Gortschakow konnten dem
Gedanken einer Verständigung mit Frankreich, die zur Löschung
des Pariser Vertrages führen sollte, entsagen. Diesem Bündnisse stand fortwährend die polnische Frage im Wege, und
Russland hatte ja versprochen, die Polen zu befriedigen. Die Concessionen ließen auf sich warten, darum wusste man nicht, was
mit den Demonstrationen anzufangen.

Nach der Manifestation vom 27. Februar 1861 ließ Napoleon, wie erwähnt, den Botschafter Kisselow zu sich rufen und
erklärte demselben mit jener Schonung, die er dem befreundeten Russland schuldig war, er wolle sich zwar in die inneren

Angelegenheiten fremder Staaten nicht mengen, allein die
Warschauer Ereignisse könnten ihn nicht gleichgiltig lassen. Er
erinnere sich, dass die Regierung Ludwig Philipps durch Duldung
des Vertragsbruches gegenüber Polen einen großen Theil ihrer
moralischen Autorität und ihrer politischen Kraft eingebüßt
habe. In diesen Fehler der früheren Regierung dürfe Frankreich jetzt nicht zurückfallen, und er hoffe, dass diese Rücksicht
auf die Entschlüsse des Kaisers Alexander, den er hoch achte
und dem er vollständig vertraue, von Einfluss sein werde.
Graf Kisselew versicherte dem Kaiser, dass er diese Erklärungen seinem Monarchen mittheilen werde. Sie haben in Petersburg zweifellos auch ihre Wirkung gethan. Die Furcht, sich
bei Frankreich zu schaden, führte zur Nachgiebigkeit gegenüber den Demonstrationen und dadurch wurde der Taumel noch
vergrößert. Angesichts der bald kleineren, bald größeren Concessionen hoffte man, schließlich alles zu erreichen.

Eine solche Gefahr entsteht immer, wenn man einen so
unberechenbaren Factor, wie die Straße, heranzieht. Er sollte
fortan alle Combinationen der Vernunft und alle Fragen des
Gewissens trüben; er sollte jenen Begebnissen einen sinnlosen,
leidenschaftlichen Stempel aufdrücken, bei denen es mehr als
jemals bei politischen Unternehmungen der Vernunft, der
Kaltblütigkeit und des Muthes bedurfte.

Die Führer der Landwirtschafts-Gesellschaft wollten auf
dem gesetzlichen Wege ausharren und jedes politische Getriebe
von derselben fernehalten. Sie sahen daher mit Unwillen, dass
im Februar 1861 Wielopolski politische Fragen berührte und für
seine Adresse Anhänger warb. Wielopolski selbst begab sich zu
Zamoyski und verlangte von ihm, dass er sich seiner Adresse
anschließe. Zamoyski lehnte ab; als er jedoch erklärte, er müsse
zuvor seine Freunde befragen, schleuderte ihm Wielopolski die
Worte zu: „Ich glaubte zum Rabbiner und nicht zum Kahal*)
gekommen zu sein." Da die „Weißen", damals noch die Landwirtschafts-Gesellschaft, das genau fixierte, in einem Adressent-
wurfe enthaltene Programm Wielopolskis nicht annahmen,
so mussten sie früher oder später auf Irrwege allgemeiner
Wünsche und Bestrebungen gerathen, die ein Compromiss mit

---

*) Gemeinde.　　　　　　　　　　　　　　　(Anm. d. Übers.)

Russland unmöglich machten, somit auf einen Weg, der unter
dem Drucke der Verschwörung zum Aufstande und sohin ohne
fremde Intervention zum vollständigen Zusammenbruche der
polnischen Sache in Russland führte.

Anders wäre es gewesen, wenn die „Weißen" seit dem
Jahre 1856 ihre Wirksamkeit auf ein Compromiss und auf das
dynastische Princip gestützt, wenn sie die Bedingungen dieses
Compromisses, wenigstens in der Weise, wie es Galizien in
seiner Adresse vom 4. Jänner 1861 gethan hat, formuliert
hätten.

Das Vorgehen der vernünftigen und intelligenten Kreise
hatte keine reale Basis, denn es konnte weder ein erreichbares
Ziel aufstellen, noch die Mittel zu dessen Verwirklichung an-
geben. Inzwischen hatte sich die radicale, revolutionäre Partei,
Leute ohne jede oder nur von geringer politischer Bildung,
klar und deutlich ein unerreichbares Ziel vorgestreckt – die
Unabhängigkeit, die Wiederherstellung Polens in den Grenzen
des Jahres 1772; sie wusste auch genau, welcher Mittel sie sich
bedienen wollte: Conspiration, Demonstrationen, Aufstand. Diese
Partei besaß wenigstens, wenn sie auch Phantomen nachjagte,
eine Überlegenheit im Handeln, eine Überlegenheit, die man
immer besitzt, wenn man weiß, was man will, und wenn man
vor nichts zurückschreckt, um sein eigenes und das Verderben
anderer herbeizuführen.

Die Straßendemonstrationen waren gelungen, schon dadurch,
dass sie die allgemeinen Begriffe verwirrt und zu neuen Illusionen,
hauptsächlich jedoch zu der haltlosen Annahme geführt hatten,
dass man dadurch die Russen zwingen würde, das Land zu
verlassen. Es entstand die Theorie der moralischen Kraft, die
alle Schwierigkeiten und Hindernisse beseitigen sollte, um zu
einem noch nicht genau definierten Ziele zu führen.

Und doch konnte man trotz oder vielleicht infolge des
poetischen Scheines vorhersehen, dass dieser politische Unverstand zu einem anderen, weit verderblicheren führen müsse.

Man hätte begreifen sollen und können, dass Conspirationen
bereits da waren, dass sich eine Verschwörung bereits in Action
befand, dass sie sich ein Ziel gesteckt hatte, dass sich Leute
nicht in der Weise versammeln und ihre Gefühle äußern, wenn sie
keine feste Organisation und kein bestimmtes Schlagwort haben;

dass dasjenige, was überirdischen Inspirationen und Kräften zugeschrieben wurde, auch wenn es sich nur in Gebeten und frommen Liedern offenbart hatte, auf die revolutionäre Schule zurückzuführen war.

Man hätte sich sagen sollen und können, dass bei der Situation der polnischen Gesellschaft und unter den gegebenen Verhältnissen die Conspiration nicht nur überflüssig und zwecklos, sondern dass sie auch der gefährlichste, wiederholt mit Blut bezahlte Wahnsinn war, der unberechenbare Folgen und schließlich einen bewaffneten Kampf — einen Aufstand nach sich ziehen müsse, jenen Aufstand, von dem die Vernünftigen wussten und laut verkündeten, dass er das größte Unglück und eine Sinnlosigkeit sei.

Es war daher klar, dass man daran denken und alle Mittel anwenden musste, um die Verschwörung zu erdrücken, ihre Ziele unmöglich zu machen, ihren Folgen vorzubeugen, und in Anbetracht der Nichtigkeit der moralischen Revolution den Demonstrationen ein Ende zu machen, die früher oder später zu einem Kampfe mit den Waffen führen mussten.

Das wäre die Hauptaufgabe der vernünftigen Factoren im Lande und außerhalb desselben gewesen. Sie haben sie nicht erfüllt — trotzdem sie sie verstanden haben. Es ist das Gefährlichste, die Gefahr zu sehen, ohne den Muth zu besitzen, ihr abzuhelfen. Das war eine der Hauptursachen der Niederlage. Jene Factoren waren nicht imstande, der Conspiration sofort ein Ende zu machen, aber sie konnten sie ihrer Kraft, Bedeutung und ihres Giftes berauben, wenn sie sich offen und entschieden von ihr zurückzogen und sie verurtheilten.

Die Verbrüderung der Vernunft mit dem Wahnsinn, der Überlegung mit der Fieberhitze musste jede politische Weisheit zugrunde richten, einzelne Personen, die ganze Sache und das ganze Land auf Irrwege und schließlich zu jenen beiden Extremen drängen, an denen in Polen stets das öffentliche Wohl gescheitert ist.

Die Verhältnisse in Warschau schlossen die Annahme überirdischer Factoren aus und führten nach mehr oder weniger Etappen zum Zusammenstoße, zu einem entschiedenen Conflict zwischen der polnischen Gesellschaft einerseits, der Regierung, dem Monarchen und endlich der russischen Gesellschaft andererseits.

Die offenen und geheimen Bestrebungen der Bewegung, ihre Formen konnten nicht lange straflos bleiben, sollte nicht das russische Reich der Auflösung und dem Untergange verfallen. In dem Zusammenstoße musste die polnische Gesellschaft unterliegen, wenn ihr keine fremde Hilfe zutheil wurde; erfolgreiche Hilfe konnte nur ein Krieg bringen. Das Dilemma lautete: entweder wird in kurzer Zeit ein Krieg ausbrechen, der auch die polnischen Länder überziehen und dann zu einem, die polnische Frage erledigenden Frieden führen wird — oder aber die Warschauer Ereignisse werden über die polnische Gesellschaft ein großes Unglück heraufbeschwören. Dieses Dilemma war wiederum ein circulus vitiosus, in den sich die Gesellschaft freiwillig einschloss.

Denn die Herbeiführung eines Krieges war von der polnischen Gesellschaft nicht abhängig, sie konnte nur den Demonstrationen ein Ende machen; diese Demonstrationen waren jedoch zur Herbeiführung eines Krieges nicht nöthig.

Allein nicht bloß die vernünftigen und maßvollen Männer im Lande, die sich um Andreas Zamoyski gruppirten, trifft das Verschulden. Die maßvolle Emigration, das Hôtel Lambert und seine bedeutenden Männer haben einen Theil der Verantwortung zu tragen. Denn dieser Theil der Emigration ließ sich durch die poetische Kraft der Warschauer Demonstrationen hinreißen und blieb trotz der Zeichen der Zeit und der Warnungen unversöhnlich. Die Directiven, die er nach Warschau sandte, mussten in gleicher Weise auf die ihm verwandten Elemente wirken. Diese Directiven giengen, namentlich anfangs, von einer falschen Voraussetzung aus. Denn aus den allgemeinen Versicherungen des Kaisers, er sei der polnischen Sache gewogen und werde sie nicht verlassen, wurde geschlossen, dass trotz der dadurch zu befürchtenden momentanen Gefahren ein Verharren auf dem erwählten Wege, ein Festhalten an derselben Richtung, ohne Waffen in der Hand, für die polnische Frage günstige Folgen herbeiführen könne.

Man wusste nicht wie und wann; aber vor dem grauenerregenden morgigen Tage schloss man im Hôtel Lambert die Augen. Das konnte nicht dazu beitragen, den vernünftigeren Leuten im Lande die Augen zu öffnen. Inzwischen wollte das unbarmherzige Dilemma nicht von der polnischen Gesellschaft weichen - ein Krieg oder auf dem beschlossenen Wege das Verderben.

An einen Krieg wegen Polens dachte kein Cabinet, kein Staat und keine Nation. Selbst der einzige Herrscher, der sich aufrichtig und dauernd um die polnische Frage kümmerte, konnte und wollte keinen Krieg beginnen. Die Nachrichten in dieser Beziehung ließen keinem Zweifel Raum. Nur ein allzu gefährlicher, erzwungener Trugschluss weckte die Illusion, dass ein Krieg in der Zukunft entstehen könnte.

Dass dieses Gefühl von Krieg oder Verderben das Gewissen und den Geist des landwirtschaftlichen Comités beherrschte, beweist die Absendung des Grafen Stanislaus Plater ins Ausland und hauptsächlich nach Paris behufs Erforschung der Situation und genauer Angabe, was die polnische Frage vom Auslande zu erwarten hätte.

Graf Plater hatte mit den hervorragendsten französischen Staatsmännern Besprechungen, mit den Ministern Thouvenel, Walewski, er war auch in London und nach alledem nahm er nicht nur die Überzeugung, sondern auch die Versicherung mit nach Hause, dass ein Krieg gar nicht in Aussicht genommen sei, dass bei allem Mitgefühl der französischen Regierung und Napoleons der polnische Process zwischen der polnischen Gesellschaft und Russland zur Entscheidung gelangen müsse. Selbst das Hôtel Lambert gab dem Grafen Plater die gleiche, friedliche, jeden Krieg ausschließende Information, in der die guten Beziehungen zwischen Russland und Frankreich betont wurden. Die Information lautete, dass ein bewaffnetes Einschreiten für Polen nicht zu erwarten sei; sie sprach von Unterhandlungen zwischen Frankreich und Russland, sehr unvorsichtig hinzufügend, dass „die Stellung des Landes auf die Ereignisse von Einfluss sein werde".

Es kam noch mehr. Das landwirtschaftliche Comité sandte bald nach den Februarschüssen des Jahres 1861, vor der Bestattung der Opfer, eine ihm nahestehende Persönlichkeit nach Paris, da ihm die Nachricht zugekommen war, dass Mierosławski in Tivoli um sich einen Kreis versammelt hatte, der entschlossen sei, alles bis zum Äußersten zu treiben. Mierosławski sollte zur Unterlassung seiner gefährlichen Schritte bewogen werden.

Dieser Abgesandte begab sich durch Vermittlung des Fürsten
Czartoryski zum Prinzen Napoleon mit der Bitte, auf Mierosławski
Einfluss zu nehmen. — „Mais mon cher -- sagte der Prinz --
Mierosławski c'est de la chair à canon. Soyez tranquille, je lui
laverai la tête." (Aber, mein Lieber, Mierosławski ist gut als
Kanonenfutter. Seien Sie ruhig, ich werde ihm den Kopf waschen.)
Dabei betonte der Prinz seinen revolutionären, oder eigentlich
seinen Oppositionsstandpunkt gegenüber dem Kaiser; er raison-
nierte über seinen Cousin: „S'il croit, qu'il mènera la France
avec ses prêtres, il se trompe, je le lui dis toujours." (Wenn er
glaubt, Frankreich mit seinen Pfaffen regieren zu können, so
täuscht er sich. Ich wiederhole ihm das stets.) Als der Abgesandte bemerkte, dass in Polen die Napoleonischen Sympathien
und der Glaube an die Napoleon'sche Idee festgewurzelt seien,
da erwiderte er: „Vous avez raison de croire à nous, car nous
sommes une dynastie, sortie des flancs du peuple, et nous nous
interessons, à toutes les causes populaires; la cause de la Pologne
nous tient plus à coeur, que toutes les autres." (Mit Recht glaubt
Ihr an uns, denn wir sind eine Dynastie, die aus den Rippen
des Volkes hervorgegangen ist und wir interessieren uns für
alle Volksfragen; die polnische Frage liegt sogar unserem Herzen
näher als die anderen.)

Er erkundigte sich sodann nach den Verhältnissen des
Landes und nach verschiedenen Persönlichkeiten, nach Andreas
Zamoyski und nach den Zamoyskis überhaupt. Vom General
Zamoyski meinte er, mit mehr Unwillen gegen den eifrigen
Katholiken als Wahrheitstreue und Richtigkeit: „Est-ce-que
Mr. André est plus fort, que Ladislas, car Ladislas n'est pas
très fort." -- „Il n'est pas plus fort que Ladislas, mais il connait
mieux le pays." (Ist Herr Andreas tüchtiger als Ladislaus, denn
Ladislaus ist nicht sehr tüchtig. — Tüchtiger ist er wohl nicht,
aber er kennt die Landesverhältnisse besser als Ladislaus.)

Prinz Napoleon eiferte somit weder zu Demonstrationen,
noch zum Aufstande an, es war überhaupt in diesem Gespräche
von einem Kriege oder einer Aufrollung der polnischen Frage
durch Frankreich keine Rede.

Kurz vorher hatte die Fürstin Janina Czetwertyńska
eine Unterredung mit Napoleon III., die geeignet war, alle
Gemüther zu ernüchtern.

Die Fürstin berichtete darüber in einem Briefe an Zamoyski wörtlich:

„Ich bin glücklich, Sie hier zu sehen, liebe Fürstin! Sie bleiben wohl einige Zeit in Paris?" — sprach der Kaiser mich an.

„Ja, Majestät, vielleicht zwei Monate. Es ist jetzt nicht der Moment, ins Vaterland zurückzukehren."

„Ach ja, ins Vaterland .... Ich wollte gerade mit Ihnen darüber sprechen. Sie waren in Warschau? Und haben Sie in der That eine so überraschende Einmüthigkeit wahrgenommen, die sich überall zeigen soll?"

„Majestät, seit so langer Zeit spitzt sich alles zu, die Geduld hat ihre Grenze. Diese Grenze ist bereits erreicht. Wir ertragen die Knechtschaft nicht länger."

„Leider ist der Moment nicht glücklich gewählt. Obschon ich all das vorausgesehen habe, so habe ich doch, ich kann Sie versichern, nie geglaubt, dass das so rasch kommen werde, und ich kann Ihnen nur wiederholen, was ich im vergangenen Jahre gesagt habe: Versäumt wurde die gute Gelegenheit während des Krimkrieges. Wäret Ihr mir damals gefolgt, so wäret Ihr schon frei."

„Majestät! Die großen Stunden der Völker sind auf dem Zifferblatte des göttlichen Willens verzeichnet. Was Eure Majestät damals für Polen thun wollten, das kann ja noch jetzt geschehen."

„In diesem Momente sind es leider wichtige und verwickelte politische Verhältnisse in Europa, die mich hindern, das für Euch zu thun, was ich möchte; hiezu bedarf es der Unterstützung anderer Nationen, dann wird Polen frei sein, ich wünsche es Euch vom Herzen."

„Warum sagen das Eure Majestät nicht öffentlich?"

„Ich kann es nicht, ich schwöre es Ihnen. Ich bedarf Russlands zum Abschlusse eines Vertrages, den Ihre heißblütige Imagination nicht zu begreifen vermag."

„Wäre es möglich, Majestät, Sie zögern nicht, Ihre edle Hand einem durch Blut und Missehre befleckten Staate zu reichen?"

„Erwecken Sie nicht meinen Widerwillen gegen Russland! Meine Politik ist im Zuge. Gerade in diesem Momente, ich wiederhole es, kann ich nichts für Euch thun."

„Majestät! Uns, ich wiederhole es gleichfalls, vermag nichts von unserer Hoffnung zu trennen!"

„Wohlan, gibt die Hoffnung nicht auf, ich werde sie unterstützen."

„Diese Worte, Majestät, werde ich den Meinigen mittheilen."

„Gut, sagen Sie es nur; Hoffnung und Glaube führen weit."

„Ich danke, Majestät. Aber vergessen Sie nicht, dass das muthige Land auf Sie alle Hoffnung setzt."

„Ich erwidere darauf, dass die Lose der Politik sehr sonderbar und unerwartet zu sein pflegen. Er drückte mir die Hand und wendete sich ab."

Der Schluss dieses Briefes der schönen, improvisierenden und improvisierten fürstlichen Diplomatin kennzeichnet die damalige polnische Stimmung. Er lautet:

„Die Freundschaft Frankreichs und Russlands erschreckt mich schon weniger. Bald wird sich Europa aus der Lethargie emporraffen und auch wir werden erwachen zum Glücke. Den mächtigen Weltsturm wird ein Donner begleiten. Dieser Donner wird uns die -- slavische Freiheit von der Ostsee bis zum schwarzen Meere bringen.

Auf dem Gebiete der Presse leistet uns Herr de la Ferre große Dienste. In den Kreisen der Senatoren herrscht Zuversicht betreffs unserer Zukunft. Gar viele Prophezeiungen enthalten Freudenbotschaften. Ich persönlich glaube zuversichtlich, vermöge der Diplomatie des Herzens, dass Polen erstehen muss.

Ich grüße Sie und danke Ihnen für den schönen Brief."

Auch in diesem Gespräche legte Napoleon jene Zweideutigkeit, jene Absicht, niemanden der Hoffnungen und des Glaubens an seinen Schutz zu berauben, an den Tag, die für die polnischen Ereignisse so verderblich werden sollten.

Die Erfolge der Mission Platers, des Abgesandten des landwirtschaftlichen Comités, und der Unterredung mit der Fürstin Czetwertyńska hätten den Vernünftigen die Augen öffnen sollen. Es unterlag keinem Zweifel mehr, dass man auf fremde Hilfe, auf einen Krieg nicht mehr zu rechnen hatte, dass im Lande selbst eine Verschwörung herrschte. Das Dilemma wurde zu dieser Einen Wahrheit, dass der Weg der Demonstrationen zum Verderben führt.

Die Folgen haben dies bewiesen, und doch hat sich das Verhalten der „Weißen" nicht geändert. Das Hotel Lambert hat dadurch, dass es von der Stellung des Landes die weitere Entwickelung der Ereignisse abhängig machte, gleichfalls ein gefährliches Spiel eingeleitet.

Die Gemäßigten hielten sich weder von den Straßendemonstrationen fern, noch verurtheilten sie dieselben. Die russischen Behörden vermochten ihnen kein Ende zu machen, behielten sie jedoch im Auge. Der vielversprechende Eintritt Wielopolskis in die Regierung war eine Folge der Demonstrationen. Auf den Fittigen der Demonstrationen kam Wielopolski zum Vorschein, und wenn er auch gegen sie emporstieg, so trug er dennoch den Stempel dieses Ursprunges.

Er verkörperte in sich die Action gegen die Bewegung und doch wiederum ihre bedeutendste Folge.

Markgraf Wielopolski und die Verschwörung.

Es war genial von Wielopolski, sich in den Strudel der Ereignisse zu stürzen. Er begriff alle Vortheile und Gefahren der Situation und, dass jetzt der letzte Augenblick gekommen sei, um die polnische Sache auf jenen rettenden Mittelweg zu lenken, den er seit längerer Zeit empfohlen, dargestellt und in seinen Projecten näher bezeichnet hatte; er begriff, dass dieser Mittelweg betreten werden müsse, um den beiden Extremen zu entgehen: der Fieberhitze und dem Wahne und in der Folge dem Untergange und der Gleichgiltigkeit gegenüber dem öffentlichen Wohle. Er begriff ferner, dass die „Rothen" das Land in den Abgrund drängen und dass die „Weißen" nicht mehr imstande sind, es vor diesem zu schützen. Jetzt war die Zeit zur persönlichen Initiative, zum persönlichen Eingreifen gekommen, und da er in sich die nothwendigen Bedingungen dazu fühlte, so wollte er sie im Interesse des Landes und zu dessen Errettung ausnützen. Wohl wissend, dass die Situation nicht anders gerettet werden könne, als dadurch, dass er zur Regierung gelangte, wählte er dazu den geeigneten Moment. Er that dies geschickt, kühn, gestützt auf sein vielleicht allzugroßes Selbstbewusstsein.

Um unter den damaligen Verhältnissen so zu handeln, dazu war ein außerordentlicher Geist, ein außerordentlicher Charakter nöthig. Markgraf Alexander Wielopolski war auch eine außerordentliche Persönlichkeit. Voll glühender Anhänglichkeit an seine Nation, besaß er ein bedeutendes staatsmännisches Talent, eine Begierde zu wirken, zu glänzen und sich auszuzeichnen, eine Leidenschaft, für seine Nation etwas Außerordentliches zu leisten und sie zu beherrschen; das Bewusstsein, dass selbst die schwierigste Situation zum Guten gewendet werden kann. Die

Mittel hiezu waren ein fester Wille, ein großer Geist, gestützt auf ein weitumfassendes Wissen, und hervorragende persönliche Eigenschaften. Er besaß einen bei Polen seltenen bürgerlichen Muth: sein tiefer Geist hätte in einer jeden Gesellschaft hervorgeragt, geglänzt und wäre von jeder anderen Gesellschaft auch im Interesse des öffentlichen Wohles ausgenützt worden. Classisch und zugleich vielseitig gebildet, war er ein tiefer unermüdlicher Denker, der von philosophischen zu socialen, ökonomischen, politischen Problemen übergieng und alles auf die Verhältnisse, unter denen er lebte, bezog. Ein hervorragender Schriftsteller und Publicist, ein gediegener Stilist, war er zugleich auch ein ungewöhnlicher Redner, einer von jenen, die mehr durch die Kraft ihrer Argumentation und ihrer Überzeugung eine Meinung aufdrängen, als zu überzeugen versuchen. Die Worte, die aus seinem Munde hervorgiengen, waren formvollendet, sie waren reich an tiefen, treffenden Gedanken — aber sie reizten oft, denn sie demüthigten die Mittelmäßigkeit.

Alexander Wielopolski hatte sein ganzes Leben hindurch das berechtigte, aber gefährliche Bewusstsein seiner geistigen Überlegenheit über die ganze Gesellschaft. Er hatte aber auch die Ungeschicklichkeit, dieselbe zu zeigen. Das war kein kleiner Fehler inmitten einer Nation, in der das Gefühl der Gleichheit zur Gewohnheit geworden ist. Das Unglück wollte, dass auch seine Statur diese wirkliche Überlegenheit und dieses Bewusstsein wiederspiegelte. Eine mächtige imposante Gestalt, voll Würde und Stolz, eine majestätische Stirn, von tiefen Gedanken belebt, die Stirn Goethes oder Mirabeaus, ein schönes Auge, dessen Blick über die Menschen hinweg zum Ziele strebte, ein Lächeln auf den Lippen, das sie für Verachtung hielten.

Es ist unglaublich, dass dieses Exterieur, das auf einen außerordentlichen Geist und Charakter hindeutete, ihm zum Schaden gereichen konnte, anstatt den Glauben an seine Mission zu stärken und zu festigen. In den Ereignissen, da sie entscheiden sollten, empfand man sie als Provocation.

Wielopolski konnte sich in den ersten Anfängen seiner Wirksamkeit von dem Einflusse der nationalen Erziehung nicht loslösen. In diesem Vernunftmenschen gewann oft ein gewaltsames Gefühl Übergewicht über den kühlen Verstand und erst nach einem langen Denkprocesse, nach einem Kampfe gegen

die Anschauungen der Umgebung gelangte er zu neuen Begriffen
von den Aufgaben und der Bestimmung der polnischen Gesellschaft und somit zur Wahl neuer Wege — das heißt zum Bruche
mit den bisherigen, abgenützten Formeln.

Seit den Jahren 1830– 1831 huldigte er dem Gedanken
der Unabhängigkeit und der fremden Intervention. Damals
repräsentierte er in einer Weise, die sofort die Aufmerksamkeit
auf ihn lenkte, die November-Revolution in London. In Polen
konnte sich nach den Theilungen niemand dem allgemeinen
Gesetze entziehen, dass jedermann, selbst der Vernünftigste,
wenigstens an Einem Wahnsinne theilnehmen musste, um Vernunft zu lernen. Das Misslingen dieses Aufstandes und seine
traurigen Folgen mussten auf diesen außergewöhnlichen Mann
einen großen Einfluss ausüben, einen anderen als auf die Allgemeinheit. Sein Geist wollte in den Ereignissen nicht nur eine
Lehre sehen, sondern auch Mittel und Wege, um sie auszunützen.
Die lange Epoche der Unthätigkeit von 1831 bis 1856 war
gewiss für diese thatkräftige Natur eine Qual; sie hat ihm auch
ihren Stempel aufgedrückt. Energie und Thatkraft führten in
diesem mächtigen Gehirne stets einen Kampf mit dem immer
reifer werdenden politischen Gedanken. Wie in jedem polnischen
Gehirne, so loderte es auch in seinem. Aber seine großen, weit-
fliegenden Pläne und Programme waren eher das Product tiefer
Erwägungen des Denkers, als praktische Einfälle des Staatsmannes.
Unter dem Einflusse der Ereignisse von 1846 und seines inneren
Gefühlsdranges schrieb er den denkwürdigen Brief eines polnischen
Edelmannes an den Fürsten Metternich, der, ausgezeichnet durch
die Tiefe der Ideen und eine schwungvolle Sprache, nur eine
fruchtlose Drohung und eine unnütze Phrase war. Im Jahre 1848
wandte sich Wielopolski einer dem Briefe an den Fürsten
Metternich entgegengesetzten Richtung zu; in der allgemeinen
slavischen Idee, die sich jedoch nicht auf Russland stützen sollte,
suchte er die Lösung der polnischen Frage und er betonte dies
in dem von ihm mit Anton Siegmund Helcel verfassten slavischen Föderativprogramm.

In diesem Jahre hatte er bereits zuvor mit Helcel den
Entwurf einer polnischen Conföderation ausgearbeitet, der sich
als Ziel die Einigung aller Patrioten und aller nationalen Kräfte
behufs Erreichung der polnischen Unabhängigkeit setzte.

Die Principien dieser Conföderation missbilligten jeden politischen, sei es monarchischen oder oligarchischen Absolutismus oder Terrorismus, alle politischen Privilegien, die Exclusivität irgendeiner Classe der Nation und die religiöse Intoleranz. Noch bestand in Wielopolski kein Gleichgewicht zwischen dem Denker und dem Staatsmanne. Es war nur eine heiße, fortwährende, unaufhörliche Sorge um das öffentliche Wohl, die ihn verzehrte. Endlich formte sich alles zu einem klaren Gedanken. Wielopolski wies alles von sich, was in der Lage der polnischen Nation nur Illusion war; er entdeckte einen dieser Lage entsprechenden Mittelweg und mit Hinwegräumung aller Hoffnungen auf fremde Hilfe, sowie des Strebens nach einer politischen Existenz proclamierte er als einzige Aufgabe die Entwicklung, Kräftigung und Sicherung der nationalen Existenz auf Grund der bestmöglichen Mittel, das ist, auf Grund eines Compromisses mit der Wirklichkeit.

Da er sich hiebei auf die Regierung Alexanders II. in Russland, Napoleons III. in Frankreich und die Grundgesetze vom Jahre 1815 stützte, so gab er der polnischen Frage das, was ihr bisher gefehlt hatte, die Bedingungen der Zeit und des Umfanges. Mit diesem Programme trat er auf, und um es durchzusetzen, wollte er an der Regierung theilnehmen. Er wusste, was er wollte und er wusste auch, welche Mittel er anzuwenden hatte. Ob er sie richtig wählte, ob er sie auf die Menschen und Verhältnisse richtig anzuwenden wusste, ist eine andere Frage. Aber er trat in die Schranken und zeigte sich auf dem Kampfplatze gerüstet mit den Waffen eines wahrhaften Staatsmannes. So viel steht fest, dass alle seine Ideen vernünftig waren, aber nicht alle seine Thaten waren richtig, geschickt und erfolgreich. Er kannte die Praktiken des öffentlichen Lebens noch nicht genau, da er sie während seiner Einsamkeit auf dem Lande sich nicht hatte aneignen können.

Daher war Wielopolski wohl fähig, sich die richtigen Männer auszusuchen, aber nicht sie zu behandeln, sich ihrer zu bedienen. Er überragte wohl die ganze Gesellschaft, aber nicht genügend, um sich zu derselben herablassen zu können. Er unterschätzte, verachtete allzusehr alles, wodurch er wirken musste, trotz des Princips, dass die Staatskunst auf der Ausnützung derjenigen beruht, die man zur Verfügung hat, so wie

sie sind und nicht wie man sie haben möchte. So kam es, dass
er die ihm zugeschriebenen allzu treffenden Worte gebrauchte:
„Man lobt mich, ich muss also etwas Dummes angestellt haben.“
Diese Worte eröffneten einen Abgrund zwischen ihm und der
Gesellschaft, sie wurden zu einer Wahrheit, die man verschweigen
muss, nicht nur vor anderen, sondern auch vor sich selbst, wenn
man etwas Dauerndes schaffen will. Die Nation hat ihm nichts,
aber auch er hat ihr nichts verziehen. Er hatte in der Politik
jenen Fehler, den auch viele im Gespräche haben, er sprach
glänzend, aber er verstand nicht zu hören. Er hatte das Bewusstsein der Macht, aber es fehlte ihm die Fähigkeit, sie auszuüben.
Der Gesetzgeber lief oft dem Staatsmanne, dem Manne der
That, den Vorrang ab; ihm war mehr die Gesetzgebungskunde
als die Staatskunst eigen, und so geschah es, dass ein Staatsmann von außerordentlichen Fähigkeiten, dass ein politisches
Meteor, wie es in der polnischen Gesellschaft wahrscheinlich
lange nicht wieder erscheinen wird, dass ein solcher Mann in
der Arbeit für die Gesellschaft und ihre Sache zugrunde gieng
und dass dieser einzige Mann, der unter den damaligen Verhältnissen die Situation retten konnte, mit ihr zusammen in den
Abgrund stürzte.

Wir werden sehen, wer hier der erste, wenn nicht der
einzige Übelthäter war — die Person oder die Gesellschaft, und
werden sehen, wie seine geringen und unbedeutenden Mängel
mehr als seine wirklichen Schwächen die Gesellschaft verhin-
derten, seine großen außerordentlichen Vorzüge auszunützen.

Fürwahr, ein trüber, schmerzlicher, demüthigender Anblick!

Mit dem Eintritte Wielopolskis in die Regierung zerfiel die
polnische Gesellschaft in drei Gruppen. Um Andreas Zamoyski
gruppierte sich die Adelspartei, zu der auch Bürgerliche gehörten;
den Markgrafen Wielopolski umgab ein kleiner enger Kreis, zu
dem hauptsächlich Familienmitglieder gehörten; die „Rothen“
aller Schattierungen leiteten die Bewegung, die Verschwörung,
die sich auch öffentlich manifestierte. So sehen wir drei entgegengesetzte Parteien, von denen die letzte, die „Rothen“, ein
verderbliches Ziel anstrebte. Wie die Fehler aller drei Parteien
von einem fremden Factor ausgebeutet werden sollten, so benützte
die dritte Partei den Gegensatz zwischen den beiden ersten, um
für ihre sinnlosen Unternehmungen Kraft zu gewinnen.

Neben principiellen Differenzen waren es auch menschliche
Schwächen, die den Polen angeborenen Unarten, die den Kreis
Zamoyskis und den Anhang Wielopolskis voneinander trennten.
Im Laufe der Zeit concentrierten sich um den Einen und um
den Andern verschiedene Ambitionen, Leidenschaften, Empfind-
lichkeiten und selbstsüchtige Bestrebungen, so sehr sollte der
in Polen entfaltete Familien- und Personengegensatz auch hier
zum Ausdrucke gelangen. Aber auch die Schwierigkeit in der
Ordnung der Dinge, die Schwierigkeit, neben Wielopolski für
Zamoyski eine gleiche Stellung ausfindig zu machen, bildete
eines der Hindernisse, die den Anhängern Wielopolskis einen
rückhaltslosen Anschluss an ihn und eine Unterstützung seines
Systems nicht gestatteten. Angesichts der Vergangenheit und
der Gegenwart Zamoyskis betrachteten es viele, vielleicht er
selbst, als eine Entäußerung nicht nur seiner Persönlichkeit,
sondern auch seines Systems und der nationalen Sache, die er
vertrat, wenn er sich neben Wielopolski mit einer Stellung
zweiten Ranges begnügte.

So entstand und entwickelte sich mit fatalistischer Gewalt
ein geschichtliches Unglück — der persönliche Antagonismus.
Es stießen zwei Männer aufeinander von gleichem Polenstolz
auf Familie und Person.

In dem Verhältnisse zwischen Zamoyski und Wielopolski
spielte auch das gemeinsame Bewusstsein eine Rolle, dass der
Eine der erste Bürger im Lande und der Andere der Vernünftigste der Nation sei, und so entstand eine gewisse Eifersucht
zwischen moralischer und geistiger Überlegenheit.

In Polen begreift jeder die Nothwendigkeit der Dictatur
für sich, aber nicht die Nothwendigkeit, sich der Dictatur eines
Anderen zu fügen. Doch die Zeiten und Ereignisse waren derart,
dass wie in Rom, auch hier eine gewisse Dictatur, die Concentrierung der Gewalt in der Hand eines Einzigen nothwendig
war, die nur Wielopolski erfolgreich ausüben konnte. Es war
ein Glück, dass sich ein Mann, der dazu fähig war, auf dem
Schauplatze zeigte; eine Verblendung, dass man dies nicht verstand; eine Sünde, dass man die Thatsache nicht hingenommen
hat; ein Unglück, dass Wielopolski die Dictatur nicht ergreifen
und ausüben konnte.

Je mehr alle seine Überlegenheit fühlten, umso schwerer
war es für jeden, sich ihr zu fügen. Schon in den geläufigen
Prädicaten „Herr Andreas" und „Marquis" steckte die
tiefere Ursache der Annäherung der Gesellschaft an den Ersten
und der Entfernung von dem Zweiten. Im Ersten sah man den
Führer, im Zweiten fürchtete man den Herrscher.

In Polen können nur Ausnahmsindividuen, die eine Idee
verknüpft, oder Ein Mann etwas Nützliches und Dauerndes
erreichen. Wielopolski bezeichnete dies mit den Worten: „Für
die Polen kann man manchmal etwas Gutes thun, mit ihnen
nie." Da solche Individuen oder ein solcher Mann die Gleichheit
gefährden, da sie den überwiegenden Anschauungen, die nur
für die Mittelmäßigkeit schwärmen, nicht entsprechen, so bleiben
sie gewöhnlich verkannt, oft unsympathisch, manchmal verhasst.
„Man braucht keine großen Männer; das gefährdet die Gleichheit." Zum Erfolge ist zwar ein großer Mann nöthig, allein
er soll nicht erkennen lassen, dass er es ist. Sonst folgen
ihm Hass und Neid, allgemein menschliche Fehler, die jedoch
in der polnischen Gesellschaft ihre eigenthümlichen Merkmale
haben, mehr Bosheit als Concurrenz. Der polnische Hass
und der polnische Neid verfolgen nicht deshalb, weil sich
jemand im Besitze einer Stellung befindet, die man selbst einnehmen möchte, sondern weil er sie besitzt; man strebt nicht
darnach, aber man will denjenigen verdrängen, der sie einnimmt.
Dieser Hass und dieser Neid sind umso stärker, als sie nicht
von außen, sondern von innen kommen. Hass und Neid sind
allgemein menschliche Eigenschaften; wir treffen sie oft in der
Geschichte an. In Polen führten sie zum Widersinn, zur Niedertracht.

Die Hauptursache des Gegensatzes zwischen den Anhängern
Zamoyskis und Wielopolskis, der Grund, warum der letztere von
jener Seite keine Unterstützung erhielt, war die Unabhängigkeitsidee und die Hoffnung auf fremde Intervention, die Furcht, durch
Beitritt zu dem Werke Wielopolskis auf die nationale Existenz
zu verzichten. Die tief eingewurzelten Gefühle und Anschauungen der damaligen Generation standen diesem Werke hauptsächlich im Wege. Für viele waren sie eine bequeme Ausrede,
hinter der sich Gründe viel niedrigerer Natur verbargen. Wielo-

polski sollte die möglichen Sachen nicht durchsetzen, denn alle verlangten Unmögliches.

Wenn wir als Grundlage der Argumentation das Gefühl der Anhänglichkeit an die Unabhängigkeitsidee annehmen würden, das zweifellos die „Weißen" beherrschte, so musste sich doch diese Partei vorläufig zu dem Programm bekennen: alles sei besser als ein Aufstand, da ein europäischer Krieg wegen der polnischen Frage unmöglich sei. Dazu fehlte der Muth, gegenüber sich selbst und gegenüber den Anderen. Da die „Weißen" dieses Programm weder aufstellen, noch durchführen konnten, und Wielopolski die Verschwörung nicht zu erdrücken vermochte, so musste sie wachsen und sich erweitern. In ihrem Ausgangspunkte und in ihren Zielen unvernünftig, war sie in den Mitteln geschickt, schlau, kühn, in demselben Maße, wie andere gutherzig, ungeschickt, unvorsichtig, hilflos und furchtsam waren.

Hier entsteht die wichtigste Frage: warum haben die „Weißen" angesichts der Gefahr, die die Verschwörung nach sich zog, angesichts der Überzeugung, dass vorläufig ein Krieg wegen Polens nicht zu erwarten war, ihre Stellung nicht geändert und warum haben sie das rettende System Wielopolskis nicht unterstützt? Warum hat Wielopolski die „Weißen" nicht gewonnen?

Wielopolski sprach stets nur von der Stärkung und Festigung der Autonomie des polnischen Königreiches, da er dieses anstrebte. Die polnische Unart, große und weite Combinationen in der Politik anzustellen, muthete ihm mächtige Pläne zu. Die „Weißen" ärgerte es, dass er sich ihnen nicht anvertraute. Sie fragten: „Was will dieser Mann? Er muss ein weites Ziel und einen geheimen Plan haben! Gott weiß, wohin er zielt." Viele meinten, dieses Ziel wäre der Panslavismus.

Diese Ursachen hielten die „Weißen" von Wielopolski zurück, als er Chef der Civil-Regierung wurde. Der vernünftige, maßvolle Graf Aleksandrowicz schilderte diese Gründe in einigen Worten: „Der Markgraf lässt uns in einen Wagen steigen, aber er sagt uns nicht, wohin wir fahren."

Es ist eine Krankheit des polnischen Gedankens, dass er oft, obwohl glänzend, doch zu weit reicht, dass er eine mit der Natur der Sache manchmal in Widerspruch stehende Vertiefung erfordert, während ja die Politik eine einfache Sache ist, die

durchsetzbare Unternehmungen umfasst und sich in unterirdische
Labyrinthe nicht vertieft.

Es gab auch solche, welche meinten und in leichtsinniger
Weise verkündeten, dass das System Wielopolskis darnach
strebe, in Russland selbst dem polnischen Elemente ein Übergewicht zu sichern. Er schrieb selbst im Jänner 1862 aus Petersburg: „Andere wiederum glauben, dass ich auch die hiesigen
Interessen beeinflussen werde. Manche fürchten deshalb, dass
mir die Regierung in Polen anvertraut wird, damit dies nicht
zu jenem Einflusse führe.“ Es fehlte auch nicht an solchen,
welche von einem Übertritte Russlands zur katholischen Kirche
fabelten.

Da verbreitete die Verschwörung die Parole der Nationaltrauer. Die „Weißen“ wiesen sie nicht zurück, die ganze Nation
legte sie an. Wielopolski musste dies dulden, aber auf alle
sollte die Verantwortlichkeit für die Folgen fallen. Die Nationaltrauer, im Principe grundlos, da sie nach den Theilungen nicht
getragen worden war, war jetzt verspätet und eher ein geschicht-
licher Hohn als eine ernste Sache; im vorliegenden Falle war
sie ein klarer Beweis, dass man eine Katastrophe, einen bewaffneten Aufstand anstrebte, und gleichzeitig ein starkes, zum
Gefühle und zur krankhaften Phantasie sprechendes Mittel,
um diesen Aufstand herbeizuführen. Politisch unvernünftig, war
sie ein Zeichen aller damaligen Sinnlosigkeiten und Gefahren; sie
war eine Warnung, die, anstatt zu ernüchtern, blendete. Alles
sprach dafür, dass nur die Unvernünftigen sie benützen und die
Vernünftigen sie zurückweisen würden, dass sich ihrer die „Rothen“
bedienen und dass die „Weißen“ ihr vorbeugen würden. Die
Vernünftigen, und dazu rechneten sich die „Weißen“, gaben einen
Beweis ihrer Charakterschwäche oder des Mangels an Scharfsinn,
indem sie diese Nationaltrauer anlegten. Hiedurch wurde von
vornherein die Zukunft entschieden und jedes Compromiss unmöglich gemacht. Es war ein verderbliches, unnützes Va-banque-
Spiel. Die einmal angelegte Nationaltrauer führte nothwendig
entweder zur Erreichung der Unabhängigkeit oder zur Katastrophe. Die falsche Scham gestattete nicht, sie vor dem Wieder-
erwachen des gestorbenen Polens abzulegen; sie sollte abgelegt
werden nach der Niederstreckung des lebenden. Nur der Wahnsinn konnte diese Situation herbeiführen. Die Formel und der

Grund aller Niederlagen nach den Theilungen — alles oder
nichts erschien hier in Trauergewändern und diese schwarzen
Kleider waren eine Prophezeiung nicht des Triumphes, sondern
des Begräbnisses. Die Nationaltrauer war, indem sie sich verlängerte, ein fortdauernder Protest gegen das Werk Wielopolskis, eine feierliche, aber auch leichtsinnige Verleugnung desselben, ein Verzicht auf die Wohlthaten und Vortheile, die es
sicherte; gewiss das würdigste Gewand für eine nationale Katastrophe. Dass die Trauer zur Katastrophe führe, haben die
„Weißen" nicht geahnt, dass sie jedoch das Werk Wielopolskis
zugrunde richte, das haben sie vielleicht allzugut verstanden.

Andreas Zamoyski hat ebenso, wie seine Umgebung, anstatt
die Idee der Nationaltrauer von sich zu weisen, sie angenommen.
Es gibt nichts Gefährlicheres, als zu gestatten, dass dasjenige,
was unserem Gefühle und unserer momentanen Bequemlichkeit
entspricht, die Stimme der inneren Vernunft verstummen mache.
Damals schmeichelte man wohl sich selbst und anderen, aber man
hörte auf, das Volk zu erleuchten. Dadurch, dass Zamoyski der
Nationaltrauer beistimmte und die „Weißen" sie anlegten, nahmen
sie unwillkürlich die Livrée der „Rothen" an und führten einen
Bruch mit Wielopolski herbei. Da er die Personification des
Compromisses war, hatten die „Weißen" damit das Compromiss
von sich gewiesen.

Zamoyski hatte keinen bösen Willen, aber er war stets
von dem Gefühle beherrscht, unter dessen Einfluss er im
Februar 1861 nach den Schüssen gegen die Demonstranten, als
ihn der Statthalter Gortschakow fragte, was zu thun sei, um
das Volk zu beruhigen, jene denkwürdigen Worte ausgesprochen
hatte: „Allez vous en." (Schert Euch fort.)

Es ereignete sich zum erstenmale, dass einem fremden
Herrscher, den man nicht hinausschleudern konnte, empfohlen
wurde – selbst zur Thür hinauszugehen.

Aber dass ein Mann, der als das Muster einer vernünftigen Handlungsweise dastand, der gewiss nie die Gefahren
eines bewaffneten Aufstandes verkannte, diese Worte gebraucht
hatte, dazu war schon eine Verblendung durch die Ereignisse,
durch persönlichen Hass erforderlich gewesen, es hatte schon
eines Taumels bedurft, um die Gefahr dieser Worte nicht nur

Fremden, sondern auch den Nationalgenossen gegenüber zu
verkennen.

Und es geschah, dass ein Mann, der besser als die anderen
war, ein Fähnrich der Vernunft, eine neue verderbliche Formel
ausfindig machte, dass drei im Feuer des Gespräches hinge-
worfene Worte den Weg zu einer Katastrophe ebneten, die
selbst Wielopolski mit Schrecken und Grauen erfüllte.

Als in den Straßen Warschaus das Volk von den Behörden
zum Nachhausegehen aufgefordert wurde, da paraphrasierte es
jene Worte und rief: „Geht Ihr von dannen, denn wir sind
zu Hause.“

Wie bei jedem Taumel, so kam auch hier die am Grunde
des Herzens liegende Wahrheit zum Vorschein. In den Worten
Zamoyskis „Schert euch fort“ lagen die Gefühle, Überzeugungen,
Hoffnungen, die ganze damalige Erziehung, nicht nur der Wunsch,
dass die Russen Polen verlassen möchten, sondern auch der
Glaube, dass dies erfolgen werde und erfolgen müsse. „Allez vous
en“ war das Maß der politischen Stimmung. Man bewunderte
die Kühnheit dieser Ausdrucksweise, man prophezeite ihr eine
Zukunft; kritisiert wurde sie jedoch nicht. Zamoyski gewann
dadurch eine fast größere Popularität als durch seine bisherigen
Verdienste. Und so enthielten jene Worte Zamoyskis ein dem
System Wielopolskis entgegengesetztes Programm. Zamoyski
wollte die Lösung der Frage nicht mehr ohne ein Zurückweichen der Russen aus dem Lande begreifen.

Wielopolski hielt dies nicht für wahrscheinlich; er wollte
daher die Frage lösen, indem er die Russen im Lande ließ.
Zamoyski verfiel unwillkürlich in ein Extrem; Wielopolski
betrat bewusst den Mittelweg, den schon Zamoyski erwählt
hatte, von dem er jedoch abwich, da er sein letztes Ziel den
verfügbaren Mitteln nicht anzupassen verstand. Zamoyski war
nicht in der Lage, die Russen zu verdrängen, und forderte von
ihnen, dass sie freiwillig gehen sollten. Wielopolski rechnete
damit, dass, wenn man sie nicht hinausschleudern könne, sie
bleiben müssten. Die „Rothen“ versuchten es ohne genügende
Kraft, sie hinauszuschleudern; Wielopolski allein zog das Verhältnis der Kräfte in Betracht und eben darin zeigte er sich
als Staatsmann.

Die Nationaltrauer blieb eine fortwährende Verkörperung der Worte Zamoyskis, eine fortwährende Aufforderung an die Russen, das Land zu verlassen. Zwischen der Trauer und jenen Worten bestand nur der Unterschied, dass die letzteren keinen bestimmten Zeitpunkt festsetzten, die erstere jedoch darauf hinwies, dass am unvermeidlichen Tage des Aufstandes die Execution eintreten würde. Die Worte Zamoyskis und die Nationaltrauer der „Rothen" zerstörten inzwischen gemeinsam das Werk Wielopolskis.

Die Russen sahen ein, dass die Gesellschaft erst dann befriedigt sein würde, wenn sie das Land verlassen hätten. Sie hörten daher auf, dem Werke Wielopolskis einen Wert beizumessen; die Nation, die Unabhängigkeitstrauer angelegt hatte, konnte dieselbe nicht abnehmen, selbst wenn sie noch so wichtige Vortheile erreicht hätte. Man befand sich in einem durch menschliche Fehler vorzauberten Kreise; trotz vielfacher Gelegenheiten und der Nothwendigkeit, ihn zu verlassen, war niemand dazu fähig.

Nach dem ersten Attentate auf Wielopolski wurde in Zamoyski das Interesse für das öffentliche Wohl und der Widerwille gegen alle verderblichen Mittel wach und er sagte sich: „Ja, ich gehe, ich gehe zu ihm!" Und er gieng auch hin, blieb aber vor dem Brühl'schen Palais stehen, betrachtete lange das eiserne Gitter und kehrte zurück, ohne den Chef der Civilregierung besucht zu haben. Trotz seiner edlen Motive konnte sich der Führer der „Weißen" nicht entschließen, dem „Marquis" näher zu treten und sein Werk zu unterstützen.

Es ist ungerecht, dem Marquis Wielopolski vorzuwerfen, dass er nicht imstande gewesen war, sich mit den „Weißen" zu versöhnen, eine starke Partei im Interesse seines Werkes zu schaffen und das Vertrauen der Nation zu erwerben. Er versuchte es, wenn auch ungeschickt; aber wo es keine principielle Übereinstimmung, sondern eine Verschiedenheit der Ziele und Anschauungen gab, wo die Ziele zum Werkzeuge der Leidenschaften wurden, dort war eine wirkliche Versöhnung und ein gemeinsames Wirken nicht möglich. Wo die Verhältnisse so verworren und bedrohlich waren, wo die Ereignisse so schnell aufeinander folgten, da war nicht ein Führer, sondern ein Chef nöthig.

13*

Auf andere Weise, als durch seine Werke, konnte Wielopolski das Vertrauen nicht erwerben. Die Bedeutung dieser Werke wurde von Oben, von der Gesellschaft bestritten. Unter den damaligen Verhältnissen war eine große Popularität ebenso gefährlich wie eine große Unpopularität. Die erste machte verdächtig in Russland, die zweite machte ohnmächtig in Polen. Das hätte sowohl die Gesellschaft als auch Wielopolski begreifen können; beide verkannten diese Wahrheit. Aufgabe der Gesellschaft war es, an Stelle der Popularität Vertrauen zu setzen. Sie entschloss sich nicht dazu. Wie allzuviele in Polen in der Popularität, so gefiel sich Wielopolski in der Unpopularität. Vielleicht umsomehr, weil er wusste und fühlte, dass er trotz allem Recht habe.

Im öffentlichen Leben wird für starke Individualitäten die Unpopularität zu einer Leidenschaft, wie für Schwache die Popularität. Es gibt eine Ausgelassenheit der Popularität und eine Ausgelassenheit der Unpopularität. Man verfiel beiderseits in beide.

Wie unentwegt die Gesellschaft auf fremde Hilfe hoffte, so unterschätzte Wielopolski den Einfluss dieser Hoffnung auf die Ereignisse. Überzeugt von der Heilkraft seines Systems, vielleicht allzusehr auf seine eigene Kraft vertrauend, hielt er nur das für wichtig, was er selbst that. Die Thätigkeit anderer schätzte er gering. Allein die Ignorierung seiner Ideen und Pläne, der Widerstand und der Tadel reizten ihn und brachten ihn aus dem Gleichgewichte. Da er die polnische Presse außerhalb der russischen Grenzen nicht beherrschen konnte, vergrößerte er durch sein Verhalten zu ihr ihre gefährliche Bedeutung.

So fand er überall nur Schwierigkeiten und Hindernisse vor, die aus der Verschiedenartigkeit seiner Stellung und der Gesellschaft, sowie aus den Fehlern und Unarten derselben und dem Mangel an bürgerlichem Muthe der Individuen hervorgiengen. All dem abzuhelfen, war er nicht imstande.

Es war jedoch der größte Fehler Wielopolskis oder doch die Ursache seiner Misserfolge, dass sein System nicht die Verschwörung durch Beseitigung ihres Hauptes, das ist der verschiedenen leitenden Comités, dann des Centralcomités und schließlich der National-Regierung erdrückte, dass er ihrer unbegreiflichen und unerhörten Verbreitung nicht entgegentrat.

Das wäre seine Hauptaufgabe gewesen. Ob Wielopolski alles that, was er in dieser Richtung thun konnte und sollte, ob er zu diesem Zwecke alle seine Kräfte anspannte oder nicht, jedenfalls erreichte er nicht sein Ziel und war der Aufgabe nicht gewachsen. Da er die Macht und die Verantwortlichkeit hatte, der Regierung angehörte, ja selbst die Regierung bildete, da er ein System repräsentierte, so konnte und musste er es.

Wir meinen, dass Wielopolski diesem Theile der Aufgabe, der die Vorzüge und Fehler eines Cardinals Richelieu erforderte, nicht gewachsen war. Es fehlte ihm die unter solchen Verhältnissen nothwendige Gewandtheit und Inspiration, ja selbst eine gewisse Schlauheit; es fehlte ihm endlich die Entschiedenheit und Rücksichtslosigkeit, mit denen er sich gegenüber anderen Factoren zu bewaffnen verstand.

Wielopolski scheint von dem Augenblicke an, wo er in die Regierung eintrat, die Gefahr der Bewegung und der Conspiration zu übersehen, er sieht hauptsächlich den Widerwillen und die Hindernisse, die vom Adel ausgehen; ihnen eher als der Verschwörung gilt sein Kampf. Später, hauptsächlich unter dem General Suchozanet, benützte er die sich in der Gesellschaft und dem Lande breitmachende Anarchie, um die Schwäche der bisherigen Regierung, die Verderblichkeit der Vereinigung der militärischen und Civilgewalt nachzuweisen und dadurch seine eigene Macht zu vergrößern, sowie sein System der Autonomie und der Reformen zu kräftigen. Es handelte sich darum, wer zuerst ans Ziel gelangen würde: Wielopolski oder die Verschwörer. Diese kamen jenem zuvor; der Sieg wurde ihnen erleichtert durch den Boden, auf dem das Rennen vor sich gieng, durch die Gesellschaft. Wielopolski hat dies nicht in Betracht gezogen. Die Aufgabe war schwer, würdig seines großen Geistes, aber sie erforderte praktische Vorzüge, an denen es ihm mangelte.

In seinem Kampfe stieß er auf Schwierigkeiten, von denen er den einen nicht gewachsen war, von denen die anderen unbesiegbar waren. In glänzender Weise bewältigte er die vorbereitende Arbeit im Interesse der Wiedergeburt der Gesellschaft und den gefährlichen Kampf gegenüber den Fremden; nicht so glücklich war er gegenüber seinen Nationalgenossen. Und das war der wichtigste, aber auch schwierigste Theil seines Unternehmens.

Während der Dauer des Systems Wielopolski hörte die Verschwörung nicht auf, im geheimen zu wirken und doch in der Öffentlichkeit zu erscheinen, sich zu verbreiten, gegen Wielopolski und neben ihm zu regieren und zu gebieten. Während er seine Brust Kugeln und Dolchen aussetzte, konnte man der Hand, die sie leitete, nicht habhaft werden, das Übel selbst in seinem Sitze nicht erdrücken. Diese Ohnmacht musste auf alle zersetzend, demoralisierend wirken, und zu einer solchen hätte sich Wielopolski niemals verurtheilen sollen.

Wäre sie eine Folge der Hinterlist und des bösen Glaubens derjenigen gewesen, die ihm die Gewalt und die Verantwortlichkeit übertragen hatten, so hätte er dies beizeiten merken und sich entschieden dagegen verwahren sollen.

Wielopolski legte damals mehr Gewicht auf die Gesetzgebung, als auf die Regierung; er hielt die damalige Bewegung zuerst für einen Unsinn, später erst für eine Gefahr. Es wäre besser gewesen, ihren Schöpfer und Leiter, die Verschwörung, zu erdrücken, als sich mit ihren Führern in Unterhandlungen und Wortgefechte einzulassen. Wielopolski, der hervorragende Redner und Publicist, hat anfangs zu viel gesprochen, mit allzusehr erhobener Stimme; er hat dann allzusehr gegen die Bewegung und die Umsturzpartei polemisiert, hat allzuviel geschrieben und schreiben lassen, zu einer Zeit, wo er handeln sollte.

Niemand wurde dadurch überzeugt, viele wurden gereizt, das Übel nicht beseitigt. Wenn es den „Weißen“, die das allein zu thun imstande waren, als ein Verschulden zugeschrieben werden muss, dass sie sich weder von der Verschwörung losgesagt, noch dieselbe öffentlich gebrandmarkt haben, so muss man Wielopolski vom Standpunkte der Staatskunst vorwerfen, dass er sie nicht vernichten konnte. Für jene und für ihn hätte dies die Hauptaufgabe sein sollen; ohne ihre Erfüllung wurde die Niederlage unvermeidlich.

Die „Weißen“ unterstützten Wielopolski nicht gehörig; Wielopolski bemühte sich nicht genugsam, das Land von der geheimen Regierung zu befreien. Es ist dies so auffallend, dass ihn der russische Schriftsteller B e r g verdächtigt, er hätte die ganze damalige Bewegung als nothwendig zur Durchführung der Reformen und Institutionen, die ihn ja hauptsächlich beschäftigten, betrachtet. „Und Wielopolski," sagt Berg, „hatte Ursachen zum Misstrauen und er wünschte, dass die politische Atmosphäre in Polen sich nicht ändere, solange er nicht alles, was er wollte, durchgeführt hatte, solange seine veröffentlichten Projecte nicht verwirklicht, nicht in das Fleisch und Blut der Nation übergegangen waren. Wir haben sogar verschiedene Wahrzeichen, dass Wielopolski einige Führer der Bewegung genau kannte. Es ist zweifellos, dass das „weiße" Comité sich mit ihm durch Kronenberg ins Einvernehmen setzte und auf diesem Wege bestimmte Weisungen erhielt."

Wäre daran, was uns Berg sagt, etwas Wahres, so wäre dies ein sehr gefährliches Spiel gewesen, ähnlich dem Napoleons gegenüber der polnischen Bewegung; eine verderbliche Schlauheit, die vom Ziele abweichen musste und auch abgewichen ist.

Die Fehler Wielopolskis und seine Ohnmacht in wichtigsten Punkte erklären und entschuldigen nicht die Fehler der Gesellschaft, insbesondere der „Weißen", und vor allem jenes Verschulden, dass sie die Gelegenheit zur Verbesserung der bereits begangenen und zur Vermeidung der weiteren Fehler außeracht gelassen haben. Alles diente nur dem Fortschritte und dem schließlichen Triumphe der „Rothen", der zum Zusammenbruche des Landes führen sollte.

Auf kaiserlichen Befehl begab sich Wielopolski nach Petersburg. Seine Demission konnte zu einer Ernüchterung der Gesellschaft führen, indem sie eine Sehnsucht, nach dem, was er repräsentiert hatte, herbeiführte. Er eilte an die Newa, nicht sowohl, um sich zu rechtfertigen, als um wirklich bedeutende Vortheile für das Land zu gewinnen.

Es war ein schöner, herrlicher Augenblick in seinem Leben. Er nützte ihn meisterhaft aus. Wiederum jedoch vergaß er, dass die Verschwörung sein ganzes Werk vernichten würde, wenn er sie nicht bewältige.

Am 18. November 1861 schreibt er aus Petersburg, stets unter dem Einflusse der Sorge um die Autonomie: „Als ich dem Fürsten Gortschakow von einer Einschränkung des Belagerungszustandes sprach und hauptsächlich davon, dass sich die Verhaftungen nicht auch auf ältere Handlungen zurückbeziehen

sollen, da fertigte er mich mit der Antwort ab, dass die unter-
grabene Staatsautorität wieder hergestellt werden müsse.“
Wielopolski war während seines Aufenthaltes in Petersburg
bestrebt, eine Trennung der Militär- von der Civilgewalt
durchzusetzen. Wenn er dies that, um von der zweiten Besitz zu
ergreifen, so hatte er Recht; wenn er jedoch glaubte, dass er
dadurch der aus der Verschwörung entstandenen Gefahr vorbeugen könnte, so hat er sich geirrt.

In Warschau begann man, während seiner Abwesenheit
die Verschwörung ernstlich zu verfolgen, aber ungeschickt und
daher erfolglos. Man verhaftete blindlings Leute, schuldige und
unschuldige; die Häupter der Verschwörung wurden nicht
erreicht, und es geschah, wie bei der Cholera: die Bacillen
vermehrten sich bei unrichtiger Desinfection.

Alle Schichten der Bevölkerung, terrorisiert von der Verschwörung, traten solidarisch gegen die Regierung auf und
so halfen die einen bewusst, die anderen unbewusst den Ver-
schwörern, durch ihren Hass gegen die Russen, durch ihre
Traditionen, durch ihre Gutherzigkeit und durch ihren Mangel
an bürgerlichem Muth.

Im Juni 1862 kehrte Wielopolski von Petersburg nach
Warschau als Chef der Civil-Regierung und als Triumphator mit
mächtigen Errungenschaften für sein Land zurück. Und doch
unterließ er es jetzt im wichtigsten und entscheidenden Augenblicke, sich mit der Macht und den Mitteln zu bewaffnen, die
geeignet gewesen wären, die Verschwörung zu erdrücken; er
kam somit politisch als Entwaffneter. Und man kann über ihn
sagen, was Renan über Alcinus, den in Jerusalem von Antiochus II.
eingesetzten Hohenpriester, sagt: „Er hatte nicht genug Macht,
um die Ordnung aufrechtzuerhalten, und was er that, um sie
zu erhalten, machte ihn unpopulär.“

Die Verschwörung hatte sich bereits damals krystallisiert.
Obwohl sie ihre ursprüngliche Vielköpfigkeit und die Fähigkeit
des Wiederwachsens der Köpfe bewahrt hatte, so wäre sie doch
zur Ohnmacht verurtheilt gewesen, wenn man imstande gewesen
wäre, ihre Häupter zu entdecken. Inzwischen wurden nur die
Werkzeuge der Verschwörung aufgegriffen, selten diejenigen,
welche alles leiteten, die die untergeordneten Organe bewaffneten.

Als am 27. Juni im sächsischen Garten das Attentat auf
den Statthalter Lüders erfolgte, da giengen Wielopolski die Augen
auf. Er war zu vernünftig und zu scharfsinnig, um nicht zu verstehen, dass diese That schon auf eine kämpfende Verschwörung,
auf eine geheime Gewalt und auf den Übergang von der moralischen Revolution zur blutigen hinwies, die für sein ganzes
System, für das Land und für die nationale Existenz verderblich
werden konnte. Er erkannte die Größe der Gefahr. Man stellte
ihm im ersten Augenblicke das Attentat als einen Act der
Privatrache dar, der auf eine Frauenaffaire zurückzuführen wäre.
Die Polizei sah in demselben keinen politischen Act; doch weder
Wielopolski noch seine Umgebung ließen sich dadurch irreführen.
Nach mehrstündiger Erwägung sandte Wielopolski eine Depesche
ab, in der er eine spätere Ankunft des Großfürsten Constantin
und die Einführung eines Militärregimes verlangte, um das Land
von der Verschwörung zu säubern. Doch da kam ein Telegramm
mit der Mittheilung, dass der Großfürst Petersburg bereits verlassen habe.

Der Großfürst sollte Ruhe und Frieden mitbringen, er
sollte das Land beruhigen; aber auf diese Weise war der Kampf
mit der Verschwörung nicht mehr möglich.

Diese Aufgabe, die wir als die wichtigste betrachten, war
schwer, aber es war ein Fehler, dass Wielopolski nicht zu der Erkenntnis gelangte, sie sei unentbehrlich und ohne sie könne weder
sein System Früchte tragen, noch er selbst siegen. In dem Bestreben,
dieser Hauptaufgabe gerecht zu werden, verfiel Wielopolski in
technische Fehler, die jedoch von geringerer Bedeutung waren:
viel schlimmer und verderblicher war die Illusion, dass die Verschwörung und die Bewegung durch moralische Mittel besiegt
worden könnten, jetzt, wo man ihr lediglich praktisch entgegentreten musste. Man wusste das in Petersburg. Als man dort die
Aufhebung des Militärregimes in Polen in Erwägung zog, da
sprachen sich dagegen alle Militärs, auch der Kriegsminister
Miljutin aus, indem sie vorhersagten, dass es zu einem bewaffneten Ausbruche kommen müsse, der nur gewaltsam zu erdrücken
sein würde. Der Kaiser hatte sich von Enoch mit den Worten
verabschiedet: „Ich fürchte, in Polen wird viel Blut fließen.“ Die
täglichen Ereignisse und insbesondere das Verhalten der Regierung

ihnen gegenüber sollten diese Prophezeiung und diese Befürchtung bestätigen.

Das System Wielopolskis und dann des Großfürsten, die
Bewegung zu beschwichtigen und die Verschwörung durch Institutionen zu bekämpfen, war so irrthümlich, dass sie selbst in
der letzten Scene des vorletzten Actes es Lügen strafen mussten,
aber schon vergebens, ja zum Nachtheil.

Nach dem Ausbruche des Aufstandes stand an der Spitze der
Verschwörung die National-Regierung. Mit dem Wechsel
der Mitglieder änderte sich zwar auch die Regierung, aber man
war nicht in der Lage, dieser geheimen Gewalt Herr zu werden,
die mit der bestehenden Ordnung im Kampfe lag, so dass man
eigentlich nicht weiß, ob die Geschicklichkeit der Verschwörung
oder die Unbeholfenheit der Behörden größer war.

Wielopolski sprach viel von der Autorität der Regierung;
aber diese Autorität konnte man nicht erhalten und die leeren
Phrasen darüber mussten sie noch herabsetzen. Wenn somit der
größte Theil der Gesellschaft den Illusionen zum Opfer fiel, so
täuschen wir uns nicht, wenn wir meinen, dass selbst der mächtigste und vernünftigste Mann in ihrer Mitte von denselben nicht
frei war. Eine Antwort auf die Frage: warum das System Wielopolskis durch die Erdrückung der Verschwörung der Bewegung
kein Ende machte? — muss man zweifellos in den damaligen
Verhältnissen, in der gesammten Situation, ja selbst in der Veranlagung und in den negativen Seiten dieses Staatsmannes, in
den Mängeln seiner so begabten Natur, die mit den Nationalfehlern verwandt waren, suchen. Es hätte aber anders mit der Aufgabe der Erstickung der Verschwörung, der Beschwichtigung der
Bewegung gestanden, wenn ihr nicht der Adel unterlegen wäre.

Die Begriffe wurden hauptsächlich durch zwei Ursachen
getrübt, welche das Verhalten der „Weißen" nicht entschuldigen, aber begreiflich machen: durch die äußeren Einflüsse der
Emigration und Napoleons; durch den inneren Gang der Ereignisse und das Verhalten der russischen Regierung.

Unter den äußeren Factoren ragt am mächtigsten das
Hôtel Lambert empor.

Es war in politischer Beziehung ein unmittelbares Product
des November-Aufstandes, der Gefühle und Anschauungen der
Allgemeinheit und der Individuen, die an demselben theilgenom-

men hatten. Den unverwischbaren Stempel großer Autorität, des
Patriotismus und des wahren Adels, empfieng es vom Fürsten
Adam Czartoryski. Er starb in den Anfängen der Ereignisse, die
wir hier besprechen, und hinterließ nicht nur in seiner Nation,
sondern auch in ganz Europa das Erbe einer hervorragenden
Stellung. Diese übernahm sein jüngerer Sohn, Fürst Ladislaus
Czartoryski, ohne die Verdienste seines Vaters, die er zu erwerben
weder Zeit, noch Gelegenheit gehabt hatte. Beseelt von dem
besten Willen, sich des Vaters und der Familientraditionen würdig
zu zeigen, im Bewusstsein der großen Schwierigkeiten, die seiner
harrten, war er von einer angeborenen Befangenheit, aber auch
von einem tiefeingeimpften Pflichtbewusstsein, das alle seine
anderen Eigenschaften überragte. Er war in der Jugend nicht
wie sein Vater berufen gewesen, an großen Fragen oder an wichtigen Ereignissen theilzunehmen, aber er stand seit seinem Eintritte ins öffentliche Leben in Berührung mit den hervorragendsten Persönlichkeiten seiner Zeit, mit politischen Ereignissen und
mit der Thätigkeit der polnischen Emigration. Geboren, erzogen
und bestimmt, die Idee der Unabhängigkeit durch fremde Hilfe
zu repräsentieren, genährt mit allen möglichen Illusionen, stellte
er denselben im besten Glauben sich und sein angeborenes
gesundes Urtheil zur Verfügung, das sich jedoch mehr durch
eine gewisse Vorsicht und ein Misstrauen, als durch Entschiedenheit auszeichnete. Frei von jedem Hochmuth, aber nicht frei
vom Wankelmuth, empfand er die Nothwendigkeit, Rathschläge
zu hören und ihnen eher als seinen eigenen Anschauungen zu
folgen. Es mag sein, dass er, wenn er die entgegengesetzten
Vorzüge besessen, wenn er entschiedener und kräftiger seine
eigene Meinung in den Vordergrund geschoben hätte, dass er
dann viel wirksamer die Ereignisse hätte beeinflussen können;
aber er war bereit zu jedem Opfer, selbst zu dem der Eigenliebe, zu jeder Arbeit und Selbstverleugnung, ohne jene Eigenschaften zu besitzen, die in stürmischen Zeiten ein Führer haben
muss, welchem ein starkes Selbstbewusstsein unentbehrlicher ist,
als die Fähigkeit, anderen, ja sogar den besten Rathschlägen zu
folgen. Von dem damals so verbreiteten Optimismus frei, konnte
er doch den Hoffnungen, auch wenn er ihre Grundlosigkeit
erkannt hatte, nicht widerstehen. Seine vom Vater in der großen
europäischen politischen Welt erorbte Stellung wurde noch mäch-

tiger durch den Ehebund mit der Tochter der spanischen Königin
Christine. Dieser Ehebund brachte ihn näher, ja verknüpfte
ihn mit der in Frankreich bestehenden Ordnung und durch
die nahen Beziehungen zur Königin Eugenie mit dem französischen Hofe, das heißt mit dem Centrum aller Hoffnungen
und Combinationen in der polnischen Frage, mit dem Manne
und Monarchen, der den Gang der polnischen Ereignisse in
solcher Weise beeinflussen sollte. Wie alle anderen, so konnte
sich auch Fürst Czartoryski dem Einflusse Napoleons und dem
Glauben an seine Allmacht und seine polnischen Pläne nicht
entziehen. Er ergab sich ihm jedoch weniger unbedingt als
andere, mit einem gewissen instinctiven Misstrauen, das ihn
hätte warnen sollen, seiner inneren Stimme und nicht dem allgemeinen Taumel zu folgen. In fortwährender Berührung mit
Napoleon III., ein Vertrauensmann seiner Absichten und Rathschläge in der polnischen Frage, hatte Czartoryski die Aufgabe, .
beide einer genauen Analyse, einer kühlen und vernünftigen
Kritik zu unterziehen und sie der polnischen Gesellschaft mitzutheilen. Er konnte dies umso eher thun, als er, obwohl ein
erblicher Repräsentant der November-Epoche, doch persönlich
zu derselben nicht gehörte, somit leichter ihre Anschauungen
und Leidenschaften von sich abschütteln und an deren Stelle
neue Begriffe setzen konnte. In seiner einer Anmuth nicht ent-
behrenden Bescheidenheit zog er es vor, das letzte Wort seiner
Umgebung zu überlassen, nicht um seine Verantwortlichkeit,
wohl aber um sein Gewissen zu erleichtern. Seine edle Gestalt,
in der sich die besten Absichten abspiegelten, verschaffte ihm
die Sympathien aller und gruppierte sie um ihn, ohne ihnen die
Überzeugung seiner Führung beizubringen, da er geneigter war,
Rathschlägen zu folgen als selbst zu gebieten. Sein Verhalten
kann daher nicht anders, als im Zusammenhang mit der politischen Umgebung, die wir „Hôtel Lambert" zu nennen gewohnt
sind, beurtheilt werden.

In diesem nahm die hervorragendste Stellung, als ein Ver-
treter der November-Epoche und der Emigrationsthätigkeit des
Fürsten Czartoryski, ein in jeder Beziehung außerordentlicher
Mann ein, General Ladislaus Zamoyski. Der Bruder des
Andreas, Ladislaus Zamoyski, war einer der Hauptagitatoren
des November-Aufstandes gewesen. In diesem hatte er seinen

politischen Weg begonnen; dieser Aufstand drückte ihm seinen unverwischbaren Stempel auf. Er war die Verkörperung einer verlorenen Sache, der Verantwortlichkeit für dieselbe und der nie vollzogenen Revanche. In dieser herrlichen, imposanten, wundenbedeckten Gestalt, mit den Merkmalen eines Ritters, Staatsmannes und Fanatikers, kam das ganze moralische und geistige Wesen dieses Mannes zum Vorschein. Er verfügte über eine starke Willenskraft, die man nicht immer von Starrsinn unterscheiden konnte; er besaß einen außerordentlichen persönlichen und bürgerlichen Muth. Er war Soldat mit Leib und Seele, ein Held, ein Märtyrer, wenn es nöthig war, bereit anzuführen wie ein Feldmarschall und zu kämpfen wie ein gemeiner Soldat; bewusst des Adels seiner Familie, aber auch der damit verbundenen Pflichten, rücksichtslos gegen sich selbst und gegen andere, ein warmer Katholik, maßlos in der Liebe wie im Hasse. Er liebte die nationale Sache über alles und von der Anhänglichkeit an sie war sein Leben durchdrungen. Die Russen hasste er leidenschaftlich. Der Widerwille gegen sie leitete ihn in seiner Laufbahn.

Ladislaus Zamoyski gab sich nie besiegt, weder in der polnischen Sache überhaupt, noch im November-Aufstande. Er war ein Kind dieses Aufstandes, er bekannte sich aber auch zu seiner Vaterschaft. Außerordentlich begabt, von einem in Polen seltenen politischen Scharfsinne, geschult durch einen langen Verkehr mit Staatsmännern und durch politische Erfahrungen, sah er in der Wiederherstellung Polens durch fremde Hilfe seine Religion, für die er fortwährend auf den Schlachtfeldern und in den ihm zugänglichen Staatskanzleien kämpfte. Dreißig Jahre hindurch wirkte, sprach, handelte, bat, ja bettelte er im Interesse der Wiederherstellung Polens um fremde Hilfe mit nie wankender, nie erschöpfter Ausdauer und Unermüdlichkeit. Stets war er zu allen Opfern fähig, aber auch bereit, in erster Linie sie selbst zu ertragen, anstatt andere denselben auszusetzen. Seine Vorzüge entstammten hauptsächlich der November-Sünde. Wie jeder Glaube, der durch Übung gekräftigt wird, so hat auch sein Glaube an die Wiederherstellung Polens mit fremder Hilfe sein Urtheil über die Wirklichkeit getrübt. Daher war es ihm trotz seiner seltenen Vorzüge und seiner besonderen Kenntnis der Politik unmöglich, die polnische Frage auf andere Weise zu lösen,

einen Mittelweg zu betreten. Wiederum ein Beweis, dass selbst
die edelsten Gefühle die Kraft der Vernunft vernichten können,
wenn man ihnen im politischen Leben ein Übergewicht einräumt.
Eine Revanche für den Zusammenbruch des November-Aufstandes — das war die einzige Leidenschaft, die in Zamoyski
loderte. Darin liegt die Ursache der Fehler, von denen er sich
nicht frei halten konnte und die theils mittelbar, theils unmittelbar die Ereignisse beeinflussten.

Schon dieses ausschließlich Einer Idee gewidmete Leben
und das unermüdliche, an öffentlichen Tugenden so überreiche
Streben in Einer Richtung musste den Überzeugungen und
Anschauungen der Gesellschaft ihren Stempel aufdrücken und
insbesondere jenem Theile, der mit Zamoyski durch Traditionen
und Beziehungen verknüpft war. Der Einfluss seiner hervorragenden Persönlichkeit wurde noch vergrößert durch die Stellung Andreas Zamoyskis. Der Eine wirkte auf den Andern und
dem Bande des Blutes entsprach auch eine geistige Verwandtschaft. Ladislaus Zamoyski glaubte an die Wiederherstellung Polens
durch fremde Intervention, Andreas Zamoyski erwartete sie im
Geiste. Der erste pflegte zu sagen, es sei eigenthümlich,
wie er oft, ohne sich mit dem Bruder ins Einvernehmen zu
setzen, mit demselben über die Situation und die Ereignisse
derselben Anschauung sei - und doch war, was er mystischen
Einflüssen zuzuschreiben schien, etwas ganz Menschliches.

Da Ladislaus Zamoyski dem Glauben an die Wiederherstellung Polens durch fremde Hilfe huldigte und diese sein
ganzes Leben hindurch in Paris, London, Constantinopel, geleitet
von einem außerordentlichen politischen Verständnis, zu erlangen
suchte, so war er sich als erster in seinem Kreise darüber klar,
dass — abgesehen von außerordentlichen Zwischenfällen, wie
die Kriege des ersten Kaiserreiches - - die Wiederherstellung
Polens in erfolgreicher Weise nur von Österreich ausgehen
könne.

Dieses Urtheil ist ein Beweis der Überlegenheit seines
politischen Geistes und der Richtigkeit seiner politischen Anschauungen. Doch der blinde Glaube, der wohl in überirdischen
Dingen nothwendig, in irdischen verderblich ist, drängte ihn in
die ungarischen Ereignisse vom Jahre 1848 und bewirkte, dass
er mit den vorhandenen Schwierigkeiten nicht rechnete.

Ladislaus Zamoyski zog es vor, sich des starrsinnigen Glaubens als der ausgezeichneten Vernunft zu bedienen, vielleicht deshalb, weil diese Vernunft den Glauben erschüttert hätte. Er lieferte den Beweis, dass in einer Situation, wie in der der polnischen Gesellschaft, die Vorzüge der leitenden Männer oft nutzlos sind, aber auch ihre Schwächen nicht schädlich zu sein aufhören. Vermöge seiner hervorragenden Vorzüge und Mängel, vermöge seiner Vergangenheit und seiner Verdienste, als die Verkörperung des Novemberaufstandes und der Revanche, durch seine verschiedenen Beziehungen und durch die Verwandtschaft mit der Familie Czartoryski nahm er eine hervorragende, oft entscheidende Stellung im Hôtel Lambert ein. Sein politischer Sinn ließ ihn die Größe der von Wielopolski unternommenen Reformen und der dem Lande drohenden Gefahren nicht übersehen.

Moriz Mann schrieb aus Spaa am 7. September 1862 in einem Briefe an Roman Załuski, dessen französischen Text uns Heinrich Lisicki vermittelt hat:

„Ich sah in Ems drei Zamoyski. Ich hatte sogar mit ihnen ernste Unterredungen. Der General ist ein Anhänger des Markgrafen Wielopolski, insofern, als er überzeugt ist, dass der Markgraf seinen Namen nicht beflecken werde. Er möchte dem Markgrafen die Nachricht zukommen lassen und er bat mich im Vertrauen, ihn hievon zu verständigen, dass er ihm — dem Grafen Zamoyski — die maßvolle Behandlung seiner Persönlichkeit seitens der Emigration und ihrer Presse zu danken habe. Wielopolski hat dem General auch die ehrenvolle Erwähnung in der Rede Lord Russells zu verdanken.

Als nämlich der General von dem Antrage im Oberhause erfuhr, begab er sich zu Russell mit der Anfrage, wie sich das Cabinet dazu stellen werde? Denn er hätte es lieber gesehen, dass dieser Antrag nicht zustande gekommen wäre, falls Lord Russell demselben entgegenzutreten gewillt sein sollte. Dieser erwiderte: „Ich bin bereit, Ihnen, Herr Graf, einen Dienst zu erweisen und das zu sagen, was Sie für nöthig befinden.“ Hierauf meinte Zamoyski, er sei nie in angenehmerer Weise einer harten Probe ausgesetzt gewesen, denn er beabsichtigte gar nicht, etwas zu verlangen und wollte alles dem Lord überlassen; er bitte nur um Eines, dass Seine Lordschaft den Markgrafen Wielopolski unterstütze. „Ich werde es thun, ich gebe Ihnen die Versicherung,“ antwortete der Minister, und er hielt sein Wort, wie Du weißt. Zamoyski dachte sich, dass die Unterstützung Russells den Markgrafen sowohl in der Achtung seiner Nation wie auch in der der Russen heben werde.“

Thatsächlich erklärte Lord Russell in der Sitzung des Oberhauses vom 25. März 1862 in seiner Antwort an Lord Canarvon unter anderem: „Es scheint mir ein hoffnungsvolles Zeichen zu sein, wie Markgraf Wielopolski am russischen Hofe empfangen wurde, und wenn auch seinen Rathschlägen nicht sofort Folge geleistet wird, so glaube ich doch, dass sie auf fruchtbaren Boden fallen werden.“

Markgraf Wielopolski kannte den Inhalt dieses Schreibens. Es wirft ein helles Licht auf die dunkle Bildfläche. Es zeigt, was in den Gefühlen und in dem Urtheile des Hôtel Lambert und seiner Männer vorgieng; es beweist, dass ihr Urtheil nicht einheitlich, nicht unabänderlich war, dass es mit der früheren Thätigkeit nicht immer übereinstimmte. General Zamoyski erklärte sich als Anhänger Wielopolskis, jedoch mit der Verwahrung, die die ganze Differenz zweier Systeme und der letzten Ziele ausmachte und die bewirkt hat, dass dieser Anschluss Zamoyskis an Wielopolski weder dauernd noch erfolgreich sein konnte. Im Jahre 1862, als durch den Mangel an Unterstützung seitens des Hôtel Lambert und seiner Organe die Stellung Wielopolskis bereits untergraben und seine Aufgabe erschwert war, da sprach er von einem maßvollen Verhalten der Emigration und ihrer Presse ihm gegenüber.

General Zamoyski bat Lord Russell, den Markgrafen Wielopolski zu unterstützen. Aber nichts bezeichnet besser die wirkliche Stimmung des Generals und des Hôtel Lambert, als die Verlegenheit, in der er sich befand, als er sich jener härtesten Probe ausgesetzt sah, als er gefragt wurde, was er wolle und was nach seiner Ansicht ausgesprochen werden sollte.

Nach dem Attentate auf den Großfürsten Constantin im Juli 1862 war General Zamoyski ein Gegner jener Adresse an den Statthalter, die im Hôtel Lambert abgefasst wurde und die Entrüstung über die That der Verschwörung ausdrücken sollte; er meinte, dass der Überzeugung des Landes nicht vorgegriffen werden dürfe.

Sein politisches Verständnis, seine Grundsätze, der lange
Kampf gegen die radicalen Elemente der Emigration sagten ihm,
dass man Wielopolski unterstützen, seine Aufgabe erleichtern
und die Thätigkeit der „rothen" Verschwörung erdrücken müsse.
Die November-Traditionen, die Stellung der Emigration, die
damalige Atmosphäre, die beklagenswerten Verhältnisse im
Lande und der verderbliche Antagonismus daselbst lenkten ihn
von einer aufrichtigen, dauernden, auf Vertrauen gestützten
Mitwirkung im Sinne Wielopolskis ab und zogen ihn schließlich
zu den extremen Elementen und zur Verschwörung hin. Hätte
Ladislaus Zamoyski in den Ereignissen, die uns hier beschäftigen, einen Mittelweg empfohlen, hätte er vor den Gefahren
der Verschwörung und der Demonstrationen gewarnt, wäre er
nicht der Anschauung gewesen, dass man sich niederschießen
lassen müsse, hätte er entschieden und von Anfang bis zu
Ende die Unterstützung des Werkes Wielopolskis gefordert,
hätte er endlich im entscheidenden Augenblicke der Adresse
an den Großfürsten zugestimmt, so hätte höchstwahrscheinlich
das Hôtel Lambert und ein großer Theil der Bevölkerung seiner
Stimme Folge geleistet.

Neben der charakteristischen Erscheinung des Generals
Zamoyski befanden sich im Hôtel Lambert noch andere Männer
von unbestrittener Bedeutung. Die einen mit den noch lebendigen Traditionen des Novemberaufstandes: Theodor M o r a w s k i,
der Historiker und gewesene Minister des Äußern in diesem
Aufstande; Andreas Eduard K o ź m i a n, der soeben nach Paris
gekommen und durch seine Beziehungen zum Minister Walewski
stets gut informiert war. Dann gab es andere Angehörige der
jüngeren Generation, die sich in den allgemeinen Anschauungen
von jenen nicht unterschieden. Valerian K a l i n k a, Redacteur
des „Czas", dann Priester des polnischen Ordens der Resurrec-
tionisten, Verfasser des vorzüglichen Werkes „Der vierjährige
Reichstag", fühlte es sehr gut, dass er einen falschen Weg betrete,
wenn er Wielopolski nicht unterstütze und den Manifestationen
zustimme; er verließ Paris, nicht etwa, weil man im Hôtel
Lambert seine Ansichten nicht theilte, sondern infolge einer
Meinungsverschiedenheit in der Frage der römischen Agentie.
Im Jahre 1862 begab er sich nach Rom, von wo er auf die
Nachricht von der russisch-preußischen Convention nach Paris

zurückkehrte und sich schließlich mit dem Fürsten Constantin Czartoryski als Agent nach Stockholm begab.

Julian Klaczko, ein Publicist von umfassendem Wissen, später von europäischem Rufe, war schon damals durch seinen muthigen Kampf gegen die radicalen Elemente der Emigration und insbesondere gegen Mierosławski bekannt. Er schloss sich der Ansicht Kalinkas an. Der Widerspruch zwischen der conservativen Politik des Hôtel Lambert und der „Polnischen Nachrichten" und der Nachgiebigkeit gegenüber der Verschwörung einerseits, sowie der Untergrabung des Werkes Wielopolskis andererseits missfiel ihm, allein er war damals noch zu jung, um seine Ansicht anderen aufzudrängen, zu sehr Gefühlsmensch, um auf ihr zu bestehen.

Zu diesem Kreise gehörte noch Horace Delaroche, der Sohn des berühmten Malers, und von den jüngeren Kräften, die man aus dem Lande herbeigezogen hatte, Graf Stanislaus Tarnowski.

Dieser Kreis hielt schon bei Lebzeiten des Fürsten Adam Czartoryski im Hôtel Lambert Sitzungen ab, die sich mit allen nationalen Fragen und mit der Veröffentlichung der „Polnischen Nachrichten" befassten. Im Jahre 1860 gründete dieser Kreis das Pariser Bureau, das in den polnischen Ländern Correspondenten ernannte. In Galizien waren es die Brüder Johann und Stanislaus Tarnowski sowie Ludwig Wodzicki; der Verfasser dieser Arbeit stand ihnen zur Seite, und auch August Gorayski stand zu ihnen in nahen Beziehungen. Im Großherzogthum Posen waren Correspondenten: Johann Działyński und Thaddäus Chłapowski; für Polen Graf Stanislaus Plater.

Diese Correspondenten hatten über die Lage des Landes und die laufenden Ereignisse Berichte zu erstatten, Fonds zur Unterstützung der polnischen Sache zu sammeln und Instructionen vom Pariser Bureau entgegenzunehmen. Doch darüber hinaus hatten sie nichts zu unternehmen; ihnen oblag bloß der Informationsdienst.

Nach dem Tode Adam Czartoryskis, der am 15. Juli 1861 erfolgte, gieng auf Grund einer letzten Willenserklärung die politische Erbschaft auf seinen zweiten Sohn über; es wurde aber auch dem älteren Sohne Witold und dem General Zamoyski aufgetragen, ihn mit Rath und That zu unterstützen. Fürst

Ladislaus Czartoryski übernahm die Leitung der um das Hôtel Lambert sich gruppierenden Emigration und er wurde damit auch Präsident des Bureaus und des „polnischen historischen Vereines". Diesem Bureau gehörten an: General Ladislaus Zamoyski, Andreas Eduard Koźmian, Ludwig Walewski, Theodor Morawski und Siegmund Jordan, der aus Constantinopel angekommen war, wo er der polnischen Legion während des Krimkrieges angehört hatte, eine scharfsinnige, in patriotischen Theorien übertriebene und von einem mehr eingebildeten als wirklichen Antagonismus zwischen den Familien Jordan und Wielopolski geleitete Persönlichkeit. Weiter gehörten dem Bureau noch an: Valerian Kalinka, Julian Klaczko, Horace Delaroche und der junge Advocat Ravelet; Secretär war Plichta. An den Arbeiten des Bureaus nahmen auch die in Paris sich aufhaltenden Emigranten, darunter Leon Kapliński theil. Die Mitglieder waren durch keinen Eid gebunden, sie leisteten nur das Versprechen, dass sie das Geheimnis der Berathungen wahren und keinem anderen politischen Vereine beitreten würden. Das Bureau führte eine große und weit reichende Politik. Es richtete seine Aufmerksamkeit nicht nur auf London und Rom, sondern auch auf den Orient und insbesondere auf die Bulgaren. In verschiedenen europäischen Städten hatte es seine Agentien; in Constantinopel war Oberst Ladislaus Jordan, ein Bruder Siegmunds sein Vertreter.

Schon früher hatte sich das Bureau mit Schweden und den Tscherkessen beschäftigt; es maß diesen beiden Factoren eine große Bedeutung bei, so dass diese in seinen Berathungen einen mit der Wirklichkeit gar nicht zu vereinbarenden Raum einnahmen. Das alles erforderte Fonds, und da diese zum größten Theile aus dem Lande kamen, so machten sie das Bureau zum größten Theil von demselben abhängig.

Das Bureau war somit ein politischer, in sich abgeschlossener Organismus; es enthielt eine große Summe von Geist, Wissen, Patriotismus, Arbeitsfähigkeit, von Beziehungen zur europäischen, publicistischen und politischen Welt; es verfügte jedoch über eine geringe Summe politischer Erfahrung, die man in der zerfahrenen Emigrationsthätigkeit schwer erwerben konnte. Aber es setzte sich doch aus hervorragenden Geisteskräften zusammen, aus Männern, die eine bedeutende wissenschaftliche Stellung einnahmen, und es musste daher ein Vertrauen erwecken,

14*

das durch den Glanz des Czartoryski'schen Namens, durch die
politischen und humanitären Werke des Hôtel Lambert, durch
die Erinnerungen an die Vergangenheit und durch seine Gegenwart noch gesteigert wurde.

Inmitten der polnischen Emigration bot das Hôtel Lambert
allein die Garantie einer gewissenhaften und genauen Erwägung
der Situation und der Ereignisse. Es war eine nationale Insti-
tution, mit der jeder vernünftige Mensch rechnen musste und
die noch ein blasser Strahl des Königsglanzes aus längst vergangenen Zeiten beschien.*)

Die Wirksamkeit des Hôtel Lambert, die theils persönlicher theils publicistischer Natur war, war eine zweifache. Von
dem Gedanken der Wiederherstellung Polens mittels fremder
Hilfe ausgehend, war das Hôtel Lambert bemüht, einerseits diese
Hilfe vorzubereiten und zu erwirken, andererseits das Land und
die Gesellschaft über ihre Aussichten aufzuklären. Es war daher
fortwährend in mittelbaren oder unmittelbaren Beziehungen zu
demjenigen Theile der Gesellschaft, den in Warschau das landwirtschaftliche Comité und dann die „Weißen" repräsentierten;
es beeinflusste dieselben und wirkte auf sie. Es bildete einen
politischen Kreis, der durch seine Stellung und seine Bedeutung
in die Wagschale fallen musste, es war ein Canal, durch den
alle Rathschläge, Instructionen, Hoffnungen, leider auch alle Illusionen in Bezug auf die fremde Hilfe und die Intervention
Napoleons zu den ernsten Schichten der Nation gelangten.

Das Hôtel Lambert hatte noch eine andere Aufgabe, die
es gegenüber jenen Kreisen, welche es zu vertreten hatte,
betonen musste. Es hatte in der Emigration gegen jene anzu-
kämpfen, die schon wiederholt das Land und die Sache blutigen
Opfern ausgesetzt hatten; mit einem Worte, es hatte der Thätigkeit der „Rothen" nachzugehen und sie zu bekämpfen.

Das Hôtel Lambert und die „Rothen" repräsentierten zwar
eine und dieselbe Unabhängigkeitsidee, aber während die letzteren
selbst durch fruchtlose Versuche die Geister wachhalten wollten,
hat das erstere diese Versuche verurtheilt, da es nur im Wege
einer fremden Intervention die Unabhängigkeit erreichen wollte.
Aber die ablehnende Haltung gegenüber den „Rothen" zwang

---

*) Gemeint ist hier die Abstammung der Familie Czartoryski von der
königlichen Familie der Jagiellonen.   (Anm. d. Übers.)

es oft, denselben in Bezug auf das patriotische Wirken den Vorrang abzulaufen, und dies zu einer Zeit, wo es ein wahrer Patriotismus war, sich dem Verdachte auszusetzen, dass man nicht patriotisch sei.

Infolge der zwischen 1831 und 1856 gesammelten Erfahrungen waren viele der gesunden Anschauung, dass es weder nützlich noch erforderlich sei, die Leitung der nationalen Sache in der Hand Eines, wenn auch des besten Theiles der Emigration zu lassen. Es keimte der Gedanke, dass an Ort und Stelle, im Lande selbst, je nach den Verhältnissen und Umständen die Entschlüsse gefasst werden müssten. Das wäre ein guter Gedanke gewesen, wenn sich ihm die Überzeugung beigesellt hätte, dass man auf fremde Hilfe nicht zu warten brauche, um die Unabhängigkeit zu erlangen, sondern in sich selbst und auf Grund der bestehenden Ordnung eine Sicherstellung der nationalen Existenz suchen müsse. Andernfalls war der Entschluss, sich der Leitung der Emigration zu entziehen, eine Fiction, eine in der Praxis unverwertbare Theorie. Denn die Emigration war ein Bindeglied zwischen dem Lande und der fremden Intervention, sie musste es bleiben und in dieser Beziehung auch entscheiden. Und doch griff man gerade zu jener Zeit zu dieser Fiction und mit Zustimmung Napoleons wurde der Grundsatz aufgestellt, dass das Hôtel Lambert nur ein Diener des Landes sei, dass es demselben nichts aufoctroyieren dürfe und sich dem Willen und den Entschlüssen der „Weißen" fügen müsse.

Dieser Vertrag wurde im besten Glauben abgeschlossen, aber er konnte nicht durchgeführt werden, denn das Land, respective die „Weißen" erwarteten nur fremde Hilfe und so, anstatt das Hôtel Lambert zu leiten, mussten sie von diesem als von der nächsten Quelle Instructionen und Rathschläge fordern und erwarten, in der richtigen Meinung, dass, wenn der Mittelweg, das System Wielopolski, nicht angenommen wurde, der Schwerpunkt nunmehr außerhalb der Grenzen, in den Aussichten auf diese fremde Intervention liege. Und so geschah es, dass, indem die Instructionen des Hôtel Lambert die „Weißen" beeinflussten, das Verhalten dieser wiederum auf die Anschauungen des Hôtel Lambert zurückwirkte; es wurde den Ereignissen von keiner Seite irgendeine Richtung gegeben; dieselbe verschwand in den

Missverständnissen, und die wühlende Verschwörung bemächtigte
sich der Gesellschaft.

Würde der Kreis des Hôtel Lambert weniger Wissen, Vernunft, Patriotismus und guten Glauben repräsentiert haben, so
wäre sein Einfluss geringer gewesen. Aber mit diesen Eigenschaften und Vorzügen war es unmöglich, dass er diesen Einfluss
nicht ausübte, und dass sich der bessere Theil der Gesellschaft
ihm verschloss.

Vom Hôtel Lambert flatterte die Fahne der Unabhängigkeit; sie bedeutete die Werbung um fremde Hilfe. Mit so viel
Geist, Wissen, Opferwilligkeit, hätte es sich zu der Auffassung
emporschwingen können, dass die Lösung auf einem andern
Wege gesucht werden müsse. Aber das Hôtel Lambert war
ebenso wie alle Anderen, vielleicht noch mehr von der Persönlichkeit Napoleons bezaubert; sein Urtheil war gebunden durch
den Glauben an die allgemein gehaltenen Absichten des Kaisers
in der polnischen Frage, die ihm durch den engen Verkehr mit
dem Monarchen und seinen Rathgebern genau bekannt waren.
Ein übermäßiger Glaube in menschlichen Dingen blendet
umso mächtiger, je mehr er, wie in diesem Falle, den tiefsten
Gefühlen, der geistigen Veranlagung, der Erziehung und der
Vergangenheit entspricht. Dieser Glaube war damals doppelter
Natur: man glaubte an die Pläne Napoleons III. und glaubte
an seine Allmacht, sie durchzusetzen. Zur Irreführung selbst der
ernstesten und gewissenhaftesten Geister trug noch immer das
zweideutige und unentschiedene Verhalten des Kaisers bei. Deshalb haben die geistig überlegenen Männer einen großen Irrthum
begangen, weil sie die große Gefahr, die aus den Straßendemonstrationen, der Nationaltrauer und der leicht erkennbaren Verschwörung hervorgieng, nicht rechtzeitig bemerkten und die
Gesellschaft nicht vor derselben warnten.

Das Hôtel Lambert verfiel auch ebenso wie die „Weißen"
während der ersten Manifestationen in einen großen Fehler, der
indessen in den Überlieferungen der November-Revolution seinen
Ursprung hatte. Und doch gebietet die geschichtliche Unpartei-
lichkeit festzustellen, dass diese dreißig Jahre einer ausdauernden
patriotischen Thätigkeit eine Situation vorbereitet hatten, in der
durch die Pläne Napoleons, die Concessionen Russlands und das
System Wielopolski für die Nation reiche Vortheile geschaffen

wurden, wenn sie diese nur auszubeuten verstanden hätte. Die Thätigkeit des Hôtel Lambert war weder unfruchtbar, noch nutzlos, aber sie wurde nicht ausgenützt im gegebenen Augenblicke und die Ursachen lagen in einem Ursprunge.

Die Rathschläge und Instructionen, die vom Hôtel Lambert ausgiengen, verurtheilten weder die Bewegung, die Demonstrationen und die Nationaltrauer, noch empfahlen sie in entschiedener Weise die Unterstützung Wielopolskis; sie warnten lediglich vor einer Umwandlung der Bewegung in eine gewaltsame oder bewaffnete, der moralischen Revolution in eine blutige. Sie verlangten ein maßvolles Verhalten, Behutsamkeit, Ausharren auf dem Boden, auf dem sich bisher die Manifestationen abgespielt hatten. Das war eine Aufforderung, mit dem Feuer achtsam umzugehen, aber nicht, es zu löschen.

Was konnte einen geistig so hervorragenden Kreis wie das Hôtel Lambert derart blenden? Wir lassen die menschlichen Schwächen außer Betracht und wollen lediglich nach den politischen Gründen, nach der politischen Argumentation forschen, von der sich das Hôtel Lambert leiten ließ.

Die zweideutige Stellung der Napoleonischen Regierung gegenüber der Bewegung und den Demonstrationen war anfangs nicht aufmunternd und rechtfertigt nicht die Zurückweisung des Systems Wielopolski. Vertrauliche Mittheilungen empfahlen maßvolles Verhalten, sie betonten den Wert der Concessionen und warnten hauptsächlich davor, die Dinge auf die Spitze zu treiben. Wenn auch die französische Regierung und der Kaiser der Persönlichkeit Wielopolskis anfangs gar keine Bedeutung beigemessen und zu einer Gruppierung um seine Persönlichkeit nicht aufgefordert haben, so haben sie doch nicht gerathen, gegen ihn aufzutreten. Das Hôtel Lambert hat sich somit nicht unter dem Einflusse der französischen Regierung, sondern lediglich infolge seiner moralischen und materiellen Abhängigkeit vom Lande gegen Wielopolski aufgelehnt.

Untersuchen wir nunmehr, wie nach der Zurückweisung des Systems Wielopolski die Hoffnung auf fremde Unterstützung sich darstellte. Wir wissen, wie Napoleon und die französische Regierung sich gegenüber den ersten Warschauer Demonstrationen verhielten, und dass damals die Aussicht auf einen Krieg im Interesse Polens nicht vorhanden war.

Nach den Februar-Demonstrationen sondierte Kaiser Napoleon, inwiefern dadurch seine Beziehungen zum Kaiser Alexander
erschüttert seien und ob dieselben für das Verhalten der französischen Regierung gegenüber Polen maßgebend sein würden.
Die erste Depesche des Botschafters Montebello in Petersburg
theilte mit, dass der russische Kaiser zu Concessionen nicht
geneigt sei; sie machte daher einen unangenehmen Eindruck.
Bald darauf kam der französischen Regierung sowohl vom Grafen
Montebello wie auch von dem russischen Botschafter Graf Kisselew die Nachricht zu, wenn auch Kaiser Alexander die Warschauer Adresse nicht entgegengenommen habe, so versichere
er doch, dass er die Nothwendigkeit der Reformen anerkenne
und sich der Strenge enthalten werde.

Das war die Antwort auf die freundschaftlichen Vorstellungen des französischen Kaisers, Alexander möchte sich milde
und gerecht gegenüber den Warschauer Demonstrationen verhalten. Napoleon gieng vom Standpunkte aus, das französisch-
russische Bündnis, soll es überhaupt zustande kommen, müsse
populär sein, was ohne „Befriedigung der Polen" nicht möglich war.

Da nun Napoleon III. die Mittheilung erhielt, dass Alexander II. im Sinne seiner Vorstellungen vorgehen wolle, so war
er der Überzeugung, dass, wenn die Polen in ruhiger und friedlicher Weise ihre Rechte verlangen würden, dieselben ihnen
auch nicht vorenthalten bleiben könnten. Die französischen
Regierungskreise zweifelten nicht, dass es trotz der wenig ent-
gegenkommenden Antwort auf die Adresse zu Concessionen
kommen würde, nur müsste der Schein vermieden werden, als
ob sie unter einem Drucke gewährt würden. Aber der russische
Botschafter beschwerte sich wegen des Tons und des Inhalts
der Mittheilungen der halbamtlichen Presse über die Warschauer
Vorgänge und so begannen auch diese Organe, die in den ersten
Tagen ausführlich und günstig die Ereignisse besprochen hatten,
jetzt in kühlerer Weise dieselben zu beurtheilen. Französisches
Militär hielt Syrien besetzt, Napoleon wollte diesen Zustand aufrechterhalten, und da England ihm opponierte, so erwartete
Frankreich die Unterstützung Russlands.

Napoleon glaubte noch immer an die Macht seines Einflusses
in Petersburg; jede entgegengesetzte Action der Regierung oder

der russischen Behörden rief eine Gegenwirkung von französischer Seite hervor. So geschah es auch aus Anlass des Erlasses Muchanows, der die bäuerliche Bevölkerung gegen die nationale Bewegung aufzuhetzen und ihre Unterstützung anzurufen schien. Sofort drückte der officiöse „Constitutionnel" seine Entrüstung aus und der „Moniteur" wollte sogar an die Authenticität des Erlasses nicht glauben. Es entstand eine einmüthige Entrüstung und allgemein wurde die Hoffnung ausgedrückt, dass Alexander den Erlass tadeln und Muchanow abberufen werde.

Am 20. December 1861 erschien eine diplomatische Note des Fürsten Gortschakow an die ausländischen Agenten mit der Mittheilung, dass Kaiser Alexander entschlossen sei, in Polen neue Institutionen und Reformen einzuführen, dem Lande den Weg „des gesetzlichen Fortschrittes" zu eröffnen. Ein angeschlossener Ukas führte diese neuen Institutionen an. In Anbetracht dessen ermahnte der „Moniteur" das Land, die Grenzen friedlicher Arbeit und Agitation nicht zu überschreiten.

Schon lange vor den Demonstrationen hatte Napoleon ungeduldig die Erfüllung der ihm vom Fürsten Orlow gemachten Versprechungen erwartet und da sie ausblieb, unmuthig gesagt: „Man hat uns überlistet." Jetzt benützte er den Erlass Muchanows, um diese Versprechungen in Erinnerung zu bringen. Die officiössen Tagesblätter führten sie an; dieselben sollten enthalten: eine allgemeine Amnestie, vollständige Religionsfreiheit, nationale Administration, nationale Schulen, Wiederherstellung der Warschauer Universität, wählbare Gemeinderäthe und eine Bürgerwache in den Städten. Die Regierungs-Organe meinten, die Zeit sei gekommen, um die Versprechungen Orlows zu erfüllen, und der Kaiser habe beschlossen, sie vollständig zu verwirklichen. Der „Moniteur" fügte hinzu, die Abberufung Muchanows sei zu gewärtigen.

So geschah es auch. Muchanow erhielt die Demission, Wielopolski wurde in die Regierung berufen. Es erschien ein Versprechen der bereits in dem Ukas vom 14. März 1861 angekündigten Reformen und Institutionen, der „Moniteur", der die Antwort Alexanders auf die Warschauer Adresse veröffentlicht hatte, beeilte sich, die versprochenen Reformen mitzutheilen und bemerkte mit Befriedigung, dass Kaiser Alexander die polnischen Wünsche berücksichtige und dem Königreich Polen einen gemischten Staatsrath, Gemeindewahlen und eine Reorganisation der öffentlichen Erziehung gewähre. Wie es scheint, hat die französische Regierung ihrem Einfluss die Milde und die Concessionen zugeschrieben. Da sie keinen Aufstand in Polen, sondern nur weitgehende nationale Concessionen herbeiführen wollte und in den bereits gewährten die Verheißung neuer sah, so empfahl sie ihren Organen, sich vorsichtig über die polnischen Verhältnisse zu äußern und die Polen von der Geneigtheit des Czaren Alexander zu überzeugen. Die französische Regierung hatte einen Erfolg, den sie hauptsächlich ihrem Einflusse zuschrieb; sie ersah daraus, dass inmitten der zwei Parteien in Petersburg, der Nikolaitischen und der durch den Minister Gortschakow repräsentirten französischen Partei, Alexander zur zweiten Partei hinneige. Aber Napoleon betrachtete die gewährten Concessionen der russischen Regierung nur als ein Angeld, das er nicht einmal quittieren wollte, während das Petersburger Cabinet ihm bedeutete, dass der Kreis der Concessionen fest bestimmt sei und dass es bei der ersten Gelegenheit mit seiner ganzen Kraft hervortreten würde.

Das Hôtel Lambert erhielt von der französischen Regierung die Instruction, dass das Land von dem gewählten Wege nicht abweichen dürfe; seitens des Pariser Bureaus fügte man noch die mystische Lehre hinzu: „Mit der Leidenschaft des Opfers und mit dem Wahnsinne des Kreuzes ist der Kampf nicht so leicht." Man theilte gleichzeitig mit, dass die französische Regierung von ihrem Warschauer Consul die Nachricht empfangen habe, die Militär-Commandanten seien entschlossen, auf das wehrlose Volk nicht zu schießen. Das hieß, man möge dem bewaffneten Kampfe ausweichen und nur durch die moralische Revolution wirken. Der „Constitutionnel" gab zu verstehen, dass man eine innere Arbeit in Polen, aber keinen bewaffneten Aufstand wünsche und dass der letztere, eines Archimedischen Punktes entbehrend, nur Niederlagen zur Folge haben würde.

Der „Moniteur" schrieb in den ersten Tagen des Monats April sehr ausführlich über Polen und zwar infolge von Tumulten in Kalisz, welche, wie er betonte, „ohne Blutvergießen vor sich gegangen waren," und er rieth, Missbräuche „als für die Sache einer edlen Nation nachtheilig" zu vermeiden. Die weiteren Mittheilungen im Regierungsblatte hauchten den Gedanken

der Geduld, der Ruhe, sie traten der Absicht, zu anderen
als legalen Mitteln zu greifen, entgegen, sie wollten aber auch
andererseits den Herrschenden die Nothwendigkeit von Reformen
beibringen. „Frankreich,“ schrieb man aus Paris, „möchte in diesem
Jahre keinen europäischen Krieg haben: möge Polen doch einmal im Leben dem Schwerte entsagen.“

Walewski erklärte in seinen vertraulichen Mittheilungen
und Rathschlägen, „dass alles, was aus den Ereignissen hervor-
gehe, dazu führe, die Sache zu stärken. Man muss handeln
und nicht laufen. Es darf nicht verhehlt werden, dass alles, was
dazu dienen würde, die einmal in Angriff genommenen, wenn
auch ungenügenden Reformen aufzuhalten, sowohl von der öffentlichen Meinung, wie von der französischen Regierung missbilligt
werden würde. Wenn auch die Straßendemonstrationen einen
ruhigen Charakter hatten und ohne Folgen blieben, so erwecken
sie doch Befürchtungen.“

England verhielt sich gleichgiltig. Lord Stratford Redcliffe
sprach nur deshalb von den Warschauer Ereignissen, um das
maßvolle Verhalten Russlands zu loben. Minister Russell erklärte
im Parlamente, dass ihm die Interessen Englands in dieser
Beziehung Stillschweigen auferlegten.

Plötzlich kam die Nachricht von einem neuen Blutvergießen
aus Warschau. Man war darüber sehr entrüstet. Man fühlte bald
die eigene Ohnmacht gegenüber der neuen Wendung. Denn es
waren bereits Vorstellungen nach Petersburg gesandt worden,
die jedoch dort eine schlechte Aufnahme gefunden hatten. Der
„Constitutionnel“ legte seine aufrichtigen Sympathien für die Opfer
des Märtyrerthums an den Tag und nannte das Vertrauen auf
das Recht und die Humanität der Warschauer eine Gutmüthigkeit. „Die Schüsse in den Straßen Warschaus tödten das russisch-
französische Bündnis im Keime,“ sagten diejenigen, die ihm
gewogen waren. „Da Warschau auf eine diplomatische Intervention des Westens nicht rechnen kann,“ schrieb man aus
Paris, „so sollte es sehr vorsichtig zuwerke gehen.“ Die Persönlichkeit, welche im Februar vom landwirtschaftlichen Comité
abgesandt worden war, befand sich noch in Paris. Als sie sich
in Begleitung Andreas Koźmians zu Walewski begab, erklärte
dieser: „Nehmet alles, was man Euch gibt, sonst setzt Ihr Euch
einer schrecklichen Repression aus.“

Infolge dessen hat sich auch Fürst Adam Czartoryski in
seinen letzten Tagen für Wielopolski erklärt, jene Persönlichkeit
begab sich in Begleitung des Fürsten Ladislaus Czartoryski
zum Redacteur des „Journal des Débats", Bertin, mit der
Bitte um einen Artikel in diesem Sinne, der auch thatsächlich
erschien. General Zamoyski meinte in seinem Mysticismus noch
immer, man müsse sich niederschießen lassen — aber er stand
mit dieser Anschauung ganz allein da.

Die hervorragenden Persönlichkeiten im Lande nahmen
sofort im Staatsrathe Stellungen an. Es schien, als ob Kaiser
Napoleon, die französische Regierung, das Hôtel Lambert und
selbst ein Theil der „Weißen" plötzlich durchblickt hätten, wie
gefährlich das Spiel mit den Demonstrationen sei und wie ver-
führerisch die moralische Revolution werden könne.

Es mangelte somit für alle diejenigen, die ihre Combinationen auf die französische Unterstützung und auf Napoleon
außerhalb eines Compromisses mit Russland stützten, nicht an
einer feierlichen Warnung, die muthmaßen ließ, dass Napoleon
und seine Rathgeber, welche bisher, wie wir gesehen haben,
vielleicht mit berechneter Nachgiebigkeit und mit Wohlgefallen
die polnischen Demonstrationen behandelt hatten, deren Verderblichkeit für die polnische Politik und die Sache, die sie unterstützen wollten, begriffen.

Die französische Regierung entschloss sich — wenn auch
spät — zu einem Schritte, der unter den gegebenen Verhältnissen
der ehrlichste und vortheilhafteste war. Am 23. April 1861, somit
nach der letzten so blutig beendeten Manifestation vom 8. April,
veröffentlichte der „Moniteur" die denkwürdige Warnung an
die polnische Gesellschaft, auf dem bisherigen Wege innezuhalten,
auf die allzuferne Unterstützung Frankreichs nicht zu rechnen
und in der Aussöhnung mit der bestehenden Ordnung eine
günstige Lösung zu suchen. Es war dies eine Warnung, welche
die Verhältnisse und die Situation genau bezeichnete und den
Verblendeten den klaren Blick wiedergeben sollte.

Der „Moniteur" schrieb: „Die Warschauer Ereignisse sind
einmüthig von der französischen Presse mit jener traditionellen
Sympathie, die man stets im Westen Europas für Polen hat,
beurtheilt worden. Allein diese Beweise der Sympathie würden
der Sache einen sehr schlechten Dienst erweisen, wenn sie die

öffentliche Meinung auf einen Irrweg leiteten, indem sie zu der Muthmaßung Anlass gäbe, dass die kaiserliche Regierung Hoffnungen aufmuntere, die sie zu erfüllen nicht imstande ist.

Die edlen Grundsätze, die den Kaiser Alexander seit seiner Thronbesteigung beseelen, und die er in so erhabener Weise bethätigt, wie die große Reform der Bauernbefreiung, bieten eine sichere Garantie für sein Verlangen, in Polen geeignete Reformen einzuführen. Es sei zu wünschen, dass ihn jene Demonstrationen, die die Würde und die politischen Interessen des französischen Kaiserreiches in einen Gegensatz mit den Absichten seines Herrschers stellen könnten, in diesem Streben nicht behindern.“

Aber eines war nöthig — die Worte des „Moniteur“ buchstäblich anzunehmen und zu interpretieren. Dann wäre eine entschiedene Wendung der vernünftigen Männer und der „Weißen“ möglich gewesen, eine Wendung, die zur Folge gehabt hätte, dass die Gesellschaft, anstatt auf einen von Frankreich ausgehenden Krieg im Interesse der Wiederherstellung Polens zu rechnen, die Beziehungen zwischen Frankreich und Russland im Interesse der Sicherung ihrer nationalen Existenz ausgenützt hätte. Doch es fehlte der Muth und der gesunde Menschenverstand, um wörtlich zu begreifen, was der „Moniteur“ sagte und sagen wollte.

Die Sophistik der Täuschungen und der unbegründeten Hoffnungen hatte aber eine solche Ausdehnung angenommen, dass man in jenen Worten die Absicht Napoleons sah, Russland zu zeigen, dass die polnische Bewegung keineswegs isoliert dastehe und die Unzufriedenheit der Polen so eingewurzelt sei, dass sie beide nicht nur ohne Aneiferung seitens Frankreichs, sondern auch trotz seines Unwillens und des Unwillens des Kaisers fortdauern würden. Daraus zog man den Schluss, dass durch die Demonstrationen, durch die Nationaltrauer und die Gesänge Beweise von Selbständigkeit und Unzufriedenheit an den Tag gelegt werden müssten. Dort, wo die Argumentation der Vernünftigen den Wahnwitzigen zu Hilfe kommt, ist der Sieg der letzteren unvermeidlich.

Es muss zugegeben werden, dass die weise Warnung des „Moniteur“ trotz ihrer Entschiedenheit der Unzweideutigkeit kein Ende machte, denn es folgten bald offene und geheime Correcturen derselben, die nur zu neuen, nicht ganz unberech-

tigten Täuschungen Anlass gaben, da man selbst im Tenor
jener Warnung nur das Interesse und den Schutz Napoleons
für die polnische Sache sehen wollte.

So sollte die Note des „Moniteur", anstatt den freiwilligen
Missverständnissen ein Ende zu machen, ihre Dauer nur verlängern.
Das Verhalten der französischen Regierungskreise und das
Bestreben des Kaisers, den Polen die letzte Hoffnung selbst dort, wo
seine Organe vor derselben warnten, nicht ganz zu nehmen, trugen
zur Vergrößerung dieser Missverständnisse das Ihrige bei. Eine
nüchterne Gesellschaft hätte die Erklärung des „Moniteur" richtig
verstanden und politisch ausgenützt. Die polnische Gesellschaft,
noch dazu die damalige, interpretierte dieselbe nach ihren eigenen
Wünschen und Leidenschaften und es mangelte nicht an Com-
mentaren, die eine solche Interpretation rechtfertigten. Die Note
des „Moniteur" hielt man schließlich beiderseits nicht für eine
Warnung an die Polen, sondern für eine momentane Concession
an die Russen. Statthalter Gortschakow wusste vorher, dass sie
erscheinen würde, und rechnete auf ihren Erfolg.

„Es soll," schrieb er an Wielopolski, „in der heutigen oder
morgigen Nummer des „Moniteur" ein für unsere Regierung sehr
günstiger Artikel erscheinen. Ich bitte Sie, mir diese Nummer,
sobald sie der Censur zugekommen sein wird, zu übersenden."

Weder die „Weißen" in Warschau, noch das Hôtel Lambert in Paris nützten die Note des „Moniteur" aus. Das
Hôtel Lambert war ebenso wie die „Weißen" durch die Auflösung der Landwirtschafts-Gesellschaft schmerzlich berührt.
Es kannte die politische Bedeutung dieses Schrittes nicht, es
begann daher schon in der Hälfte des Monats Mai immer
entschiedener gegen Wielopolski aufzutreten und gab der Meinung
Ausdruck, dass er nur ein Werkzeug Russlands sein werde,
obwohl es sein würdiges und entschiedenes Verhalten gegenüber
Russland anerkannte. Das Hôtel Lambert betonte auch die Un-
vollständigkeit der Reformen; denn die französische Regierung
verheimlichte nicht, dass dieselben weder die gegebenen Versprechungen noch das, was erreichbar wäre, befriedigten.

Seitdem bediente sich die französische Regierung der Taktik,
der Hoffnung, ja sogar der Überzeugung Ausdruck zu geben,
dass die gewährten Concessionen eine Erweiterung erhalten
würden. Der „Moniteur" vom 30. Mai schrieb von ausführlichen

organischen Bestimmungen über die neuen polnischen Institutionen und hielt unerschüttert an dem Glauben fest, dass Russland seine Versprechungen erfüllen werde; er wollte sogar ahnen, dass es auch dasjenige, was es nicht versprochen, verwirklichen würde.

Da tauchte in Paris das Gerücht von der Krönung Alexanders II. in Warschau auf und es ist charakteristisch, dass die officiösen Blätter sofort die Note des „Moniteur" zu kritisieren begannen.

Am 14. Juni 1861 erschien ein Artikel im „Constitutionnel" mit der auf den amtlichen Ursprung hinweisenden Unterschrift Grandguillots. Sein Inhalt war folgender: Frankreich könne für Polen nichts thun; Polen sei ohne Armee, ohne Programm, ohne sociale Organisation. Kaiser Alexander sei den Polen in aufrichtiger Weise gewogen. Die wahren Freunde der Polen sollten sie zum Vertrauen auf die Versprechungen Alexanders II. bewegen, seine Zugeständnisse würden ernst und ehrlich durchgeführt werden. Frankreich wisse aus eigener Erfahrung, was das Wort des Czaren wert sei, es könne daher an seiner Ehrlichkeit nicht zweifeln. Man müsse also an die verschiedenen Reformen glauben und eine Agitation einstellen, die zu gar nichts Gutem führe. Der „Constitutionnel" fügte noch einige bittere und unangenehme Worte hinzu, in denen er die Polen beschuldigte, ihr eigenes Unglück verschuldet zu haben; er gratulierte zu den erhaltenen Reformen und tadelte die französischen Blätter wegen ihrer Sympathie für Polen; mit einem Worte, er paraphrasierte in schroffer Weise die Note des „Moniteur" vom 23. April. Dieser Artikel bildete somit eine entschiedene Stellungnahme gegen die Demonstrationen. Er musste auf die Polen peinlich wirken und er rief unter ihnen eine große Entrüstung, ja sogar Erbitterung, zum Theil aber auch eine gewisse Ernüchterung hervor.

„Die russische Regierung," schrieb man von polnischer Seite, „hat in der polnischen Frage nie die gegebenen Versprechungen erfüllt. Es wurden weder die von Orlow mit seinem Ehrenworte, noch die während der Kaiserbegegnung in Stuttgart mit dem Kaiserworte besiegelten Versprechungen verwirklicht; es werden auch diejenigen nicht eingehalten, durch welche der russische Minister des Äußern den Kaiser Napoleon während der ersten Warschauer Ereignisse beruhigte. Die französische

Regierung scheint die Taktik gewählt zu haben, dem russischen Kaiser ein wohlwollendes Verhalten gegen die Polen einzubilden und den Glauben an eine baldige Verbesserung ihrer Existenz zu verbreiten." In dieser Weise commentierte Andreas Koźmian die Worte des „Constitutionnel". Das bedeutete, dass Minister Walewski das Auftreten dieses Organes nicht billigte und bewies, dass die bisher durch die russische Regierung gewährten Concessionen weder ihren Versprechungen, noch den Erwartungen Napoleons entsprachen.

Der Artikel des „Constitutionnel" konnte somit als Symptom der sich im französischen Cabinet kreuzenden Einflüsse in der polnischen Frage oder aber als die Verheißung einer Wendung in der französischen Politik betrachtet werden. Das Hôtel Lambert erschrak, es fühlte sich durch den Artikel tief verletzt.

Fürst Ladislaus Czartoryski befand sich gerade mit seiner Gattin am französischen Hofe zu Fontainebleau, wohin er wie gewöhnlich eingeladen worden war; diesmal nach der Rückkehr aus London, wo er auf einem Meeting in scharfer Weise gegen den Artikel des „Moniteur" vom 23. April aufgetreten war.

Das Bureau entschied, dass angesichts des beleidigenden Verhaltens des Regierungsorganes gegenüber den Polen der Fürst am kaiserlichen Hofe nicht länger bleiben dürfe, und Julian Klaczko wurde nach Fontainebleau gesendet, um den Fürsten zu bewegen, mit seiner Gattin den Hof zu verlassen. Fürst Czartoryski kam zur Berathung nach Paris und nach seiner Rückkehr in das kaiserliche Schloss gab er der Kaiserin Eugenie bekannt, warum er sich vom Hofe entfernen wolle. Auf die Anfrage des Kaisers setzte er auseinander, dass ihn das Auftreten des „Constitutionnel" gegenüber seinen Connationalen in eine falsche Stellung bringe, dass sie sich dadurch tief verletzt fühlten, und er bat um die Bewilligung zur Abreise. Der Kaiser erwiderte, er wisse nicht, was der „Constitutionnel" geschrieben habe, er habe den Artikel nicht gelesen, der Artikel müsse jedoch deplaciert gewesen sein, wenn sich der Fürst beleidigt fühle, und er könne den Artikel schon deswegen nicht loben. Er fügte hinzu: „Man kann den Blättern befehlen, zu schreiben, was man wünscht, man kann ihnen jedoch nicht befehlen, das nicht zu schreiben, was einem nicht gefällt," und dann zum Schlusse: „Um was handelt es sich Ihnen, lieber Fürst? Geben

Sie mir bekannt, was Sie wollen, dass geschrieben werde, und morgen wird es erscheinen."

Der Fürst blieb daher über Auftrag des Kaisers im kaiserlichen Schlosse und am 18. April veröffentlichte ein anderes officiöses Organ „La Patrie" einen Artikel, in dem es für Polen gegen den „Constitutionnel" eintrat und den gegen die anderen französischen Blätter wegen ihres Mitleids für Polen ausgedrückten Tadel zurückwies. Der Artikel der „Patrie" erklärte, dass der „Constitutionnel" diesmal nicht inspiriert gewesen wäre, er wunderte sich über die Beschuldigung Polens, sein Unglück selbst verschuldet zu haben und darüber, dass der „Constitutionnel" Polen zu Reformen beglückwünsche, die es noch gar nicht erhalten habe. Zum Schlusse fügte „La Patrie" hinzu, dass der „Constitutionnel" gewiss auf die wohlwollenden Absichten des Kaisers Alexander rechne, aber er lasse in seinen Rathschlägen den Ansprüchen der Polen sehr wenig Gerechtigkeit angedeihen. „Wir wollen hoffen, dass sich endlich eine andere Anschauung Bahn bricht, denn selbst hochgestellte Russen tadeln die russische Regierung wegen ihres gegen Polen eingehaltenen Systems; warum bewundert denn der „Constitutionnel" dasselbe?"

Der „Constitutionnel" musste zurückweichen. In seiner Antwort vom 20. Juni an die „Patrie" erinnerte er noch an die alte Anarchie Polens, erklärte jedoch, Kaiser Alexander II. sei im Interesse Russlands den Polen Concessionen schuldig. Am folgenden Tage schrieb er: „Man wundert sich, ja man ist entrüstet über unser maßvolles Verhalten. Aber gerade dieses, das soll man nicht vergessen, ist ein Ausdruck unserer tiefen Liebe für Polen und unseres Vertrauens auf seine Mission für die Zukunft des europäischen Gleichgewichtes. Mit besorgten Blicken haben wir es während der gegenwärtigen Krise verfolgt und die Blätter, die uns Kaltblütigkeit vorwerfen, haben vergessen, dass gerade der „Constitutionnel" während der letzten Warschauer Scenen den ersten und lautesten Schmerzensschrei ausgestoßen hat. Infolge der schwierigen Lage Polens verlangt Kaiser Napoleon von der russischen Regierung Reformen, aber er verlangt auch das Wohl und die Zukunft Polens. Das Wort des Kaisers Napoleon ist unwiderruflich und die Welt weiß, dass dieses Wort, trotz aller Hindernisse, stets erfüllt wird."

Es war eine glänzende und vollkommene Satisfaction. Ihr
Eindruck auf die Polen war und musste groß sein, er ver-
wischte nicht bloß das erste Auftreten des „Constitutionnel",
sondern auch die April-Note des „Moniteur".

Dieser ganze Vorgang war unter den damaligen Verhältnissen von außerordentlicher Bedeutung. Sein Verlauf charakterisierte in vorzüglicher Weise das Verhalten Napoleons und
seiner Regierung gegenüber den polnischen Ereignissen; ein
Verhalten, das nicht nur eine so erhitzte Gesellschaft, wie es
die polnische war, sondern auch eine andere, eine nüchternere
hätte irreführen können. In ihrer Verblendung sahen die Polen
in einer jeden Erklärung der französischen Organe, welche
eine Verständigung mit Russland anrieth, eine tiefe Belei-
digung, und Napoleon war stets mit der Satisfaction zur Hand.
Besonders betonte jedoch die officiöse Presse, dass die Concessionen und Reformen ungenügend seien. Fortwährend wurde
Geduld empfohlen, man gab zu verstehen, dass Polen schließlich zu allem gelangen würde, was es wünsche; man möge
immer weitergehende Concessionen anstreben und auf der
angeblich legalen Opposition verharren, um eine gewisse Unabhängigkeit, wenn auch mit einer russischen Dynastie zu erlangen. Schon im Jahre 1861 wiederholte man in Paris, dass das
Königreich Polen der Unabhängigkeit gegenüber Russland
bedürfe.

Nach dem Tode des Fürsten Adam Czartoryski schrieb
Kaiser Napoleon an den Fürsten Ladislaus, dieser Verlust treffe
nicht nur die Familie, sondern auch die ganze Nation. Mocquard, der Geheimsecretär des Kaisers, empfahl dem Fürsten
Ladislaus in einem Condolenzschreiben, dass er das Werk seines
Vaters weiterführe. Der Minister des Äußern, Thouvenel, erklärte,
dass die Tugenden und die Opferwilligkeit des Fürsten Adam
eine Erbschaft seien, auf die der Sohn stolz sein sollte. Nur
der „Moniteur" verschwieg den Tod des Fürsten, und als Andreas
Koźmian daran erinnerte, erhielt er den Auftrag, einen Nekrolog
zu schreiben, der in diesem amtlichen Organe, wenn auch mit
mehreren Änderungen, erschien.

Das Verhalten des Kaisers Napoleon und der französischen
Regierung war durch die Rücksicht auf Russland und
durch den Glauben, dass Russland die polnische Frage

ihrer Lösung zuführen würde, gebunden. Damit konnte sich die polnische Verschwörung nicht zufrieden geben. Wie wenn sie den Kaiser Napoleon anspornen oder ihn vielleicht treffen wollte, veranstaltete sie am 21. Juli 1861, als sich im englischen Parlamente infolge der Interpellation des Abgeordneten Hennessy sehr sympathische Stimmen für Polen äußerten, eine Demonstration vor dem englischen Consulat in Warschau. Man rief: „Es lebe die Königin Victoria! Es lebe die englische Nation!" Man überreichte dem Consul einen Kranz mit der Inschrift: „Dank der englischen Nation für ihre Sympathie in der polnischen Frage." Der Consul nahm den Kranz in Empfang und aus den Fenstern des Consulats hörte man den Ruf: „Es lebe die polnische Nation!" Als jedoch in Warschau der Gedanke entstand, den Kaiser Napoleon am 15. August, seinem Namenstage, zu ehren, erschien eine Kundmachung der Verschwörung mit der Aufforderung, sie zu unterlassen. „Denn Kaiser Napoleon hat bisher für Polen nichts gethan." Es wurde aber hinzugefügt, „dass man ihm die traditionelle Sympathie bewahren müsse."

Angesichts der Feier der Union im ganzen Lande anerkannte man in Paris, dass Polen eine schöne Demonstration vollbracht habe, ohne die durch die Umstände gezogenen Grenzen zu überschreiten. Das Erstaunen der Franzosen war groß, dass die friedlichen, unbewaffneten Manifestationen fortgesetzt wurden.

Die unabhängige Presse widmete, Dank den Bemühungen des Hôtel Lambert, der polnischen Frage immer mehr Aufmerksamkeit. Es erschienen Memoiren aus den Zeiten des Warschauer Großherzogthums von den französischen Residenten Bignon und Bourgoing, wie zur Auffrischung der Traditionen jener Epoche. Gerüchte wurden in Umlauf gesetzt, dass Frankreich und England bereits Vorstellungen wegen der Gewaltthätigkeiten in den Kirchen nach Petersburg abgesendet hätten.

Allein es erfolgte eine anfangs unbedeutende russenfreundliche Wendung der leitenden französischen Kreise. Der „Constitutionnel" und der „Moniteur" tadelten die Polen wegen der Warschauer Ereignisse. Anlässlich der Abreise Wielopolskis nach Petersburg war die französische politische Welt der Anschauung, dass nur er ein politisches Programm habe.

Am 14. November übernahm Fould das Portefeuille der Finanzen und durch ihn erhielt die polenfeindliche Strömung im Ministerrathe eine Stärkung. „Wiederum," schrieb man aus Paris am 16. December, „macht sich die Absicht bemerkbar, Russland zu schonen. Graf Kisselew wurde sehr freundlich in Compiègne empfangen, aber weder er noch der Kaiser haben die polnische Frage erwähnt."

Als sich Fürst Czartoryski an die französische Regierung wandte, damit sie sich in Petersburg für den verurtheilten Administrator der Warschauer Diöcese Bialobrzeski verwende, wurde er abgewiesen; man behauptete, dass sich dadurch sein Schicksal nur verschlimmern würde.

Am Neujahrstage 1862 erwiderte Napoleon die Ansprache des russischen Botschafters Kisselew, des Doyens des diplomatischen Corps, mit den Worten: „Wir hatten im vergangenen Jahre viele Bewegungen an verschiedenen Punkten und schreckliche Verluste in den Herrscherfamilien zu verzeichnen. Hoffen wir, dass das neue Jahr für die Monarchen und Völker glücklicher sein wird."

Nicht die Polen allein sahen in diesen Worten eine Bezugnahme auf die Warschauer Ereignisse. Auch anlässlich der Eröffnung des Parlamentes hielt der Kaiser eine sehr friedliche Ansprache, in welcher er sagte, dass zwischen ihm und den Mächten keine Differenz vorliege.

Im Senate erwähnten Larabit und Ségur d'Aguessau die polnische Frage, der erstere appellierte an die Gnade des Czars, der andere sprach in flammenden Worten. In der Deputiertenkammer trat Graf Ornano, der natürliche Bruder Walewskis und kaiserlicher Kämmerer, ebenfalls für Polen ein.

Auch in den englischen Kammern war von den Polen die Rede. Lord Russell erklärte sich in einer vorsichtig gehaltenen Rede für die Rechte Polens; er leugnete, dass dieselben infolge der Ereignisse des Jahres 1830 verloren seien und äußerte sich in der bekannten Weise über Wielopolski. Der „Moniteur" veröffentlichte diese Ansprache. Am 4. April wurde in beiden Kammern interpelliert. Lord Palmerston sprach noch energischer, als Russell. Er erklärte, dass sich England durch die russische Vergewaltigung der Verträge über Polen getroffen fühle, und gebrauchte jene denkwürdigen Worte: „Die polnische

Nation ist ähnlich jenem Mantel, in den sich der Wanderer umso fester hüllt, jemehr ihm der Nordwind denselben zu entreißen droht."

Am 30. Mai erhielt die französische Regierung die Nachricht von der in Aussicht genommenen Ernennung des Großfürsten Constantin zum Statthalter des Königreiches Polen. Baron B u d b e r g, der designierte Nachfolger des Grafen Kisselew, kam nach Paris und überbrachte die Ausdrücke der freundschaftlichsten Gefühle des Petersburger Cabinets.

So stellen sich das Vorgehen und Verhalten Napoleons, seiner Regierung und Organe gegenüber den polnischen Ereignissen, so die Combinationen und Hoffnungen auf seine Hilfe und Unterstützung bis zur Ankunft des Großfürsten Constantin in Warschau dar. Die polnische Gesellschaft wurde zweifellos irregeführt, aber hauptsächlich deshalb, weil sie es wollte und wünschte.

Das Hôtel Lambert hätte in erster Linie den Ernst der Lage ermessen sollen, umsomehr, da es besser als andere wusste, dass sich damals die polnische Frage auf die Unterhandlungen zwischen Frankreich und Russland beschränkte und vorläufig ein Ausgang weder bekanntgegeben noch in Aussicht genommen wurde. Allein, da die vertraulichen Rathschläge von den dauernden Versicherungen der Unwandelbarkeit der kaiserlichen Entschlüsse und von dem Versprechen begleitet waren, dass die polnische Sache nicht im Stiche gelassen werde, erlangten in dem Urtheile des Hôtel Lambert das unbegrenzte Vertrauen auf die Allmacht des Kaisers und die endgiltige Argumentation, dass, wenn auch in Polen die Sachen bis zum Äußersten gedeihen sollten, Napoleon nicht zurückweichen und trotz seiner jetzigen Rathschläge und Warnungen das richtige Mittel ausfindig machen würde, um seine Absichten zu verwirklichen, die Oberhand. Man sagte sich damals: „Die kaiserliche Politik hat oft die auf die italienische Einheit hinzielende Bewegung verdammt und doch war sie ihr im geheimen gewogen, hat sie dieselbe im geheimen unterstützt und von sich nur die Verantwortlichkeit abzuwälzen getrachtet. So wird es auch mit der polnischen Bewegung sein."

Eine irrige, haltlose Argumentation, die sich wiederum nur durch die damalige Atmosphäre und das heute unglaub-

liche Vertrauen auf Napoleon erklären lässt, durch die damalige
Gewohnheit, die Entschlüsse und Pläne dieses Mannes aus den
eigenen Wünschen heraus zu ahnen, wenn man sie nicht errathen
konnte oder wenn überhaupt nichts zu errathen war. Zwar
konnten angesichts dieses Verhaltens und der vertraulichen Mittheilungen des Kaisers, insbesondere aber seiner Rathgeber, deren
Sammelpunkt das Hôtel Lambert bildete, Zweifel entstehen, und
dies umso leichter, als man ja zu solchen seine Zuflucht nahm.
Denn jene Rathschläge waren weder in Bezug auf die Unterlassung der Demonstration, noch in Bezug auf die endgiltige
Annahme des Systems Wielopolski von entschiedener, zweifel-
loser Natur. Das Hôtel Lambert wusste sehr wenig oder konnte
vielleicht auch nicht wissen von den Einzelheiten und von dem
Einflusse der Unterhandlungen zwischen Frankreich und Russland
auf die in Warschau gemachten Concessionen. Napoleon III.
konnte ja den Nutzen der polnischen Bewegung und der Ereignisse darin sehen, dass dadurch stufenweise die russische Regierung zu immer größeren Concessionen in der Richtung der
„Befriedigung der Polen" gedrängt würde; er konnte sie aber
auch als Mittel betrachten, um Russland von der französischen
Politik abhängig zu machen, die ja die Beschwörungsformel der
polnischen Frage genau kannte. Napoleon konnte auch an der
Methode und den Praktiken der Verschwörung Gefallen finden,
die sein in diesem Fache sehr geschulter Geist errathen hatte ;
aber er konnte die Hauptgefahr, die daraus für das Land und
die gemeinsame Sache entstand, verkennen. Das Hôtel Lambert
und die „Weißen" durften dies nicht.

Es muss zugegeben werden, dass der Verlauf der Ereignisse
in Warschau, die Entwicklung der Demonstrationen, das Verhalten der russischen Behörden, die Stellung Wielopolskis fortwährend die französische Regierung und den Kaiser, das Hôtel
Lambert und die „Weißen" irreführen und verwirren konnten.
Es war dies auch eine Ursache der Begriffsverwirrung.

Es ist zweifellos, dass die Beziehungen Frankreichs zu
Russland bei diesen Ereignissen einen wichtigen Factor bildeten,
dass sie das Verhalten der russischen Regierung beeinflussten
und dass die polnische Frage, so wie die Pläne Napoleons III.
in derselben einem russisch-französischen Bündnisse im Wege
standen, das auch nicht zustande kam, wiewohl man fortwährend

von ihm sprach. Allein nicht bloß die polnische Frage stand
dem Bündnisse im Wege. Wie Österreich nach dem italienischen
Kriege, so wurde auch Russland nach dem Krimkriege gegen
Frankreich misstrauisch. Kaiser Alexander II. schenkte Napoleon
kein Vertrauen, seitdem dieser unter Aufstellung des Nationalitätenprincips vor revolutionären Mitteln nicht zurückscheute und
den Nationen, die einer nationalen Existenz entbehrten, seinen
moralischen Schutz, sein Mitgefühl nicht versagte: den Ungarn
und besonders den Polen. Die Anhänglichkeit Alexanders II. an
den preußischen König, die Achtung vor den Traditionen, die
diese beiden Höfe verbanden, bildeten ebenfalls ein Hindernis.

Andererseits aber eröffneten sich der russischen Nation
freundschaftliche Beziehungen zu der damals ruhmbekränzten
Repräsentantin der Civilisation, zu Frankreich. Von diesem Na-
tionalstolze war Fürst Gortschakow durchdrungen; er lechzte
darnach, durch Beseitigung der für Russland demüthigenden
Bedingungen des Pariser Vertrages Lorbeeren zu ernten. Vorläufig wollte er die Geneigtheit Frankreichs, mit Russland ein
Bündnis abzuschließen, in Constantinopel und an der Donau
erproben. Auf einen Krieg mit der Türkei rechnete Russland,
das innerer Reformen bedurfte, nicht, die Umwälzungen im
Oriente wurden auf später verschoben und mit ihnen auch der
Abschluss eines Bündnisses. Es bestanden daher fortwährend
gute Beziehungen zwischen Frankreich und Russland; es erfolgte
ein Einvernehmen in einzelnen Fällen, aber zu einem bindenden
Vertrage kam es nicht. Es bestanden zwischen beiden Staaten
verschiedene Stufen der Intimität und des Misstrauens, die von
der polnischen Frage beeinflusst wurden. Im Jahre 1862 hatte
Kaiser Alexander mit Wielopolski eine bedeutungsvolle Unterredung. Der letztere schrieb darüber aus Petersburg: „Der
Kaiser hörte wie gewöhnlich mit Aufmerksamkeit meinem Vor-
trage zu und machte zu einigen Punkten seine Bemerkungen.
Endlich erklärte er, dass er die Absicht habe, einen Großfürsten
nach Warschau zu senden, aber nicht bloß für die Militär-,
sondern auch für die gesammte Gewalt, dem er eine Civilperson
mit einem erst später genau zu bestimmenden Wirkungskreise
zur Seite geben wolle. Er könne jedoch derartige Änderungen
gegenwärtig noch nicht vornehmen, da mit Rücksicht auf die
Agitationen der Emigration und Mierosławskis, sowie auf die

Verhältnisse in Ungarn ein bewaffneter Aufstand zu befürchten
und daher ein Generalcommandant am Platze nothwendig wäre.
Als ich dies dem Fürsten Gortschakow erzählte, war er verblüfft,
dass der Kaiser in seiner Offenheit so weit gegangen war, und er
beschwor mich, davon niemandem etwas zu sagen."

Wir sehen somit, dass die Concessionen Alexanders den
Napoleon III. gemachten Versprechungen entsprachen, aber
auch, dass der russische Kaiser dem französischen Herrscher
nicht traute. Wir sehen weiter, dass die von uns dargestellten
Beziehungen zwischen der französischen und russischen Regierung bestanden und die Ereignisse beeinflusst haben. Wer das
bestreiten oder daran zweifeln wollte, dem genüge ein Hinweis
auf die Worte Napoleons III. in seiner Thronrede vom 5. November 1863, sowie dass nach dem polnischen Aufstande nie mehr
zwischen der Napoleonischen Regierung und Russland intimere
Beziehungen angeknüpft wurden. Herzog von Morny musste
seine Bemühungen in dieser Richtung aufgeben und seine Correspondenz mit dem Fürsten Gortschakow einstellen; Russland
hat es durch nichts versucht, im Jahre 1870 und 1871 den
Zusammenbruch Napoleons und Frankreichs zu verhindern.

Wir haben bewiesen und werden noch zu beweisen in
der Lage sein, wie die damaligen Beziehungen zwischen Frankreich und Russland polnischerseits verkannt oder unrichtig beurtheilt wurden. Wielopolski, der klarer als alle anderen sah, setzte
auf fremde Hilfe kein Vertrauen und beschäftigte sich daher,
seitdem er in die Regierung eingetreten war, sehr wenig mit der
europäischen Politik. Er glaubte an eine erfolgreiche Lösung
der polnischen Frage, sei es mit Hilfe Frankreichs oder mit Hilfe
Englands. Aber er berücksichtigte vielleicht nicht genug das
Verhältnis Frankreichs zu Russland, welches eine Thatsache war,
die auf seine eigene Aufgabe zurückwirkte. Er wusste davon
sehr wenig; denn insoferne es sich um Polen handelte, bestanden
diese Beziehungen nur zwischen den beiden Monarchen und
waren vertraulicher Natur.

In Petersburg hielt sich Wielopolski anfangs von der
äußeren Politik fern und sprach nie von ihr. Dem diplomatischen
Corps wich er aus, um sich keinen Verdächtigungen auszusetzen.
Erst, als seine Stellung fester wurde, schloss er mit dem englischen Botschafter Lord Napier Freundschaft und näherte sich

dem französischen Chargé d'affaires Fournier. Da er sah, dass die Repräsentanten Österreichs und Preußens ihn mieden, so suchte er sie gar nicht auf. Aber er fürchtete, dass ihm Österreich und Preußen seine auf die Sicherung einer Autonomie in Polen gerichteten Pläne stören würden.

Nach seiner Ankunft in Warschau im Juni 1862 vor dem Attentate auf Lüders machte Wielopolski seinen Sohn Siegmund darauf aufmerksam, dass es nothwendig wäre, nach Berlin und Wien zu reisen, um beide Regierungen zu beruhigen, zwischen ihnen und der neuen Ordnung in Polen ein Einvernehmen herzustellen. Denn schon damals konnte man über die Abneigung derselben gegen das System des Großfürsten Constantin und Wielopolskis, die in Berlin deutlicher, in Wien vielleicht gefährlicher war, nicht im Zweifel sein.

Markgraf Wielopolski schob seine Reise bis nach der Ankunft des Großfürsten auf, die erst nach der Entbindung der Großfürstin erfolgen sollte; das Attentat auf Lüders machte die Durchführung seines Reiseplanes unmöglich. Die Ereignisse eilten eben rasch vorwärts. Bald mangelte es an der Zeit.

Der eigenartige halbmystische Charakter der Demonstrationen und der Bewegung, das Verhalten Napoleons III., die Laxheit der russischen Regierung und ihre Concessionen, all' dies trug dazu bei, die Begriffe zu verwirren, das Urtheil über die Situation zu trüben und im Hinblick einerseits auf das Werk der Verschwörung, andererseits auf die Bedeutung der russischen Concessionen, den Wert der von Wielopolski eingeführten Institutionen und die wirkliche Lage verkennen zu lassen.

Die Verblendung war so groß, dass man sich nicht einmal darüber klar war, dass Wielopolski die Lösung der socialen Aufgabe, von der die Zukunft des Landes abhieng, bringe und repräsentiere; man sah nicht vorher, dass sein Untergang nicht bloß einen politischen, sondern auch socialen und ökonomischen Schaden nach sich ziehen würde.

Die Bauernfrage und ihr Verlauf waren hauptsächlich mit dem Epilog und den Consequenzen der Ereignisse innig verknüpft. Wielopolski wollte ihr eine mit den Bedürfnissen der nationalen Existenz conforme Lösung geben. Wenn es ein doppelter Leichtsinn der Verschwörung war, sich zu einem bewaffneten Kampfe hinreißen zu lassen, in einem Lande, wo die Bauernfrage erst einer Lösung bedurfte, so war es ein Mangel an Vernunft und kein geringer Fehler der „Weißen", dass sie nicht imstande waren zu begreifen, Wielopolski schaffe durch die Lösung der Bauernfrage eine neue Basis für das nationale Dasein. Darin zeigte sich die Überlegenheit Wielopolskis als eines weisen, vorsichtigen Reformators. Er schritt sofort an den wichtigsten Theil seiner Aufgabe, indem er vom 1. October 1861 das Hörigkeitsverhältnis aufhob und dadurch das solange und vergeblich gesuchte Lösungswort des Räthsels fand. Dann erst wollte er die ganze Aufgabe durchführen, nicht voreilig, nicht gegen die Bewegung und Verschwörung, sondern praktisch, ruhig, gerecht, regelmäßig, um ihrer selbst und nicht um irgendwelcher Nebenzwecke willen. Wielopolski täuschte sich, indem er glaubte, die Gesellschaft werde die Wichtigkeit dieser Aufgaben und ihrer Lösung zu würdigen wissen und ihm die dazu nothwendige Zeit lassen.

Wielopolski schritt auch an die Lösung einer mit Rücksicht auf ihren Umfang in Polen sehr bedeutsamen Frage, der J u d e n - f r a g e, deren Wichtigkeit für die nationale und ökonomische Existenz Polens er vollständig ermessen hat. Er wollte einen kräftigen dritten Stand schaffen; „hier ist man bemüht," schrieb er aus Petersburg am 27. Februar 1862, „die Juden und die Deutschen als besondere Nationalitäten zu behandeln, statt, wie es meine Projecte anstreben, sie beide mit unserer Bevölkerung zu einem dritten Stand zu vereinigen." So sollte er mit einem mächtigen Schritte Verspätetes einholen. Die Verantwortung lastet auf denjenigen, die ihm den Weg versperrten, sein politisches Werk stürzten und sein eingeleitetes sociales Werk vernichteten. Die ihn in seinem edlen, schönen Wettlaufe um das öffentliche Wohl zu Boden warfen, sie trifft die Schuld, ebenso wie diejenigen, die ihm seine Aufgabe nicht ermöglichten und auch nicht erleichterten. Die „Rothen" waren zu kurzsichtig, zu sehr verblendet und zu sehr von ihrer Leidenschaft befangen, um klar durchzublicken. Es wird ein Fehler der „Weißen" bleiben, dass sie die Bedeutung der von Wielopolski unternommenen doppelten socialen Umwandlung nicht erkannt, dass sie nicht alles angewendet haben, um bei ihrer Verwirklichung mitzuwirken.

Während die polnische Gesellschaft ihre Aufgabe und ihre Pflichten verkannte, verwirrte sie sich in ein Labyrinth von Missverständnissen und verlor das Verständnis für die erreichbaren Ziele. Nur Wielopolski erkannte mit seinem Scharfblicke die Situation. Mit vorzüglicher Abschätzung dessen, was erreichbar war, bediente er sich der Ereignisse, wusste er die Übergabe der Statthalterschaft des Königreiches Polen an den Großfürsten Constantin, den Bruder des Kaisers, und der Civilgewalt in seine eigene Hand durchzusetzen. Es macht der staatsmännischen Weisheit Wielopolskis viel Ehre, dass er der Situation eine so geniale Wendung zu geben wusste. Der Eintritt des Großfürsten Constantin in die Ereignisse war nicht nur aussichtsvoll für die Zukunft, sondern auch von immer weiter gehenden Concessionen auf nationalem und socialem Gebiete begleitet. Es war dies auch eine Annäherung an das, was Napoleon III. für genügend hielt, was die Polen befriedigen sollte. Wäre die Gesellschaft nicht von einer Verblendung und einem Taumel, deren innere und äußere Ursachen wir bereits angegeben haben, beherrscht gewesen, so wäre nichts einfacher, nichts vernünftiger, als diese Wendung, dieses politische Meisterstück Wielopolskis, zur Sicherung der nationalen Existenz, zur Durchsetzung der socialen Reformen und zur Beseitigung der drohenden Gefahren zu benützen. Um das System des Großfürsten und Wielopolskis hätten sich alle vernünftigen Leute nicht nur scharen können, sondern auch sollen, um es zu unterstützen. In den schwierigsten Situationen gibt es Augenblicke, durch deren richtige Ausnützung oft die größte Gefahr beseitigt werden kann. Ein solcher Augenblick war für alle vernünftigen Männer und auch für die „Weißen“ die Ankunft des Großfürsten. Man hätte den ganzen Ernst der Situation ermessen, man hätte begreifen sollen, dass, wenn auch durch die Bewegung und durch die Demonstrationen Concessionen erlangt werden konnten, schon die äußersten Grenzen erreicht waren; man hätte endlich alle Illusionen von sich zurückweisen und zur Wirklichkeit greifen sollen. Der Großfürst an der Spitze der polnischen Regierung, das war schon Wirklichkeit und war Zukunft.

Warum hat die Nation die Gelegenheit, den Fehler des November-Aufstandes, die Verluste und Schäden, die derselbe der nationalen Existenz verursachte, wieder gutzumachen, nicht ergriffen? Deshalb, weil man ihr die Überzeugung eingeimpft hat, dass sie im Jahre 1831 ein Opfer, weil man ihr die Lehre nicht beibrachte, dass sie im Jahre 1830 eine Übelthäterin an

sich selbst gewesen war. Infolge der falschen Erziehung, der
irrthümlichen Anschauungen, unter dem Einflusse der bekannten
Factoren hat die Gesellschaft, ohne sich selbst darüber klar zu
sein, eine bedeutende Summe von Concessionen und Vortheilen,
die die Ankunft des Großfürsten repräsentirte, von sich gewiesen,
um zu betonen, dass sie dies aus Furcht thue, diese Annahme
könnte einen Verzicht auf die vollständige Unabhängigkeit und
auf die Wiederherstellung Polens, ein Versäumen der in der
Regierung Napoleons und in seinem Übergewichte in Europa
sich darbietenden Gelegenheit bedeuten. Nicht einmal wegen
eines Schattens ließ man ein Stück Fleisch aus dem Munde
gleiten. Aber man war gar nicht in der Lage, zu ermessen, was
die damalige Situation in der Folge bringen konnte.

Die Gesellschaft hatte sich so weit verrannt, die Bewegung
und die Demonstrationen hatten alles so sehr beherrscht, das
Streben nach einer radicalen, wenn auch unbestimmten Lösung,
die immer mehr entweder alles oder nichts verlangte, war so
dringend, so gewaltsam, so sinnlos, dass es schon damals eines
bürgerlichen Muthes bedurfte, um sich entschieden und offen
dem Großfürsten und Wielopolski anzuschließen.

Allein statt des in öffentlichen Dingen unentbehrlichen
bürgerlichen Muthes trat immer deutlicher die Engherzigkeit
und die in Polen stets verbreitete Anschauung und Ausrede
hervor, dass man sich in den nationalen Bestrebungen von der
Allgemeinheit nicht lostrennen dürfe, ohne Rücksicht auf deren
Unvernunft und Verderblichkeit.

Inzwischen hatte sich die Verschwörung an ihren Erfolgen
berauscht und blindlings auf das letzte Ziel losgearbeitet, nicht
ohne Geschicklichkeit und Schlauheit in Bezug auf ihre Mittel
und Ziele. Sie zog immer mehr Leute an sich, immer größer
wurde der Umfang ihrer Thätigkeit und ihrer Macht. Die einen
erlagen ihr bewusst, die anderen unbewusst.

Die Regierung Nikolaus' I. hatte den Adel daran gewöhnt,
sich zu fürchten und sich aus Schreck zu unterwerfen. Jetzt
fürchtete der Adel die Verschwörung und unterwarf sich ihr,
denn nichts macht geneigter, sich vor dem revolutionären Terrorismus zu beugen, als der Despotismus, der die Charaktere bricht.

Der größte Theil der Bevölkerung, der Bauernstand, erlag
den Einflüssen der Verschwörung nicht und nahm an deren

Organisation keinen Antheil. Hingegen theilte die Geistlichkeit, die weder besonders gebildet noch an Disciplin gewöhnt war, die allgemeinen Gefühle und Sympathien und sah in ihrem Vorgehen gegen eine andersgläubige Regierung die beste Rechtfertigung ihrer Handlungsweise, die auf eine Aneiferung von Rom rechnen durfte. Die Geistlichkeit, der es stets schwer fällt, sich von der Majorität der Gesellschaft zu trennen, gieng mit der Bewegung, indem sie hinter derselben und hinter ihrem eigenen Einflusse den größten Theil der Bevölkerung, den Bauernstand, zurückließ. Hand in Hand mit der Theilnahme der Geistlichkeit gieng auch der immer größere Einfluss der Frauen auf die Ereignisse. Die Demonstrationen wurden von den Straßen und öffentlichen Plätzen in die Kirchen verlegt, sie erhielten einen immer grelleren religiösen Anstrich; der allgemeine Taumel wurde immer größer, die Bewegung und die Ereignisse nahmen immer mehr die Merkmale jener jüdischen Revolten aus den römischen Zeiten an, welche, im Tempel zu Jerusalem ihren Anfang nehmend, zu schrecklichen, verzweiflungsvollen Aufständen führten. Wie dort, so mangelte es auch hier an poetischen Aufwallungen nicht und man sah das sonderbare Phänomen einer Nation, die sich selbst eine Verzweiflung hineinredete, als man ihr im reichen Maße nationale Concessionen einräumte, als man ihr die Gelegenheit gab, die Folgen ihrer eigenen Fehler gutzumachen, als sich ihr Herrscher und eine fremde Regierung mit Worten des Friedens und Thaten der Versöhnung an sie wandten. Die Gesellschaft 'war von der Verschwörung auf Irrwege gedrängt worden; sie suchte nun trotz einer günstigen Wendung der Situation nach einer Verzweiflung und schleuderte sich dann verzweiflungsvoll in den Abgrund.

Bei dieser Sachlage war eine nüchterne Betrachtung und die offene Wahl einer vernünftigen Richtung gefährlich. Es bedurfte nicht nur eines bürgerlichen, sondern auch eines anderen Muthes, um sich von der Bewegung und den Demonstrationen zurückzuziehen, um sie zu verurtheilen und sich dann dem Großfürsten zur Seite zu stellen.

Dass eine Gruppierung der ernsten Elemente um Constantin die entstandene Gefahr beseitigen, der Herrschaft der Verschwörung ein Ende machen konnte, erhellt am besten daraus, dass

die Verschwörung dies sofort begriff und alles auf Eine Karte
zu setzen für nothwendig fand. Diese Eine Karte war der Schuss
auf den Großfürsten. Dieser Schuss musste entweder eine entscheidende Wendung in der Gesellschaft herbeiführen oder
aber zum letzten Ziele der Verschwörung führen, zum Bruche
mit der bestehenden Ordnung, zur Zurückweisung des Systems
Wielopolski und zum bewaffneten Aufstande. Dieser Schuss
war wie eine Warnung der Vorsehung an die „Weißen"
und den ernstdenkenden Theil der Gesellschaft in der elften
Stunde. Wer in demselben nicht alle späteren Schüsse des
Aufstandes gehört hat, war entweder taub oder verschloss
absichtlich seine Ohren. Es war der letzte günstige Augenblick,
mit der Verschwörung zu brechen, ihre sinnlosen Ziele zu
erkennen, die Wahnsinnigen zu brandmarken und eine Ernüchterung der Vernünftigen herbeizuführen. Man hätte das thun
sollen, nicht nur feierlich, sondern auch entschieden, nicht nur
offen, sondern auch ausdauernd, nicht nur mittelst einer Adresse,
sondern auch in Thaten, nicht nur mit dem Gefühl, sondern
auch in der Wirklichkeit. Der Großfürst, umgeben von den
reichen, gebildeten, vernünftig denkenden Polen, die entschlossen
waren, bei ihm zu verharren, mit ihm die Verschwörung ohnmächtig zu machen und deren unwürdige Praktiken zurückzuweisen, die bereit waren, die nationalen Institutionen zu befestigen, die socialen Reformen Wielopolskis durchzuführen, der
Großfürst in der Mitte dieses besseren Theiles der Nation wäre
imstande gewesen, seine Aufgabe zu lösen und eine bessere
Zukunft herbeizuführen. So viel steht fest, dass dann der Aufstand und die Niederlage der Jahre 1863 und 1864 unmöglich
gewesen wären.

Die „Weißen" begriffen nicht, dass sie nach dem Schusse
auf den Großfürsten nur die Wahl hatten zwischen Wielopolski
und einer Katastrophe. Nicht die Wahnsinnigen und „Rothen",
deren Urtheil in dieser Beziehung beschränkt und getrübt war,
haben damals am meisten gesündigt, sondern die Vernünftigen
und „Weißen", welche die Folgen ermessen konnten; nicht
diejenigen, welche den Schuss abfeuerten, sondern diejenigen,
welche ihre Augen vor den Consequenzen verschlossen, die
nicht erkannten oder zu erkennen nicht den Muth hatten, dass
dieser Augenblick für die Ereignisse entscheidend war.

Das war ein gewaltiger politischer Fehler.

Das Attentat hat alle ernüchtert; es erwachte in ihnen eine moralische, menschliche Entrüstung. Und doch war niemand imstande, diesen Augenblick auszunützen, weder Wielopolski, um die „Weißen" mit sich fortzureißen und vom Einflusse der „Rothen" zu befreien, noch Andreas Zamoyski, noch die „Weißen", um durch Anschluss an den Großfürsten der allzunahen, deutlichen Niederlage vorzubeugen. Das Bemerkenswerteste ist, dass, wenn auch viele die moralische Seite der Vorgänge verstanden, doch niemand dem politischen Ernste der Situation gewachsen war. Die beabsichtigte, aber nicht zustande gekommene Adresse wäre zwar eine Missbilligung des Attentates gewesen, allein es steht zu bezweifeln, ob sie eine politische That in der Bedeutung einer Frontveränderung, und zwar eines Anschlusses an das System des Großfürsten und Wielopolskis gewesen wäre. Und doch konnte nur dies allein noch Rettung bringen.

Die Verschwörung erzitterte bei dem bloßen Gedanken einer Annäherung an Wielopolski und den Großfürsten; die Hoffnungen, die deren System erweckte, ließ sie erschrecken. Sie verübte deshalb Attentate und die Strafe traf nur die Werkzeuge, nicht die Führer.

Die Ankunft des Großfürsten in Warschau wurde vom Hôtel Lambert nicht richtig beurtheilt, denn wie später manche Mitglieder desselben zugegeben haben, „waren schon alle damals berauscht."

Napoleon und seine Minister verhielten sich schweigsam gegenüber der Statthalterschaft des Großfürsten. „La Patrie" schrieb, das Attentat auf den Großfürsten müsse von einem Feinde Polens ausgegangen sein. Der „Moniteur" registrierte mit Befriedigung die Erklärung des Großfürsten, dass das Attentat sein Wohlwollen gegen Polen in keiner Weise ändern werde. So sehen wir wieder einen Mangel an Entschiedenheit, aber es bestanden doch nachdrückliche Wahrzeichen, dass auf dem Wege eines Compromisses mit Russland das Heil gesucht werden musste.

Wielopolski hat sich über den Einfluss und den Erfolg der großfürstlichen Statthalterschaft und der damit verbundenen Reformen getäuscht. Er hoffte, der Eindruck werde von mächtiger, entscheidender Bedeutung sein. Nach dem Attentate auf den Großfürsten scheint er an dem Erfolg seines Werkes verzweifelt zu haben. Doch wollte er ausharren. Aber die Anschläge gegen sein Leben und die nothwendigen Vorsichtsmaßregeln erschwerten ihm wiederum seine Lage.

Wir wissen, was geschah. Am 27. erließ der Großfürst einen Aufruf, in dem er hauptsächlich an den Adel appellierte, derselbe möge das Land auf der abschüssigen Bahn in den Abgrund aufhalten. Andreas Zamoyski erklärte darauf dem Großfürsten, dass der Adel bereit sei, seine Regierung zu unterstützen, wenn dieselbe seine Ansprüche berücksichtigen wird.

Am 12. September unterfertigte der in Warschau versammelte Adel ein Mandat für den Grafen Zamoyski. Dasselbe war eher eine Herausforderung, als ein Schritt zum Compromiss. Es hieß da, dass „der nationale Geist durch Opfer und Aufopferung erstarkt sei", es wurde ein Landtag und eine polnische Regierung, eine Vereinigung aller Provinzen verlangt, und dadurch wiederum der Cardinalfehler der ganzen Bewegung, dem Wielopolski allein ausgewichen war, erneuert und sanctioniert. Der Adel verstieg sich in diesem Mandat sogar zu der Drohung, dass ohne Befriedigung dieser Ansprüche von einer Beendigung der Bewegung keine Rede sein könne. Selbstverständlich konnte die Regierung ein solches Mandat nicht als Basis eines Compromisses betrachten. Der lithauische und ruthenische Adel schloss sich dem Mandate an; bald darauf verfasste der Adel Podoliens, Wolhyniens und des Gouvernements Minsk eine Adresse um Vereinigung mit Polen. Infolge dessen wurde Zamoyski nach Petersburg befohlen und nach der bekannten Unterredung mit dem Czaren verbannt.

Das System Wielopolski hatte gesiegt und es triumphierte – vereinsamt. Das war kein Triumph, sondern ein Schlag ins Blaue; der Anfang des Endes. Für die Verschwörung war die Beseitigung Zamoyskis von Nutzen, sie näherte sich ihrem Ziele, ohne etwas von ihrer Kraft eingebüßt zu haben.

Wielopolski allein verstand den Ernst der Situation und er beschloss, durch Befestigung der nationalen Institutionen in Polen dem Aufstande ein Ende zu machen und das Land vom verderblichen Abgrunde zurückzureißen.

Wielopolski schien zu fühlen, dass die Verschwörung
in ihren Führern, nicht in ihren Opfern oder Werkzeugen
erdrückt werden müsse. Er schrieb daher anlässlich des denkwürdigen militärischen Überfalles der Kirchen über den Statthalter Lambert: „Er ist ein politischer Hamlet, der, indem er
sich vergebens anstrengt, den Verbrecher zu tödten, ohne jeden
Grund dem hinter dem Vorhange stehenden dummen Polonius
den Garaus macht." Doch die eigentliche Quelle des Übels
überging er in seinen Handlungen. Das Übel entwurzelte er
nicht; den Hauptübelthäter, die Verschwörung, konnte er nicht
erreichen. Und doch war dies die nothwendige Bedingung, um
dem eigenen System zum Siege zu verhelfen, die wichtigste
Bedingung, um sich die Unterstützung der „Weißen" zu sichern.
Denn vom Terrorismus der Verschwörung befreit hätten sie
doch ihre Augen geöffnet und wahrscheinlich auch richtiger
gehandelt. Die größte Schwierigkeit für die Behörde gegenüber einer Verschwörung ist das Geheimnis. Aber hier, wo
jeder Tag, jede Stunde neue Beweise ihrer Existenz lieferten;
da der Sitz der Verschwörung in Warschau war, konnte es da
wirklich schwer sein, ihr Haupt zu ergreifen und ihre über das
ganze Land verbreitete Organisation zu zerstören? Zumal
eine lange Zeit hindurch im Schoße der Verschwörung selbst
Spaltungen und Gegensätze vorhanden waren, weil neben
dem Comité noch andere sich als Repräsentanten der wahren
Bewegung betrachteten. Da bedurfte es schon einer großen
Unbeholfenheit der Regierung, um diese Verhältnisse nicht auszunützen. Aber während des ganzen Systems Wielopolski hat
es in Polen eine wirkliche Regierungsgewalt nicht gegeben.
Wielopolski, der so muthig, vernünftig und erfolgreich dem Czaren
und den russischen Behörden seine Bedingungen zu stellen wusste,
hätte als erste Bedingung die Einräumung der zur Erdrückung
der Verschwörung nöthigen Gewalt verlangen sollen, im Bewusstsein, dass sonst sein Werk keine Zukunft habe und nur er
selbst sich opfere.

Die Gerechtigkeit gebietet jedoch, Wielopolski wenigstens
von einem Theile der persönlichen Verantwortlichkeit zu befreien.
Denn er war weder im Besitze der vollen Gewalt, noch der
Mittel, die ihm zum Siege hätten verhelfen können; er entbehrte
jeder Unterstützung von oben, sowie von Petersburg und von

Seite der polnischen Gesellschaft. Die Verantwortlichkeit lastet
auf dem ganzen Regierungssystem, wie es sich nach der Ankunft
des Großfürsten Constantin darstellte.

Großfürst Constantin, dessen Charakter sich in der Geschichte
nie genau markierte, da er keine hervorragende Individualität
war, kam durchdrungen von der Wichtigkeit seiner Person nach
Warschau. Er betrachtete die Residenz Warschau als einen
Balkon, von dem man sich dem freisinnigen Europa und Russland im Lichte des Liberalismus und des Edelmuthes zeigen
könnte. Er war ein Mann von geringer Initiative und von
schwachem Charakter, aber er besaß die Eigenschaft, dass ihn
viele Sachen interessierten; er war neugierig. Im Besitze eines
ausgezeichneten Gedächtnisses, war er zwar kein besonders
begabter Mensch, aber auch nicht einer von den Gleichgiltigen, die man nicht zu studieren braucht. Da er sich in
lebhafter Weise an der Reform der Bauernfrage in Russland
betheiligte, so war er dort verhasst, denn er war anfangs gewaltsam, ja brutal. Man behauptet, dass er einmal aus Anlass der
Bauernfrage gesagt hätte: „Je crache sur la noblesse.“ (Ich
spucke auf den Adel.)

Dem Lande war Großfürst Constantin sehr gewogen
und er wirkte auf den Kaiser beschwichtigend. Selbst von
kleiner Statur, unangenehm berührendem Blick, hatte er eine
reizende, ehrgeizige, aber auch eitle Gattin zur Seite. Sie beeinflusste den Großfürsten doppelt: durch ihre Reize und durch ihre
Leidenschaften. Sowohl die Pläne des Großfürsten, wie auch
das kleinliche Wesen der Großfürstin hätten ausgenützt werden
sollen. Die Politik besteht ja in der Kunst, fremde Schwächen
auszunützen und die eigenen unschädlich zu machen.

Dem Großfürsten Constantin handelte es sich in erster
Linie darum, eine große Rolle zu spielen; man sollte in Petersburg sehen, wie er mit Menschen umzugehen verstehe, man
sollte es dort von ihm lernen. Durch Güte, Edelmuth und Milde
wollte er die Aufgabe bewältigen, die allen schon über den
Kopf gewachsen war. Vorerst wollte er jeden Schein einer Vergewaltigung meiden; nicht Herzog Alba, sondern Marquis Posa
war sein Vorbild. „Ich bringe Euch Frieden und Ruhe.“ pflegte
er zu sagen, und daher wich er zurück vor jener Energie,
die allein imstande gewesen wäre, den Frieden und die Ruhe

sicherzustellen. Wielopolski beurtheilte die Situation schon besser, obwohl auch er von gewissen Illusionen nicht frei war. Der Jurist konnte den Weg des Gesetzes nicht verlassen und sträubte sich, gegen exceptionelle Verhältnisse auch exceptionelle Maßregeln zu ergreifen. Er wusste gut, dass die Regierungsgewalt nicht den richtigen Weg gewählt hatte, dass sie durch die Anschauungen des Großfürsten auf Irrwege geleitet war. Und er machte daraus auch in Petersburg kein Hehl. Aber die russische Regierung erwartete von ihm die Beruhigung, nicht die Zähmung des Landes und sie konnte ihm sagen — das erstere ist deine Aufgabe, das zweite werde ich schon selbst besorgen.

Das Vorgehen der russischen Regierung und ihrer Functionäre war im Ganzen und in den Einzelnheiten von so verderblichen Consequenzen, dass stets die Vermuthung einer Hinterlist und einer Combination wiederkehrt. Der Gang der Ereignisse war für die polnische Gesellschaft so unheilvoll, dass man schon deshalb nach russischer Perfidie sucht, weil man doch nicht alles lediglich den eigenen Fehlern und der eigenen Verblendung zuschreiben will.

Die Lässigkeit der russischen Behörden gegenüber der Bewegung und den Demonstrationen; ihre Ohnmacht gegenüber der Verschwörung im Reiche der Polizei und Selbstherrschaft; die Concessionen der Regierung, nicht zur richtigen Zeit, sondern erst wie unter dem Drucke der Bewegung bewilligt; die Aufschiebung ihrer Durchführung; endlich die unbeholfen in Angriff genommene Conscription und das passive Verhalten gegenüber dem in der ersten Zeit machtlosen Aufstande — all' dies würde auf einen im vorhinein gefassten Plan, auf die Frucht einer tiefen politischen Combination schließen lassen, die eine unbequeme oder gar gefährliche Sache aus dem Wege zu räumen hatte.

Wie wir uns jedoch selbst nicht Vorwürfe ersparen können, so wäre es wiederum thöricht, den Gegnern so viel Voraussicht und Schlauheit zuzumuthen.

Kaiser Alexander wünschte von Anfang an eine Lösung der polnischen Frage mittelst eines Compromisses; dies entsprach seinen Absichten und Plänen nach innen und nach außen. Es stellten sich Hindernisse in den Weg und doch „behaupten

Kenner der localen Verhältnisse --- schrieb Wielopolski von
Petersburg am 8. Jänner 1862 -- dass sich unsere Chancen bessern,
dass die Anschauung platzgreife, die gewünschte Reform sei auch
im eigenen Interesse der Russen gelegen".

Somit kann von einer Hinterlist, von im vorhinein ent-
worfenen Combinationen, durch die man eigene Fehler entschuldigen will, keine Rede sein; übrigens wäre eine solche
Entschuldigung nur eine Selbstverurtheilung. Diese Factoren
kommen vielleicht später, im Laufe oder zu Ende der Ereignisse
in Betracht, nie jedoch während der Regierung des Großfürsten
Constantin.

Selbst aus Petersburg wurde ihm ein maßvolles und mildes
Verhalten empfohlen, sein den Instructionen entsprechendes Verhalten wurde auch belobt, hauptsächlich mit Rücksicht auf die
Beziehungen zu Frankreich und zu Napoleon, mit denen ein
Einvernehmen dem Fürsten Gortschakow nicht nur erwünscht,
sondern sogar unentbehrlich war. Man hatte Scheu vor einem
kräftigen Schlage gegen den Mittelpunkt der Situation, man
nahm die Zuflucht zu schwächlichen Mitteln. Schon unter Gortschakow und dann unter Lambert führte dieselbe Methode zu
denselben traurigen Consequenzen; von den zufälligen Schüssen
gegen Wehrlose bis zur Belagerung der Kirchen, Herausschlep-
pung des Volkes und dann zur Absperrung der Kirchen. Von der
Verschwörung und der aufgeregten Bevölkerung ausgebeutet,
drückten diese Acte dem Verhalten der Behörden vor Europa
ein Brandmal auf. Auf diese Weise entfernte man sich immer
mehr vom Ziele, anstatt sich ihm zu nähern; die Zwecke der
Verschwörung wurden dadurch nur gefördert.

Hätten angesichts der offenkundigen Verschwörung, die
unvermeidlich zur bewaffneten Revolution und zur Katastrophe
führen musste, die „Weißen", das Hôtel Lambert und Kaiser
Napoleon die Größe der Gefahr begriffen und die Beschwichtigung derselben sich zur Aufgabe gemacht, hätten sie sich,
besonders nach dem Attentat auf den Großfürsten, ohne Vor-
behalte und Illusionen, ohne der Zukunft zu präjudicieren, dem
System Wielopolski, das nunmehr in der Person des Großfürsten
Constantin verkörpert war, angeschlossen; hätte Napoleon ausdrücklich und unzweideutig dessen Annahme befürwortet; hätten
die „Weißen" ihren Illusionen entsagt, dem Terrorismus der

„Rothen" getrotzt und sich an die Seite des Großfürsten gestellt; wäre endlich der Großfürst in der Lage gewesen, die Conspiration zu entdecken und sie zu erdrücken, so hätten die Ereignisse eine andere Wendung genommen und es wäre zu einer Katastrophe nicht gekommen. Da jedoch niemand an diese Hauptaufgabe schritt, so war die weitere Entwicklung nur eine Folge der geschobenen Fehler.

Die Wandlungen innerhalb der Verschwörung sind uns nicht genau bekannt; diese Seite der Ereignisse kann nicht in das richtige Licht gerückt werden. Wir wissen nur, dass es Verschwörer gab, dass eine Verschwörung bestand, die man weder entdecken, noch bekämpfen, noch ohnmächtig machen konnte. Die Verschwörung wurde zur Gewohnheit. Es conspirierten die „Rothen" und selbst die „Weißen" fiengen an zu conspirieren. Die Behörden gewöhnten sich, neben den Conspirationen zu leben, und schienen gar nicht zu sehen, wohin dies eigentlich führen musste.

Das System Wielopolski duldete eine Nebenregierung, obwohl sein Träger erklärt hatte, dass er eine solche „nirgends dulden würde". Er löste die Landwirtschafts-Gesellschaft auf, um ihrer Nachfolgerin, der „Weißen Direction", auch einer Nebenregierung ruhig zuzusehen. Wohl verfügte dieses System über schöne Phrasen von der Autorität der Regierung, aber eine wirkliche Regierung bildete es nicht.

Da er der Verschwörung nicht das Haupt abschlagen konnte, so beschloss er ihr die Füße zu amputieren. Dies schien leichter; in Wirklichkeit war es viel gefährlicher.

Im Kampfe gegen das Conspirations-Comité musste das System capitulieren, da es dasselbe nicht erreichen konnte; die Conscription sollte nun einem bewaffneten Aufstande vorbeugen. Der Gedanke war kühn, aber es fehlte ihm das, was ausschließlich den Erfolg kühner Gedanken sichert: die richtige Durchführung. Die Ergreifung des von der Verschwörung schon organisierten Theiles der Bevölkerung konnte nur gelingen, wenn sie geheim, genau und mit elastischer Geschwindigkeit vor sich gieng. Wer nicht im vollen Besitze der Executive oder ihrer nicht ganz sicher war, der unternahm ein Hazardspiel und konnte schwerlich auf einen günstigen Erfolg rechnen. Selbst das Gelingen der Conscription konnte die Gefahr des bewaffneten Aufstandes nur aufschieben, nicht aber der Herrschaft der Verschwörung, ihrer Gewalt über die Warschauer Bevölkerung, den Demonstrationen und der Nationaltrauer ein Ende bereiten. Sollte die Aufgabe vollständig gelöst werden, ohne jene Gefahren, die bei dem Versuche, vermittelst der Conscription der Verschwörung die Füße zu amputieren, unausbleiblich waren, so musste man sich der Leitung der Verschwörung, der Nebenregierung, bemächtigen.

Ein unverzeihlicher Fehler war es schon, den Plan und seine Gründe an die große Glocke zu hängen und nach dem Misslingen noch in herausfordernden Worten einen Lobgesang anzustimmen. Dazu kam noch vor der Conscription die Aufhebung der Kriegsbereitschaft, mit Ausnahme der Städte in den Bezirken von Radomsk, Lublin und Augustów, die Befreiung der Verurtheilten, die Gewährung der Rückkehr der Compromittierten; sie alle sollten vor und an dem entscheidenden Tage die Reihen der Aufständischen vergrößern.

Es scheint, dass bei der Durchführung der Recrutierung russische Hinterlist nicht mit im Spiele war. Denn die Art, wie sie durchgeführt war, bewies nur von neuem die Unbeholfenheit und Rathlosigkeit der Behörden. Nach der außerordentlichen Anspannung der Autorität unter Nikolaus I. erfolgte unter der neuen Regierung eine vollständige Disharmonie aller Regierungsorgane. Diese Erscheinung zeigte sich in der Polizei und in der Warschauer Gendarmerie, die aus städtischen Elementen bestand, sogar in dem in Polen garnisonierten Heere sehr deutlich. Die Verschwörung fand bereits die Anfänge einer Auflösung vor, die sie nur noch vergrößerte. Die Organe der Polizei und Gendarmerie wurden oft von ihr bestochen und dienten somit zwei Herren; dem unsichtbaren besser, als dem sichtbaren. Deshalb die Ohnmacht der Regierung, nicht nur bei Durchführung der Recrutierung, sondern auch gegenüber der ganzen Verschwörung, ihrer Organisation und dem Contralcomité, später gegenüber der National-Regierung und schließlich gegenüber den ersten aufständischen Abtheilungen.

Die Recrutierung hat ihr Ziel nicht erreicht, denn sie sollte ja nicht zum Ausbruche des Aufstandes führen. Man wollte das Geschwür beseitigen und es durch einen Messerschnitt zum Bersten bringen. Inzwischen griff der vergiftete Eiter um sich.

Die Recrutierung war nicht die Ursache des Aufstandes, aber sein Anlass. Ihr dankte der Aufstand die Märtyrerkrone, die er sonst hätte entbehren müssen. Sie verhinderte es, dass er sofort vom Auslande und vom Inlande missbilligt wurde. Sie beschleunigte nur den Aufstand, der auch sonst ausgebrochen wäre, den die Verschwörung vorbereitet hatte, der durch Demonstrationen, Nationaltrauer und Attentate auf den Großfürsten Constantin und Wielopolski reif geworden war. Weder die „Weißen", noch das Hôtel Lambert, noch Napoleon III. konnten ihn ahnen oder verhüten; das System Wielopolski konnte ihm nicht vorbeugen und wenn auch das russische Heer ihn anfangs erdrücken konnte, so hat es dies doch unterlassen.

Die Recrutierung war nur ein untergeordnetes, schlechtes Mittel, da man das Feuer nicht auf dem Herde löschen konnte; sie war ein gewagtes Unternehmen, ein Attentat, das große Vorsicht und Exactheit erforderte. Attentate führen in legaler Weise nicht zum Ziele, denn sie werden hervorgerufen durch die Nothwendigkeit, vom legalen Wege abzuweichen. Der Einfall mag gut gewesen sein, allein seine Durchführung hinkte. Wiederum war ein Gedanke vernünftig, aber die That unzulänglich.

Die für den 17. Jänner 1863 verkündete Recrutierung gieng in Warschau am 15. in den Morgenstunden von 1 bis 8 Uhr vor sich; nicht ruhig, sondern herausfordernd. Da die Listen der Conscribierten verrathen waren, so brachte die Verschwörung ihre Mitglieder in Sicherheit. Der Antagonismus des militärischen Elementes gegen die neue Ordnung konnte nur zum Misslingen der Recrutierung beitragen. Die Militärs konnten das System nicht verdauen, fast täglich wurden sie von Wielopolski gedemüthigt. Keiner glaubte an eine Beruhigung der Bewegung ohne bewaffneten Kampf. Die Russen arbeiteten ungern auf fremde Rechnung. Trotz des Misslingens der Proscription in der Hauptstadt, bevor noch im Lande die Recrutierung vor sich gieng, schrieb das Organ Wielopolskis, der „Dziennik powszechny", dass alles ruhig und ohne Widerstand abgelaufen sei, und dass „viele Recrutierte die Freude ausgesprochen hätten, sie würden in der Schule der Ordnung, wie eine solche der Militärdienst für sie sein werde, Gelegenheit haben, von der sie quälenden Unthätigkeit und dem Faulenzerleben loszukommen". Das waren

nutzlose, unwahre Worte, die das Fiasco der Unternehmung nicht
verdeckten, sondern erst recht enthüllten. Tausende flüchteten
in die Wälder von K a m p i n o w; dort bildeten sie Abtheilungen,
die das Militär weder ergreifen, noch zersprengen konnte oder
wollte. Das war das Ende des misslungenen Staatsstreiches, den
Wielopolski selbst eine „Proscription" nannte, und der unter
diesem Namen von Polen und Europa gebrandmarkt wurde.*)

In einem späteren Gespräche mit dem englischen Botschafter
Lord Napier erklärte Fürst Gortschakow: „Die Conscription ist
von Wielopolski empfohlen worden." Napier erwiderte: „Ich
hörte nur, dass der Markgraf dieses Mittel gelobt, respective
demselben zugestimmt hat; mit Erstaunen vernehme ich, dass
er dazu die Initiative gegeben hat." „Er hat dieses Mittel
empfohlen," wiederholte Fürst Gortschakow.

Der letzte Versuch Wielopolskis, dem Aufstande ein Ende
zu machen, war misslungen, aber in dieser Form unternommen,
hatte er auch nicht gelingen können. Wenn die Recrutierung
das einzige Rettungsmittel bildete, so musste sie auch in der
entsprechenden Weise durchgeführt werden; ohne die Sicherheit, auf die willige Unterstützung der Militärbehörden rechnen
zu können, in dem Bewusstsein, dass das Unternehmen an dem
solidarischen Widerstande der Gesellschaft scheitern müsse, mit
dem Entschlusse, das Attentat in dem Rahmen des Gesetzes
und mit gesetzlichen Mitteln durchzusetzen, war es eher ein
Fehler, dazu zu greifen, als es zu unterlassen.

Wäre der Pariser Staatsstreich vom 2. December mutatis
mutandis in der gleichen Weise durchgeführt worden, wie die
Proscription in Polen, so hätte Napoleon III. den Thron seines
Oheims gewiss niemals eingenommen.

Alle haben so sehr sich selbst und die andern irregeführt,
dass die Allgemeinheit im Gegensatze zur Wirklichkeit der
Ansicht war, es werde zu einem Aufstande nicht kommen. Als
er bereits unvermeidlich war, hielt man ihn noch immer kaum
für möglich.

---

*) Der Schmerzensschrei Polens fand im französischen und englischen
Parlamente einen mächtigen Widerhall. Prinz Napoleon nannte den Markgrafen
Wielopolski „un traître et renégat"; Lord Russell erklärte, dass an der Spitze
der Regierung in Polen ein „kidnapper" (Kinderräuber) stehe.

(Anm. d. Übers.)

Aber es kam zum Aufstande. Worin alle das größte Unglück sahen — es geschah; der Wahnsinn wurde zur That. Man brauchte seine Verderblichkeit nicht erst an den Folgen zu messen, denn sie war klar und sichtbar. Nicht im vorzeitigen Ausbruche, sondern im Wesen des Aufstandes selbst lag seine Verderblichkeit.

Die Hauptursache des Aufstandes war die Verschwörung. Er war eine Folge derselben. In der politischen Rüstkammer nimmt die Verschwörung eine hervorragende Stelle ein. Sie ist oft ein erfolgreiches Mittel in verschiedenen Unternehmungen, manchmal sogar das einzige und nothwendige. Es beweisen dies die Annalen Griechenlands und Roms und auch spätere, aber sie beweisen auch, dass viel mehr Verschwörungen zugrunde gegangen, als ans Ziel gelangt sind. Diese Form der politischen Thätigkeit ist deshalb mit Gefahren verbunden, weil sie die Schwächeren zum Kampfe gegen die Stärkeren auffordert. Ihr hauptsächlicher Vorzug ist es, dass sie weniger einsetzt, als sie im Falle eines Erfolges gewinnen kann, dass dasjenige, was sie wagt, viel weniger wert ist, als was sie erreichen kann. Die Hauptkraft der Verschwörung besteht darin, dass der Gegner von ihrer Existenz nicht weiß, und deshalb sowohl unerwarteten wie unberechenbaren Angriffen ausgesetzt ist. Eine geradezu unentbehrliche Bedingung bildet ein festes, genau bestimmtes Ziel, das mit Einem Schlage erreichbar ist. Unter solchen Voraussetzungen kann die Conspiration ein erfolgreiches politisches Mittel bilden. Sie fordert von ihren Agitatoren eine Summe von Vorzügen: Kühnheit gepaart mit Vorsicht, Muth gepaart mit Schlauheit, Vernunft, Charakter, und nach Macchiavell einmal die Gestalt des Löwen, das anderemal des Fuchses. Wenn Männer aus höheren Kreisen, von Erfahrung, Bildung und Traditionen die Verschwörung in der Weise leiten, dass sie nur ihre Personen, nicht aber die von ihnen repräsentierten Interessen einer Gefahr aussetzen, so ist es mit der Verschwörung besser bestellt, als wenn sie sich in den Händen von Männern aus den unteren Sphären befindet. In politisch begabten und geschulten Gesellschaften kann eine Verschwörung diese nothwendigen Voraussetzungen vorfinden; ohne dieselben sinkt sie herab zur unsinnigsten und verderblichsten Erscheinung von Leidenschaft oder Unverstand.

In der Situation der polnischen Gesellschaft seit den Theilungen war die Verschwörung eine für nationale Zwecke unbrauchbare, nutzlose und unheilvolle Waffe, was sich fortwährend und am besten im Jahre 1863 zeigte.

Es lagen in Polen nach den Theilungen weder die Voraussetzungen, noch die Nothwendigkeit, noch ein bestimmtes Ziel für Verschwörungen vor. Sie waren alle nur ein leichtsinniges Spiel und eine nutzlose Verschwendung der nationalen Kräfte. Das classische Beispiel bietet die letzte Verschwörung, die zum 1863er Aufstande führte. Allen Grundsätzen einer Verschwörung zum Trotze, hat sie nicht bloß Individuen, deren Verlust für das öffentliche Wohl von geringer Bedeutung war, sondern allmählich einen großen Theil der Gesellschaft, ja das ganze Land in ihren Wirbel gezogen und somit alles auf Eine Karte gesetzt; sie wurde dadurch des größten Vortheiles der Verschwörung verlustig. Obwohl sie geheim war, verheimlichte sie nicht ihre Existenz, im Gegentheile, sie warnte und klärte den Gegner durch eine Reihe von Handlungen und Erscheinungen auf, dass sie bestehe, sie verschleierte nicht einmal ihre Thätigkeit, ihre Mittel und ihr fictives, unerreichbares Ziel. Die bloße Wiederherstellung Polens war doch kein genau bestimmtes Ziel, wenn sich die Verschwörung weder über deren geographischen Umfang, noch über ihre politische Gestalt klar war. Die Unabhängigkeit Polens in den Grenzen des Jahres 1772 zu erreichen, wie es die Verschwörung verkündete, war nicht möglich, denn da musste die Herrschaft dreier Staaten in den polnischen Ländern bekämpft und gestürzt werden, zu einer Zeit, wo die Verschwörung wusste, dass sie nicht einmal der russischen Herrschaft ein Ende zu machen in der Lage sein würde. Das Aushängen des Princips der Grenzen vom Jahre 1772 war daher nur ein Kampfmittel. Das Ziel war noch immer politisch nicht definiert, es fehlte also der Verschwörung an der Hauptbedingung des Erfolges. Aber die Bevölkerung war auch zu wenig politisch begabt, es mangelte ihr in den Jahren 1831—1856 allzusehr an Gelegenheit, sich politisch zu bilden, um dann in geeigneter Weise sich des so schwer anwendbaren Mittels der Verschwörung zu bedienen. Es war leicht vorherzusehen, dass sie, anstatt den Gegner zu treffen, sich selbst verletzen würde. Einer Nation, deren politischer Sinn stumpf geworden, die Waffe der Verschwörung zu reichen, heißt, einem Kinde ein Rasiermesser in die Hand geben.

Die Verschwörung des Jahres 1863 entbehrte der Leitung des geistig überlegenen Theiles der Bevölkerung; sie war überhaupt überflüssig. Denn es war klar, mathematisch sicher, dass Polen nur durch fremde Hilfe zur Selbständigkeit gelangen könne; wurde also diese fremde Hilfe gewährt, dann war die Verschwörung überflüssig, unterblieb die Hilfe, so war sie verderblich. Die Verschwörung blieb nur die Einleitung zu einer freiwilligen, unvermeidlichen Katastrophe.

Nicht der Aufstand, sondern die Verschwörung bildete den Hauptfehler der „Rothen"; durch die Verschwörung haben sich die „Rothen" am schwersten gegen das öffentliche Wohl versündigt. Wenn die Verschwörer jede Absicht einer Revolution in Abrede stellten, so war dies nur eine Taktik, das bewies die Bildung eines Kriegs-Ausschusses im Central-Comité, der Ankauf von Waffen, die Ernennung von Anführern, das bewiesen jene Abtheilungen, die sich gleich am ersten Tage an verschiedenen Punkten des Landes zeigten, und endlich die Berathungen über den Zeitpunkt des Ausbruches, den die Recrutierung nur beschleunigte.

Die Kopflosigkeit dieses Aufstandes ist politisch höchst lehrreich. Er wurde blindlings unternommen und war eine logische Folge der Verschwörung, der Demonstrationen und der Nationaltrauer, insbesondere jedoch der im Lande weit verzweigten Organisation, die sich ihres letzten, fictiven Zieles gar nicht bewusst war und daher zu einer sinnlosen That führte.

Wenn wirklich die Absicht, einen bewaffneten Kampf herbeizuführen, gar nicht vorhanden war, was konnte denn sonst zur Bildung einer Verschwörung drängen? Die Männer, welche die Nutzlosigkeit des Aufstandes weder einsahen, noch begriffen, die die Gefahr nicht erkennen wollten oder konnten, traten der Verschwörung unter dem Einflusse der tief eingewurzelten Anschauung bei, dass in Polen Aufstände und Conspirationen zur Erhaltung des öffentlichen Geistes und zur Continuität der nationalen Sache ohne Rücksicht auf die Consequenzen nothwendig seien. Das war die Theorie der Selbstzerfleischung, deren Apostel durch lange Jahre der politische Gaukler Mieroslawski war. Er meinte, dass man in Polen nie wissen könne, wann es gelingen

würde, eine politische Bewegung hervorzurufen, und dass man
gerade dann auf ihren Erfolg rechnen könne, wenn das Land
dazu am wenigsten vorbereitet zu sein scheine. Daher conspi-
rierte er immer und er fand stets Gleichgesinnte und Anhänger.
Diesmal begann ihm die Thätigkeit derselben über den Kopf zu
wachsen. Seine Theorie, dass der Boden ungeeignet und unvor-
bereitet sein könne, wurde fallen gelassen; man bearbeitete systematisch den Boden und bereitete ihn für das Werk der Verschwörung.

Wie die Gesammtheit der Ereignisse, so wurde auch die
Entstehung und Ausdehnung der Verschwörung, sowie die
Revolution durch zwei Ursachen beeinflusst: durch eine äußere
und eine innere.

Die Kundmachung des Nationalitätenprincips und insbesondere der Verlauf des italienischen Krieges ermuthigten die
„Rothen“ in ihren Praktiken und in ihrer Methode, wozu der
der ganzen Gesellschaft angeborene Nachahmungstrieb noch das
Seinige beitrug hat. Ohne die Fähigkeit, verschiedenartige Situationen zu vergleichen und zu kritisiren, stützten sie sich auf die
einfache Argumentation: wenn die Conspirationen zur Befreiung
Italiens geführt haben, so sind sie auch zur Befreiung Polens
nöthig; wenn das Nationalitätenprincip einmal aufgestellt worden
ist, so ist es verpflichtend, denn die polnische Sache darf es
nicht unterlassen, ihre Rechte zu fordern, und das kann nur
mittelst der Verschwörung geschehen.

Die polnischen „Rothen“ standen natürlich mit den rothen
und radicalen Elementen der ganzen Welt und insbesondere mit
den italienischen in Verbindung; die Rathschläge und jedenfalls
das Beispiel Mazzinis ließen sie nicht unbeeinflusst. Es mangelte
auch vielleicht nicht an mittelbarer oder unmittelbarer Aneiferung zur Conspiration seitens des Prinzen Napoleon, der zu
Mieroslawski in nahen Beziehungen stand. Einen öffentlichen
Ausdruck dieser Beziehungen bildete die unter den Auspicien
des Prinzen Napoleon in Cuneo eröffnete polnische Militär-
schule,*) welche die Führer der künftigen Revolution gegen

---

*) Diese Fähnrichsschule befand sich ursprünglich in Genua. Im März
1862 wurde sie im Auftrage der italienischen Regierung nach dem lieblichen
piemontesischen Gebirgsstädchen Cuneo übertragen. General Mieroslawski stand
damals nicht mehr an der Spitze dieser Anstalt; der jugendliche General Pad-

Österreich oder die ganze Welt und nicht bloß gegen Russland heranbilden sollte.

Der Thronwechsel in Russland, die Laxheit des Systems, das uns bereits bekannte anfängliche Verhalten der russischen Regierung ließen die Verschwörung in den Augen ihrer Leiter geradezu nothwendig erscheinen. Man glaubte, auf Grund sehr unklarer Informationen, dass auch in Russland eine Bewegung, ein Umsturz im Entstehen begriffen sei; man verkannte jedoch, dass diese Annahme stets irregeleitet hatte.

Anstatt sich auf historische und politische Thatsachen zu stützen, suchte man die Aussichten auf einen Umsturz in Russland in den beredten, aber machtlosen Phrasen und Schriften einiger russischer Emigranten. Die Sympathie-Kundgebungen Alexander Herzens und die begeisterten Artikel seines Journals „Kolokol" über die polnische Frage berauschten die Gemüther. Die polnische, an den russischen Universitäten studierende Jugend, die polnischen Officiere der russischen Armee nahmen den größten Antheil an der Verschwörung und vergrößerten die Illusion, dass man auf einen Zusammenbruch in Russland rechnen könne.*) Der revolutionäre russische Geist drängte die Polen als Avantgarde vorwärts, dann wandte er sich ab und überfiel theils in niederträchtiger Weise diese Vorhut im angeblichen gemeinsamen Freiheitskampfe, theils gieng er zum Nihilismus über.

Statt die Zersetzung, die in Russland entstehen konnte, auszunützen, um darnach die Verhältnisse und die polnische Gesellschaft einzurichten, wurde die letztere zersetzt.

Das waren die äußeren Ursachen der Entstehung der polnischen Verschwörung; ganz ungenügende oder irrthümliche Ursachen, die gegenüber der politischen Lehre die Berechtigung der Verschwörung als eines Mittels nicht erweisen und ihren Erfolg nicht verbürgen konnten.

---

lewski war Director. Noch in demselben Jahre wurde die Schule von der italienischen Regierung auf Wunsch Russlands als Gegendienst für die Anerkennung Italiens cassiert. (Anm. d. Übers.)

*) Vergleiche die revolutionäre „Proclamation des Comités der russischen Officiere in Polen an die Officiere der russischen Armee" vom 5. December 1862, wahrscheinlich von Herzen oder von Bakunin verfasst. Zu finden bei Knorr, Die polnischen Aufstände seit 1830 u. s. w. Anlage 33. (Anm. d. Übers.)

Die innere Ursache der Verschwörung bildete die beginnende
Erkrankung der Gesellschaft, der Mangel des Vertrauens und
der Achtung der Untergeordneten gegenüber den Vorgesetzten,
der Jüngeren gegenüber den Älteren, und diese Ursache erhielt
vielleicht dadurch ihre Rechtfertigung, dass das Verhalten der
Vorgesetzten und Älteren die Entstehung des Aufstandes nicht
nur möglich machte, sondern, was das Wichtigste war, seine Ausdehnung erleichterte, seine Kraft stärkte und dem Beitritte zu
dem verderblichen Unternehmen nicht hinderlich war; dass dieses
Verhalten eine Abdication ohne Widerstand und ohne Kampf
war. Auch war die Hilflosigkeit und die Ohnmacht der russischen
Behörden gegenüber der Verschwörung, vom Regime Gortschakows bis zum System des Großfürsten Constantin, ihre Zurück-
haltung aus Gründen der äußeren Politik und die Zersetzung der
untergeordneten Organe für die Verschwörung eher ein Ansporn,
als eine Erleichterung. Und es geschah das in der Geschichte
unerhörte Ereignis, dass in einem über alle Mittel der Staatskunst
verfügenden absolutistischen Staate die Verschwörung einen Theil
der Regierung an sich riss, sich zu einer National-Regierung
umgestaltete und einem der größten europäischen Staaten einen
zwar ohnmächtigen, aber doch anderthalb Jahre währenden Krieg
erklärte. Man weiß nicht, worüber hier mehr zu staunen ist, ob
über die sinnlose Unternehmung oder über die Verkettung von
Umständen, die sie herbeiführte.

Die Hauptursachen der Verschwörung müssen jedoch in
ihren Anstiftern, in den Agitatoren der geheimen Vereine und
Organisationen, sowie in deren Charakter, Leidenschaften, Erziehung und Bildungsniveau gesucht werden. Die Verschwörung
gieng aus von Elementen des Landes und der Emigration, zu
denen sich noch Amnestierte und Begnadigte beigesellten. Sie
alle waren, mittelbar oder unmittelbar, geistige Kinder des
November-Aufstandes und der in seinem Geiste unternommenen
Versuche, Zöglinge jener Schule, die die Nothwendigkeit, den
Fehler des Jahres 1830 zu verbessern, nicht einsah, sondern an
die Nothwendigkeit der fruchtlosen Conspiration und des sporadischen Kampfes, an das System der Wiedergeburt durch
Selbstzerfleischung glaubte.

Es war dies eine jüdische, jeder politischen Lehre so weit
entgegengesetzte Theorie, dass sie lediglich in jenem Mysticismus,

der mit der Politik nichts Gemeinsames hat und der theils auf
die neuere polnische Poesie, theils auf die Leiden der Opfer
dieser Theorie zurückzuführen ist, ihre Erklärung findet.

Dieses mystische Element, das bei den Juden zur Entstehung einer Weltreligion geführt hatte, und das dem wahren
Patriotismus widersprach, wie ihn die gesunden, sich ausschließlich dem irdischen Leben widmenden Völker im heidnischen
Alterthume und in den christlichen Zeiten auffassten, beeinflusste
in verhängnisvoller Weise die Ereignisse, die Ausdehnung der
Verschwörung und den Aufstand. Der beginnenden Verschwörung
schlossen sich wenig Leute an, zumeist unbekannte Personen
aus den mittleren Schichten der Bevölkerung, hauptsächlich
junge, ja sehr junge Leute, mit wenigen Ausnahmen von geringer
oder nicht abgeschlossener Bildung, getrieben von einer größeren
Willenskraft, als sie zu befriedigen imstande waren, von einem
gewissen Gefühle der Demüthigung und der Zurücksetzung, von
einem fieberhaften Drange nach Thaten, vielleicht auch nach
Auszeichnungen, zu denen sie ohne einen Umsturz keine Gelegenheit zu finden fürchteten. Der größere Theil war beseelt von
der ausschließlichen Begierde, der aufrichtig geliebten nationalen
Sache zu dienen, die anderen waren von der unerhörten Selbstüberhebung befangen, dass nur sie mit Erfolg die Sache unternehmen könnten, und geringschätzten jene, die anderer Meinung
waren. Es gab Männer, die zu allen Opfern, selbst des Lebens
fähig waren, und solche, die nur ihre patriotische Pflicht zu
erfüllen glaubten und sich um das Weitere nicht kümmerten. Es
gab solche, die sich zu nichts mehr als zum Conspiriren fähig
fühlten; das in Polen eingenistete Streberthum nach Ämtern
und Würden drängte dazu, wenigstens insgeheim, sei es in der
„weißen", sei es in der „rothen" Organisation solche zu erlangen;
es gab endlich auch die gefährlichsten Wahnsinnigen, solche, die
man nicht ins Irrenhaus sperren kann.

Viele huldigten jenen falschen Anschauungen, die die
Rettung Polens mit radicalen Grundsätzen und radicale Grundsätze mit der Rettung Polens verbanden; dadurch stellten sie
sich in einen Gegensatz zu den höheren Schichten der polnischen
Bevölkerung. Alle waren sie im Glauben erzogen, dass es außerhalb der Unabhängigkeit keine Lösung der polnischen Frage
gebe, sie waren unfähig, eine andere Lösung zu begreifen und

an die Stelle der kühlen, der Schwierigkeit oder Unmöglichkeit
wohl bewussten Überlegung trat ein blinder, selbstbewusster
und opferwilliger Glaube, der mit dem von uns erwähnten
Mysticismus im Zusammenhange stand.

Das waren die besten Repräsentanten eines jener beiden
polnischen Extreme, das auf der verbrennenden Fieberhitze
und der fruchtlosen, ja verderblichen Opferwilligkeit für das
öffentliche Wohl beruht.

Diese Männer waren keine schlechten Polen, sie wollten
nicht extremen Umwälzungen zuliebe Polen opfern; manche
glaubten Polen nur dadurch retten zu können, und hielten es in
ihrer Verblendung für möglich, durch Zerstörung der Nation
ihr Vaterland wiederherzustellen. Mit geringen Ausnahmen waren
sie keine Charlatane, die in politischen Verwickelungen und in
dem Unglücke der Allgemeinheit ihren eigenen Nutzen suchen,
denn sie wollten lediglich die Befreiung der Nation; es waren
fanatische Patrioten und Enthusiasten, die sich revolutionärer
Mittel bedienten, aber keine revolutionären Ziele verfolgten, es
waren gerade, hingebungsvolle Männer, die der polnisch-nationalen Existenz den schwersten Schlag versetzten. Denn sie waren
politisch schwache, zum größten Theile verschrobene Köpfe, von
jener gefährlichsten Gattung, die da glaubt, sie sei stark und
tüchtig, wenn sie auch die Verhältnisse nicht prüft, die Verderblichkeit eines Unternehmens nicht ermisst und die vorhandenen Mittel nicht berechnen kann; Köpfe, die infolge eines
der gröbsten Fehler in der Berechnung, leicht- und starrsinnig,
die Sache, der sie dienen wollten, einer der größten historischen
Niederlagen aussetzten.

Die Verschwörung war in solchem Maße überflüssig,
unbegründet und verderblich, dass sie ihre Anstifter bezüglich
des Ausbruches der Revolution in eine Zwangslage versetzte.
Ihre Nutzlosigkeit und Verderblichkeit war nicht von dem Zeit-
punkte abhängig, denn in keinem Falle hätte sie zu einem
Erfolge geführt, der Moment des Ausbruches hat dies nur in
greller Weise dargethan. Worauf durfte denn der Aufstand
rechnen? Seine Anstifter konnten doch, obwohl sie die Theorie
„der eigenen Kräfte" proclamierten und obwohl ihr Hauptmerk-
mal in einem Mangel an politischer Bildung und politischem
Urtheil bestand, nicht darauf rechnen, mit ihren aufständischen

Abtheilungen die russische Armee zu besiegen. Somit mussten sie, wenn sie sich auch dazu nicht bekannt haben, irgendeine fremde, von niemandem in Aussicht gestellte Hilfe erwarten. Diese wäre nur von Seiten Napoleons III. möglich gewesen. Die Vorbereitung des Aufstandes, in der Absicht, dadurch die Unterstützung Napoleons III. zu erlangen, war eine haltlose, willkürliche Speculation. Napoleon hat diesen Aufstand nicht befürwortet; im Gegentheile, er hat öffentlich und geheim vor jeder Gewaltthat gewarnt, und im Augenblicke, als der Aufstand ausgebrochen war, auf ganz entgegengesetztem Wege die Lösung der polnischen Frage gesucht.

Selbst Prinz Napoleon konnte den „Rothen", wenn er sie auch platonisch unterstützte, unter den damaligen Verhältnissen keinen bewaffneten Aufstand empfehlen und er that es auch nicht. Er betonte lediglich, dass der vom Kaiser gewählte Weg nicht zum Ziele führe.

Konnte man rechnen oder rechnete man auf eine gleichzeitige Revolution in Russland oder auf eine Unterstützung durch die russischen Verschwörer?

Schon seit langem hatte die Verschwörung nach dieser Richtung ihre Fühler ausgestreckt, theils durch Sierakowski, theils durch Dabrowski, ohne etwas Positives zu erreichen. Das Central-Comité hatte sich bereits überzeugt, dass man auf das Militär nicht rechnen könne. Es hätte aber auch wissen sollen, dass der Bauernstand dem Stärkeren folgen und im besten Falle sich gleichgiltig verhalten würde. Bemerkenswert ist, dass ein großer Theil der an der Hochschule studierenden Jugend sich bei der Berathung mit dem Delegierten des Central-Comités gegen den Aufstand erklärte und dass der Delegierte trotzdem dem Comité ihre Zustimmung mittheilte. Dennoch trat der größte Theil dieser Jugend später dem Aufstande bei.

Der 1863er Aufstand hatte die Merkmale einer selbstmörderischen That. Die Verschwörer schlossen sich ihm an, mit geschlossenen Augen, sie glaubten höchstens, dass die Pflicht und das Interesse Europas die Wiederherstellung Polens gebieten. Schon von jeher war die Theorie entstanden, dass man Lebenszeichen von sich geben, dass man sich Europa in Erinnerung bringen müsse, und diese Theorie führte zur Bewegung, zu den Demonstrationen und schließlich zum verzweiflungsvollen

Kampfe. Es fehlten zwar alle Bedingungen des Erfolges; es waren jedoch alle Bedingungen für den Ausbruch des Aufstandes vorhanden.

Am 16. Jänner 1863 begann der Aufstand; an diesem Tage erschien eine Proclamation des Central-Comités, in welcher die Insurrection angekündigt wurde.

Da lesen wir: „Das Central-Comité hat alles vorbereitet, um die Recrutierung zu verhindern, aber es fand unvorhergesehene Hindernisse vor, und zwar Seitens der französischen Regierung, die unsere Bewegung missbilligt und ihr noch mehr als die russischen Gendarmen Schwierigkeiten in den Weg legt. Es hat sich darum die Ankunft der Waffen länger verzögert, als dass man gleichzeitig den Aufstand hervorrufen konnte.“

Das Comité ordnete den Ausbruch des Aufstandes für die Mitternacht vom 22. auf den 23. Jänner an und sandte die Befehle aus. Padlewski hatte bereits am 17. Jänner das Commando in den Kampinower Wäldern übernommen; infolge der Unbeholfenheit des russischen Militärs gelang es ihm, die Weichsel zu übersetzen und die Nasielski-Wälder zu erreichen. Am 21. Jänner wurde Mieroslawski vom Comité zum Dictator ernannt, am 22. verwandelte es sich in eine Provisorische National-Regierung und erließ einen „Aufruf zum letzten Kampfe“. In diesem Aufrufe wurde auch die Aufhebung der Leibeigenschaft gegen Staatsvergütung kundgemacht. Der Aufstand brach zur bestimmten Zeit aus. Zwei Jahre nach den ersten Demonstrationen erfüllten sich die Worte des Cardinals Retz — wer das Volk ansammelt, hetzt es auf.

Wo waren zu dieser Zeit jene, die stets in dem Aufstande das größte Unglück gesehen hatten, wo waren die „Weißen“? Plötzlich waren sie wie verschwunden und verschollen. Sie hatten nicht den Muth, weder das, was sie als ein Unglück betrachteten, zu missbilligen, noch angesichts des Geschehenen ihre eigene Verantwortlichkeit zu verhüllen, denn sie waren nicht imstande, die Ursachen des Unglückes im Keime zu ersticken und sich rechtzeitig von den Anhängern der Bewegung fernzuhalten.

Wir können noch hinzufügen: wo war die Regierung, wo waren die Behörden?

Da die dem Markgrafen Wielopolski übelwollenden militärischen Kreise den Aufständischen aus den Kampinower Wäldern

freien Rückzug gestatteten, da das Land infolge der Truppen-
concentrierung in den Städten einer militärischen Besetzung
entbehrte, so war der Adel ganz dem Terrorismus des Central-
Comités und seiner Organe ausgesetzt, ohne sich rühren zu
können.

Das Central-Comité bildete jetzt die einzige nationale
Gewalt im Lande. Die „Weißen" waren macht- und rathlos;
sie hatten weder den Muth, noch die Willenskraft, das gefährliche Unternehmen zu missbilligen. So pflegt es in Gesellschaften zu geschehen, wo man, wie mit Recht gesagt wurde,
seine Wünsche als Pflichten betrachtet. In Polen, nach den Theilungen, war der Adel zwar alles, aber er taugte doch zu nichts; man
konnte ohne ihn nichts leisten, nichts unternehmen, und doch
hatte er im entscheidenden Augenblicke keine Bedeutung, da
er sich stets irreführen, beherrschen und schließlich von den
unteren Volksschichten und den politischen Gauklern fortreißen
ließ. Obwohl aufrichtig und innig der nationalen Sache zugethan,
besaß er doch nicht jene Kraft des Geistes und des Charakters,
um die in dieser Beziehung von den unteren Volksschichten
ausgehende Licitation auszuhalten. Selbst um den Preis des
Unterganges und des nationalen Ruins glaubte er, die Pflicht
und das Interesse heischten, sich nicht überbieten zu lassen. Er
hat es nie verstanden, dass es die erste Pflicht der leitenden
Kreise ist, sich den für die nationale Existenz gefährlichen Unternehmungen entgegenzustellen, zumal dann, wenn diese im Namen
eines schädlichen Patriotismus in Angriff genommen werden.
Wozu anders waren diese Kreise da?

Dieses Hauptübel der nationalen Existenz der Polen war
für Russland eine willkommene, wenn auch anfangs unbequeme
Sache. Der Aufstand verschaffte Russland einen Ausweg aus
dieser sich immer verworrener gestaltenden Situation, er bahnte
ihm einen Weg, den es betrat und auf dem es mit eiserner,
einer besseren Sache würdigen Ausdauer jetzt noch wandelt.

Wie es so oft geschieht, haben die Männer, die bei der
Vorbereitung des Aufstandes ihren politischen Unverstand an
den Tag gelegt hatten, in der Durchführung der eigenen Sinnlosigkeit viel Geschick und Raffinement entwickelt.

Es entstand die geheime National-Regierung mit einer vorzüglich erdachten Organisation, deren Mechanismus nicht einen

17*

Augenblick, insbesondere gegenüber der Rathlosigkeit der Behörden versagte. Die National-Regierung brachte es zustande, dass
sie einen Theil der Landes-Regierung beherrschte, die ganze
Gesellschaft terrorisirte, eine Bewegung ins Leben rief und am
Leben erhielt, mit deren Hilfe sie dann den Krieg mit Russland
führte.

So entstand eine Atmosphäre, in der es immer schwerer
wurde, sein gesundes Urtheil zu bewahren, in der die Verzweiflung über das geschehene Unglück an der Verwunderung,
dass es geschehen, sein Gleichgewicht fand.

Es begannen die Zeiten, die eher phantastischen Hoffmann-
schen Erzählungen, als Blättern der menschlichen Geschichte
ähnlich sehen.

Das Doppelspiel der Mächte.

Der Aufstand hat im ersten Augenblick das Ausland überrascht. So feierlich, so bestimmt wurde von polnischer Seite
versichert, man werde nur mit moralischen Waffen kämpfen,
man denke nicht an eine bewaffnete Bewegung und es werde
auch zu einer solchen nicht kommen, dass endlich auch das
Ausland, trotz des bekannten Waffenankaufes, den man nur
den Wahnsinnigsten zur Last legte, daran glaubte und diese
noch als eine geringe Minorität erachtete, während sie schon
das ganze Land beherrschten.

Das Ausland konnte den Leichtsinn und die Haltlosigkeit
des Unternehmens weder muthmaßen noch beurtheilen; aber es
fühlte dessen Gefahr.

Die Sympathie für eine Nation, die unter den größten
Gefahren zu den Waffen gegriffen hatte, um sich gegen eine
Gewaltthat, als welche man ja seit mehreren Monaten in Europa
die exceptionelle Recrutierung betrachtete, zu schützen und
dann die Unabhängigkeit zurückzugewinnen, gewann in den
ersten Stunden das Übergewicht. Schon die bloße Thatsache
des Aufstandes, die Kämpfe, die Entwicklung der bewaffneten
Bewegung, alles zusammen musste mit außerordentlicher Gewalt
auf die Phantasie wirken; die Ausländer hörten auf, über die
verderblichen und unvermeidlichen Folgen nachzudenken. Das
war die erste Empfindung der sogenannten europäischen öffentlichen Meinung.

Anders stellte sich die Sache den vernünftigen, denkenden,
verantwortlichen Männern der polnischen Gesellschaft dar. Sie
hätten sofort die ganze Verderblichkeit des Unternehmens, das
sie zuvor als das größte Unglück betrachtet hatten, erkennen

sollen und doch erfolgte von keiner Seite eine Missbilligung,
von keiner Seite eine Zurückweisung der That. Die Gesellschaft schien bewusstlos geworden zu sein.

Wir glauben, dass eine selbständige, entschiedene, offene
Missbilligung des Aufstandes seitens des Hôtels Lambert im
Anfangsstadium desselben, sowohl die Warschauer „Weißen“,
als auch Galizien beeinflusst hätte. Das Hôtel Lambert verstand
die Verderblichkeit des Aufstandes und es hat sie zweifellos
umso eher erkannt, als es wusste, wie weit der Aufstand den
Absichten und Plänen Napoleons fernelag, von dem ja hauptsächlich Hilfe erwartet wurde.

Schon das Attentat auf den Großfürsten Constantin berührte
am Napoleonischen Hofe, zu Fontainebleau, sehr peinlich.
Es enthüllte die ganze Gefahr, die das Verhalten des Kaisers
gegenüber der polnischen Bewegung für seine Combinationen
herbeiführen musste. Doch es kam zu keinem entschiedenen Auftreten der französischen Regierung. Der „Moniteur“ beschränkte
sich auf einige anerkennende Worte für den Großfürsten. Der
Consul Ségur hatte sich durch seine sympathische Haltung
den Demonstrationen gegenüber unmöglich gemacht; er wurde
durch Herrn Valbezan ersetzt. Dieser richtete sein Verhalten
danach ein.

Die Attentate auf Lüders, den Großfürsten und Wielopolski riefen in Paris ein großes Unbehagen hervor; sie besei-
tigten die Illusionen der moralischen Revolution und ihre
ganze Poesie. „Die öffentliche Meinung hört auf, uns zu unterstützen,“ schrieb man im August dem „Czas“. Die französische
Diplomatie, hauptsächlich diejenige, die der polnischen Sache
nicht gewogen war, benützte diese Gelegenheit, um ihre Gleichgiltigkeit zu betonen.

Am 16. October 1862 hatte Drouyn de Lhuys nach Thouvenel das Portefeuille des Äußern übernommen. Sein politisches,
der italienischen Einheit feindliches System war einem Bündnisse mit Österreich geneigt und dies, sowie seine persönliche
Sympathie stimmte ihn für Polen günstig. Er pflegte daran zu
erinnern, dass, als er noch ein Kind gewesen, Kościuszko mit
ihm gespielt hatte. Die officiöse Presse änderte auch bald ihre
Haltung gegenüber Polen und führte eine immer freundlichere
Sprache. Im November stellte der „Moniteur“, welcher seit einiger

Zeit die Nachrichten aus Polen unter der Rubrik „Russland" veröffentlicht hatte, die Rubrik „Polen" wieder her.

Allein die Nothwendigkeit, gute Beziehungen zu Russland aufrechtzuerhalten, war überwiegend. Die griechische Revolution hatte das Petersburger und das Pariser Cabinet einander wiederum näher gebracht und so verlängerte sich das alte, bekannte Spiel, ein politisches Schaukelspiel.

Am 20. November trat Baron Budberg an Stelle des russischen Botschafters in Paris, Kisselew, der wegen seines hohen Alters und, wie manche behaupteten, auch infolge der Schwierigkeit der Situation seine Demission gab. In seiner Ansprache an den Kaiser Napoleon III., bei der Überreichung des Beglaubigungsschreibens sagte Budberg:

„Ich erlaube mir, Eurer Majestät das Beglaubigungsschreiben bei Ihrem Allerhöchsten Hofe als Botschafter meines erhabenen Monarchen zu überreichen. Bei der Ernennung zu diesem Amte wurde ich von meinem Kaiser beauftragt, Eurer Majestät die Ausdrücke Seiner Freundschaft zu übermitteln. Ich fühle mich glücklich, dies thun zu können, und werde nicht aufhören, meine Kräfte der Stärkung der Sympathien dieser beiden großen Nationen, deren Einigung auf der richtigen Würdigung der gemeinsamen Interessen beruht, zu widmen. Erlauben Sie mir, Sire, zu hoffen, dass ich instande sein werde, mir Ihr hohes Wohlwollen zu erworben, mit dem Sie mich zu beehren bereits geruhten und durch das mir meine Aufgabe, die glücklichen Beziehungen zwischen Frankreich und Russland noch mehr zu festigen, erleichtert wird."

Der Kaiser erwiderte:

„Ich kann mit Befriedigung auf die Beziehungen, welche seit sechs Jahren zwischen dem russischen Kaiser und Mir bestehen, hinweisen. Sie werden mit desto größerer Wahrscheinlichkeit von Dauer sein, als sie der gemeinsamen Sympathie und den wahren Interessen beider Staaten entstammen. Ich war in der Lage, den erhabenen Geist und das ehrliche Herz Ihres Kaisers schätzen zu lernen und Ich hege für ihn aufrichtige Freundschaft. Ihr Vorgänger hat alles angewendet, um dieses Band zu kräftigen; daher werde Ich ihm stets ein angenehmes Andenken bewahren.

Ich weiß, dass dieselben Gefühle auch Sie beseelen, und Sie werden bei Uns einen herzlichen Empfang 'finden. Es freut Mich, Sie Meiner besonderen Hochachtung zu versichern."

Die Ansprache des Kaisers musste die Polen in Paris verstimmen. Aber drei Tage später, am 15. December, veröffentlichte der „Constitutionnel", der noch immer ein officiöses Organ war, wahrscheinlich im Auftrage Drouyns, einen polenfreundlichen Brief aus Warschau, in dem das Vorgehen der podolischen Adelsmarschälle aus Anlass der Adresse um Wiederanschluss der „erworbenen Provinzen"*) an Polen entschuldigt wurde. Bis zum letzten Augenblicke dauerte diese Methode, die darin bestand, gute Beziehungen zu Russland, aber mit Vorbehalten betreffs Polens, aufrecht zu erhalten. Plötzlich verlangte Russland einen Beweis der französischen Freundschaft: Baron Budberg gab entweder vor, oder er war gleichfalls von der Illusion befangen, die alle russischen Behörden beherrschte, dass sich die Leitung der polnischen Verschwörung in Paris befinde. Am 25. December erklärte er dem Polizeipräfecten, dass er dem Central-Comité auf der Spur sei und verlangte die Verhaftung von Milowicz, Ćwierciakiowicz und Godlewski. Der Präfect ließ sie auch thatsächlich anhalten und nahm ihnen Papiere ab, aber nicht die des Central-Comités, sondern seiner Militärcommission, die sich mit dem Einkaufe von Waffen im Auslande befasste. Dabei wehrte sich die französische Regierung gegen den polnischen Vorwurf, dass sie der russischen Regierung Polizeidienste leiste; sie behauptete, dass nur nach einer allgemeinen revolutionären Verschwörung gefahndet werde. Einer der Verhafteten wurde freigelassen; die beiden anderen anfangs Jänner aus Frankreich ausgewiesen. Die Papiere wurden confisciert, es konnte somit vorläufig von einem Exporte von Waffen nicht die Rede sein.

_____

*) Im Original heißt es „zabrane prowincye". Die Bedeutung dieser Benennung wurde auf Seite 52 angegeben. Nachdem bereits der größere Theil dieses Buches gedruckt war, theilte mir der hervorragende polnische Geschichtsforscher Professor St. Smolka freundlichst mit, dass es richtig wäre zu übersetzen: „Die am Wiener Congress endgiltig dem russischen Kaiserreiche einverleibten, außerhalb des ehemaligen Großherzogthums Lithauen' gelegenen Länder der ehemaligen Republik Polen." Allein Prof. Smolka gibt selbst zu, dass es unbequem wäre, diesen Satz so oft zu wiederholen. (Anm. d. Übers.)

Da kam nach Paris die Nachricht von dem Ausbruche des Aufstandes. Napoleon und die französische Regierung verhielten sich anfangs in der Öffentlichkeit passiv, aber insgeheim gaben sie ihrer Unzufriedenheit und Befürchtung Ausdruck, dass es sich hier nicht um eine nationale, sondern revolutionäre Bewegung handle. Diese Befürchtungen wurden noch vom russischen Botschafter genährt. Doch gegen den Aufstand traten sie nicht auf; sie eiferten ihn zwar nicht an, verlangten aber auch nicht vom Hôtel Lambert, dass es sich von ihm zurückziehe. Einige Regierungsorgane sahen in ihm nur einen Schritt unüberlegter Verzweiflung, aber nach den so grellen Darstellungen der mit der Recrutierung verbundenen Grausamkeiten musste diese Verzweiflung als berechtigt erscheinen.

Es war zweifellos, dass der Aufstand alle Vortheile, die unter den gegebenen Verhältnissen für die polnische Sache erreicht werden konnten, mit einem Schlage vernichtete, dass er dem Kaiser Napoleon nicht gelegen kam, ja seiner Politik geradezu schädlich war und daher auf eine Unterstützung Frankreichs nicht rechnen konnte. Allein, da man darin einen Widerstand gegen die Proscription sah, so entstand wiederum ein verderbliches Missverständnis. Bei einem solchen Verhalten der französischen Regierung, welches an das gleiche Vorgehen während der Demonstrationen erinnerte, konnte sich das Hôtel Lambert nicht entschließen, den Aufstand zu verurtheilen, wiewohl noch vor einigen Monaten Fürst Czartoryski in seiner Novemberrede jeden Gedanken an einen bewaffneten Aufstand gebrandmarkt hatte. Jetzt war das Hôtel Lambert verblüfft, wie alle übrigen. Denn es nahm seine Verpflichtung, das Land nicht zu leiten, sondern sich vom Lande leiten zu lassen, so wörtlich, dass es eine Erklärung der Warschauer „Weißen" erwartete. Gewiss hat das passive Verhalten, ja noch mehr das Mitgefühl der französischen Regierung und ihrer Organe, die durch die verabscheuenswürdige Conscription hervorgerufen war, es zu diesem Fehler verführt, der wiederum bequeme Illusionen an Stelle der schmerzlichen Wirklichkeit setzte. Das Hôtel Lambert, das vor zwei Jahren nicht den Muth gehabt hatte, die Demonstrationen zu missbilligen, fand auch jetzt nicht die Kraft, gegen den Aufstand aufzutreten.

Napoleon III. war jener Zeit der einzige Staatsmann und

Herrscher, der an die Lösung der polnischen Frage dachte und
sie lebhaft wünschte. Er, der Einzige unter den Männern, die in
der Politik etwas durchsetzen konnten, wollte thatsächlich etwas
für Polen leisten. Napoleon war an den Gedanken der Lösung
der polnischen Frage, wie wir schon erwähnten, mehr instinctiv,
mehr traditionell, mehr mit dem Gefühle als politisch gefesselt.
Deshalb war sein ganzes Vorgehen in der Basis verfehlt. Er
verkannte, dass hier eine Frage vorlag, die man straflos nicht
anrühren durfte, und dass, wenn man nicht die Mittel besass, sie
zu lösen, man sie nur mit unvermeidlicher Gefahr für sich und
für die Sache in Angriff nehmen konnte. Der plötzliche, aber so
leicht vorauszusehende bewaffnete Aufstand enthüllte ihm den
ganzen Schrecken der Situation, die er selbst gewissermaßen
geschaffen hatte.

Sein ausgezeichneter politischer Scharfsinn sagte ihm, dass
durch einen Aufstand die polnische Sache weder gelöst noch
vorwärts gebracht werden konnte. Der Aufstand entriss seinen
Händen das einzige Mittel, durch erreichbare Concessionen die
Frage zu lösen; andererseits schien es dem Kaiser abscheulich,
eine Sache zu verleugnen, an der er hieng, die er angeeifert
und der er versprochen hatte, sie nicht im Stich zu lassen. Dem
Apostel des Nationalitätenprincips schien dies unmöglich, vielleicht
gefährlich. Der Aufstand wurde somit zu einer Niederlage für
seine Politik, für sein Ansehen, für seine Popularität, für seinen
Einfluss, soweit, dass die französischen Regierungskreise der
Anschauung waren, es sei das Losungswort zu demselben von
London ausgegangen. Man kann sich daher nicht wundern, dass
er im ersten Augenblick wankte und dass er sich nicht dazu
entschloss, den Aufstand zu missbilligen, was allein von Erfolg
gewesen wäre und auch eine Zurückweisung des Aufstandes
seitens der „Weißen", des Hôtel Lambert und Galiziens hätte
nach sich ziehen können.

Wie die „Weißen" und das Hôtel Lambert, so erntete
auch Napoleon die Früchte der bisherigen Fehler.

Überdies von der eigenen Diplomatie schlecht bedient,
von den Consuln schlecht informiert, von den Polen irregeführt,
geringschätzte der Kaiser allzusehr die damalige Lage Polens
und verfolgte die Demonstrationen mit Wohlgefallen in der
Meinung, dadurch von Russland größere Concessionen für die

Polen zu erreichen und Russland von sich umsomehr abhängig zu machen. Er nahm daher wenig Anlass, die mit ihm in Verbindung stehenden Polen und das Land zur Beendigung der Demonstrationen, zur Gruppierung um den Großfürsten und Wielopolski und zur Annahme ihres Systems zu bewegen. Die abwechselnden Enunciationen der französischen Regierungspresse, selbst des „Moniteur" waren gegenüber anderen vertraulichen Mittheilungen dazu nicht genügend.

Eine entschiedene und offene Sprache der Regierungspresse und insbesondere eine unzweideutige Erklärung seitens des Kaisers und seiner Minister hätten zweifellos mit Rücksicht auf den tiefwurzelnden Glauben an Napoleon die außerhalb der Verschwörung stehenden Elemente beeinflusst. Sie hätten wahrscheinlich den Muth der „Weißen" gestärkt, den gesunden politischen Sinn und die Gewissenhaftigkeit des Hôtel Lambert gekräftigt und Galizien die Theilnahme an den traurigen Ereignissen erspart. Dieser heilsamen Einwirkung seitens des Kaisers während der Bewegung stand wiederum das Verhalten der „Weißen" im Wege, die in seinen Augen am reinsten den nationalen Gedanken so wie die berechtigten Wünsche, deren Ausdruck er im Hôtel Lambert sah, repräsentierten. So entstand wiederum ein Zauberkreis: die „Weißen" haben das Hôtel Lambert, das Hôtel Lambert hat den Kaiser und der Kaiser hat die „Weißen" mitsammt dem Hôtel Lambert irregeführt. Dadurch wurde die unheilvolle Wirksamkeit der „Rothen" gesteigert und ihr Vernichtungswerk gefördert.

Und so geschah es zum Schlusse, dass, wenn auch der Ausbruch des Aufstandes alle verblüffte, niemand doch den Muth hatte, ihn sofort zu brandmarken. Bei solchen Ereignissen ist wie während einer Schlacht jede Stunde kostspielig.

Der Kaiser sah sich in eine schiefe Lage versetzt, er wusste sich nicht zu helfen; allein als hervorragender Politiker entschloss er sich den einzigen noch vernünftigen Ausweg zu betreten.

Der Aufstand an sich gefährdete die freundlichen Beziehungen zwischen Frankreich und Russland nicht, erst eine dem Aufstande geleistete Unterstützung konnte den Bruch herbeiführen. Der Kaiser entschloss sich daher, bei seiner Absicht, günstige Beziehungen zu Russland aufrechtzuerhalten, zu bleiben

und in einem Bündnisse mit diesem Staate einen Ausweg für die
polnische Frage zu finden. Noch einmal wollte er durch sein
Ansehen und durch seine Macht den Faden wieder anknüpfen,
den der Übermuth der Verschwörung zerrissen hatte.

Einige Wochen später missbilligte die gesammte officielle
französische Presse offen und vertraulich den Aufstand; sie
ließ in Bezug auf seine Nutzlosigkeit und Verderblichkeit
keinem Zweifel mehr Raum. Am 5. Februar wies, wie wir
wissen, Minister Billault jede Solidarität der französischen
Regierung und des Kaisers mit dem Aufstande zurück; er brandmarkte den letzteren als einen Fehler und als ein Unglück.
Den Spuren dieser Rede folgend, trat die officiöse Presse gegen
den Aufstand auf. Diese Wendung war vernünftig; nach der
Note des „Moniteur" vom 23. April 1861 die ehrlichste und
vernünftigste That der Napoleonischen Politik in der polnischen
Frage, denn sie machte den allzulange dauernden Zweideutig-
keiten und Missverständnissen ein Ende. Es war nur zu bedauern,
dass dies nicht früher geschehen war. Wiewohl man polnischerseits sich bemühte, die Worte Billaults seiner persönlichen Erreg-
barkeit zuzuschreiben, so war es doch klar, dass sie in Übereinstimmung mit der officiellen Presse nur den Gedanken des
Kaisers zum Ausdrucke gebracht hatten.

Die Situation war für alle ernsten Elemente der polnischen Gesellschaft klar. Die Stellung Napoleons entschied die
ernste und wichtige Frage, was angesichts des Aufstandes zu
thun sei und ob man denselben in irgendeiner Weise unterstützen solle.

Jetzt hörte jeder Schein einer Pflicht, mit Waffen den
Aufstand zu unterstützen, auf. Es ergab sich die andere Pflicht,
alles anzuwenden, um ihn zu unterdrücken und nicht mit
ihm das Schicksal der ganzen Gesellschaft zu vereinigen. Der
Aufstand blieb das, was er gleich im Anfange und nach seiner
ganzen Natur gewesen war: das sinnlose Werk eines unreifen
Theiles der Nation, ein Schritt unbegründeter Verzweiflung
und ein weiterer Versuch der Selbstzerfleischung. Aber ohne
Anerkennung und Unterstützung des hervorragenden und ernsten Theiles der Gesellschaft oder Galiziens, ohne Fürsprache
des Hôtel Lambert, vom Kaiser verpönt, war er eine isolierte,
wahnsinnige That und musste nach einigen Wochen zusammen-

brechen, dem System Wielopolski und des Großfürsten ein
freies Feld zurücklassend. So haben dies damals sogar junge
Leute, die dem Schauplatze der Ereignisse näher standen, auf-
gefasst, diejenigen, die später behufs Durchführung gewisser
politischer Regeln um die „Polnische Revue" einen politischen
und publicistischen Kreis bildeten. Das war der Krakauer Kreis,
dessen Stellung zu erläutern eine der Aufgaben dieser Abhandlung ist.

Das Hôtel Lambert hat ebenso wie der Krakauer Kreis
die ganze Situation und infolge dessen auch seine Pflicht verstanden. Es erließ daher nach der Rede Billaults die uns
bekannte Erklärung, dass der Aufstand ein großes Unglück sei
und dass man ihn nicht unterstützen, sondern verurtheilen müsse.
Inzwischen war die, für das Verhalten des Krakauer Kreises
entscheidende Wendung eingetreten, von der wir bereits gesprochen haben.

Hier nähern wir uns jenem Theile unserer Abhandlung,
in dem wir den Verlauf der äußeren Ereignisse aufzuklären
beabsichtigen, nicht, wie er den Agitatoren und Theilnehmern
des Jahres 1863 und dem Krakauer Kreise sich darstellte,
sondern wie er wirklich war.

Wir werden uns dabei auf Thatsachen, Documente und
Ereignisse, ja selbst auf Eindrücke stützen, die während des
Aufstandes jenen Agitatoren und Theilnehmern und insbesondere dem Krakauer Kreise nicht bekannt waren, auf die wir
uns daher im ersten Theile nicht berufen konnten.

Der Geheimsecretär des Kaisers Napoleon, Mocquard, begab
sich in der ersten Hälfte des Monates Februar 1863 zum Fürsten
Czartoryski mit der Mittheilung, die auch eine Warnung war,
dass sich die Lage geändert habe, dass plötzlich für die polnische
Frage neue Aussichten auf eine europäische Unterstützung entstanden seien und dass daher die Dauer des Aufstandes nothwendig sei. Bald darauf bestätigte Kaiser Napoleon in einem
Gespräche mit dem Fürsten das Auftauchen günstiger Aussichten
für die polnische Frage und fügte hinzu: „Mag der Aufstand nur
fortdauern; wir werden schon sehen."

Diesen Andeutungen folgten Aufmunterungen nicht nur
ernster französischer Staatsmänner, sondern auch derjenigen,
die die französische Regierung zur Durchführung ihrer Pläne

zu benützen pflegte. Zu diesen Männern gehörte damals
der Director der „Agence Havas", Danjou, der zuerst die
Aufmerksamkeit des Fürsten Czartoryski auf die veränderte
Lage und die geänderten Anschauungen der Regierungskreise
über den Aufstand lenkte, was er ja gewiss ohne Auftrag von
oben nicht hätte thun können.

Das Hôtel Lambert und mit ihm viele europäische Staatsmänner sahen daher in dem Abschlusse einer preußisch-russischen
Convention einen Fehler Bismarcks, die unvorsichtige That eines
Mannes, den man damals als einen politischen Abenteurer
betrachtete, der in verwegener Weise Complicationen herauf-
beschwöre, um in denselben eine Rolle zu spielen. Die Überzeugung, dass Bismarck sich infolge seines Sanguinismus und
seiner Leidenschaftlichkeit in seine eigenen Netze verfangen
und dadurch den von ihm angefeindeten Fragen zum Siege
verhelfen würde, war überwiegend.

Die kaiserlichen Minister, die sich seit dem Beginne des
Aufstandes von den Polen fernegehalten hatten, suchten jetzt
das Hôtel Lambert auf und bewiesen mit außerordentlichem
Enthusiasmus, dass der polnischen Sache eine Zukunft bevorstehe.
Walewski, der sich bisher kühl, reserviert und vorsichtig verhalten und diese Vorsicht auch den Demonstranten empfohlen
hatte, wurde jetzt in den Gesprächen mit Andreas Koźmian
begeistert und setzte ihm auseinander, dass man den Aufstand
unterstützen, dass derselbe fortdauern müsse, damit die polnische
Frage auf der Tagesordnung bleibe; dass ihm alle ernsten
Männer ein nationales Merkmal verleihen, und ihm das „revolutionäre" abstreifen müssten, um ihm der Unterstützung der Mächte
zu sichern. Er fügte hinzu, dass Aussichten auf eine europäische
Intervention vorhanden seien, dass Frankreich die polnische
Frage nicht im Stiche lassen könne und der Kaiser sie nicht
preisgeben wolle; dass jedoch Frankreich allein nicht auftreten
könne und zu diesem Zwecke nach einem Einvernehmen mit
England und Österreich strebe, dass die Chancen derselben
günstig seien, mit einem Worte: „Es scheint, dass die Stunde
Polens geschlagen hat."

Die französische Regierungspresse fieng nun an, die Bedeutung der polnischen Frage zu betonen, sie tadelte nicht mehr
den Aufstand, sondern sie verzeichnete seine Fortschritte. Der

„Moniteur" veröffentlichte wohlwollende Berichte aus Warschau über den Aufstand. Der französische Consul in Warschau Valbezau, der, wie wir wissen, anfangs gegen den Aufstand strenge aufgetreten war, erklärte jetzt einem Mitgliede des früheren landwirtschaftlichen Comités: „Eigentlich weiß ich nicht, woran ich mich halten und was ich glauben soll. Es scheint, dass sich hier geheime Agenten des Kaisers aufhalten. Wenn die Sachen so weiter gehen werden, kann man die Ankunft der „rothen Hosen" erwarten." Diese Änderung des Verhaltens Napoleons und seiner Regierung gegenüber dem Aufstande erfolgte plötzlich und darum war sie umso bemerkenswerter. Sie entsprang der Absicht, die Ereignisse für sich auszunützen, aber auch der Nothwendigkeit, aus dieser schwierigen Situation einen Ausweg zu finden, und der Hoffnung, dass sich nunmehr eine Gelegenheit zur Lösung der polnischen Frage darbiete.

Kaiser Napoleon, der stets an die polnische Frage nicht bloß dachte, sondern sie auch zu lösen versuchte, stieß immer auf unüberbrückbare Hindernisse, die er im Jahre 1854 im Gespräche mit dem Prinzen Albert übersehen hatte. Wie wir wissen, versuchte er es schon während des Krimkrieges, die polnische Frage in Angriff zu nehmen, aber die Abneigung Englands, der Widerstand Österreichs, die grimmige Feindschaft Russlands und Preußens standen dem im Wege, er musste seinen Plan fallen lassen. Da betrat er den praktischen Weg der Compromisse mit Russland. Vom Pariser Congresse und der Zusammenkunft mit Kaiser Alexander II. in Stuttgart bis zum Ausbruch des Aufstandes beharrte er auf demselben, stets zu Concessionen drängend.

Der Jänner-Aufstand zerstörte das so glücklich eingeleitete Werk Napoleons III., es machte ihn plötzlich ohnmächtig in der polnischen Frage und diese Ohnmacht wurde zur Niederlage seiner Politik und seines ganzen Systems, das sich auf das Nationalitätenprincip stützte. Deshalb ergriff er die erste Gelegenheit, die es ihm ermöglichte, die Interessen Frankreichs mit der polnischen Frage zu verknüpfen, [ohne es zu einem Bruche mit Russland kommen zu lassen. Diese Gelegenheit wurde durch die Februar-Convention geschaffen.

Plötzlich eröffnete sich ihm die Möglichkeit, die Rheingrenze wieder zu gewinnen, aber auch die Sache Polens zu vertreten,

und dabei den Glorienschein des Vertheidigers und Apostels
der neuen Nationalitäten-Religion zu behalten. Er griff umso eher
nach dieser Gelegenheit, als sich die sogenannte öffentliche
Meinung Frankreichs und zum Theile auch Europas in lebhafter
Weise mit den polnischen Ereignissen beschäftigte, und als die
öffentliche Meinung sowie die dem Kaiserthum feindlichen Elemente und Parteien auf den schreienden Widerspruch zwischen
den von Napoleon verkündeten Principien und seinem Verhalten
gegenüber dem polnischen Aufstande hinwiesen. Die öffentliche
Meinung fand einen Ansporn in der Conscription, die man als
grausam hinstellte, in der Fortdauer des Aufstandes, in einigen
wenn auch geringen, aber erstaunlichen Erfolgen, in den helden-
müthigen Thaten der Jugend und insbesondere in der poetischen
und übertriebenen Darstellung der Verhältnisse seitens der polnischen und französischen Blätter, die dem Hôtel Lambert zur
Verfügung standen. Gedrängt, vielleicht noch mehr gereizt,
sowohl von der öffentlichen Meinung, wie von den Gegen-
parteien war Kaiser Napoleon außerdem noch in seiner Eigenliebe von englischen Ministern gestachelt und an die Wand
gedrückt.

Noch zu jener Zeit, als der Kaiser gar kein Wort der
Ermunterung gefunden und im Gegentheil die Polen durch
den Mund seines Ministers an die Gnade des Czaren gewiesen
hatte, war von Lord Russell in Gegenwart des Markgrafen
de Cador, des französischen Chargé d'affaires in London, die
Sache Polens in einer sehr warmen Weise und mit einer besonderen Sympathie vertheidigt worden. Lord Russell war über
das Vorgehen Russlands, über seine Grausamkeit empört und
hatte, zum Markgrafen de Cador gewendet, gesagt:

„Da liegt im vollen Sinne des Wortes eine Nationalitäten-
frage vor; es ist nicht möglich, dass Napoleon III. ihr gegenüber gleichgiltig bleibe, er, der das Nationalitätenprincip aufgestellt hat.“

Herr de Cador antwortete darauf wahrscheinlich im
Sinne seiner Instructionen, jedenfalls aber mit Rücksicht auf
das bisherige Verhalten der französischen Regierung sehr kühl
und ausweichend. Nach dem Diner nahm Lord Russell den
Markgrafen de Cador beiseite und machte ihm Vorstellungen,
dass man nicht länger schweigen könne, dass es nicht angehe,

Polen von Russland zerfleischen zu lassen, dass gerade der Kaiser dies nicht dulden dürfe, dass er sich schließlich verpflichtet fühle, ihn zu warnen, und dass, falls Frankreich nicht die Initiative ergreifen sollte, England dies thun würde.

Welchen Zweck die englischen Staatsmänner damit verfolgten, und wie das weitere Vorgehen Englands aussah, werden wir weiter sehen.

Marquis de Cadore berichtete hierüber sofort nach Paris. Die Wirkung dieses Berichtes war sehr groß, hauptsächlich deshalb, weil man einsah, dass ein weiteres passives Verhalten in der polnischen Sache angesichts des Aufstandes sehr schwer, ja unmöglich sei. Inzwischen trat das bekannte entscheidende Ereignis ein: die russisch-preußische Convention vom 8. Februar 1863. Jetzt wollte sich der Kaiser nicht mehr von England überholen lassen, und er benützte diese Convention, um sich in die polnische Frage einzumengen, ohne jedoch Russland zu verletzen oder die Beziehungen zu demselben abzubrechen. Die Spitze seines Auftretens war in erster Linie gegen Preußen gekehrt.

Durch die russisch-preußische Convention herausgefordert, sah Napoleon in derselben eine Gelegenheit, nicht nur die polnische Frage ins Rollen zu bringen, sondern auch einen anderen Wunsch, die Wiedergewinnung der Rheingrenze, zu verwirklichen und dadurch die im Interesse Polens gebrachten Opfer zu rechtfertigen. Auf diese Weise sollte aber auch der von England so heiß ersehnte Bruch mit Russland vermieden werden, umsomehr, als es bekannt war, dass in Petersburg eine, dem Bündnis mit Preußen feindlich gesinnte mächtige Partei bestand und dass kein Geringerer als Fürst Gortschakow schon am 9. Februar dem Grafen Montebello den Text der Convention zeigte. Ein solches zwei- oder dreifaches Ziel entsprach allzusehr den Plänen und Träumen Napoleons, seiner idealen und realen Politik, überhaupt seiner ganzen beliebten Methode, als dass er davon Umgang genommen hätte. Ohne eine eingehende Kritik und mit großer Eile verließ er den bisherigen Standpunkt, als er günstige Aussichten auf einen Erfolg zu sehen glaubte.

Da sich Preußen in die polnischen Ereignisse einmengte, so lag auch für Frankreich ein Grund vor, das Gleiche zu thun. Man sagte sich in Paris, wenn Bündnisse gegen Polen entstünden, so könnten auch Bündnisse für Polen entstehen. Der „Constitutionnel" betonte in schärfster Weise, dass durch die Convention die Doctrin der Nichteinmischung verletzt werde. Übrigens hatte die Convention in den politischen Kreisen und in der öffentlichen Meinung den ärgsten Eindruck hervorgerufen. Minister Drouyn de Lhuys machte in einer Note vom 17. Feber seinem Berliner Botschafter Talleyrand Bemerkungen über die Convention und erklärte, die polnische Frage habe bisher nur eine locale Bedeutung gehabt, durch die Convention jedoch sei sie zu einer europäischen Frage geworden. Wie zur Beschwichtigung Russlands und zur Rechtfertigung seines Auftretens gegenüber demselben, hatte Drouyn de Lhuys am 13. Feber eine Depesche an seinen Botschafter in Petersburg, Graf Montebello, gesandt, in der es hieß: „Die polnische Frage hat mehr als jede andere das Recht, in Frankreich die Sympathien aller Parteien zu erregen. Darin sind alle einig. Die Sprache der heftigsten Vertheidiger der Monarchie wie des Katholicismus unterscheidet sich nur sehr wenig von der Sprache der fortgeschrittensten demokratischen Organe. Was kann die Regierung auf die Kundgebungen erwidern, welche auf dem Boden des Gesetzes stehen und die Anerkennung von Grundsätzen verlangen, welche niemand verleugnen darf? Die Regierung ist nicht nur wehrlos gegenüber solchen Schriften, sondern sie muss, indem sie selbst ihre Kraft aus der öffentlichen Meinung schöpft, den im Lande vorherrschenden Gefühlen Rechnung tragen."

Diese politische Wendung, welche die Convention nach sich gezogen hatte, veranlasste nun die französische Regierung, ihr Auftreten gegenüber dem Hôtel Lambert zu ändern, und das war wiederum der Grund, dass das Pariser Bureau eine entschiedene Stellung gegenüber dem Aufstande einnahm.

Nach dem Sitzungsprotokolle des Bureaus gab der Präsident Fürst Czartoryski in der Sitzung vom 9. Feber 1863 bekannt, dass der Courier G. F. nach Dresden, Krakau und Lemberg entsendet wurde.

Das Protokoll vom 16. desselben Monates lautet aber schon: „Präsident Fürst Czartoryski berichtet über den Empfang eines Briefes vom Herrn G. F. und über Depeschen, welche behufs Aufmunterung zur Fortsetzung des Kampfes nach Krakau gerichtet worden sind."

Es war zwischen der Rede Billaults vom 5. Februar, die den Aufstand missbilligte, und der russisch-preußischen Convention vom 8. Februar eine entschiedene Änderung in der politischen Situation sowie in den Anschauungen der französischen Regierung eingetreten. Während vor dem 9. Februar Fürst Czartoryski in der durch einen Courier überısendeten Information gegen den Aufstand aufgetreten war, telegraphierte er am 16., dass man so lange als möglich aushalten solle.

Die französische Regierung forderte nunmehr, nachdem sie in Berlin den ersten Schritt unternommen hatte, England und Österreich zu gemeinsamer Action auf. Österreich lehnte, wie wir wissen, ab, mit dem Bedeuten, seine Stellung wäre schon durch den Beitritt zur Convention genügend gekennzeichnet; England hielt ein gemeinsames Vorgehen in Berlin nicht für angezeigt und bemerkte, dass sich die Action der Mächte gegen Petersburg richten müsse. Der Kaiser wandte sich auch nach Petersburg, aber nicht mit Forderungen und Vorstellungen, sondern mit Rathschlägen zu Gunsten Polens. Die preußisch-russische Convention, die eine so folgenreiche Wendung hervorgerufen hatte, trat jetzt in eine neue, unvorhergesehene Bahn. Plötzlich wurde alles still. In Berlin versicherte man, dass der geheime Artikel, um den es sich hauptsächlich handelte, nichts Wichtiges enthalte — mit einem Worte: Bismarck zog sich rechtzeitig zurück. Da er den nahenden Sturm vorhersah, benützte er den Beschluss des Abgeordnetenhauses, der die Convention missbilligte, um die ganze Sache zu beendigen und erklärte dem englischen Botschafter, in Anwesenheit des russischen Botschafters Oubril, dass die Convention ein todter Buchstabe bleiben werde. Man betrachtete die Convention als gar nicht existierend. Napoleon sah, dass er nicht nur auf die Unterstützung Englands und Österreichs nicht rechnen könne, sondern dass er auch ihren Verdacht errege; er unterließ daher jeden weiteren Schritt auf Grund der Convention, was auch Minister Drouyn in einem besonderen Circulär betonte.

Das war das psychologische Moment, welches für das Verhalten des ernsteren und politisch reiferen Theiles der polnischen Bevölkerung so entscheidungsvoll werden sollte.

Allein die Convention zog doch Folgen nach sich. Praktisch überflüssig, denn es war bekannt und klar, dass Russland Kraft

genug besitze, um den Aufstand zu erdrücken, war sie doch
politisch ein bedeutsames Ereignis. Sie erinnerte die Welt an
die Solidarität Preußens und Russlands, an die Gemeinsamkeit
der Interessen der Theilungsmächte, mit der in diesem Falle
jedoch sehr wichtigen Ausnahme, dass sich die dritte Thei-
lungsmacht von dieser Gemeinsamkeit ausschloss und dass gerade
Österreich diese dritte Macht war, die einzige Macht, die befähigt gewesen wäre, eine geographisch und strategisch durch-
führbare Action im Interesse Polens zu unternehmen. Die
preußisch-russische Convention schien Europa in zwei Lager zu
trennen und das eine gegen das andere aufzuhetzen. Sie war
ein kühner Schachzug, der jede Berührung der polnischen
Frage nutzlos machen und ihr den vollständigen Untergang
bereiten sollte.

Der Vicekanzler, Fürst Gortschakow, die franzosenfreund-
liche Hofpartei, ja selbst die öffentliche Meinung Russlands, die
an der Convention den polnischen Appetit Preußens zu erkennen
glaubten, waren derselben nicht geneigt, allein sie kam auf
ausdrücklichen Befehl des Kaisers Alexander II. zustande, der
mit großer Befriedigung, ja fast mit Rührung den General
Gustav Alvensleben, den Specialabgesandten des Königs
Wilhelm, der behufs Herstellung eines Einvernehmens in der
polnischen Frage in Petersburg erschienen war, empfieng.
Die traditionelle Freundschaft Preußens für Russland sollte von
Bismarck zur Durchsetzung seiner großen Pläne der Vergrößerung Preußens und der Vereinigung Deutschlands ausgenützt
werden.

Unmittelbar nach dem Verschwinden der Convention
sollten die Ereignisse und damit die Aussichten der polnischen
Frage eine andere Richtung annehmen.

Napoleon gewann plötzlich die Überzeugung, dass nunmehr
die Möglichkeit entstanden sei, die polnische Frage gegen Russland zu lösen. England und Österreich gaben in vertraulichen
Mittheilungen ihre Absicht kund, gemeinsam mit Napoleon
vorzugehen.

Vorerst drückte England seine Verwunderung darüber
aus, warum der Kaiser seine Action nicht gegen den Hauptschuldigen, sondern gegen den Mitschuldigen, nicht gegen Russland, sondern gegen Preußen gerichtet habe. Es witterte

in dieser Wendung weitreichende, wahrscheinlich auf die Rheingrenze gemünzte Pläne des Kaisers und hauptsächlich den
Wunsch, die freundschaftlichen Beziehungen zu Russland aufrechtzuerhalten. Schon am 2. März übersendete Lord Russell
dem Fürsten Gortschakow eine Note, die sich für eine Amnestie
und für die Wiederherstellung der Verhältnisse vom Jahre 1815
einsetzte. Gleichzeitig forderte Lord Russell Frankreich auf, in
Petersburg ähnliche Schritte zu unternehmen. Ob Napoleon die
List Englands ahnte, oder ob er sich dagegen sträubte, die
Wiener Verträge zur Grundlage seiner Action zu machen,
genug, er widerstand diesem Drucke. Anstatt einer diplomatischen Note sandte er, wie wir wissen, ein Handschreiben
an Alexander II. Die Antwort war nicht befriedigend. Da
England fortgesetzt drängte und gleichzeitig der österreichische
Botschafter, Fürst Metternich, jene bedeutungsvollen Worte zur
Kaiserin Eugenie während des Empfanges in den Tuilerien
gesprochen hatte, glaubte Napoleon, dass die so heiß ersehnte
Stunde geschlagen habe, in der er mächtige Bundesgenossen
für Polen finden sollte.

Seitens des Hôtels Lambert war man bemüht, den Kaiser
in seinem Glauben zu befestigen und ihm einzureden, dass ein
Krieg wegens Polens sogar in Russland Unterstützung finden
werde.

Die ablehnende Antwort des Kaisers Alexander II. und
das Gespräch des Fürsten Metternich mit der Kaiserin wurden
zum Ausgangspunkte einer Wendung gegen Russland und führten
zum Verzichte auf das bisherige ablehnende Verhalten, bei dem
Napoleon lieber, wollte Gott, bis ans Ende, in seinem Interesse
und im Interesse Polens geblieben wäre! Die polnische Frage
sollte nun, da sie nicht durch ein Bündnis mit Russland gelöst
werden konnte, gegen Russland gelöst werden. Das war der
einzige, ernste Augenblick seit dem Ausbruche des Aufstandes,
in dem sich der polnischen Sache günstige Chancen eröffneten.

Fürst Metternich hatte erklärt, dass Österreich gegenüber
den Ereignissen in Polen nicht gleichgiltig bleiben könne, und
dies stimmte vollkommen mit der Erklärung des Ministers
Grafen Rechberg während der Warschauer Demonstrationen
überein. Schon damals, im Jahre 1861, hatte Graf Rechberg gesagt: „Die Warschauer Vorgänge sind das wichtigste euro-

päische Ereignis, das seit langem vorgefallen ist." Diese Depesche hat Fürst Metternich dem Fürsten Ladislaus Czartoryski
gezeigt.

In der Erklärung des Fürsten Metternich sah Napoleon
die Handhabe zu einer Action im Interesse der Polen. Ein
bloßes Bündnis zwischen Frankreich und England war nicht
ausreichend, denn praktisch und strategisch konnte es nicht
bis nach Polen reichen; erst durch Theilnahme Österreichs,
des an Russland grenzenden Staates, wurde dasselbe zur Durchsetzung des polnischen Programmes befähigt.

Auch General Ladislaus Zamoyski hielt eine Lösung der
polnischen Frage gegen Russland nur unter Mitwirkung Österreichs für möglich. Es war dies eine geographische Wahrheit.
Eine Expedition über die Ostsee wäre nützlich, aber für sich
allein ungenügend gewesen.

Napoleon III. besiegte seinen Widerwillen gegen Österreich;
es begann die denkwürdige Mission des Fürsten Metternich
– das einzige lichtvolle Ereignis, von dem man sich einen
Erfolg in der polnischen Frage versprechen konnte. In Österreich
hörte man gerne von den Plänen und Mittheilungen Napoleons,
Fürst Metternich nahm sie auf Ermächtigung seiner Regierung
mit aufrichtiger Befriedigung entgegen. Die Gründe für den Eifer
des jungen Botschafters waren verschiedener Natur: die Aussichten, eine glänzende Rolle zu spielen, vielleicht das Gefühl,
im Interesse Österreichs nach einem Ersatz für die bisherigen
Verluste und nach einer Stütze gegen die Aspirationen Preußens
suchen zu müssen, und endlich auch die Absicht, mit demjenigen
Staate, bei dem er als Botschafter accreditiert war, die intimsten
Beziehungen anzuknüpfen, mochten dabei mitwirken. Fürst
Metternich unterzog sich dieser Aufgabe mit jener Wärme
und Hinneigung, die Vertrauen erwecken und an die Aufrich-
tigkeit der Absichten glauben lassen. Er war es, der im ersten
Gespräche mit Napoleon denselben angeregt hatte, die Sache in
Angriff zu nehmen.

Der eigentliche Inhalt der Gespräche zwischen Napoleon
und dem Fürsten Metternich, die Bedingungen eines österreichisch-
französischen Bündnisses und die Garantien desselben sind, wie
wir glauben, niemandem bekannt; nun sind diese beiden Männer
todt. Nur soviel ist in die Öffentlichkeit gedrungen, dass, während

im Laufe der Unterhandlungen zwischen dem Kaiser und dem
Fürsten alles glatt verlaufen war, der Kaiser in einem der letzten
Gespräche eine Frage berührte, die in dem Fürsten Metternich
die Befürchtung weckte, dass seine Mission scheitern würde. Im
Laufe dieser Unterredung nämlich soll der Kaiser die Frage der
Rheingrenze gestreift haben, die Frankreich im Falle eines
Krieges wegen Polens für sich in Anspruch nehmen müsste.
Fürst Metternich verheimlichte dem Fürsten Czartoryski gar
nicht, dass Napoleon die Rheingrenze in seine Combinationen ein-
bezogen habe. Es hieß auch, dass der Kaiser die italienische Frage
nicht übergangen habe. Abends, bevor Metternich Paris verlassen sollte, ließ ihn der Kaiser nach den Tuilerien rufen und
nachdem er alles recapituliert hatte, fügte er hinzu: „Und
was Venedig betrifft, so werden wir uns schon später verständigen."
Diese Worte sollen den Botschafter sehr peinlich berührt und
seinen Glauben an den Erfolg seiner Mission stark erschüttert
haben.

Wenn wir auch nicht so genau alle Details der Bedingungen, die Metternich nach Wien brachte, kennen, soviel
steht jedoch fest, dass sie ein gemeinsames militärisches Vorgehen Frankreichs und Österreichs in der polnischen Frage gegen
Russland zum Gegenstande hatten. Dabei scheint Napoleon
weder die Art noch den Umfang der Lösung der polnischen
Frage, noch die territorialen Vortheile, die Österreich als Ersatz
zugedacht waren, in näherer Weise präcisiert zu haben.

In Paris und im Hôtel Lambert erwartete man sehr
viel von der Metternich'schen Mission, man sprach schon davon,
dass die „rothen Hosen" bald in Triest landen würden, um sich
mit den „weißen Mänteln" zu vereinigen. Napoleon theilte dem
Fürsten Czartoryski über die Mission Metternichs nichts mit;
Fürst Metternich sagte ihm nur, dass er in der polnischen Frage
nach Wien reise, ohne ihm jedoch die kaiserlichen Instructionen
bekanntzugeben. Czartoryski wusste bloß, dass es sich um die
Rheingrenze handle und dass Fürst Metternich eine europäische
Landkarte mit sich genommen habe, auf welcher die Kaiserin
bereits die zukünftigen Grenzen der Mächte und Staaten sowie
die Grenzen des zukünftigen Polen ganz willkürlich, nachlässig
und skizzenartig bezeichnet hatte.

Der Aufenthalt Metternichs in Wien dauerte nur 10 Tage, man hielt hier seine Mission für weniger wichtig als in Paris und es scheint, dass Fürst Metternich die Instructionen des Wiener Cabinetes überschätzt oder aber ihr eigentliches Ziel missverstanden und dadurch Napoleon irregeführt hatte. Das Misstrauen gegen Napoleon III. war in Wien eingewurzelt. Man hielt daher trotz seines grossen Programmes und trotz seiner weitgehenden Erklärungen die mitgebrachten Propositionen für nebelhaft, unbestimmt, ungenügend und gefährlich. Sie machten in Wien den Eindruck allgemeiner Wünsche, aber man sah in ihnen keine Basis zu ernsten Unterhandlungen. Für Österreich bestand die größte Schwierigkeit darin, einen genügenden und genau bestimmten Ersatz für zwei Provinzen zu finden: für Venedig, dessen Verlust nur eine Frage der Zeit war, und für Galizien im Falle der Wiederherstellung Polens. Man glaubte daher in Wien, dass Fürst Metternich in dieser Richtung nichts Befriedigendes mitgebracht habe. Daraus, was ihm der Kaiser Napoleon mitgetheilt hatte, konnte man nur entnehmen, dass der österreichischen Regierung die Wahl einer Compensation überlassen bleibe, als welche ihr einerseits die Moldau-Walachei, andererseits, im Falle eines Krieges mit Russland und Preußen, die Befestigung ihrer Hegemonie im deutschen Bunde und die Wiedergewinnung des vor einem Jahrhundert verlorenen Schlesien geboten wurden. Frankreich wollte bei einer solchen Umgestaltung der europäischen Landkarte die Rheingrenze gewinnen, was wiederum dem Kaiser Franz Josef widerstrebte. Somit enthielt die Mission Metternichs keine genug verlockenden Aussichten, um die österreichische Politik auf neue Bahnen zu lenken und zu einem Bündnisse mit Frankreich behufs Wiederherstellung Polens zu bewegen. Und doch fehlte es in Wien nicht an Anhängern dieser Idee. Abgesehen vom Fürsten Metternich, dem Abgesandten Napoleons, war auch Graf Rechberg nicht entschieden dagegen. Die beiden Sectionschefs im Ministerium des Äußern, Baron Aldenburg und Herr von Biegeleben, welche den Kampf zwischen Preußen und Österreich als unvermeidlich ansahen, sprachen sich dafür aus und suchten sich der Freundschaft Frankreichs zu versichern, um den Kampf mit Preußen je eher je lieber aufzunehmen. Um die Combination zu

ermöglichen und der Empfindlichkeit des Kaisers Franz Joseph
in der Rheinfrage Rechnung zu tragen, trug man sich mit
der Absicht, am linken Rheinufer unter belgischem Scepter
einen neutralen Staat zu errichten und Belgien dem französischen Kaiser zu überlassen. Diesen Anhängern eines österreichisch-französischen Bündnisses standen die Repräsentanten
eingewurzelter Vorurtheile und eine tiefgehende Abneigung
gegen den Kaiser Napoleon gegenüber; an deren Spitze stand
der einflussreiche Graf Moriz E s z t e r h a z y, Minister ohne Portefeuille für Ungarn. Obwohl er weder ein Freund Preußens noch
Russlands war, so war er doch ein Gegner der Napoleonischen
Principien; er bekämpfte in heftigster Weise ein Eingreifen
Österreichs in die polnische Frage. Aus seinem Munde kamen
die bekannten, später so oft wiederholten Worte: „Man kann
einen Krieg begreifen, dessen Zweck die Gewinnung einer
Provinz ist, aber man kann unmöglich einen Krieg beginnen,
der zum Verluste von zwei Provinzen führen muss.“

Diese Anschauung des Grafen Eszterhazy wurde von England unterstützt, das mit allen Mitteln der Mission Metternichs
entgegenarbeitete und auch zumeist dazu beitrug, dass an Stelle
der Action in der polnischen Sache lediglich eine diplomatische
Intervention eintrat.

Fürst Metternich fand in Wien noch nicht das genügende
Verständnis für die Wichtigkeit der polnischen Frage vor. Zwei
Männer nahmen hier eine bedeutende Stellung im Staate ein.
Der eine war S c h m e r l i n g, der andere Graf Rechberg.
Für sie handelte es sich in erster Linie um die Stellung
Österreichs in Deutschland. Die polnische Frage und die Gefahr,
die von russischer Seite drohte, war für sie von untergeordneter,
wenn auch nicht von gleichgiltiger Natur. Sie wollten durch
die Aufrollung der polnischen Frage die österreichischen Interessen
in Deutschland weder opfern noch in irgendeiner Weise gefährden.
Sie wollten sie lediglich ausnützen, um ihre Interessen zu sichern.
Neben ihnen und auch gewissermaßen über ihnen war der Einfluss des Grafen Eszterhazy wirksam.

Alle fühlten die Nothwendigkeit, die Gelegenheit auszunützen, sie sahen genug hell, um die Verlegenheiten und Be-
quemlichkeiten des Augenblickes zu ermessen, aber sie waren
zu kurzsichtig, um die Vortheile und Gefahren der Zukunft zu

errathen. Fürst Metternich begegnete daher in Wien der Absicht, die Ereignisse auszunützen, aber nicht die polnische Frage zu lösen. Er traf auf tief eingewurzelte Vorurtheile nicht nur gegen Napoleon, sondern auch gegen die Polen und insbesondere gegen die revolutionäre Bewegung. Man bezweifelte die Fähigkeit der Polen, sich in der Weise umzugestalten, um eine mächtige Schutzwehr für die Zukunft zu bilden; man sah nur den Verlust Galiziens und Venedigs vor sich. Die Regierung befürchtete, dass Österreich, mit Russland und Preußen zerworfen, nunmehr auf die Gnade Napoleons angewiesen sein würde, der nicht säumen werde, die Grenzen Frankreichs, ohne Rücksicht auf die Stellung Österreichs in Deutschland, bis an den Rhein auszudehnen und die in Aussicht gestellte Befreiung Italiens bis an das adriatische Meer durchzuführen, ohne dem Hause Habsburg irgendwelche greifbare Vortheile als Ersatz dafür einzuräumen, außer etwa die Satisfaction der Schaffung eines selbständigen Polens. Übrigens hatte Graf Rechberg im Laufe der Ereignisse in Berlin versichert, dass Österreich von einem unabhängigen Polen nichts wissen wolle, dass es sich den westlichen Mächten in der polnischen Frage nur angeschlossen habe, um dieselbe zu verschleppen und einen Krieg zu verhindern; er hatte natürlich nicht hinzugefügt, dass dies geschehen war, um gegen Preußen einen Bundesgenossen zu haben.

In der Hauptsache war somit die Mission Metternichs gescheitert. Der Entwurf eines österreichisch-französischen Bündnisses blieb ein todter Buchstabe — aber zum Unglück der polnischen Nation war dadurch die polnische Frage noch nicht abgeschlossen. Das Wiener Cabinet wollte sich gegenüber Napoleon zu nichts verpflichten; es wollte kein Bündnis schließen, um behufs Wiederherstellung Polens und Umgestaltung der europäischen Landkarte Russland den Krieg zu erklären. Darin folgte es den Rathschlägen Englands, das von der Furcht befangen war, durch diese Wiederherstellung könnte das Übergewicht Frankreichs und Napoleons erweitert, die Grenzen Frankreichs bis an den Rhein ausgedehnt werden. Aber gleichzeitig wollte Österreich seine Action in der polnischen Frage nicht einstellen und dadurch die Ereignisse in Polen beendigen, solange sein Ziel, Napoleon mit Russland zu zerworfen, nicht erreicht war.

Jetzt begann das Spiel gegen Napoleon, welches darin bestand, dass, soferne es sich um ein entschiedeneres und kühneres Eingreifen handelte, England sich auf Österreich und Österreich sich auf England berief. Der Kaiser war ohne ihre Mitwirkung ohnmächtig sein Bündnis mit Russland war bereits unmöglich. Somit war das eigentliche Ziel Europas während der polnischen Ereignisse nicht Polen, sondern die Verhinderung eines russisch-französischen Bündnisses und einer Versöhnung zwischen Polen und Russland. England und Österreich versuchten dies herbeizuführen, indem sie sich scheinbar mit Frankreich und Napoleon in ihrer Action vereinigten; Preußen, indem es sich gegen Polen mit Russland liirte.

Die Ereignisse in Polen sollten verschiedenen Gefühlen, Leidenschaften und Interessen dienstbar gemacht werden. Der Hass Englands gegen Frankreich und die Furcht vor seinem Übergewichte war seit Jahrhunderten traditionell. Die Napoleonische Dynastie weckte in England Erinnerungen an die einstigen Gefahren, die, wenn auch niedergedrückt, einen nachhaltigen Eindruck in der Nation zurückgelassen hatten. Waterloo war nie imstande, die Erinnerung an die Continentalsperre zu verwischen.

Als das Ansehen und der Einfluss Frankreichs unter dem zweiten Monarchen aus der Napoleonischen Dynastie rapid zu wachsen anfiengen, da entstand wiederum jene Eifersucht, jene Furcht und jener Hass in der englischen Gesellschaft. Plötzlich wandte die englische Politik ihre Hauptaufmerksamkeit dem Napoleonischen Frankreich zu. Thatsächlich nahm die den englischen Interessen drohende Gefahr erschreckende Dimensionen in dem Augenblicke an, als bekannt wurde, dass sich auf der Grundlage einer friedlichen Lösung der orientalischen und polnischen Frage, somit auf der Grundlage einer Theilung der europäischen Herrschaft, ein russisch-französisches Bündnis vorbereite. So lange sich die Ereignisse in Polen auf Grund der Unterhandlungen zwischen Russland und Frankreich abspielten, wurden sie von England mit Spannung verfolgt. Als sich jedoch diese Ereignisse infolge des Aufstandes gegen Russland richteten, da erkannte England sofort, dass man sie zur Zerstörung der Vereinbarungen zwischen Paris und Petersburg benützen müsse.

Es beschloss dem bereits allzu großen Ansehen des französischen Kaisers einen empfindlichen Schlag zu versetzen. England betrachtete von Anfang an die pohnische Frage als Mittel; indem es sich derselben nur platonisch annahm, befriedigte es die philanthropische Heuchelei der englischen Bevölkerung, welche sich gerne für die edle Sache Bedrückter einsetzt, aber unter der Bedingung, dass es nichts koste und dass dieses Mitgefühl nur den Interessen Englands diene, wenn auch der Schützling dabei zugrunde gehe.

Damals hatten die englischen Staatsmänner noch nicht erkannt, welche Gefahr ihren indischen Besitzungen von Russland drohe; Lord Palmerston erwiderte auf eine Frage Klaczkos: „Vergessen Sie nicht, was Ihnen der alte Pam sagt, dass England in Mittelasien und Indien nicht nur nichts zu befürchten hat, sondern auch, dass Russland nie in der Lage sein wird, den Kaukasus zu beherrschen."

Das englische Cabinet gieng in der pohnischen Frage mit dem Kaiser Napoleon gerade so um, wie in der mexikanischen Frage. In dem einen wie in dem anderen Falle ermuthigte man ihn, um ihm Täuschungen zu bereiten und sich dann zurückzuziehen. Was England in der mexikanischen Frage im kleinen Maßstabe unternahm, das bewerkstelligte es in der pohnischen Frage im großen politischen Stile.

Von nicht minder wichtigen Motiven war Österreich geleitet. Vorderhand war es für das Wiener Cabinet wichtig. Napoleon mit dem Kaiser Alexander zu zerwerfen und den bereits angeknüpften Faden eines Einvernehmens zwischen Russland und Frankreich zu zerschneiden; umsomehr, als ja Napoleon selber die Hand dazu hergab. Die Befestigung der Regierung Wielopolskis und die Versöhnung Polens mit Russland konnte ja eine magnetische Kraft nicht nur auf die Bevölkerung Galiziens, sondern auch auf die anderen slavischen Völker der Monarchie ausüben! In der Aussöhnung der pohnischen Gesellschaft mit Russland sah daher Österreich eine doppelte Gefahr und in Wielopolski eine Verkörperung derselben. Er hatte bereits durch seinen Brief an den Staatskanzler Metternich die Überzeugung hervorgerufen, dass er ein Anhänger des gegen Österreich gerichteten Panslavismus sei. Im Laufe der Ereignisse haben ihn dann die Polen selbst und insbesondere das Hôtel Lambert

als einen Panslavisten, als einen Feind Österreichs, der ganz
Polen in einer gemeinsamen Kluft des Panslavismus begraben
wolle, dargestellt und dies gerade damals, als er dem Königreiche die Autonomie verschaffte, die Russen aus den Ämtern
entfernte und überall die polnische Sprache einführte. In
Polen herrschte gegen Wielopolski eine Antipathie, die seine
kurze öffentliche Thätigkeit überdauerte.

Einige Jahre nach dem Aufstande bemerkte ein höherer
Beamter des Wiener Ministeriums des Äußern in einem Gespräche
mit Klaczko über die Gründe des Vorgehens Österreichs im
Jahre 1863: „Glauben Sie, dass die Befestigung des Systems
Wielopolski in Polen den Interessen Österreichs entsprochen
hätte?" Da haben wir zwei Theile einer Aufgabe, die sich
gegenseitig ergänzen, vor uns. Die Befestigung des Systems
Wielopolski machte ein russisch-französisches Bündnis möglich.
Diese Befestigung und dieses Bündnis waren somit eine doppelte
Gefahr für Österreich. Dagegen wurde durch die Zerstörung
der guten Beziehungen zwischen Frankreich und Russland auch
das System Wielopolski vernichtet; die Verlängerung des bewaff-
neten Kampfes in Polen verhinderte eine Verständigung zwischen
Frankreich und Russland. Diese beiden Seiten, diese zwei sich
ergänzenden Theile der Aufgabe wurden nicht aus dem Auge
gelassen und Österreich richtete darnach sein Verhalten ein.
Das war die Ursache der Erklärungen des Grafen Rechberg in
Paris, der Lauheit der Behörden in Galizien, der beredten Worte
Rechbergs über die polnischen Ereignisse in dem Ausschusse für
auswärtige Politik und schließlich jener Betonung, dass diese
Ereignisse von hervorragender Bedeutung für Polen seien.

Neben diesen Rücksichten waren noch für eine Annäherung an Frankreich maßgebend: die Furcht vor Preußen
und die in Österreich begonnene liberale Epoche. Diese letztere
veranlasste die Regierung, sich den Schein des Mitgefühls für
eine Frage zu geben, die mit jedem Tage die öffentliche Meinung
Europas immer mehr beschäftigte, und sie gestattete nicht, ver-
fassungswidrig in Galizien vorzugehen und den Belagerungszustand zu verhängen. Dafür hat die italienische Frage in Wien
Erbitterung und Misstrauen gegen Napoleon hervorgerufen,
so dass eine Gelegenheit zur Revanche herbeigesehnt wurde.
Im polnischen Aufstande bot sie sich dar. Die Aussicht,

sie auszunützen, um eine Befestigung des Systems Wielopolski zu verhindern, die zwischen Frankreich und Russland angeknüpften Beziehungen zu zerstören, den Sieger von Magenta und Solferino, den Vormund Cavours und Garibaldis zu isolieren, war allzu verlockend, als dass sich die österreichischen Staatsmänner diese Vortheile konnten entgehen lassen. Im Einverständnisse mit England begann Österreich somit jenes diplomatische Spiel in der polnischen Frage, dessen Erfolg seine Erwartungen, vielleicht sogar seine Pläne überflügelt hat.

War alles, was Österreich in dieser denkwürdigen Mission unternommen hat, nur List und Verrath? Wir glauben, dass sich eine solche Annahme weder mit dem Wesen der österreichischen Monarchie, noch mit der damaligen Lage vereinbaren lässt. Die wirklichen Anschauungen der verschiedenen Factoren in Wien beschreibt Fürst Leo Sapieha in schlichten, aber sehr treffenden Worten in seinem Schreiben vom 12. März 1863, somit am Tage, als Fürst Metternich Paris verließ: „Ich habe Dein Schreiben erhalten und ich antworte Dir auf gut Glück, denn ich weiß nicht, wo Dich mein Brief antreffen wird. Wenn Du in Krakau bist, so wirst Du Dich über mich beim Grafen Potocki erkundigen können. Ich dürfte hier längere Zeit bleiben, da der Landtag bis zum 29. d. M. oder eigentlich bis zum 15. April vertagt ist. Die Details, die wir hier über Langiewicz hatten, sind sehr interessant. Es scheint, dass das ein sehr tüchtiger Mensch sein muss. Wir haben hier viele Freunde, besonders in der katholischen Partei. Man betrachtet unsere Sache als die Sache des Katholizismus, dessen Vorhut gegen den Orient wir ja stets gewesen sind, solange wir nur bestanden haben. Die Liberalen wünschen uns eine Constitution und ein Repräsentativsystem, wenn auch unter Russland. Alles Andere ist ihnen eine Caprice. Die Czechen und im allgemeinen die Panslavisten betrachten uns mit scheelem Auge, da wir ihre Träume zerstören.

Ich habe einige Ungarn getroffen, und diese erkundigen sich kaum nach dem, was bei uns vorgeht. Es interessiert sie soviel wie ein Krieg in Mexiko oder Nordamerika. Sonst gibt es hier gar nichts Neues. Die Tagesblätter setzen sich für uns ein, aber das ist nur bedrucktes Papier und leere Sympathie. Du weißt ja, was ich von Sympathien halte.“

Seit den Theilungen Polens hielt sich die österreichische Politik in der polnischen Frage an eine gewisse nebelhafte Tradition, und zwar eher an die Worte in dem Briefe der Kaiserin Maria Theresia an den Fürsten Kaunitz: „von dieser niederträchtigen und so ungleichen Theilung" als an die Thränen, die sie bei der Unterzeichnung der Theilungsverträge vergossen hatte. Man konnte von der österreichischen Politik nicht verlangen, dass sie den Nutzen einer poetischen, ideellen Wiederherstellung erfasse, die für sie den Verlust einer Provinz nach sich ziehen musste. Nur dadurch, dass man den Appetit Österreichs erweckt und ihn mit günstigen Cautelen umgeben hätte, hätte man die Traditionen und Befürchtungen Österreichs ausnützen können — umso leichter, als dieser Appetit nach den italienischen Verlusten nach Befriedigung lechzte. So weit man urtheilen kann, war die Mission des Fürsten Metternich von diesem Gesichtspunkte aus nicht genügend fundiert.

Den Ausgangspunkt der Action hätte die an Russland zu richtende Forderung bilden müssen, dass unter dem Scepter des Großfürsten Constantin ein mit dem Kaiserreiche noch loser als Congresspolen verbundener polnischer Staat geschaffen werde - - ein Plan, von dem wir wissen, dass seine Durchführung mit den Interessen und Absichten Österreichs im Widerspruche stand. Würde dann, was wahrscheinlich war, Russland diese Forderung zurückgewiesen haben, so hätten die coalierten Mächte, Frankreich, Österreich, eventuell England ans Werk zu gehen gehabt — um unter dem Scepter eines österreichischen Erzherzogs ein unabhängiges Polen zu schaffen. Der größte Theil der Arbeit fiel hier Österreich zu, trotz der Vereinbarung, dass französische Hilfstruppen über Triest einlangen würden. Es war eine Riesenaufgabe und wie immer, wenn es sich um einen Kampf mit Russland handelt, leichter anzufangen, als zu Ende zu führen.

Es lag daher in der Natur der Sache, dass eine so ungeheuer schwere Aufgabe, wie es die Wiederherstellung Polens war, durch Österreich nicht unternommen werden konnte, umsoweniger, als sie die für Österreich empfindlichste Folge nach sich ziehen musste: den Verlust eines thatsächlichen Besitzes für den es sich erst an der Donau oder in Schlesien, oder durch eine Verständigung mit Frankreich über Venedig einen Ersatz schaffen sollte. Aber es wurde ihm durch die Einbeziehung

der Rheingrenze in die Combination ein Verrath an der deutschen
Idee zugemuthet und dadurch sein Einfluss und seine Stellung
dort gefährdet, wo es dieselben am meisten sichern wollte. Einer
der damaligen Minister erklärte später dem Fürsten Czartoryski,
dass Österreich nicht durch einen Verzicht auf die deutschen
Länder seinen Namen schänden konnte und dass, wenn Napoleon
thatsächlich Österreich zu einem activen Eingreifen bewegen
wollte, er dies im Jahre 1866 hätte thun können.

In diesen Umrissen war es für Österreich sehr gefährlich
und von sehr problematischem Nutzen, sich der polnischen Sache
anzunehmen. Die Mission des Fürsten Metternich wäre glücklicher
ausgefallen, wenn sie praktischer, greifbarer gewesen wäre, wenn
an Stelle der Wiederherstellung Polens der österreichischen
Regierung eine Erweiterung ihres Territoriums durch die Zuwei-
sung Polens in Aussicht gestellt worden wäre; dadurch wäre
auch die größte Schwierigkeit beseitigt worden — der Verzicht
auf Galizien. Graf Goluchowski, der noch im Jahre 1860 als
Minister in einem Gespräche mit dem Fürsten Czartoryski eine
österreichische Secundogenitur für möglich gehalten hatte, warnte
während der Ereignisse des Jahres 1863 als Privatmann in einem
Briefe nach Paris, dass Österreich nie auf Galizien zu Gunsten
eines unabhängigen Polen verzichten würde. Er fügte hinzu,
dass die Bukowina nur zu dem Zwecke erworben worden, um
neben Galizien einen Schutzwall für Ungarn zu bilden.

Die obige Combination hätte wahrscheinlich einen Krieg
mit Russland und Preußen herbeigeführt, aber gerade mit Preußen
war es vortheilhafter, einen Krieg heute als morgen aufzunehmen,
besser in Verbindung mit Frankreich, als bei seiner Neutralität.

Österreich hätte durch die Besitznahme Polens zum Theile
seine italienischen Verluste ersetzt, es hätte ein Land und eine
Bevölkerung, die ihm durch ihre Civilisation, durch ihre Sitten
und Religion nahe standen und die sich darum umso leichter mit
ihm vereinigen konnten, gewonnen. Gleichzeitig wäre auch durch
einen Gewinn in dieser ethnographischen und geographischen
Richtung eine Gefahr für Österreich beseitigt worden, falls Russland gegen dasselbe die polnische Frage ausgespielt und sich in
die inneren slavischen Verhältnisse Österreichs eingemischt hätte:
die Gefahr jenes Systems, das sich selbst Panslavismus nennt.
Durch die Vermehrung seiner katholischen Bevölkerung würde

Österreich den Fortschritt des ihm feindlichen Schismas, welches so enge mit der panslavistischen Idee verknüpft ist, in bedeutendem Maße geschwächt haben.

Vorher müssen wir uns fragen: war das durchführbar? Zweifellos war zur Durchführung dieser Idee ein großer, blutiger Krieg mit Russland, auf dessen Seite sich auch Preußen gestellt hatte, nöthig. Diese Aufgabe war somit eine der schwierigsten in der Geschichte. Allein es ist sicher, dass da ein Augenblick vorhanden war, wo Österreich auf die weitgehendste Unterstützung und aufrichtige Mitwirkung des damals ruhmbedeckten und mächtigen Frankreich rechnen konnte, während Russland seine ganze militärische Gewalt noch nicht entfaltet, Preußen seine militärische Organisation noch nicht so vorzüglich gestaltet hatte. Wenn der Zusammenstoß zwischen Österreich und Preußen unvermeidlich war, wie es die Zukunft bewies, und es war dies schon damals leicht vorherzusehen, so wird es nicht allzu kühn sein zu behaupten, dass es für das erstere viel vortheilhafter war, schon damals den Kampf aufzunehmen, und dass das Bündnis mit Frankreich die damalige Kraft Russlands aufgewogen hätte, während einige Jahre später die wohlwollende Neutralität Russlands für Preußen genügend war, um Österreich eine Niederlage zu bereiten. Man musste jedoch von dem Standpunkte ausgehen, dass nicht die Wiederherstellung Polens, sondern die Vergrößerung der polnischen Besitzungen Österreichs anzustreben sei.

Allein eine solche Auffassung der Frage entsprach den damaligen Anschauungen nicht und wiewohl die einzig praktische, hätte sie doch nicht zum angestrebten Ziele, zur Lösung der polnischen Frage geführt. Österreich, das selbst den Ungarn eine Anerkennung ihrer historischen Rechte versagte, war weder ein Hafen noch ein Schutzwall der nationalen Rechte; sich dieser anzunehmen, lag nicht in den Intentionen der österreichischen Regierung. Die Polen hassten in gleicher Weise alle drei Theilungsmächte. Der Adel hatte die Ereignisse des Jahres 1846 noch frisch im Gedächtnisse. Somit war die einzige für Österreich möglicherweise verständliche Lösung mit den damaligen Anschauungen unvereinbar und für Österreich nicht besonders verlockend, schon wegen der Antipathie gegen das polnische Element, aber auch wegen der Nothwendigkeit, den nationalen Rechten Rechnung

zu tragen, sobald man neue polnische Länder an sich gezogen
hatte.

Österreich wollte mit Recht keinen Krieg führen, um eine
Provinz zu verlieren, aber es vergaß, dass ein Krieg vielleicht
doch angezeigter war, um sich den dauernden Besitz und insbesondere die Stellung in Deutschland gegenüber Preußen zu
sichern.

Mit der gescheiterten Mission Metternichs verflüchtigten
sich auch alle Aussichten, die unglücklichen Ereignisse des
Jahres 1863 im Interesse Polens auszunützen; auch sie waren
trügerisch und in ihren Folgen verderblich. Zwar wiederholten
sich noch später, bis zum Frühlinge des Jahres 1864 auf demselben
Hintergrunde verschiedene Bestrebungen und Combinationen in
der polnischen Sache, aber sie waren schon damals ohnmächtig.

Wir meinen, dass schon damals Napoleon die Hoffnung
aufgab, für Polen etwas thun zu können, und dass er an einen
Erfolg der diplomatischen Action nicht glaubte, wenn er auch
ihre Verderblichkeit für sich und für die polnische Sache nicht
ahnte. Er hatte weder den Muth, dies einzugestehen, noch die
nöthige Entschiedenheit, um eine aussichtslose Action abzuschließen. Seine Berather, die im Rathe der Krone für die polnische
Sache eintraten, waren anderer Ansicht. Drouyn de Lhuys und
Walewski stützten ihr System auf die anti-italienische Politik und
auf ein Bündnis mit Österreich und England; sie meinten, dass
durch eine diplomatische Action auch Österreich und England
herangezogen werden könnten, und sie wollten die Hoffnung
nicht aufgeben, die polnische Frage zu lösen, ihre eigene Politik
und das System der Bündnisse zu befestigen.

Allein sie bemerkten nicht, dass Österreich und insbesondere
England sich des polnischen Aufstandes nur als einer Gelegenheit
bedienten, um Napoleon III. mit Alexander II. zu zerwerfen
und das Einvernehmen zwischen Frankreich und Russland zu
zerstören. Wie kann man da verlangen, dass die Polen, die ja
in einem viel höheren Grade verblendet waren, diese Politik
hätten durchschauen sollen! ·

Fürst Metternich erschien am 23. März, nach seiner Rückkehr
in Paris, beim Kaiser in Audienz. Es war zweifellos, dass seine
Mission in ihrem wichtigsten Theile, bezüglich der Allianz mit
Österreich gescheitert war. Die Kaiserin sagte damals zu Czar-

toryski: „Ich will nichts mehr mit Politik zu thun haben; ich
bin allzu unglücklich in derselben."

Das Misslingen der Mission Metternichs wurde von Napoleon
schmerzlich empfunden, aber in Paris wollte man es nicht einsehen und das Losungswort nicht ändern. Weder die Minister,
noch der Kaiser selbst hatten den Muth, die polnische Sache
aufzugeben, obwohl der Kaiser nach der Niederlage Langiewicz'
und nach der Mission des Fürsten Metternich zu den ungarischen
Emigranten gesagt haben soll: „Das ist eine verlorene Sache.
Ich kann Euch nicht rathen, in dieselbe einzugreifen." Vielleicht
that er dies deshalb, weil er noch auf eine Unterstützung Österreichs hoffte und eine Mitwirkung ungarischer Revolutionäre
vermeiden wollte. Napoleon hat somit einen großen Fehler und
eine schwere Sünde gegenüber der polnischen Sache begangen,
indem er, die Erfolglosigkeit der diplomatischen Intervention
einsehend, derselben gleichwohl keinen Widerstand entgegensetzte,
und indem er sich den nebelhaften und unbestimmten Hoffnungen
hingab, er könnte dadurch die beiden anderen Mächte heranziehen und vielleicht durch Verletzung Russlands einen Conflict
heraufbeschwören.

Das waren die Vorgänge, die einen Kreis junger, aber
sich lebhaft für öffentliche Fragen interessierender Leute, den
„Krakauer Kreis", bewogen haben, den Aufstand, den sie vom
Anfang an als verderblich, und das Unternehmen, das sie als
ein leichtsinniges betrachteten, zu unterstützen. Wir lernen
daraus, wie verderbliche Thaten zu optischen Täuschungen
führen, denen selbst Vernünftige erliegen, noch andere nach sich
ziehend.

Als sich ernste Aussichten auf die seit 32 Jahren erwartete
fremde Intervention zeigten, als der damals mächtigste Herrscher,
der so viel Vertrauen erweckte, in dem Aufstande ein Mittel
zur Lösung der polnischen Frage sah, als sein eingeweihter
Rathgeber, den intime Beziehungen an die polnische Gesellschaft
knüpften, diesen befürwortete, als Männer, die durch Wissen,
Gewissenhaftigkeit und Patriotismus hervorragten, und aus
solchen bestand ja das Hôtel Lambert, die Änderung in den
europäischen Verhältnissen bestätigten und die Dauer des Aufstandes für nothwendig erachteten, als das Verhalten der österreichischen Behörden in Galizien und die Diplomatie des Wiener

Cabinets eine active Unterstützung erwarten ließ, da war es
angesichts des bereits begangenen Fehlers, des Aufstandes,
dem Krakauer Kreise nicht möglich, sich durch Verstand und
Willenskraft über alle diese Gründe und Beweise hinweg-
zusetzen. Es war ihm weder möglich, so kräftigen Argumenten
Widerstand zu leisten, noch sich ihnen zu verschließen, noch
sich zurückzuziehen — mit einem Worte, auch er musste dem
Irrthum verfallen. Der Krakauer Kreis fieng nun an, den Aufstand zu unterstützen, denn er hatte keinen Einblick in das
wirkliche internationale Spiel und er hoffte dadurch das Übel
gutzumachen. Sein Verhalten war eine Folge der allgemeinen
Änderung der Situation und der Anschauungen, denen er erlegen
war; mehr aber noch eine Folge der Traditionen und der
Erziehung zweier Geschlechter.

Der Krakauer Kreis hat das wenn nicht entscheidende, so doch
bedeutungsvolle Verhalten Galiziens während der Ereignisse
beeinflusst, von der Überzeugung ausgehend, dass nur durch
eine fremde Intervention das Unternehmen erfolgreich sein
könne. Er war bemüht, die vorzeitigen nutzlosen Opfer zu
begrenzen, um die Ausnützung aller Kräfte im entscheidenden
Augenblicke zu ermöglichen; er schmeichelte sich auch, dass
er trotz allem, was in Polen geschehen, die Leitung der
nationalen Sache den Händen unreifer und extremer Elemente,
den Händen der „Rothen" entrissen habe. Das waren unnütze
Bemühungen und eitle Combinationen in diesem Unternehmen,
in dem Alles nichtssagendes Detail war, bis auf die Schlusskatastrophe.

Achtes Capitel.
Die Aussichtslosigkeit der polnischen Frage.

Der Fortgang der Ereignisse war nur noch eine Agonie der Sache, der die Revolution bereits den letzten Stoß versetzt hatte. Wie bei jeder Agonie wurden auch hier verschiedene Rettungsmittel bis ans Ende in Anwendung gebracht, und bis ans Ende dauerten die Illusionen, zeigten sich Schimmer von Hoffnungen: alle täuschten. Langsam, allzu langsam für das Wohl des Landes und der Gesellschaft schleppten sich die Anstrengungen vorwärts. Ihren Verlauf haben wir bereits erzählt. Hier wollen wir einige noch unbekannte Umstände enthüllen.

Vom Augenblicke an, als sich unter dem Einfluss Napoleons vernünftige und ernste, politisch wenn nicht erfahrene, so doch jedenfalls erfahrenere Elemente und Volksschichten dem Aufstande anschlossen, war die Sache politisch präjudiciert, das Übel war auf der ganzen Linie vollzogen, es war kein Fehler mehr zu begehen.

Wir fragen uns, ob denn das Übel wenigstens zum Theile hätte gut gemacht werden können? Wir glauben, nein; übrigens fehlte auch die Gelegenheit dazu, es sei denn, als Russland die Amnestie verkündete.

Gegen diese Amnestie wurde eine bewaffnete Demonstration, oder eigentlich ein Kampf beschlossen. Er sollte die diplomatische Demonstration der drei Mächte unterstützen. Die französischen Regierungsorgane befürworteten die Annahme der Amnestie nicht, ja sie schienen sie sogar zurückzuweisen; Napoleon und Walewski waren von der Unmöglichkeit ihrer Annahme angesichts der diplomatischen Intervention derart überzeugt, dass sie ihr gar keine Aufmerksamkeit schenkten.

Die ganze Welt sah in der Amnestie ein ungeschicktes Mittel, der Intervention vorzubeugen. Napoleon selbst soll gesagt haben: „Es ist zu spät oder zu früh, jedenfalls nicht genug."

Schon am 18. März, vor der Rückkehr des Fürsten Metternich aus Wien, erklärte Minister Drouyn de Lhuys dem englischen Botschafter Lord Cowley, dass Frankreich alles gesagt habe, was es von seinem Standpunkte zu sagen hätte, und dass alle weiteren Vorstellungen in Petersburg gemeinsam sein müssten. Am 24. März veröffentlichte der „Constitutionnel" einen Artikel aus der Feder Limayraes, der eine officielle Bedeutung hatte und Folgendes sagte: „Die polnische Frage ist nicht nur edel und sympathisch, sondern sie enthält auch in sich ein großes europäisches Interesse, das ist die Nothwendigkeit, unglücklichen Calamitäten vorzubeugen. Deshalb wird Frankreich in der ihm so theuren Sache alles thun, wozu es verpflichtet ist."

Als die Metternich'sche Mission gescheitert war, griff Napoleon zur diplomatischen Intervention, um England und Österreich in die polnische Frage hineinzuziehen. Ein eitles Beginnen.

Aber bei dem Widerwillen Napoleons gegen die Wiener Verträge und dem Beharren Englands auf denselben war das gemeinsame Auftreten der drei Mächte lahmgelegt. Das zeigte sich schon darin, dass anstatt der übereinstimmenden Noten verschiedene nach Petersburg abgesandt wurden. Diesen Noten schlossen sich bekanntlich alle europäischen Mächte bis auf Preußen an; das war die „große Erklärung" Europas für Polen. Dadurch fühlte sich der russische National-stolz verletzt, und da in jener Erklärung nur die Ohnmacht der Intervention der drei Mächte zum Ausdrucke kam, so verwandelte sich die politische Action in eine humanitäre, akademische, platonische, in den bloßen Beweis eines leeren und daher verderblichen Mitgefühles.

Aber wir müssen uns in die damaligen Verhältnisse, in die damalige Atmosphäre versetzen, wir müssen uns die damaligen Anschauungen und Begriffe vergegenwärtigen. Man glaubte noch an die Macht der öffentlichen Meinung, man glaubte, dass Russland gegenüber dieser Enunciation aller europäischen Mächte und Staaten nicht gleichgiltig bleiben könne. Lord Russell sagte, dass Russland nicht imstande sein werde, den gemeinsamen Erklärungen Europas und seiner Missbilligung der russischen Herrschaft in Polen Widerstand zu leisten. Nicht nur die einfachsten politischen Grundsätze, sondern die Nothwendigkeit gebot, die Antwort Russlands und dann den Eindruck derselben auf die Mächte abzuwarten.

Die französische Regierung beschäftigte sich mit der Frage, was im Falle eines Widerstandes Russlands zu unternehmen wäre: sie lancierte den Gedanken, eine schwedisch-französische Armee in Kurland landen zu lassen, der erst infolge der Erklärung Bismarcks, dass Preußen zu den Waffen greifen werde, aufgegeben wurde. Auch der Plan, sechzigtausend französische Soldaten nach Triest zu senden, damit sie sich dort mit dem österreichischen Heere verbinden und dann gemeinsam nach Polen marschieren, wurde infolge der Unentschlossenheit Österreichs fallen gelassen.

Inzwischen folgten die zweideutigen, wenn auch milden Erklärungen des Petersburger Cabinetes, die jedoch ein weiteres Einvernehmen nicht unmöglich machten. Im Mai und Juni kam es zu neuen Noten und zu der Formulierung der bekannten sechs Punkte.

Da trat ein Mann auf den Schauplatz, dem günstige Verhältnisse einen außerordentlichen Glanz und die polnischen Fehler einen großen Theil seines Ruhmes und seiner angeblichen Erfolge verschaffen sollten.

Fürst Alexander Gortschakow, Vicekanzler und Minister des Äußern, war einer jener Staatsmänner, die eine größere Kraft aus ihren Fehlern, als aus ihren Vorzügen schöpfen. Ohne jeden tieferen Einblick in Menschen und Ereignisse, war er lediglich von einer Eitelkeit beherrscht, die ihn zu patriotischen Thaten und Vordiensten drängte. Diese Eitelkeit befahl ihm, sein Volk zu lieben und dessen Feinde zu hassen; diese Eitelkeit drängte ihn zur Popularitätshascherei gegenüber den Seinigen und zur Rücksichtslosigkeit gegenüber den Fremden; diese Eitelkeit bewirkte, dass er bald rachsüchtig, bald verblendet war. Man behauptete, diese Schwäche beherrsche ihn so sehr, dass er für Russland eine parlamentarische Regierung verlangte, bloß, um schöne Reden halten oder eigentlich sich sprechen hören zu können. Ein Mann der Feder und des Wortes, mehr als der That, griff er nach jeder Gelegenheit,

um ein schönes Dictum, oder eine hohle Phrase, in der er
Meister war, anzubringen. Indem er auf diese Weise den angeborenen Neigungen der russischen Gesellschaft schmeichelte,
verkörperte er dieselbe in sich und repräsentierte er sie mit
einem gewissen äußeren Glanze.

Im öffentlichen Leben eines Menschen kommt oft ein
Augenblick vor, der für seinen Erfolg von entscheidender
Bedeutung ist. Ein solcher Augenblick war für den Fürsten
Alexander Gortschakow die diplomatische Intervention der
Mächte in der polnischen Frage.

Fürst Gortschakow wurde durch den plötzlichen Abbruch
der bereits angeknüpften Beziehungen zwischen Frankreich und
Russland und durch die Einmengung der zwei anderen Mächte
in die polnische Frage verblüfft; noch ermaß er die Ohnmacht
und die Haltlosigkeit des unternommenen Schrittes nicht; er
erschrak angesichts der Verwicklungen, in die Russland hineingezogen werden konnte, und sagen wir zu seinem Lobe, er
glaubte nicht, dass ein solcher Schritt ohne die Absicht, ihn
gehörig zu unterstützen, unternommen sein konnte. Deshalb war
seine Antwort vom 26. April auch sehr vorsichtig, reserviert;
er schien einen Meinungsaustausch bezüglich der polnischen
Frage zwischen Russland und den Mächten noch für möglich
zu halten. Da zeigte sich wiederum die ganze Unbeholfenheit der diplomatischen Intervention. Vom 26. April bis zum
17. Juni konnten sich die drei Cabinete, angesichts der verzweiflungsvollen Verlängerung des Aufstandes in Polen, zu
keiner That entschließen; erst an diesem Tage erblickten die
neuen Noten das Tageslicht. Nach der Ankunft dieser Noten
war Fürst Gortschakow noch immer unsicher, er schwankte
und war zu Concessionen geneigt. Wiederum konnte er nicht
annehmen, dass niemand und nichts hinter und neben diesen sechs
Punkten stehe.

Der englischen Diplomatie war es beschieden, ihn aufzuklären.

Einige Jahre später erzählte der türkische Botschafter in
Wien, Kalij Bej, der im Jahre 1863 die türkische Botschaft
in Petersburg leitete, dem Verfasser von dem niederschmettern-
den Eindrucke, den die Noten der Mächte an der Newa und
insbesondere auf den Fürsten Gortschakow ausgeübt hatten.
Dieser war rathlos. Da erschien plötzlich der englische Bot-

schafter bei ihm und beruhigte ihn nicht nur, sondern klärte ihn auch darüber auf, dass die Noten der Mächte gar nicht ernst zu nehmen, dass sie nur eine humane Enunciation seien, der sich England nur angeschlossen habe, um einem Wunsche Napoleons und der öffentlichen Meinung zu entsprechen, dass aber hinter den Noten weder die Absicht noch der Wille, etwas zu thun, bestehe und dass die Noten gar keine weiteren Consequenzen nach sich ziehen würden.

Mehr als zehn Jahre später versicherte auch eine hochgestellte russische Persönlichkeit, dass Gortschakow seine Sicherheit und Ruhe angesichts dieser Noten verloren hatte und bereits an ein Compromiss, an mildere Ausdrücke und Mittel dachte, als er plötzlich von seinem Botschafter Brunnow in London einen Bericht erhielt, worin ihm derselbe auf eigene Verantwortung Muth zusprach, mit der Versicherung, dass, was auch das Petersburger Cabinet antworten wird, weder ein Krieg noch andere Consequenzen zu befürchten wären, da sich die Einmüthigkeit der Mächte nur auf die Absendung der Noten beschränke und es dabei bleiben werde.

Diese beiden Versionen stimmen miteinander in Bezug auf das Wesen der Sache überein.

England, das die polnischen Ereignisse dazu benützt hatte, um ein französisch-russisches Bündnis zu verhindern, beeilte sich nunmehr, nachdem es durch die allgemein bekannte Mission Metternichs und die Absendung der Noten nach Petersburg ihr Ziel erreicht hatte, die Karten aus der Hand zu legen, sich durch die Enthüllung der Ohnmacht der diplomatischen Intervention um das Petersburger Cabinet ein Verdienst zu erwerben, und schließlich die ganze Schuld, die ganze Last der polnischen Frage auf Frankreich zu wälzen, um desto rascher ein ihm gefährliches russisch-französisches Bündnis unmöglich zu machen.

Dass die Polen dieses Spiel nicht verstanden, ist leicht zu begreifen; dass es Napoleon nicht durchschaute, ist geradezu unverständlich.

Die Mittheilungen Englands öffneten dem Fürsten Gortschakow die Augen, er sah, dass es gefährlich sei, gegenüber dieser Intervention eine Schwäche zu zeigen; er erhielt einen Einblick in das gegen Napoleon III. gerichtete Spiel, dem die Sache Polens geopfert werden sollte. Während sich die fran-

zösische Regierung der trügerischen Hoffnung hingab, dass es
ihr gelingen würde, zwei andere Mächte zur Mitwirkung heran-
zuziehen, sahen diese darin nur ein Mittel, um die sich anknüpfende
Freundschaft zwischen Russland und Frankreich zu zerstören.
Die Schwäche Russlands, die Geneigtheit Gortschakows zu
Compromissen hätten dieses Mittel im Keime erstickt und dadurch
sowohl England wie auch Österreich in Verlegenheit gebracht.
England beschloss, dieser Gefahr vorzubeugen, und darum die
Enthüllungen.

Lord Napier war auch einmal aufrichtig. Er begab sich ∙
zum Staatssecretär Łęski und erklärte ihm: „Sie sind ein Pole,
ich muss Sie daher aufklären, dass wir wohl Noten verfassen,
aber nichts thun werden.“ Łęski hat seinen Freunden in Warschau davon nichts mitgetheilt.

Übrigens hat die englische Presse auch veröffentlicht, was
ihre Diplomatie dem Fürsten Gortschakow bekanntgegeben hat,
und der „Constitutionnel“ beantwortete die Ausführungen der
„Times“ und „Morning Post“ mit einem Artikel Limayracs. Er
sagte, dass die diplomatische Thätigkeit hoffentlich doch zu
einem günstigen Resultate führen werde, „allein man macht dies
unmöglich, wenn man verkündet, dass nur eine diplomatische
Intervention möglich sei. Es ist nothwendig, dass man hinter
dieser Intervention auch einen festen Willen der Mächte sehe.
Wenn nur eine Einigkeit besteht, dann wird es zu keinem
Kriege, was wahrscheinlich ist, oder aber zu einem Kriege
kommen, der nur für jene Macht gefährlich sein wird, die so
unvernünftig wäre, allein gegen alle zu kämpfen. Frankreich
verlangt die Mitwirkung Europas im Interesse Europas. Es
lässt sich von keinem Nebengedanken, von keiner Ambition
leiten. Frankreich will Polen sich selbst zurückgeben, und es
verlangt, dass endlich ein Zustand beendigt werde, den alle
Regierungen als einen unerträglichen betrachten.“

Ob es Fürst Gortschakow bemerkt hat oder nicht, dass
sich hinter der Action Englands und Österreichs die Absicht,
das französisch-russische Hindernis zu vereiteln, verberge, jedenfalls handelte er nach den Geboten einer gesunden Politik,
wenn er vorerst die Gefahr, die für Russland in der polnischen
Frage lag, beseitigen wollte. Mit seinem Scharfsinn hat er sofort
errathen, dass die Ohnmacht der diplomatischen Intervention

von Russland ausgenützt werden könne, er beschloss diesen Schritt mit einer Entschiedenheit zu thun, die sowohl seine, wie die Eigenliebe des russischen Volkes befriedigen musste.

Am 13. Juli richtete Fürst Gortschakow die denkwürdige, schroffe und höhnische Antwort an die Mächte, in der er sich jede Einmengung der Mächte in die polnische Frage, die er eine innere nannte, verbat und lediglich ein Einvernehmen zwischen den drei Theilungsmächten für zulässig erklärte.

Diese Antwort hat, wie wir wissen, eine neue Basis für die polnische Frage geschaffen. Man hätte ja kaum annehmen können, dass drei mächtige Staaten auf so hochmüthige, geringschätzige Bemerkungen in keiner Weise reagiren würden. Bisher war es in den internationalen Beziehungen nicht zulässig gewesen, sich ungestraft einer solchen Sprache zu bedienen. Jetzt sollte in den diplomatischen Beziehungen eine Änderung eintreten, die denselben durchaus nicht zum Nutzen gereichte. Russland wurde durch den Verrath Englands dazu ermuntert, es wusste, dass es jetzt ungestraft eine solche Sprache führen könnte, denn Frankreich, die einzige aufrichtige und im guten Glauben vorgehende Macht sah sich ohnmächtig und gedemüthigt.

Es musste mit Recht auffallen, dass eine solche Antwort Russlands gar keine weiteren Schritte und Consequenzen nach sich zog, ja, dass die in ihrer Würde verletzten drei Mächte nicht einmal die richtige Erwiderung fanden.

Die Antwort Gortschakows hat die anderen beiden Mächte verblüfft, nur Frankreich fühlte sich verletzt; jene nahmen sie mit Resignation zur Kenntnis, nur Frankreich und Napoleon waren sich ihrer Niederlage bewusst, für die sie keine Revanche finden konnten. Gortschakows Note brachte die schärferen Geister in Paris zu dem Bewusstsein, dass nunmehr alles verloren sei. Nach ihrem Eintreffen ahnte Fürst Ladislaus Czartoryski, dass von einer bewaffneten Intervention nicht mehr die Rede sein könne.

Napoleon dachte an eine weitere Action, aber nur mit den beiden anderen Mächten. Er befürchtete, dass sich im Falle eines Krieges England gegen ihn wenden könnte, und er war daher bestrebt, dasselbe mit Russland und Preußen zu entzweien. Aufs tiefste verletzt, legte er der österreichischen und englischen Regierung den Entwurf einer gleichlautenden

Note vor, die nach einer Zurückweisung der Behauptungen Gortschakows zum Schlusse die Form eines Ultimatums annehmen sollte. England und Österreich wiesen diese Idee zurück.

Fürst Czartoryski theilte der National-Regierung mit, dass, als nach langen Unterhandlungen die drei Mächte eine identische Note nach Petersburg absenden sollten, Preußen sich beeilte, zu erklären, dass es eine jede bewaffnete Intervention im Interesse Polens auf welchem Punkte des polnischen Territoriums immer als einen casus belli betrachten würde. Diese Erklärung, meinte Fürst Czartoryski, habe England zurückgeschreckt.

Nach dieser Niederlage beschränkten sich die Mächte wiederum auf eine fruchtlose diplomatische Correspondenz und sandten in der ersten Hälfte des Monats August diplomatische Noten ab, in denen sie die ganze Verantwortung für die Folgen der Verlängerung der polnischen Unruhen auf Russland wälzten.

Wir kennen die Hauptmotive, von denen sich die Mächte leiten ließen, sowie die Ursache ihrer Ohnmacht. Diese Ohnmacht war bei England und Österreich eine freiwillige, bei Frankreich eine erzwungene. Nur Frankreich oder eigentlich sein Kaiser wünschte eine Lösung der polnischen Frage. Er fühlte es jetzt, dass seine offenkundig gewordene Machtlosigkeit in der polnischen Frage ein Vorbote des Zusammenbruches seines ganzen politischen Systems sei. Sein Glaube an die Möglichkeit der Lösung der polnischen Frage wurde immer schwächer, und damit ließ auch der Glaube an seinen Stern nach, der im Verblassen begriffen war. Österreich hatte keinen Anlass und fühlte sich auch nicht stark genug, die polnische Frage zu lösen. Doch durfte es die Wichtigkeit der sich an seiner Grenze abspielenden Ereignisse nicht verkennen und selbst Graf Rechberg, ein Minister des Auswärtigen von sehr beschränktem politischen Gesichtskreis, verkannte sie nicht.

Allein das von England gegen Napoleon geschürte Misstrauen, der Widerwille gegen allerlei revolutionäre Praktiken, die Sorge um die Zukunft Galiziens und die besondere Betonung der deutschen Bundesangehörigkeit einerseits und andererseits die Furcht, dass die polnischen Ereignisse ein französisch-russisches Bündnis und eine Einigung zwischen dem Czaren und

dessen polnischen Unterthanen herbeiführen könnten, aus welchen
die Macht Russlands neu gekräftigt hervorgehen möchte, all'
dies bewirkte, dass die österreichische Politik sich schwankend
und zweideutig verhielt.

Niemand hat die Gründe dieser Politik besser gekennzeichnet, als der Sectionschef, Baron Meysenbug, in einem
Gespräche mit dem Grafen Adam Grabowski.

„Unser Kaiser," sagte der Sectionschef, „hat die besten
Intentionen. Allein man verlangt von uns, dass wir 60.000 Mann
nach Russisch-Polen schicken. Kann man aber Napoleon vertrauen? Im Jahre 1859 erklärte er, dass Italien bis zum adriati-
schen Meere frei sein werde. Aber nach Solferino nahm er den
Waffenstillstand an und ließ uns Venedig. Als er für sich
Savoyen gesichert hatte, kümmerte er sich um nichts mehr.
Während der Verhandlungen in Zürich machte er uns weitgehende Versprechungen und gab sich nicht einmal die Mühe,
den Glauben zu erwecken, dass er dieselben einhalten werde.
Wir wissen, um was es sich ihm handelt. Er will das Kohlen-
becken an der Saar erwerben, unter dem Vorwande einer Grenz-
regulierung. Österreich kann jedoch vor der Geschichte nicht
den Vorwurf auf sich laden, dass es dazu beigetragen habe,
deutsches Gebiet in französische Hände zu spielen. Übrigens
würde er mit uns so verfahren, wie mit Italien. Preußen würde
sich für Russland erklären, er würde die Rheinprovinzen nehmen
und uns die Aufgabe überlassen, gegen zwei Mächte zu kämpfen.
Wir werden ein zweitesmal nicht so dumm sein, wie während
des Krimkrieges, 30.000 Mann den Seuchen zu opfern und
500 Millionen auszugeben, um nicht nur die uns auf dem Prä-
sentierteller angebotenen Donaufürstenthümer nicht zu erhalten,
sondern dieselben in ein unabhängiges, dem französischen Einflusse unterliegendes Rumänien verwandelt zu sehen, selbst aber
in Feindschaft mit der ganzen Welt und infolge dessen, wie im
Jahre 1859, isoliert dazustehen. Wäre Fürst Schwarzenberg
nicht gestorben, er, der erklärt hatte, Österreich werde die
ganze Welt durch seine Undankbarkeit in Erstaunen setzen, so
hätte er auch demgemäß gehandelt. Damals standen unsere
Chancen glänzend. Warum haben sich die Polen während des
Krimkrieges nicht gerührt? Damals habt Ihr die dargebotene
Gelegenheit außeracht gelassen, und heute gebt Ihr Feuer ohne

Commando. Wenn Napoleon III. wirklich für die Polen etwas thun will, so mag er anfangen und wir werden ihm folgen; übrigens wird England nichts thun, was Preußen unangenehm wäre. Unsere Lage ist sehr kritisch. Wir wissen, wie wir stehen, wir wissen aber nicht, was im Falle eines Conflictes geschehen könnte."

Der österreichische Gesandte in London, Graf Apponyi, charakterisierte die damalige Lage in einer Unterredung mit Lord Russell in nachstehender Weise: „Die österreichische Politik gestattet keine Unterhandlungen mit Russland, weil dies die Unzufriedenheit der Polen in Galizien hervorrufen würde, aber sie gestattet auch nicht eine Aufmunterung der Polen zum Widerstande, weil dadurch die Flamme des Aufstandes nach Österreich hinüberschlagen könnte. Es kann kaum jemand darauf rechnen, dass Österreich sich in eine Sache würde hineinziehen lassen, deren schließliches Resultat die Einbuße einer wohlsituierten und ruhigen Provinz wäre." Graf Rechberg meinte jedoch gegenüber Lord Bloomfield: „12.000 Soldaten genügen, um Galizien im Zaume zu halten."

Die Zweideutigkeit der österreichischen Diplomatie im Anfangsstadium der Ereignisse war nicht ungeschickt, sofern sie einen Bruch zwischen Frankreich und Russland herbeiführte und ein Compromiss zwischen Russland und den Polen unmöglich machte, aber sie wurde im Laufe der Ereignisse zu einer Unbeholfenheit, die ebenso die Ausnützung der Situation wie die Beseitigung zukünftiger Gefahren verhinderte. Diese Unbeholfenheit zeigte sich oft nicht nur in Galizien, sondern auch auf der gesammten politischen Bühne. In Galizien bestand sie bald in einem sporadischen Entgegenwirken gegen die dem Aufstande gebrachte Hilfe, bald in der Unfähigkeit, dies zu thun.

Das Verhalten der österreichischen Regierung in Galizien wird am besten gekennzeichnet durch die Depesche, die Tegoborski, der Chef der diplomatischen Kanzlei des Großfürsten Constantin, an den russischen Botschafter in Berlin, Oubril, richtete: „Cette connivence de l'Autriche, n'est pas ce qu'il y a de moins remarquable, dans l'histoire de cette insurrection." (Dieses Entgegenkommen Österreichs scheint mir in der Geschichte des Aufstandes nicht das am wenigsten Bemerkenswerte zu sein.)

Diese Worte, in der Aufregung verfasst, treffen nicht das Richtige. Es waren nicht die von uns erwähnten Gründe höherer politischer Natur, welche das Verhalten der galizischen Behörden beeinflussten; die wirklichen Gründe waren ganz untergeordneter Art. Die österreichischen Behörden in Galizien haben den Aufstand in keiner Weise gefördert; im Gegentheil, sie waren entschlossen, jede Hilfeleistung für die Aufständischen streng zu unterdrücken, aber diese Strenge wurde gehemmt durch verschiedene Rücksichten, die eine Unsicherheit im Vorgehen und darum eine Zweideutigkeit zur Folge hatten. Die österreichische Regierung wurde in Galizien zuerst von dem Wunsche geleitet, dass die Monarchie vom Aufstande verschont bleibe und dieser sich ausschließlich gegen Russland kehre, sie war auch in dieser Epoche des Schmerling'schen Liberalismus bemüht, die erst jüngst eingeführten constitutionellen Formen und die öffentliche Meinung Europas zu respectieren. Erst zuletzt wurde in das diplomatische Schachspiel eingetreten. Dem damaligen Statthalter von Galizien, Grafen Mensdorff-Pouilly, war es ungemein schwer, sich in diese zweideutige Rolle hineinzufinden und er war bemüht, durch verschiedene Anordnungen diesem Zustande ein Ende zu machen. Aber die allgemeine Stimmung, selbst im Heere, war dem Aufstande geneigt; die ungarischen Regimenter hinderten nur mit Widerstreben die Unterstützung des Aufstandes, bei der Anhaltung und Entwaffnung der Galizien verlassenden oder nach Galizien kommenden Abtheilungen giengen sie sehr lau zuwerke und wo es nur möglich war, bestrebte man sich zu warnen, um dann am angezeigten Orte niemanden mehr anzutreffen.

Gleich anfangs wurde der Statthalter durch die aus Wien eingelangten Verhaltungsmaßregeln in seinem Vorgehen gehemmt. Während einer Soirée, die in den Salons des Grafen Mensdorff stattfand, hatte sich ein Statthalterei-Secretär früher zurückgezogen, um die aus Wien eingetroffene Amts-Correspondenz durchzulesen. Unter den sonst gleichgiltigen Acten befand sich auch ein Brief des Ministers des Äußern, Grafen Rechberg, an den Statthalter, der die Weisung enthielt, eine zuwartende und vorsichtige Haltung dem Aufstande gegenüber zu bewahren und nicht allzu eifrig vorzugehen, „da es noch nicht bekannt ist, welche Stellung Österreich gegenüber den Ereignissen in Polen

einnehmen werde." Als der Statthalter später erschien, fragte er,
ob es etwas Neues gebe. „Ja" — war die Antwort — „und zwar
etwas Interessantes." Als der Graf den Brief gelesen hatte,
sagte er zu dem Beamten: „Was soll ich nun anfangen?"
Das zeigt uns im grellsten Lichte das Verhalten der Behörden in Galizien.

Die diplomatische Rathlosigkeit hatte zur Folge, dass Österreich weder Russland unterstützte, noch zusammen mit Frankreich
die eingeleitete diplomatische Action fortsetzte, weder die Unterhandlungen abbrach, noch ihnen eine ernste Wendung gab.
Mehrere Wochen vergiengen und Österreich konnte sich noch
immer nicht entschließen, sei es über Galizien den Belagerungszustand zu verhängen, sei es in Polen einzumarschieren.

Fürst Ladislaus Czartoryski theilte im August der National-
Regierung mit, dass sich Napoleon abermals mittelst einer
geheimen Note an Österreich gewendet hatte. Drouyn de Lhuys
schrieb im Auftrage des Kaisers an den Botschafter Gramont
in Wien, dass, wenn Österreich einer gemeinsamen Action im
Interesse Polens nicht zustimmen sollte, der Kaiser gezwungen
sein würde, an seine Gegner zu appellieren. Österreich, fügte
der Fürst hinzu, hat nach längerem Stillschweigen ausweichend
geantwortet, denn es verlangt Garantien bezüglich Italiens.

Wir wollen nicht behaupten, dass Österreich im Stande
oder dass es in seinem Interesse gelegen gewesen wäre, ein unabhängiges Polen wiederherzustellen; aber wir glauben, dass unter
den gegebenen Verhältnissen ein Krieg mit Preußen und eine
Vergrößerung der polnischen Besitzungen auf Kosten Russlands
sowohl angezeigt wie vortheilhaft gewesen wären.

Das fühlten in Polen die hervorragenden Geister. Österreich zeigte sich zu einer solchen That unfähig, ja sie widerstrebte ihm, und so war jeder andere Ausgang der polnischen
Ereignisse als ein solcher mit einer Niederlage für die polnische
Nation und mit der Schaffung einer zukünftigen Gefahr für Österreich ausgeschlossen.

Die Begehrlichkeit, die Aufmerksamkeit und die Gefühle
Österreichs waren nach einer anderen Richtung gewendet. Die
Macht der Tradition, der Gewohnheit und der Verhältnisse
drängte es zu einem verzweiflungsvollen Kampfe um seine Stellung
in Deutschland, aber dort fühlte es wiederum die Nothwendigkeit

der französischen Unterstützung. Das sollte sich alsbald am
Frankfurter Fürstentage herausstellen, der jedoch, statt Österreichs
Stellung und Macht in Deutschland aufzufrischen und zu kräftigen,
zum Untergange der Sonne seines Ansehens und Glanzes daselbst
führte. Äußerlich war der Aufenthalt des österreichischen Kaisers
in Frankfurt glanzvoll; innerlich mangelte es ihm an Inhalt und
er blieb angesichts des Widerstandes und der Abwesenheit
Preußens nur ein fruchtloser Versuch.

Der Frankfurter Fürstentag wurde in Frankreich ungern
gesehen, er erweckte in Napoleon und seiner Regierung feind-
selige Gefühle gegen Österreich. Sie fürchteten, dass es zu einer
Stärkung der österreichischen Hegemonie in Deutschland, ohne
die Mitwirkung und Unterstützung Frankreichs, ohne Verständigung mit ihm in den wichtigsten europäischen Fragen und in
der Sache Polens, somit gegen Frankreich kommen könnte.
Aber das Eine sollte sich bewahrheiten, dass Österreich schon
vor dem Fürstentage und im Hinblick auf denselben die polnische Frage beiseite schob.

Noch am 10. April machte Graf Rechberg das Einvernehmen
mit Preußen bezüglich Polens von der Übereinstimmung betreffs
des Zollbündnisses und der Reform des deutschen Bundes
abhängig. Am 3. August fand die berühmte Entrevue zwischen
dem Kaiser von Österreich und dem Könige von Preußen in
Gastein statt. Der König von Preußen erklärte dem Kaiser von
Österreich, dass, bevor irgendein Schritt in der deutschen Frage
erfolge, eine Verständigung zwischen Österreich und Preußen
wünschenswert wäre. Als er jedoch die polnische Frage streifte,
erklärte der Kaiser auf das bestimmteste, er habe sich dem
Notenkriege der Westmächte nur zu dem Zwecke der Erhaltung
des Friedens angeschlossen und er werde zurücktreten, sobald
dort der Gedanke an bewaffnete Eingriffe aufkäme. „Ich besorge
nur,“ sagte der König, „dass Dir die Trennung von den West-
mächten sehr schwer gemacht werden könnte.“ — „Nicht im
mindesten,“ war die Antwort. „Die Westmächte kennen meinen
Entschluss, weder Krieg zu führen, noch in Änderungen des
Besitzstandes einzuwilligen, seit lange, und ich freue mich, dass
auch England den festen Willen hat, nur diplomatische und
keine kriegerische Mittel zur Unterstützung Polens zu verwenden.
Übrigens dehnt sich der Aufstand ebenso in Galizien, wie in

Polen aus, und ich werde dort ernste Maßnahmen treffen müssen." Allein das Wiener Cabinet weigerte sich, trotz der Aufforderung Preußens, die Westmächte in der polnischen Frage zu verlassen, gerade deshalb, weil es sich gegen Preußen auf sie stützen wollte.

Die französische Regierung erkannte, dass es sich für Österreich nicht um die polnische Frage, sondern um die Befestigung seiner Vormacht in Deutschland handelte.

Inzwischen arbeitete eine Politik, die nicht von heute ist, sondern die nach Jahrhunderten zählt, an der Isolierung und an der stufenweisen Schwächung des Einflusses und der Stellung der Habsburger Dynastie in Deutschland. Der alte Antagonismus zwischen Preußen und Österreich in Deutschland fand seinen Ausdruck in der Politik Bismarcks. Wie Österreich nicht fähig war, die polnischen Ereignisse auszunützen, und sich nur darauf beschränkte, momentanen Gefahren vorzubeugen, so benützte Preußen über Veranlassung Bismarcks diese Ereignisse, um seinen großen Plänen den Weg zu ebnen. Durch seine Stellung gegenüber den polnischen Ereignissen, durch den kühnen Anschluss an Russland sprengte Bismarck dessen Einvernehmen mit Frankreich, bereitete er den Sturz Österreichs in Deutschland vor, sicherte er sich das Wohlwollen beider Staaten für die Ausdehnung der preußischen Herrschaft. Indem er sich vorläufig mit Russland verband, bediente er sich des Schreckmittels europäischer Verwicklungen und einer Änderung der europäischen Landkarte, um jeder Berührung der polnischen Frage vorzubeugen. Die Folge der preußisch-russischen Convention war, dass jedes Eintreten für die polnische Frage nicht nur einen Krieg mit Russland, sondern auch gleichzeitig mit Preußen nach sich ziehen konnte. In einem solchen Kriege würde es sich nicht mehr bloß um die Wiederherstellung Polens oder den Anschluss polnischer Länder an Österreich, sondern auch um die französische, die belgische und die Rheingrenze gehandelt haben. Das war das stärkste Argument für England.

Unter solchen Umständen konnte dann Fürst Gortschakow bei der Wirtschaft Murawiows in Lithauen und Bergs in Polen mit leichtem Herzen die Verantwortlichkeit für den Stand der Dinge übernehmen und in schroffer Weise jede weitere Dis-

cussion mit den drei Mächten abschneiden. Allein Napoleon
fühlte, dass ein Staat wie Frankreich sich damit nicht
zufrieden geben dürfe. Es entstanden in Paris neue Kriegs-
pläne, in London und in Wien wurde angefragt, vergebens.
Napoleon war über das Verhalten Österreichs besonders
erbittert, er sagte zum preußischen Gesandten in Paris,
Grafen Goltz: „Ihr seid zwar meine Gegner in der polnischen
Sache, aber Euer Verhalten war aufrichtig und loyal; man
weiß wenigstens, was man von Euch erwarten kann."

England hat in der Wiederherstellung Polens für sich nie
einen Nutzen gesehen, sondern eher eine Gefahr, weil sie zur
Vergrößerung der Macht und des Ansehens Frankreichs geführt
hätte. Dazu wollte England seine Hand nicht hergeben, ja es
war entschlossen, diese Gefahr zu verhindern. Es wollte aber
auch andererseits weder die Waffe aus der Hand geben, die es
in der polnischen Frage sah, noch die daraus für Russland und
Frankreich entstehenden Verlegenheiten beseitigen. Niemand
hat die englische Politik besser definiert, als Lord Palmerston,
der im Jahre 1864 in einem Gespräche mit Julian Klaczko die
so oft in Polen citierten, aber schlecht verstandenen Worte
gebrauchte: „Il faut, que la plaie saigne." (Die Wunde muss
bluten.) Das bedeutete eine Dauer nicht des Aufstandes, sondern
vielmehr der anhaltenden Verbitterung zwischen der polnischen
Gesellschaft und Russland. Wir haben ja gesehen, wie derselbe Lord Palmerston während des Krimkrieges dem General
Zamoyski aufrichtig gestand, dass eine polnische Legion
in der Türkei Russland zu einem Friedensabschlusse geneigter
machen würde. Die polnische Frage war somit für England
nur ein Drohmittel gegen Russland, aber niemals Selbstzweck.

Darin liegt die Erklärung für das zweideutige Spiel Englands. Zuerst arbeitete es darauf hin, die Lösung der polnischen
Frage durch das Einvernehmen zwischen Russland und Frankreich unmöglich zu machen, und als ihm dies gelungen war,
entdeckte es der russischen Regierung die Ohnmacht der diplomatischen Intervention und erweckte Österreichs Misstrauen
gegen Napoleon. Da England dem Kaiser Napoleon eine Niederlage bereiten wollte, so beredete es ihn einerseits zu einer
fruchtlosen Action für Polen und andererseits machte es alle

Anstrengungen, um diese Action lahmzulegen, damit „die Wunde
blute“, aber nicht geheilt werde.

Es hätte nicht viel gefehlt, so wäre England bei dem falschen
Spiel mit markierten Karten erwischt worden. Theils, um dasselbe fortzusetzen, theils um den Schein des Großmuthes und
der Humanität nicht einzubüßen, und um endlich eine fertige
Antwort auf die Angriffe der parlamentarischen Opposition zu
haben, entschloss sich das Londoner Cabinet noch im September,
nachdem Fürst Gortschakow die Discussion in der polnischen
Frage bereits abgeschlossen hatte, zu einem wichtigen Schritte.
General Zamoyski hatte zu dem Gedanken seine Zuflucht
genommen, Russland, weil es die Vertragsbedingungen bezüglich
Polens nicht erfüllt hatte, das Eigenthum an diesem Lande
abzusprechen. Gegen den Widerspruch des Hôtels Lambert war
Zamoyski bemüht, England für seinen Gedanken zu gewinnen,
da er darin auch ein Mittel sah, Österreich zu einem activen
Eingreifen zu zwingen.

Lord Russell, ein Freund von Controversen, nahm die
Idee Zamoyskis auf und erklärte am 29. September in Blairgowrie, dass Russland wegen Nichterfüllung der Bedingungen
des Wiener Vertrages seine Rechte auf Polen verloren habe.
Er gieng noch weiter und verlangte sowohl von Österreich,
wie von Frankreich eine Unterstützung dieser Enunciation.
Schon damals handelte es sich ihm um die Herstellung eines
Einvernehmens mit Frankreich in der dänischen Frage. Frankreich stimmte principiell zu, Österreich verlangte Garantien.
England verweigerte dieselben und übersandte eine Declaration
nach Petersburg. Frankreich beschloss ahnungsvoll zu warten.

Die Declaration gelangte nicht bis nach Petersburg. Auf
der Hälfte des Weges wurde der Courier zurückgerufen, die
Drohung Bismarcks, auf der Basis der englischen Declaration
auch dem dänischen Könige das Recht auf Schleswig und Holstein abzusprechen und sich mit Russland zu liieren, falls die
Declaration aufrechterhalten bliebe, verfehlte in London ihre
Wirkung nicht. Die Furcht vor einem Kriege zwischen Frankreich und Preußen, der dem ersteren die Rheinprovinzen verschaffen könnte, beherrschte England vollkommen.

Der Epilog der diplomatischen Intervention gehört zu den
peinlichsten und traurigsten Vorgängen dieser an Demüthigungen

und Niederlagen so reichen Epoche. Es entstand eine wahre
Anarchie der Begriffe und Ziele. England und Österreich hatten
vorläufig ihr Ziel erreicht, aber Frankreich, sein Kaiser und
seine Regierung standen unter dem Eindrucke der erlittenen
Niederlage und griffen daher zu den sonderbarsten Plänen.
Drouyn de Lhuys, dessen politisches System und Theorie der
Allianzen durch die Ereignisse erschüttert waren, Walewski,
der zwar kein Mitglied des Cabinetes war, aber dasselbe System
vertrat, hatten nicht den Muth, die Niederlage einzugestehen
— so groß und bedeutungsvoll war sie. Jetzt handelte es sich
für sie nicht mehr um die polnische Frage; ihre eigene Politik
und ihre eigenen Stellungen standen auf dem Spiele. In der
Fortdauer des verzweiflungsvollen Zustandes in Polen sahen sie
für sich einen Ausweg. Kein Wort kam über ihre Lippen, das
den Aufstand hätte beendigen können; mit aufgewärmten
Phrasen und Illusionen nährten sie das polnische Volk.

Im Lande selbst herrschte neben den russischen Behörden
die geheime National-Regierung. Zwischen dem russischen Militär
und den aufständischen Abtheilungen kam es fortwährend zu
Scharmützeln, die jedoch für die Sache nicht von Bedeutung
waren. Da der Aufstand in keinem Falle fähig war, die bewaffnete
Macht Russlands zu besiegen und auch nur einen Theil
des Landes zu erobern, so waren alle Treffen und Scharmützel
ohne jeden strategischen Wert; sie hatten lediglich den Zweck,
ein actives Eingreifen der Mächte hervorzurufen. Der Aufstand,
den die Verschwörung spontan hervorgerufen hatte, war jetzt nur
noch ein Werkzeug, ein nothwendiges Element für die diplomatischen Combinationen und von den Rathschlägen der französischen
Regierung abhängig. Nur ein Wort derselben, und der Aufstand
war zu Ende.

Gortschakow charakterisierte dies sehr treffend in einer
Depesche an seinen Londoner Botschafter, Baron Brunnow.
„Politisch ist der Aufstand ein Schauspiel, das auf Europa wirken
soll. Das Losungswort des im Auslande befindlichen Comités
geht dahin, auszuharren, um die öffentliche Meinung zu betrügen
und den Mächten einen Anlass zur diplomatischen Intervention
zu geben, die dann zu einem Kriege zu führen hätte."

Die National-Regierung und der Aufstand waren auf
das Ausland angewiesen, das wussten sie sehr gut. Ohne

Hilfe von auswärts gab es für den Aufstand keine Zukunft,
und an diese Hilfe klammerten sie sich immer mehr. Deshalb
näherte sich die National-Regierung den Männern, die sie im
Auslande repräsentierten, deshalb ernannte sie den Fürsten Czar-
toryski zu ihrem diplomatischen Vertreter in Paris und in London.
Ein Rückzug war nicht mehr möglich. Die Demission der
Mitglieder des Staatsrathes, der Bezirks- und Gubernialräthe riss
alle Brücken zwischen den conservativen Elementen und dem
System Wielopolski fort. Die Consequenzen blieben nicht aus.
Markgraf Wielopolski verließ im Juli, Großfürst Constantin einige
Wochen später seine Stellung und die Stadt Warschau. Mitten
in wogender Brandung, unter sich die gähnende Tiefe, stiess die
Nation das letzte Verbindungsmittel mit dem Lande von sich.
An Stelle der moralischen und geistigen Factoren, die diese
zwei Männer repräsentiert hatten, sollte die brutale Kraft rücksichtsloser Elemente treten. Alexander II. konnte es den Polen
nie verzeihen, dass sie ihn zur Rücksichtslosigkeit und Un-
barmherzigkeit gezwungen, dass sie ihn des Glorienscheins eines
freisinnigen, humanen und schöpferischen Herrschers beraubt
und sein ganzes System in Polen vor der russischen Gesellschaft
Lügen gestraft hatten.

Mit dem Untergange seines Werkes schloss auch Wielopolski
seine Mission für immer ab. Würdig und schweigsam verließ
er die Arena seiner Thätigkeit und bewies dadurch noch einmal die Überlegenheit seines Geistes. Das tragische Ende
dieses Mannes lässt das bittere und demüthigende Gefühl zurück,
dass selbst ein so geistig hervorragender Mann die Frage nicht
zu lösen vermochte, da die angebornen nationalen Fehler stärker
waren, als die Macht seines Geistes. Dieses Ende lehrt uns, dass
selbst die grössten, besten Vorzüge eines Staatsmannes ungenügend sind, wenn sie in der Gesellschaft keinen Boden finden.

Man sagt, dass Wielopolski, bevor er den öffentlichen Schauplatz verließ, noch einen großartigen Gedanken gefasst habe. Da
der Aufstand von Galizien aus genährt wurde, soll er dem Großfürsten gerathen haben, den Kaiser zur Occupation dieses Landes
zu bewegen. Wie alles Außerordentliche, so konnte auch dieser
einfache und unmittelbar zum Ziele führende Gedanke dem
Markgrafen zugeschrieben werden. Es wäre eine Lösung im
großen Stil gewesen.

Allein es gab noch vor dem Rücktritte Wielopolskis einen Augenblick, in dem sich Czar Alexander mit der Absicht trug, Österreich den Krieg zu erklären. Nach der Antwort Gortschakows auf die ersten Aprilnoten der Mächte erfuhr er aus den Berichten der Botschafter, dass unter den ihm zu unterbreitenden Forderungen einige für ihn unerfüllbar seien und dass die Absicht einer Expedition nach den Ostseeküsten bestehe. Alexander II. fühlte sich dadurch beunruhigt und trotz seiner Friedensliebe wandte er sich durch den preußischen Militär-Attaché, den Obersten Loën, an den preußischen König mit der doppelten Anfrage, ob nicht angesichts der drohenden Gefahr ein Druck auf Österreich ausgeübt werden sollte, dass es sich von den westlichen Mächten loslöse, und ob, wenn dies nicht erfolgen sollte, Preußen geneigt wäre, gemeinsam mit Russland das unvorbereitete Österreich zu überfallen, um der französischen Hilfe zuvorzukommen und dem Kaiser Napoleon am Rhein entgegenzutreten.

Weder der König, noch Bismarck wollten sich entschließen, Österreich anzugreifen. Wiewohl Österreich den Gedanken einer Loslösung von den westlichen Mächten zurückwies, schrieb König Wilhelm einen von Bismarck inspirierten Brief an den Kaiser Alexander II., in dem er ihm die Gründe gegen einen Angriff auf Österreich auseinandersetzte und hinzufügte, dass Preußen bemüht sein werde, für den Fall einer bei dieser Jahreszeit unwahrscheinlichen Landung französischer Truppen an den Ufern der Ostsee Österreich zur Neutralität zu bewegen. Übrigens sei das beste Mittel, hieß es in dem Briefe, um Österreich zu gewinnen, ihm Venedig zu garantieren, da die Schwankungen in der österreichischen Politik hauptsächlich auf die Furcht vor einem französisch-italienischen Überfalle zurückzuführen seien, und den österreichischen Hof zu überzeugen, dass die Idee eines russisch-französischen Bündnisses vom Kaiser Alexander für immer fallen gelassen sei.*)

*) Bismarck besprach diese Unterhandlungen in seiner denkwürdigen, von ganz Europa mit Spannung erwarteten Rede vom 6. Februar 1888 sehr ausführlich. Er sagte u. a.: „Es wäre damals (im J. 1863), ganz zweifellos zum Kriege gekommen von Preußen und Russland im Bunde gegen diejenigen, welche den polnischen Aufstand uns gegenüber beschützten, wenn Se. Majestät nicht zurückgeschreckt wäre vor dem Gedanken, innere Schwierigkeiten, preußische

Der Appetit auf Galizien, das Russland als ein Geschenk der Kaiserin Katharina an Österreich betrachtete, war älteren Datums als die Ereignisse vom Jahre 1863.

Großfürst Constantin erzählte in Warschau in intimem Kreise, Kaiser Nikolaus habe einst seinen Söhnen die Landkarte gezeigt und einen Theil derselben mit der Hand bedeckend, gefragt: „Was ist das?" Als seine Söhne erwiderten: „Das Königreich Galizien" — habe der Czar geantwortet: „Bedenket, ich werde im Grabe nicht ruhen, so lange dieses Land nicht zu Russland gehört."

Was weder Wielopolski noch der Großfürst unternommen hatte, begann Graf Berg. Er streckte seine Hand nach den Häuptern der Verschwörung aus und es gelang ihm, einige Mitglieder der National-Regierung zu ergreifen. Alle konnte er nicht beseitigen; erst durch den Terrorismus erreichte er sein Ziel, als der Grad der nationalen Fieberhitze gesunken und der Aufstand in Ermanglung fremder Hilfe gegenstandslos geworden war.

In dieser traurigen Lage machte sich die allgemeine Demoralisation breit, jeder bürgerliche Muth verschwand und ein Chaos der Begriffe und Bestrebungen trat ein, dem bald ein Chaos der Thaten folgte.

Im Innern häuften sich die Ruinen. Der Antheil der ernsten Männer des Krakauer Kreises dauerte fort, indem sie ihr Verhalten auf die Hoffnung fremder Hilfe stützten, mussten sie das entscheidende Wort der französischen Regierung abwarten. Dieses Wort wurde nicht gesprochen. Die französische Regierung sagte nicht nur nicht, dass die fruchtlose Unterstützung des Aufstandes eingestellt werden müsse, sie forderte im Gegentheil auf, die Entwicklung der Dinge abzuwarten. Und so erlagen sie denselben Illusionen, wie die ganze Gesellschaft. Jetzt hatte die Einstellung des Aufstandes gar keine politische Bedeutung; es konnten dadurch weder die begangenen Fehler

---

wie deutsche, mit fremder Hilfe zu lösen, und wir haben damals, ohne die Gründe unseres Verfahrens gegenüber den uns feindlichen Projecten anderer deutscher Regierungen geltend zu machen, stillschweigend abgelehnt. Aber es bedurfte nur eines Ja statt eines Nein aus Gastein von Sr. Majestät dem König und der große Krieg, der Coalitionskrieg, war schon 1863 vorhanden."

(Anm. d. Übers.)

verbessert, noch die unvermeidliche nationale Niederlage aufgehalten werden. Man musste warten und die letzten, wenn auch schwächsten und grundlosesten Aussichten der einmal acceptierten Richtung in dem von Frankreich angedeuteten Sinne ausnützen.

Nach dem Frankfurter Fürstentage, als man im ersten Augenblick an einen Sieg Österreichs glaubte, wurde Napoleon gegen Österreich erbittert. Endlich bemerkte er, dass man ihn systematisch mit Russland entzweit hatte. In der von Österreich in Angriff genommenen Bundesreform sah er die Absicht Österreichs, ohne seine Hilfe ein starkes deutsches Reich zu schaffen, und in der Gewährleistung der österreichischen Provinzen sah er eine Garantie für Venedig. Die Erregung gegen Österreich war groß in Paris, man sprach bereits von einer Entente zwischen Frankreich, Russland und Preußen. Napoleon meinte in einem Gespräche mit dem Gesandten, Grafen Goltz: „Diese unglückselige polnische Frage, sie hat uns nicht zerworfen, nein, das ist nicht geschehen, aber unsere Beziehungen sind jetzt erkaltet. Könnte ich den einzigen Differenzpunkt, der uns trennt, beseitigen, ich würde viel dafür opfern." Auch Drouyn de Lhuys gab dem Grafen Goltz bekannt, es sei der Wunsch des Kaisers, zusammen mit Preußen vorzugehen. Das verfehlte seine Wirkung in Wien nicht. Als sich zeigte, dass der Frankfurter Fürstentag für Österreich von keinem Nutzen gewesen, fühlte man in Wien die Nothwendigkeit, sich Frankreich wieder zu nähern, und Graf Rechberg erinnerte Frankreich daran, dass in der polnischen Frage etwas Entschiedenes geschehen müsse.

Diese Schwenkung vollzog sich nach dem Versuche, sich Russland zu nähern, der infolge der Absage Englands, Österreich für den Fall der Aberkennung der Rechte Russlands auf Polen Garantien zu geben, unternommen wurde. Damals neigte sich das Wiener Cabinet in einer Depesche des Grafen Rechberg an den Botschafter in Petersburg, Grafen Thun, zu Russland hinüber. Infolge dieser Nachricht verlangte Drouyn de Lhuys von Österreich, dass es sich endgiltig in der polnischen Frage erkläre, wofür er verschiedene Garantien bot; andererseits versuchte er es mit versteckten Drohungen. Auch Fürst Metternich drängte zu einer engeren Annäherung an Napoleon und zu einer ent-

schiedeneren Stellungnahme in der polnischen Frage, um den
üblen Eindruck des Frankfurter Fürstentages zu verwischen.
Wiederum gestalteten sich die Chancen der polnischen
Sache günstiger. Die österreichischen Freunde Polens erhoben
ihr Haupt und ihre Stimme; es versammelte sich unter dem
Vorsitze des Kaisers ein Kronrath, an dem alle Minister, der
auf Urlaub in Wien befindliche Fürst Metternich und der Anhänger eines österreichisch-französischen Bündnisses, Sectionschef
Aldenburg, theilnahmen. In diesem Kronrath sollte die Nothwendigkeit, entschiedener in der polnischen Frage aufzutreten,
und die an Russland zu stellenden Forderungen genau präcisiert
werden. Obwohl es in dieser ersten Versammlung zu keinem
Beschlusse kam, machte sich doch die Absicht bemerkbar,
einen entschiedeneren Weg einzuschlagen und sich mit Frankreich zu verständigen. Die Sache schien reifer zu werden; da
platzte im Westen die Bombe. Die Rede Napoleons vom
5. November, die die Einberufung eines Congresses anregte,
zerstörte endgiltig jeden Keim einer französisch-österreichischen
Allianz und die letzten, ernsten Aussichten der polnischen Sache.

Napoleon hatte den Glauben an eine günstige Austragung
der Sache verloren. Auf die Mitwirkung Österreichs musste er
verzichten und mit tiefem Kummer sah er den Untergang einer
Sache, die er zu lösen unternommen hatte; er fühlte die Niederlage, die er nicht eingestehen wollte, aus Furcht, dass die
Welt darin seinen erblassenden Stern erkennen möchte. Unter
diesem Eindrucke hielt er seine Rede vom 5. November. Er
war sich der Größe der übernommenen Verantwortung bewusst
und daran musste er auch den Umfang seines Misserfolges
messen; er wusste, dass die Sache abgeschlossen werden müsse,
die unter dem Schutze seiner Schlagworte und Rathschläge
eingeleitet worden war, aber er wusste nicht, wie er dies be-
werkstelligen sollte. An die Stelle des Politikers trat nun der
Schwärmer, den jetzt die klugen Inspirationen im Stiche ließen.
Der Kaiser erklärte in jener Thronrede, dass er die europäischen Mächte aufgefordert habe, zu einem Congress zusammen-
zutreten, der alle schwebenden Fragen zu erledigen hätte. Es
war klar, dass er dabei an die polnische Frage dachte und
dass er durch Einberufung eines Congresses sich seine Verantwortung erleichtern wollte.

Die Eingeweihten wussten, dass sie in dieser Rede nicht den weitsehenden Politiker, nicht den selbstbewussten Herrscher, sondern den Schwärmer und gekrönten Utopisten zu suchen hatten, der, seine Niederlage empfindend und vielleicht auch deren Folgen ahnend, sie auf diese Weise zu verdecken und seinem Principe, das aus den polnischen Ereignissen besiegt hervorgiong, noch die letzte Huldigung darzubringen versuchte.

Die Allgemeinheit könnte nicht ahnen, dass der Herrscher einer großen Nation, dessen Wort bisher von so hervorragender Bedeutung gewesen war, nur deshalb so sprach, um für den Augenblick zu wirken. Man spricht nicht so stolz, um sich eine so demüthigende Niederlage zuzuziehen, wie Napoleon, dessen Anregung zur Einberufung eines Congresses die Mächte zurückwiesen.

Wenn Napoleon die Niederlage nicht ahnte oder, wenn er, trotzdem er sie ahnte, vor ihr nicht zurückwich, sondern seine ganze polnische Action mit einer Thronrede abschloss, die in der Verkündigung eines aussichtslosen Congresses gipfelte, so war dies ein Beweis, dass die erste, glanzvolle und thatenreiche Epoche seiner Regierung zu Ende war und nunmehr die zweite, die der Enttäuschungen und Niederlagen, der Schwächen und Fehler begann. Warum mussten gerade die polnischen Ereignisse zu dieser Epoche führen, warum gerade der Januar-Aufstand sie beschleunigen?

Der Vorschlag, einen europäischen Congress einzuberufen, beleidigte England und erschreckte Österreich, das der Berührung aller heiklen und gefährlichen Fragen aus dem Wege gehen wollte, umsomehr, als der Verdacht entstand, dass hinter diesem Plane niemand anderer als Fürst Gortschakow stecke. Im November schrieb Fürst Metternich aus Compiègne, Frankreich werde nur vier Fragen auf die Tagesordnung des Congresses setzen: die italienische, polnische, dänische und die Frage der Donaufürstenthümer. In der polnischen Frage würde es sich um eine vollständige Autonomie für Polen und eine abgesonderte Administration für Lithauen und Ruthenien handeln, übrigens sei Napoleon gewiss noch immer bereit, auf jede Allianz mit Österreich gegen Russland einzugehen. Aber wiederum war es der für Februar befürchtete Angriff Garibaldis auf Venedig, der im Zusammenhange mit den Revolutionen in Ungarn und in

Galizien Österreich erschreckte. Als England in brüsker Weise die
Theilnahme an einem Congresse verweigerte, schloss sich auch
Österreich dieser Absage an. Nach einiger Zeit folgte Russland;
nur Preußen gab seine Zustimmung.

Mitte December war die Idee eines Congresses bereits
fallen gelassen.

Es schien merkwürdig, wie der große Einfluss Napoleons
plötzlich so zusammengeschrumpft war, dass sowohl er wie Frankreich die Absage zur Kenntnis nahmen und sich mit dieser Wendung
zufrieden gaben. Die einzige Antwort auf diese Demüthigung
war die Aufforderung zur Fortsetzung des Aufstandes, noch
über den Winter 1864, die Mahnung Drouyn de Lhuys an den
Fürsten Czartoryski: „Wartet noch — wartet." Man erhoffte
in Frankreich allerlei Verwickelungen und dann einen allgemeinen
Krieg im Frühling. Aus denselben Gründen wünschten die
anderen Mächte eine Beendigung des Aufstandes, noch vor dem
Frühling, um den Complicationen aus dem Wege zu gehen, die
Napoleon ausnützen könnte. Bismarck wandte sich damals durch
Geheimagenten an den Fürsten Czartoryski, um mit ihm zu
unterhandeln. Auch in Polen wurden einzelne Edelleute angegangen, Preußen zur Occupation Polens aufzufordern. Bismarck
warf anfangs den Gedanken eines ganz unabhängigen oder nur
von Preußen abhängigen Polen hin; der Name Radziwill
wurde erwähnt als der des zukünftigen Herrschers. Er wollte
durchaus Polen occupieren und den Aufstand zum Abschlusse
bringen, um durch nichts an der Elbe gestört zu werden.

Der preußische Gesandte Mantouffel langte am 22. Februar
in Wien an, um hier vorzustellen, dass Polen und die kleinen
deutschen Fürstenthümer nur Karten in der Hand Frankreichs
wären, das im Frühling siegen könnte. Man müsse sie ihm
jetzt aus der Hand reißen. Mantouffel blieb in Wien bis zum
7. März und seine Mission hatte Erfolg. Österreich schloss
sich der preußischen Action gegen Dänemark an und die beiden
vereinigten Heere besetzten Jütland. Dieses Einvernehmen
äußerte sich schon am 27. Februar — in der Verhängung des
Belagerungszustandes über Galizien. Es kam das Ende des
grausamen Spiels.

Der Belagerungszustand in Galizien bildete den nothwendigen
Ausgang aus dieser traurigen Situation, in der zur Rückkehr zu

mahnen niemand den Muth hatte. Und doch ist es bezeichnend
für die damalige politische Lage, dass der Belagerungszustand
die polnische Gesellschaft aufs tiefste schmerzte. Der Aufstand
in Polen dauerte trotzdem fort. Die National-Regierung bestand
noch immer, sie musste gegen demagogische Elemente an-
kämpfen. Das Unglaubliche, dass sich bei dieser verzweifelten
Sachlage wahnsinnige Leute vorfanden, die die Brandfackel
des in den letzten Zügen liegenden Aufstandes nach Galizien
schleudern wollten, wurde zur Wirklichkeit.

Unter dem Einflusse Garibaldis und der italienischen
Regierung sollte das polnische Revolutionstheater bis an die
Karpathen ausgedehnt werden. Die italienische Regierung war
schon von Anfang an bemüht gewesen, dem Aufstande eine solche
Wendung zu geben. Nur der Behutsamkeit des Hôtels Lambert
war es zu verdanken, dass diese Gefahr beseitigt wurde. Doch
die polnischen Radicalen stürmten gewaltsam vorwärts. Der
bekannte Führer der demokratischen Emigration, Ordega, stand
zu diesem Zwecke im Einvernehmen mit der italienischen Regierung und den italienischen Patrioten. Schon anfangs des Jahres 1863
schrieb Mazzini an Bulewski: „Ihr steht auf einer schiefen
Ebene, die zum Abgrund führt. Durch eine Bewegung in
Galizien wärt Ihr in der Lage, Ungarn zu erschüttern und Euch
einen Weg zur Rettung zu eröffnen; sobald Ihr das Losungswort zu einer Bewegung im Oriente gebt, beschwört Ihr einen
europäischen Krieg herauf. Durch Eure Thaten und durch die
Wahl der Personen beweisend, dass die Sache des Volkes Eure
Sache ist, könntet Ihr die Völker aufrütteln. Sonst ist Eure
Verschwörung isoliert und dem Verderben preisgegeben.“ Giller
theilt uns mit: „Mazzini wollte, dass unsere Streitkräfte den
Kampf einstellen, nach Galizien, in die Karpathen übergehen,
beide Erzherzogthümer Österreich besetzen und dann dem
italienischen Heere den Angriff auf Österreich im Süden
erleichtern.“

Es gelang noch rechtzeitig, dieses Vorhaben zu vereiteln
und in Warschau alle Pläne einer usurpatorischen und gegen
Traugut gerichteten National-Regierung zunichte zu machen.

Nicht der Belagerungszustand in Galizien, sondern noch
mehr das leider zu spät gefallene Wort Napoleons III., der
endlich in der Audienz vom 18. April 1864 dem Fürsten Ladislaus

Czartoryski erklärte, der Aufstand sei jetzt zwecklos, die polnische Frage könne nicht gelöst werden, hat den polnischen Ereignissen ein Ende gemacht.

Fürst Czartoryski berichtet in seiner Depesche an die National-Regierung über eine Unterredung mit Drouyn de Lhuys und Mocquard. Er habe beiden Herren erklärt, dass er, indem er den Polen die Hilfe Frankreichs in Aussicht stellte, eine große Verantwortung auf sich genommen habe und nach dem Stande der Dinge diese Verantwortung nicht länger tragen könne, dass er die National-Regierung verständigen werde, der Aufstand könne auf die Hilfe Frankreichs nicht mehr rechnen. Beide Herren hätten ihm Recht gegeben, jedoch gerathen, er möge zuvor mit dem Kaiser sprechen. Am 18. April fand die Audienz statt. Der Kaiser erklärte, die Dinge stünden schlecht, es sei Czartoryskis Pflicht, die Polen zu warnen und ihnen die Wahrheit zu sagen. Die Polen müssten wissen, dass Frankreich ihnen jetzt nicht zu Hilfe kommen könne. Czartoryski antwortete, dass die Hoffnungen im verflossenen Jahre so gute zu sein schienen, und dass er, als er die Stelle eines diplomatischen Agenten der National-Regierung übernahm, die Polen in ihrer Hoffnung bestärkt und dadurch vielleicht zur Vermehrung der Leiden und Opfer beigetragen habe. Darauf antwortete der Kaiser: „Im vorigen Jahre, etwa um diese Zeit · · heute kann ich es offen sagen — hat Fürst Metternich mich versichert, dass für den Fall der längeren Dauer des Aufstandes die österreichische Regierung sich gezwungen sehen würde, sich mit mir zu verbinden und Russland den Krieg zu erklären. Jetzt haben sich die Dinge geändert; das Blut, welches gegenwärtig in Polen vergossen wird, ist vollständig zwecklos." Czartoryski schilderte dem Kaiser die schreckliche Lage Polens, welches der Willkür und Habgier des russischen Militärregimentes preisgegeben sei, und fragte, ob es nicht möglich wäre, die Sache der Polen in einer Conferenz oder durch eine diplomatische Vorstellung besser zu gestalten? Der Kaiser stellte die Richtigkeit der traurigen Thatsachen nicht in Abrede, gab seinem Schmerze darüber Ausdruck, äußerte den besten Willen, fügte jedoch hinzu, er wisse nicht, wie dem abzuhelfen wäre. Tags darauf hatte Czartoryski eine Unterredung mit dem Prinzen Napoleon. Letzterer war gar nicht überrascht, das zu vernehmen, was der Kaiser erklärt hatte. „Ich habe das alles mit Schmerz vorausgesehen," sagte der Prinz. „Ich habe viele Ihrer Landsleute gewarnt, aber was war zu thun? Die Herren wollten in der Illusion leben." Fürst Czartoryski schloss seine Depesche mit dem Auftrage, den Aufstand zu sistieren, und mit der Erklärung, dass er seine Mission als beendet ansehe.

Für die nationale Existenz der Polen unter russischer Herrschaft begannen die Zeiten schwerer Bedrängnis.

Die Folgen des 1863er Aufstandes.

Der Aufstand vom Jahre 1863 hat der polnischen Nation den empfindlichsten Schlag seit dem Verluste ihrer Unabhängigkeit versetzt. Dieser Schlag war ungeheuer; sowohl auf dem Gebiete der Anschauungen, wie auf dem der Thatsachen musste er eine geschichtliche Wendung herbeiführen, und er hat sie herbeigeführt.

Der Nachtheil, der aus diesen Ereignissen der polnischen Sache erwachsen ist, lässt sich gar nicht genau ermessen. Wenn die bisherigen fruchtlosen Versuche einer Wiederherstellung Polens hauptsächlich zu politischen Verlusten geführt hatten, so haben die Folgen des 1863er Aufstandes bis in das Mark der Nation, bis zu den Fundamenten der Gesellschaft gereicht.

Die Theilungen haben Polen von der geographischen Karte gestrichen; erst durch diesen Aufstand wurde es aus der Reihe der internationalen Fragen beseitigt. Aber dafür traten an die Stelle der Illusionen und Täuschungen neue, gesunde Anschauungen über die eigene Lage, die eigenen Pflichten und Aufgaben, es erfolgte eine Ernüchterung und die Herstellung von dem krankhaften Wahn, dass die Unabhängigkeit Polens für Europa eine Nothwendigkeit sei. Die Gesellschaft gewann jetzt die Lehre, dass sie fortan nur auf sich allein zu rechnen habe; eine leider verspätete, wenn auch nicht ganz fruchtlose Lehre.

Nur wurde sie mit allzu großen Opfern erkauft. Denn es lässt sich nicht leugnen, dass es eine Degradation für die polnische Frage war, von ihrem Weltstandpunkte zur Provinzbedeutung herunterzusinken. Der Nation war eine Waffe aus der Hand gerissen, die, gewandt und vernünftig gebraucht, zur Sicherung der nationalen Existenz und ihrer Zukunft hätte führen können. Hätte der internationale Charakter der polnischen Frage auch für die Zukunft lediglich zu misslungenen periodischen Versuchen der Wiederherstellung eines polnischen Reiches „von Meer zu Meer" führen sollen, die der nationalen Existenz den Todesstoß versetzten, so ist es besser, dass ihr dieser Charakter verloren gegangen ist; aber wenn die Gesellschaft mit der Zeit reif genug geworden wäre, um ihn vernünftig im Interesse einer stufenweisen Verbesserung seiner Lage auszunützen, so würde er das geeignetste Schutzmittel gegen alle feindseligen Bestrebungen gebildet haben. Der Verlust dieses Mittels gehört zu den empfindlichsten, welche die Nation diesem Aufstande zu verdanken hat.

Die Beseitigung des internationalen Charakters der polnischen Frage ermuthigte Russland in seiner Rücksichtslosigkeit gegenüber den Polen, eine Scheidewand war verschwunden, die zwar nicht immer im Wege stand, aber doch umgangen werden musste, wenn man weiter kommen wollte. Die polnische Frage stand vor dem internationalen Gerichtshofe außerhalb des Rechtes, der Willkür und Grausamkeit ihrer Feinde überliefert. Das Opfer war ganz in seinen Käfig eingesperrt; seine Peiniger waren aller Rücksichten ledig. Der letzte Aufstand isolierte das polnische Volk inmitten der Nationen und überlieferte es der Gnade oder Ungnade seiner mächtigen Verfolger. Die fruchtlose diplomatische Intrvention, eine Folge dieses Aufstandes, besiegelte das Ende der europäischen Frage. Durch den Januar-Aufstand heraufbeschworen, ja erzwungen, führte sie nur sein Werk zu Ende, zum Unheil des Volkes und seiner Sache.

Seit langem und insbesondere seit Beginn dieser letzten Bewegung hat in den Beziehungen zwischen den Theilungsmächten die polnische Frage die Hauptrolle gespielt. Trotz oder vielleicht wegen der durch die Theilung geschaffenen Solidarität bestand zwischen ihnen stets ein gegenseitiger Neid und Verdacht. Wir wissen aus der Geschichte, dass sowohl Preußen wie Österreich nie eine günstige Erledigung der polnischen Frage durch Russland mit Wohlwollen betrachteten, dass sie beide oft, wenn auch unbewusst, die Rollen unter sich theilten, indem Preußen auf Russland und Österreich auf die Polen einwirkten. Russland war wiederum seinerseits bemüht, die beiden anderen

Mächte von der Befriedigung der nationalen Bedürfnisse der
Polen zurückzuhalten.

Den letzten und wichtigsten Ausdruck der Politik, die
jedes Compromiss zwischen den Polen und Russland zu verhindern suchte, bildete die diplomatische Intervention zweier
westlicher Mächte und Österreichs. Denn sie vernichtete das
System des Großfürsten Constantin und Wielopolskis durch die
Situation, in die sie den Czaren und den Vice-Kanzler gegenüber dem russischen Nationalgefühl versetzte. Gerade die
russischen Selbstherrscher müssen in Ermangelung vermittelnder
Factoren zwischen ihnen und dem Volke der öffentlichen
Meinung und den Volksinstincten mehr Rechnung tragen, als
die constitutionellen Monarchen. Deshalb konnte das System
des Großfürsten Constantin nur unter der Bedingung durchgeführt werden, dass ihm die russische Nation gewogen war.
Von dem Augenblicke, in welchem sich der russische National-
stolz durch die diplomatische Intervention verletzt fühlte und
das Vorgehen der Polen diese Wunde noch mehr reizte, war
es auch mit dem guten Willen des Kaisers Alexander und seinen
ursprünglichen Absichten vorbei. Es entstand in ihm Verbitterung und Gram über alles, was sich auf Polen bezog,
da er es nicht vergessen konnte, dass seine guten Absichten
so sehr verkannt und sein Ansehen so erschüttert wurde. Seitdem war er in der polnischen Frage nicht mehr persönlich
thätig: Murawiew, Berg, Milutyn, Tscherkaski, Katkow u. a.,
die sich als die Executoren der Rache und der nationalen Revanche Russlands betrachteten und den Ausrottungskampf gegen
das polnische Element aufnahmen, traten an seine Stelle.

Diese diplomatische Intervention verletzte die russische
Eigenliebe, entflammte die Leidenschaften sowohl der Regierung
wie des Volkes und beschwor alle Verfolgungen herauf.
Durch ihre Erfolglosigkeit enthob sie die Russen in ihrem Vorgehen gegenüber den Polen jeder Scham vor Europa und vor der
öffentlichen Meinung, von der sie sich bisher hatten leiten lassen. Ein
brutales, rücksichtsloses System nahm seinen Anfang, durch
welches das polnische Element nicht nur erdrückt, sondern auch
entwurzelt werden sollte.

Nirgends in der Geschichte finden wir ein Beispiel, dass
ein Dienst für die Sache, die er retten sollte, so verderblich

geworden wäre, wie die Intervention im Jahre 1863 für die
Polen.

Mit dem Zusammenbruche des letzten Aufstandes hat auch
die Emigration als politisches Element und als politische Institu-
tion zu existieren aufgehört. Es war dies ganz folgerichtig. Die
polnische Frage war keine europäische mehr, der Glaube und die
Hoffnung auf eine Wiederherstellung Polens war entschwunden.
Und wenn auch einige Heißsporne sich noch immer der Emigration bedienen wollten, für alle Ernstdenkenden hatte sie ihre
Existenzberechtigung verloren. Für die Entwicklung der nationalen Existenz war dies zweifellos ein Vortheil, es gieng nicht
mehr an, dass die Losung außerhalb der polnischen Länder
ausgegeben werde.

Der letzte Aufstand machte jedes politische Compromiss
zwischen Russland und den Polen unmöglich, er bedeutete für
die letzteren eine entschiedene Wendung in dem hundert Jahre
währenden Processe und führte zur Vollstreckung eines Hin-
richtungs-Urtheils an den -- Beschädigten. Der Aufstand wurde
in den Händen des Mächtigeren zu einem bequemen Werkzeug
gegen den Schwächeren und zu einem Reizmittel, die Macht
zu missbrauchen. Denn die Ereignisse haben, als Ganzes betrachtet,
die Wagschale zu Ungunsten Polens beeinflusst, die Aufgabe
Russlands wurde dadurch erleichtert und deren Durchführung
beschleunigt. Der Aufstand wurde zu einem zweischneidigen
Schwerte, das jedoch nur die Polen verletzte; er hatte somit
die Merkmale eines Selbstmordes. Wenn es wahr ist, dass der
Schwache an Zeit gewinnen und der Starke dieselbe ausnützen
muss, so hat der polnische Aufstand gerade entgegengesetzt
argumentiert. Er führte daher nicht nur eine Niederlage herbei,
sondern er vergeudete und vernichtete auch alle günstigen
Momente, in der traurigen Zuversicht, dadurch an Zeit zu
gewinnen und allmählich ersprießliche, befriedigende, ja kost-
bare Erfolge herbeizuführen.

Wollten wir auch annehmen, dass alle Concessionen Russlands an Polen und die Reformen in den Jahren 1856--1863
unaufrichtig waren und auf Widerruf geschahen, so lässt sich
nicht bezweifeln, dass ihnen doch die Dauer eines Viertel-Jahr-
hunderts beschieden gewesen wäre, wenn ihnen der Aufstand
nicht ein Ende bereitet hätte.

Die Vortheile aus der Unterlassung dieses Aufstandes
können nicht bestimmt angegeben werden, aber dafür lassen
sich die Nachtheile, die er zur Folge hatte, genau bestimmen.
In politischer Beziehung hat die polnische Nation jede Selbständigkeit, ja selbst die Keime einer solchen eingebüßt. Die
polnische Frage, die bis zum Jahre 1863 in Russland die erste
Stelle eingenommen hatte, schrumpfte jetzt ganz zusammen. Zu
diesen politischen Verlusten gesellten sich noch nationale,
geistige, religiöse und sociale Nachtheile. Jedes ähnliche Unternehmen kostet Opfer an Blut und Gut; es ist schmerzlich, wenn
sie nicht zum Triumphe, sondern zum Verderben der Nation
führen. So geschah es mit dem letzten Aufstande. Alle Opfer
waren vergebens. Nicht die finanziellen Kosten des Aufstandes
bilden den größten materiellen Verlust; unberechenbar vielmehr
ist die Einbuße am Nationalvermögen durch die folgenden
rücksichtslosen, gewaltsamen Änderungen der Wirtschaftsordnung
und der bis aufs äußerste getriebenen Verfolgung polnischen
Gutes. Der Aufstand zog den Untergang der nationalen Wohl-
habenheit, den Ruin von einzelnen und von Familien nach sich.

In geistiger, ideeller Beziehung hat der Aufstand der
nationalen Individualität empfindliche Wunden geschlagen. Der
Glaube an den Lohn für die Opfer wurde erschüttert, ja man
hielt sie für verderblich, während sie ja nur im Falle eines
Missbrauches verderblich wirken. Dadurch wurde der Patriotismus und die Kraft des Kitts, der das ganze polnische Gebäude
seit den Theilungen zusammenhielt, geschwächt, die nationalen
Bande wurden gelockert - das war die Folge des Aufstandes.

Während der Aufstand unter Kościuszko die polnischen
Legionen, der Krieg vom Jahre 1830 und 1831 den polnischen
Namen mit einer Aureole bedeckte, hat der letzte Aufstand der
polnischen Nation keinen Ruhm verschafft; im Gegentheil, er
machte ihr Unehre, denn die bisherigen Erinnerungen, die
glänzende, durch jene Waffenthaten erweckte Meinung wurden
verwischt, und an ihre Stelle trat das instinctive Gefühl, dass
der Aufstand nicht nur der polnischen, sondern auch der europäischen Sache geschadet habe. Die Polen, die man bisher wegen
ihres Heldenmuthes gepriesen hatte, wurden jetzt als politisch
Unverbesserliche hingestellt.

Wenn auch die menschliche Meinung nicht zum Heile führt, so kann sie doch zum Untergange beitragen; daher bedeutet auch diese Folge des Aufstandes einen großen Verlust.

Am empfindlichsten wurde die Nation in ihrem Alltagsleben, in ihren socialen und religiösen Verhältnissen getroffen. Sie verlor unter russischer Herrschaft nicht bloß jede politische Selbständigkeit, sondern auch jedes nationale Leben, sie wurde am Kopf und Magen paralysiert, verfolgt und zugrunde gerichtet.

Die Hereinziehung des religiösen Elementes in die Bewegung ließ am deutlichsten den Unterschied und den Gegensatz zwischen der polnischen und der russischen Gesellschaft, zwischen der katholischen und der orthodoxen Religion, die Verschiedenheit des Ursprunges zweier Culturen zutage treten; Gegensätze, die durch eine vernünftige Politik gemildert werden sollten. Dies geschah nicht und darum führten sie zur Bedrückung der polnischen Sprache und der katholischen Religion, sowie zur leidenschaftlich gewaltsamen Umwälzung der socialen und ökonomischen Verhältnisse der Polen. Dieser Aufstand verhinderte die Vollendung der verspäteten socialen Reform; Polen war der Gnade und Ungnade Russlands und seiner bureaukratischen Kaste überlassen. Wie die Juden, angesichts des Überfalles Nebukadnezars, sich beeilten, alle ihre Sclaven freizugeben, so verkündete die National-Regierung nach dem Ausbruche des Aufstandes die Bauernemancipation; in beiden Fällen gelangte man zu keinem moralischen oder praktischen Resultate. Zu spät und zu früh! Die Befreiung der Bauern polnischerseits blieb nur ein leeres Wort, erst der russischen Regierung war es überlassen, diese Frage zum Nachtheile der polnischen Gesellschaft und ihres Vermögens in böser Absicht zu lösen. Ebenso brachte die Verbrüderung der Polen mit den Juden während der Demonstrationen, in den Kirchen und auf den Friedhöfen, die Judenfrage nicht vorwärts, welche heute ungesunde, dem polnischen Interesse und der nationalen Situation widersprechende antisemitische Bestrebungen zu lösen beabsichtigen.

Das Vernichtungswerk an der nationalen Existenz der Polen gehört noch nicht der Vergangenheit an, es ist ein Stück Alltagsgeschichte. Denn es dauert noch fort in religiöser, moralischer, socialer, materieller und sprachlicher Beziehung, auf dem ganzen

Gebiete der nationalen Existenz. Wer kann errathen, was die
Zukunft bringen wird?

Der Aufstand führte zu einer rücksichtslosen Unificierung
und Centralisation in diesem ungeheuren, aus den verschieden-
artigsten Elementen zusammengesetzten Reiche, durch die soviel
Unheil und Unglück angestiftet wurde, die aber doch selbst
auch ihren Anstiftern manche Enttäuschung bereiten werden.

Das sind die empfindlichsten und schwersten Folgen des
Aufstandes vom Jahre 1863 für das polnische Volk; es bleibt
für alle nüchtern Denkenden nur noch der einzige Trost, dass,
wenn die Polen durch ihren Glauben, die Russen besiegen zu
können, irregeführt wurden, auch der Glaube der Russen falsch
ist, die Polen vernichten zu können. Wohl kann ein Staat den
anderen stürzen, aber eine Nation tödtet die andere nicht, sie
könnte sich höchstens selbst tödten.

Durch die langjährige Minirarbeit der Verschwörung war
der nationale Acker ganz unfruchtbar geworden; er schien der
Gesellschaft jede Nahrung zu versagen. Sie sah sich plötzlich
einer materiellen und moralischen Öde gegenüber. Die geistige
Arbeit war unterbrochen, die Entwicklung der Literatur gehemmt,
die Kunst verscheucht, die sociale Reform unmöglich gemacht
und das politische Leben in Stagnation gerathen; da war eine
außerordentliche Ausdauer nothwendig, um eine Basis für die
Zukunft zu schaffen. Man konnte nicht auf den Ruinen bauen,
man musste vorher zwischen ihnen säen, um leben zu können.
Der Anblick dieser Verwüstung hat Szujski entsetzt; sein
Schmerz war tief, aber gleich anderen verzweifelte er nicht, und
durch einen kühnen Entschluss gelang es, neue Existenzbedingungen, wenn auch nicht so gute wie die früheren, zu schaffen.

Wir haben nicht die Absicht, den Schleier der Zukunft zu
lüften, oder die Vortheile und Nachtheile, die für Russland aus
seinem fanatischen System gegen die Polen erwachsen können,
zu untersuchen. Unsere Aufgabe ist lediglich, vom damaligen
Standpunkte der russischen Regierung die Folgen der Ereignisse zu beurtheilen.

Das unvernünftige Verfahren der russischen Regierung hat
aus der eingeleiteten Ära organischer Reformen eine chaotische
Epoche heftiger Leidenschaften und gewaltsamer Begierden
gemacht; es hat den Geist des Widerspruches erweckt, die

Elemente des socialen Umsturzes ins Leben gerufen; es war der erste Schritt zur Anarchie, zur Zersetzung gewesen. Die freisinnige und fortschrittliche Herrschaft Alexanders II. führte zu Bedrückungen, seine kostbaren und weisen Reformen zu Murawiew, Berg, Katkow mit den praktischen Folgen der Vergewaltigung; in Russland hingegen leitete sie hinüber von der Bauernbefreiung und Besänftigung der Nikolaitischen Grausamkeit bis zum Nihilismus und den Dynamit-Attentaten, denen ein mächtiger Selbstherrscher zum Opfer fiel, während sein Nachfolger alltäglich vor ihnen zittern musste.

Nach außenhin machten die Fehler der russischen Regierung ein Bündnis mit dem Napoleonischen Frankreich unmöglich, das damals zu einer Zweitheilung der europäischen Herrschaft geführt und Russland mühelos eine vortheilhafte Lösung der orientalischen Frage verschafft hätte. Russland sah sich nunmehr gezwungen, zu diesen Vortheilen auf andere Weise zu gelangen, im Wege moralischer und materieller Opfer, oft auf Kosten seines Einflusses und Ansehens. Die Folgen davon empfindet es noch heute und kann sich von ihnen trotz seiner Macht bis heute nicht freimachen. Die polnischen Ereignisse waren daran schuld, dass die russische Regierung in die Niederstreckung Frankreichs und die Entstehung einer Macht willigen musste, die den russischen Einfluss in Mitteleuropa lahmlegte und aus einem ergebenen Bundesgenossen ein stolzer, gleichgestellter Rival wurde. Bald auch stellte es sich als Folge der Verschiebung der Kräfte ein, dass Russland aus einem blutigen, kostspieligen Kriege nicht die erwarteten Vortheile erlangte und am Berliner Congress gedemüthigt wurde. Der Einfluss und das Ansehen Russlands wurden geschwächt, anstatt zu erstarken, es war gezwungen, sich zu „concentrieren". Die moralische Macht Russlands über die Völker des Balkans, die es bei einer anderen Wendung der polnischen Ereignisse auch über andere slavische Völker hätte erlangen können, wurde zur elementaren, brutalen Gewalt, die zuerst die Polen vernichten und dann andere Völker abschrecken sollte.

Allein Russland hat diese Ereignisse nicht unmittelbar hervorgerufen, es hat lediglich die von denselben angenommene Wendung verschuldet. Anders verhält es sich mit denen, die

mittelbar oder unmittelbar selbst mit Hand angelegt haben, um
den Aufstand herbeizuführen oder zu fördern.

Der Aufstand versetzte der Politik Napoleons und seiner
Regierung einen empfindlichen Stoß. Die erhabenen Ideale
und großherzigen Absichten des letzten Monarchen, den sie
beseelten, wurden zur Ohnmacht verurtheilt. Der Glaube an
die Allmacht und den Stern Napoleons verschwand, das
russisch-französische Bündnis, das einem Übergewicht Preußens
in Deutschland und Deutschlands in Europa vorgebeugt hätte,
wurde unmöglich gemacht. Bismarck kam in den Besitz der
Mittel, um Napoleon zu bekämpfen. Der Aufstand hat die frisch-
blühende Nationalitätenblume geknickt, sie in eine Schmarotzer-
pflanze umgewandelt, die in gleicher Weise Frankreich wie die
Polen irreführte. Die Waffe der Nationalität wurde den
Händen Napoleons entrissen und gegen ihn selbst gerichtet, sein
Nationalitätenprincip führte infolge der polnischen Ereignisse zur
deutschen Einheit.

In Polen war plötzlich die Napoleonische Legende, der
Glaube an die Wiederherstellung Polens durch Frankreich, zer-
stoben; eine gewaltsame Änderung der Anschauungen und
Begriffe gieng vor sich. Frankreich hatte die polnischen Länder,
die ihm seit einem halben Jahrhunderte moralisch gehörten, verloren. Dieser Verlust fiel für Frankreich schwer ins Gesicht,
denn er bedeutete den Untergang des französischen Einflusses
auf die weltbewegenden Fragen. Von nun an hatte das Napoleonische Kaiserreich keine Erfolge mehr aufzuweisen; es
rollte unaufhaltsam die schiefe Ebene hinab, die nach Sedan
führte.

Der österreichische Staat konnte sich im Jahre 1863 weder
zum offenen Anschlusse an Russland, noch zur entschiedenen
Opposition gegen dasselbe entschließen; er verletzte alle, weil
er alle täuschte. Dadurch brachte er Preußen und Russland
einander näher, er verband sie gegen sich selbst für den Fall des
entscheidenden Kampfes und verurtheilte sich, die Unterstützung Frankreichs entbehrend, zur Vereinsamung. Österreich
hat es allmählich dahin gebracht, dass die Mächte die polnische
Frage aufrollten, ohne die Absicht und die Möglichkeit, sie zu
lösen, und dass die polnische Frage auf die Gnade Russlands
angewiesen war, was im Interesse der geographischen Lage

und der politischen Verhältnisse Österreichs vermieden werden musste. Zwar wurde ein russisch-französisches Bündniss lediglich zum Vortheile Englands und Preußens verhindert, aber die dadurch beseitigte Gefahr einer Ausnützung der polnischen Frage zum eigenen Nachtheil war nur eingebildet. Dafür entstanden die viel gefährlicheren panslavistisch-orthodoxen Bestrebungen an Österreichs Grenzen, an die Stelle der bisherigen seit der Theilung Polens bestehenden Interessengemeinsamkeit mit Russland trat ein Antagonismus beider Staaten in den polnischen und ruthenischen Angelegenheiten.

Durch die Macht der Dinge wurde Österreich zum Hafen für die polnisch-nationale Idee und Hoffnung, von denen Russland die erste ertödten, die zweite vernichten wollte. Jetzt trat für die Polen eine entschiedene Wendung ein. Der Schwerpunkt ihres nationalen Lebens wurde aus Russland nach Österreich verlegt; zwischen der Habsburger Monarchie und ihren polnischen Besitzungen wurde ein enges, freiwilliges, moralisches und politisches Band geknüpft.

Österreich fiel nunmehr die Aufgabe zu, die es im Jahre 1863 nicht unternehmen wollte und nicht zu unternehmen wagte, aber sie fiel ihm zu unter schweren, unvortheilhaften, gefährlichen, vielleicht auch bedrohlicheren Bedingungen, weil sie jetzt mit seiner eigenen Existenz und Sicherheit, seiner politischen, moralischen und culturellen Zukunft verknüpft war.

Wer an eine geschichtliche Nemesis glaubt, kann ihr Walten in den Ereignissen, die sich in Europa nach dem Jahre 1863 abspielten, deutlich beobachten. Für uns bilden die nothwendigen Folgen größerer und kleinerer Fehler und Irrthümer diese Nemesis. Nicht nur Frankreich, nicht nur Österreich und die Polen, sondern auch Gesammteuropa hat diese Nemesis zu fühlen bekommen. Nach den Ereignissen des Jahres 1863 durfte man sagen: „Es gibt kein Europa mehr!" Die Aufrollung der polnischen Frage, ohne sie zu lösen, war für Europa nicht, weil man sie nicht löste, sondern weil man sie fruchtlos anrührte, eine empfindliche Niederlage. Durch eine ganze Reihe von Ereignissen, die miteinander eng zusammenhängen, gelangte Europa zu jenem unvernünftigen, bewaffneten Frieden, unter dessen Joche es jetzt seufzt, ohne sich trotzdem vollständig sicher zu fühlen. Der polnische Aufstand brachte nicht nur

den Polen, sondern auch der europäischen Welt eine Niederlage. „Jeder polnische Aufstand“ — sagte einmal Julian von
Dunajewski — „enthüllt unseren Augen die negativen Seiten
des polnischen Volkes; der Aufstand vom Jahre 1863 hat aber
auch die Ohnmacht Europas in Bezug auf die polnische Frage
bewiesen.“ Hatte es denn die polnische Nation so eilig, die Ohnmacht Europas und ihre eigene in dieser Frage zu enthüllen?
Nur die „Jungen und Leichtsinnigen“ konnten es eilig haben,
wenn jedoch auch die Alten und Erfahrenen, wenn die europäischen Mächte mit Hand anlegten, so war dies eine traurige
Thatsache in der Geschichte und ein Beweis mehr für die Hinfälligkeit menschlicher Urtheile und menschlicher Vernunft.

Die Politik ist ein einfaches, nur manchmal weitreichendes
Ding. In ihr handelt es sich hauptsächlich darum, zu unterscheiden, wie weit sie reichen und wann sie eingreifen dürfe;
sie verlangt feste Charaktere und ungetrübte Geister. Die polnischen Geister waren während der Ereignisse vom Jahre
1860—1863 verwirrt, die europäischen Staatsmänner zu klein-
lich, denn es war unter ihnen kein höherer Charakter. So war
das schreckliche, schändliche, den einfachsten Principien und
den Zwecken einer vernünftigen Politik hohnsprechende Ende
unabwendbar.

Es ist ein Irrthum zu glauben, dass ein Erfolg des Aufstandes seine Anstifter zu Vaterlandsrettern gemacht hätte,
während man sie jetzt als diejenigen, die das Volk in den
Abgrund gestürzt haben, verurtheilt. Der Aufstand konnte nicht
gelingen, aber dieses verzweifelte Argument kann sie nicht entschuldigen. Dieses Raisonnement wirkt nur verderblich, ohne
jemanden zu entlasten; es geht nicht an, die Nation des
einzigen Vortheiles aus diesen Ereignissen zu berauben · der
Lehre.

Aus den zwei damals verbreiteten patriotischen Liedern:
„Boże coś Polskę“ und dem berühmten Choral: „Aus rauchen-
den Bränden, aus blutigem Dampfe,“ dann aus dem lithauischen
Liede: „Verschwunden sind sie für uns,“ spricht aus ihnen
frohe Siegeszuversicht? Nein! Da hören wir nicht den festen
Glauben an die Zukunft, wie im Liede: „Noch ist Polen nicht
verloren,“ nicht die Unerschrockenheit jenes „Unser Held
Chłopicki“, sondern einen tiefen Schmerz, dumpfe Verzweiflung

und Resignation, einen bis ins Mark dringenden Aufschrei der zur Schlachtbank getriebenen Massen.

Ein Merkmal dieser Ereignisse wird für immer der Stempel bleiben, den ihr Dichter Grottger seinen Helden aufdrückte: den Stempel nutzloser, ungleich tragischerer · · denn verderblicher Opfer!

Zehntes Capitel.
Fehler und Irrthümer.

Alle sind schuldig. — Es hieße jedoch die geschichtliche Gerechtigkeit verleugnen, die Vergangenheit ohne Nutzen erforschen, der Gegenwart und der Zukunft die Vortheile, die eine aus den Ereignissen gezogene Lehre verschafft, entziehen, und es wäre überdies für uns eine unfruchtbare Arbeit, wenn wir nicht eine Vertheilung und Differenzierung der Fehler und damit auch der Verantwortlichkeiten feststellen würden, wenn sich nicht auf Grund der bisherigen Darstellung der Grad des Vorschuldens eines jeden Factors ermessen ließe.

Niemand ist an den Ereignissen schuldlos. Wenn aber aus denselben für die Gesellschaft ein Nutzen entstehen soll, so kann dies nur durch die Vertheilung der Verantwortlichkeiten und durch die Bezeichnung derjenigen Momente, in welchen die schwersten Fehler und die größten Irrthümer wurzelten, geschehen. Eine objective Darstellung und Betrachtung der Ereignisse beweist, dass die erste und unmittelbare Ursache der Katastrophe die Verschwörung war. Denn die Katastrophe wurde durch den bewaffneten Aufstand herbeigeführt; der Aufstand wiederum wurde durch die Verschwörung vorbereitet und, was noch wichtiger ist, durch sie nothwendig gemacht. Unter den gegebenen Verhältnissen und bei der damaligen Sachlage war die Verschwörung ein nutzloser und gefährlicher Einfall, sie war eine zwecklose und deshalb sinnlose Action, die gar keine Vortheile, wohl aber Gefahren mit sich brachte.

Die Verschwörung konnte sich keine andere Aufgabe stellen, als lediglich die Bekämpfung und Beseitigung der herrschenden Ordnung, die die Theilungen herbeigeführt haben; zu jedem anderen Wirken war sie nicht geeignet und nicht fähig, sie musste in jeder anderer Richtung verderblich und schädlich werden.

Ein unabhängiges Polen konnte nur durch fremde Hilfe aufgerichtet werden. Neben dieser war die Verschwörung überflüssig, ohne sie war sie verderblich. Die fremde Hilfe machte eine offene und nicht eine geheime Mitwirkung der polnischen Nation nothwendig.

Ohne Ziel und ohne Mittel war die Verschwörung nur eine halsbrecherische Gymnastik des Patriotismus, welcher seit dem Jahre 1831, anstatt den nationalen Organismus zu entwickeln, denselben verkrüppelt hatte.

Wenn die Verschwörung für die Wiederherstellung eines unabhängigen Polen nutzlos war, so hatte sie die schädliche Seite, dass sie jede andere Lösung der polnischen Frage unmöglich machte. In kühner und muthwilliger Weise hat sie von vornherein jede andere Lösung ausgeschlossen und absichtlich verhindert, wie das verabscheuungswürdige Attentat auf den Großfürsten Constantin darthut. Sie war verderblich, denn sie führte eine Niederlage herbei. Der Aufstand war nur eine Consequenz der Verschwörung, eine unvermeidliche Consequenz deshalb, weil durch die Verschwörung eine andere Lösung ausgeschlossen wurde.

Wäre die Verschwörung in der Lage gewesen, dem Aufstande vorzubeugen, so hätte unser Urtheil anders lauten müssen. Die Verschwörung wäre dann nutzlos, aber nicht verderblich gewesen. Da jedoch der Aufstand trotzdem ausgebrochen ist, so war die Verschwörung an der Katastrophe schuld. Die Verschwörung und der Aufstand waren und bleiben trotz ihrer edlen Motive ein Werk der Leichtfertigkeit.

Waren die Factoren in der Lage, diese Hauptursache des Übels ganz oder theilweise zu beseitigen? Und in welchem Augenblicke waren sie es? Das ist eine zweite Frage, die sich auf die Vertheilung der Verantwortlichkeiten bezieht. Wir wollen dieselbe nicht früher beantworten, bevor wir an die Frage geschritten sind, auf wem die Verantwortung für die Vergrößerung des Übels lastet.

In gut geordneten Gesellschaften haben die höheren, intelligenteren und wohlhabenderen Schichten der Bevölkerung die

Pflicht, die öffentlichen Angelegenheiten zu leiten und hauptsächlich das öffentliche Wohl zu schützen. Dort, wo solche Schichten bestehen, haben sie diese Aufgabe und diese Pflicht; erfüllen sie diese Aufgabe und diese Pflicht nicht, so wird die Ordnung erschüttert und die Verhältnisse werden ungesund. In demokratischen Gesellschaften haben diese Schichten keine genau bestimmte Stellung, aber sie bestehen und sind verpflichtet, sich um die Führerschaft zu bewerben und auf der Warte des öffentlichen Wohles zu stehen, da sonst eine Anarchie der Begriffe und in der Folge eine Anarchie der Thaten eintreten muss.

Die „Weißen", unter der Führerschaft Zamoyskis, bildeten in Polen eine höhere Schichte der Bevölkerung, deren Stellung bis zu einem gewissen Grade durch das Recht und besonders durch die Traditionen und Gewohnheiten begründet war. In den Reihen der „Weißen" befand sich ein großer Theil des Adels, der Großgrundbesitzer und das wohlhabende Bürgerthum; an ihrer Spitze standen Männer von Bildung, Erfahrung und Begabung. Diese Classe besaß somit alle Bedingungen, die in öffentlichen Dingen Verantwortlichkeit auferlegen. Sie besaß dieselben insbesondere im Vergleiche mit der Verschwörung, die sich zum großen Theile aus den Mittelclassen, aus der Jugend und aus Personen von mangelhafter Bildung recrutierte. Nie hätten die „Weißen" die Leitung der öffentlichen Angelegenheiten aus ihren Händen lassen und nichts hätte im Lande gegen ihren Willen und gegen ihre Überzeugung geschehen sollen. Sie hatten die Pflicht, die Bevölkerung zu leiten und nie zuzulassen, dass ihnen etwas aufgezwungen wurde. Aber es kam anders und daran sind die „Weißen" schuld. Die politische Aufgabe der polnischen Bevölkerung war es, nicht nur die Gleichgiltigkeit für nationale und öffentliche Fragen sondern auch verderbliche Unternehmungen abzuwehren. Diese doppelte Aufgabe hätten die „Weißen" durchführen sollen und durchführen können.

Wir haben gesehen, wie der erste Theil der Aufgabe in vernünftiger, ehrlicher Weise von Andreas Zamoyski unternommen wurde und wie sich nach seinem Vorbilde um ihn und unter seiner Leitung eine Schar versammelte, aus der das landwirtschaftliche Comité und die Landwirtschafts-Gesellschaft hervorgiengen. Die Ereignisse nahmen schnell ihren Lauf und alsbald sah sich Zamoyski vor den zweiten Theil seiner Aufgabe gestellt — es war der Schutz vor den verderblichen Unternehmungen, der Schutz des öffentlichen Wohles.

Diesem zweiten Theile ihrer Aufgabe waren die „Weißen" nicht gewachsen. Aristoteles sagt: „Die einzige ausschließliche Tugend der Führerschaft ist die Vorsicht." Diese Vorsicht fehlte den „Weißen". Sie begriffen es nicht und hatten auch nicht den Muth, sich zu sagen, dass alles besser sei als die Verschwörung und ihre Folgen, dass der Verschwörung und ihren Consequenzen am ehesten beizukommen sei, wenn man der russischen Regierung die Hand zum Compromisse reiche, wozu ja im System Wielopolski, bei der Übernahme der Gewalt durch den Großfürsten Constantin eine sehr gute Gelegenheit vorhanden war. Die „Weißen" haben selbst in der letzten Stunde nicht verstanden, dass es keinen anderen Ausweg gab, als offen und entschieden, nicht nur im Staatsrathe, sondern auch in den Bezirksausschüssen und in den Ämtern, nicht nur in Adressen, sondern auch im ganzen öffentlichen Leben sich dem System Wielopolski anzuschließen.

Die zwei Hauptmomente dieser Fehler waren: die Februar-Demonstrationen im Jahre 1861 und das Attentat auf den Großfürsten Constantin.

Wenn die „Weißen" die Situation nicht gerettet haben, so muss man aber auch zugeben, dass ihnen niemand diese Aufgabe erleichterte.

Hätte die russische Regierung beabsichtigt, durch Heranlockung der polnischen Gesellschaft in die aufgestellten Netze dieselbe zu knebeln, sie in den Abgrund zu stürzen und die jetzigen Verhältnisse herauszubilden, so könnte man ihr Verhalten während der damaligen Ereignisse als Schlauheit, als Beispiel einer besonderen politischen Combination und meisterhafter Leitung der Ereignisse betrachten. Aber wir wissen, dass es nicht so war. Russland hatte damals ein Interesse, dem Äußersten auszuweichen, und wenn auch nur momentan, mittelst eines Compromisses die Polen zu befriedigen. Kaiser Alexander wollte in Russland reformieren, er brauchte daher Ruhe in Polen. Als Anhänger des Liberalismus konnte er an der Repression, an der grausamen Behandlung eines großen Theiles seiner

Unterthanen unmöglich Gefallen finden; er konnte nicht wünschen, dass die Ereignisse sein polnisches Programm Lügen
straften.

Kaiser Alexander und Fürst Gortschakow, der erste geleitet
von seiner Herrscherwürde, der zweite von seinem Patriotismus
und seiner mächtigen Eitelkeit, waren bestrebt, die für Russland demüthigenden Bestimmungen des Pariser Vertrages
zu beseitigen. Das konnte durch ein Einvernehmen mit Frankreich und Napoleon erreicht werden; die polnische Frage
und die polnischen Ereignisse bildeten jedoch eine Scheidewand zwischen Frankreich und Russland. Auch das war ein
Grund, warum der russische Kaiser es in Polen nicht bis
zum Äußersten kommen lassen konnte, aber auch nicht wollte.
Die allmähligen Concessionen der russischen Regierung an die
Polen standen somit in einem gewissen Zusammenhange mit den
Beziehungen zu Frankreich und mit den französischen Unterhandlungen.

Kaiser Napoleon erklärte ausdrücklich, dass die polnische
Frage ein Stein des Anstoßes sei, den Russland aus dem
Wege räumen müsse. Deshalb war Minister Gortschakow der
Combination Wielopolskis gewogen, so lange sie Aussicht auf
Erfolg hatte. Russland rechnete noch immer mit der öffentlichen
Meinung Europas, die niemand, auch Russland nicht, als eine
leere Phrase betrachtete. Erst die Ereignisse des Jahres 1863
lehrten Russland, die öffentliche Meinung geringzuschätzen.

An den aufrichtigen Absichten Alexanders, mit den Polen
ein Compromiss zu schließen, kann nicht gezweifelt werden.
Nach der Ankunft in Petersburg und nach der ersten Audienz
beim Kaiser schrieb Wielopolski am 18. November 1861:
„Alles, was mir der Kaiser gesagt hat, machte auf mich den
Eindruck der Offenheit, der Aufrichtigkeit und des guten
Glaubens.“

Noch am 16. August 1862, nach dem Attentate auf Wielopolski, telegraphierte Minister Gortschakow an diesen: „Ich
bin persönlich stolz darauf, Herr Markgraf, dass ich sofort
Ihre Absichten errathen habe. Unsere Richtung in Bezug auf
Polen bleibt dieselbe. Ich hoffe, dass es bei energischem Vorgehen gelingen wird, Warschau von jener Rotte zu reinigen,

durch deren Zuchtlosigkeit auch die nationale Ehre getroffen sein würde."

Wenn wir somit von der Überzeugung ausgehen, dass Russland sowohl im Anfange wie im ganzen Verlaufe der polnischen Ereignisse jene Katastrophe nicht heraufbeschwören wollte, die in der Folge seine ganze Aufgabe so sehr erleichterte, aber seine Politik, seine Weltstellung erschwerte und zu jenem widerlichen Werke der Vernichtung führte, so müssen wir sagen, dass Russland in seinem Vorgehen wankelmüthig, unvernünftig, ungeschickt war und dass die französische Regierung unwillkürlich dazu beitrug, den Ereignissen jene traurige Wendung zu geben.

Eine gewisse Weichheit und Zaghaftigkeit im Charakter des Kaisers Alexander II., die ihm angeborene Ängstlichkeit und seine Unfähigkeit, sich des auf ihm schwer lastenden Druckes der väterlichen Erziehung zu entledigen, trugen zu den Fehlern Russlands bei. Das bewies schon seine erste Ansprache in Warschau im Jahre 1856. Das Verhalten des Kaisers gegenüber der polnischen Bewegung und insbesondere gegenüber den Demonstrationen war unsicher, widerspruchsvoll und unlogisch. Anstatt aus eigenem Antriebe Concessionen zu gewähren, die nothwendigen Reformen als Ganzes einzuführen und um dieselben die ernsteren Elemente des Landes zu gruppieren, machten der Kaiser und die Regierung nur schrittweise, sporadisch und mit unsicherer Hand Concessionen, und auch dies nur, was das Verderblichste war, unmittelbar unter dem Eindrucke der Demonstrationen. Es war, wie wenn sie Schritt für Schritt vor der Bewegung zurückweichen würden. So geschah es von der Bestellung des sonderbaren, ungesunden polnischen Regimes in Warschau bis zu den ernstesten Concessionen, das ist bis zur Berufung Wielopolskis in die Regierung und bis zur Ernennung des Großfürsten Constantin zum Statthalter Polens.

Oft wich Alexander II., durch die eigenen Concessionen erschreckt, zurück, und zwar darum, weil er gar keinen eigentlichen Plan hatte, weil er selbst nicht wusste, was er wolle. Die Regierungsorgane waren verwirrt und sie durchkreuzten das eingeleitete System derart, dass es eigentlich gar kein System gab. Im October 1861 wurde auf Befehl des Militärcommandos der officielle „Dziennik Powszechny" wegen

Veröffentlichung einiger Gesetzesprojecte Wielopolskis auf der
Post confiscirt. Der Chefredacteur Sobieszczański wurde verhaftet. Als Wielopolski in entschiedener Weise dagegen auftrat,
beschwerte sich Suchozanet in Petersburg, und der Kaiser,
schlecht informiert, befahl Wielopolski unter Androhung der
Verhaftung zu sich nach Petersburg.

Die Einführung der angekündigten Reformen wurde aufgeschoben. Wielopolski beschwerte sich darüber, denn dadurch
wurde der Wankelmuth der „Weißen" vergrößert und nur der
Verschwörung Vorschub geleistet.

Dass die Reformen nicht als ein organisches Ganzes mit
einemmale dem Lande gewährt wurden, war ein großer Fehler,
und Wielopolski hat ihn erkannt. Die russische Regierung
zögerte damit, sie zögerte mit der Statthalterschaft eines Großfürsten und gestattete der Verschwörung immer tiefere Wurzel
zu fassen, immer reifer zu werden. Das fehlerhafte Beginnen
einer schwachen Regierung, mag sie auch an Macht stark gewesen
sein! Denn sie war schwach, weil sie auf keiner festen Basis
stand und erst nach neuen Wegen suchen musste.

Alexander II. war bestrebt, jeden Schein der Willkür, der
Grausamkeit und der Barbarei zu vermeiden, aber er hatte
nicht den Muth, die Elemente des Umsturzes zu zähmen und
seine Herrschaft auf dem Fundamente der öffentlichen Ordnung
und eines gesunden Rechtssystems aufzubauen.

Musste ein solches Verhalten der russischen Regierung
in so fieberhaften Momenten nicht die Anschauung erzeugen,
dass man durch Demonstrationen und durch eine Bewegung
immer größere Vortheile für die nationale Existenz gewinnen
werde? Musste die Verschwörung nicht die Überzeugung gewinnen, dass sie durch die Veranstaltung von Demonstrationen zu
jenem politischen Goldschacht gelangt sei, der die größten
Schätze barg? Konnten sich dann auch die „Weißen" von
dieser Annahme frei machen — oder gar Wielopolski? Die
Concessionen, welche durch die Demonstrationen herbeigeführt
worden sind, riefen immer neue Demonstrationen hervor. „Denn
die Menschen anerkennen nicht jene Änderungen zum Besseren,
die sie für erzwungen halten." Die Menschen sind keine Engel,
dass ein solches Regierungssystem auf sie nicht schädlich ein-
wirke.

Graf Lambert hielt unter diesen Verhältnissen seine Mission für misslungen. Während seines Aufenthaltes in Paris, als er gerade mit der Statthalterschaft betraut wurde, sagte er, die Wünsche des Landes befänden sich mit den Absichten der Regierung dorart in Widerspruch, dass er weder den einen noch den anderen gerecht werden könne.

Die russische Regierung verstand es nicht, energisch und geschickt gegen die Verschwörung vorzugehen. Alle Statthalter oder Vice-Statthalter, vom Fürsten Gortschakow bis zum Großfürsten Constantin, legten Beweise einer sonderbaren Schwäche, verbunden mit ungeschickten und nutzlosen Missbräuchen, an den Tag. Anstatt die Verschwörung zu beschwichtigen oder zu besiegen, gestatteten sie derselben, immer mehr um sich zu greifen, verhalfen sie ihr selbst durch ein widersinniges Vorgehen dazu, die Situation zu verschärfen. Die ersten Schüsse auf die singenden oder betenden Massen waren zufällig, aber verderblich; sie bildeten den ewigen Fehler, der unnützerweise Märtyrer und Henker schafft. Man hätte es den Massen gestatten sollen, zu singen und zu beten, denn es wäre ihnen für die Dauer lästig geworden. Man hätte mit der Anwendung von Waffen warten sollen, bis die Massen selbst zu den Waffen greifen würden. Vorläufig wäre es genug gewesen, ihnen einen polizeilichen Widerstand entgegenzusetzen, oder aber sofort in einer entschiedenen, nicht aber in einer bloß zufälligen Weise auf Grund eines kühl und vernünftig erdachten Planes vorzugehen. Inzwischen schwankte die Regierung zwischen dem System der Spritzmaschinen und der Kanonen. Es ist wahr, jedes energische Auftreten rief solchen Lärm in der Presse und in der öffentlichen Meinung hervor, dass die Regierung dadurch ganz betäubt wurde; allein sie hätte dieser Betäubung nicht erliegen sollen. Es war ein Hauptfehler, das Übel in seinen Erscheinungen und in seinen Consequenzen erdrücken zu wollen, nicht in seiner Ursache, in den Ansammlungen, nicht in denjenigen Personen, die sie leiteten und arrangierten; in der enthusiasmierten Bevölkerung und nicht in der Verschwörung.

Dadurch wurde nicht der König, sondern Polonius getroffen. In dieser Beziehung hat die Unbeholfenheit, die Ungeschicklichkeit, die Verblendung, die Unwissenheit und die Unkenntnis

der Verhältnisse seitens der russischen Behörden alles, was bisher
in der Geschichte vorgekommen ist, übertroffen.

Die russische Regierung verlor sowohl im Ganzen wie in
den Details den Kopf. Sie führte das Land irre und ließ
sich selbst irreführen. Kaiser Alexander II. telegraphierte nach
dem Attentate auf Wielopolski an den Großfürsten Constantin:
„Dieses Ereignis ist ein neuer Beweis der Existenz der „rothen"
Partei, gegen welche man so streng als möglich auftreten muss."
Der Kaiser brauchte somit erst im Jahre 1862 einen solchen
Beweis, um seine Aufmerksamkeit auf die Existenz einer rothen
Partei zu lenken, die schon seit dem Jahre 1860 die Bewegung
geleitet hatte. Ja, die Behörde wusste nicht einmal genau, wo
die Verschwörung ihren Sitz hatte. Sie glaubte, dass die
Führer der Verschwörung im Auslande leben, vielleicht meinte
sie, dass sich die Führer im Hôtel Lambert befanden, während
sie in Warschau unter den Augen der Behörde lebten. Eine
absolutistische Regierung gestattete einige Jahre hindurch einer
geheimen Bewegung zu entstehen, zu wachsen, sich auszudehnen,
das ganze Land zu überfluten und endlich einen Theil der Gewalt
an sich zu reißen ohne Kampf, ohne Sieg!

Ein unerhörtes Beispiel von Schwäche der Mächtigen!

Eine schlechte Polizei, eine schlechte Gendarmerie, beide
demoralisiert, beide zum größten Theile gleichzeitig im Solde
der russischen Regierung und der Verschwörung stehend, machten
durch eine lange Reihe von Jahren die Ergreifung dieser letzten
unmöglich, so dass diese alle bedrohte. Eine Pflicht der russischen
Regierung war es, dies zu wissen und zu verhüten. Jede öffentliche Gewalt hat gegenüber der Gesellschaft, die sie beherrscht,
gewisse Pflichten, die über alle Verhältnisse und Umstände,
mögen sie noch so verworren sein, hinausreichen. Eine solche
Pflicht ist der Schutz der Sicherheit der Gesellschaft; es wäre
zweifellos eine Pflicht der russischen Regierung gewesen, die
polnischen Länder von der Verschwörung und ihrem Terrorismus
zu befreien. Dieser Aufgabe war sie nicht gewachsen, sie hat
sie nicht erfüllt. Sie war nicht imstande, die Elemente des Umsturzes im Zaume zu halten, um dann mit Zuhilfenahme der
ernsten und conservativen Elemente zu regieren und sich auf
eine gerechte Basis zu stellen. Deshalb fällt ein großer Theil der

Verantwortung gegenüber der Geschichte auf die Schultern der Regierung.

Bei gehörigem Vorgehen der russischen Regierung, unter der Beschwichtigung der Verschwörung und Einführung der Institutionen als eines organischen Ganzen wäre das Verhalten der „Weißen" ein anderes gewesen. Dadurch erscheinen diese nicht entschuldigt, aber wenigstens zum Theile gerechtfertigt. Schließlich machte sich die russische Regierung einer großen, für jede öffentliche Gewalt der größten Sünde schuldig — sie erschrak, sie erschrak sogar wiederholt. Sie wusste gar nicht, vor wem sie erschrak — und so setzte sie die polnische Gesellschaft der großen Gefahr eines momentanen Sieges, ohne Kampf aus.

Das ganze Verhalten der russischen Regierung während der damaligen Ereignisse war eine Reihe großer und kleiner Fehler, und wenn sie dennoch einen Sieg erlangte, so geschah es, weil die Fehler der polnischen Gesellschaft ungleich größer waren. Aber es war auch ein Sieg, der alle russischen Absichten und Pläne weit überflügelte.

Wenn wir auch annehmen würden, was übrigens grundfalsch wäre und der historischen Wahrheit widerspräche, dass das Vorgehen der russischen Regierung schlau und berechnet war, so müssen wir doch gestehen, dass auch dann nicht alles weise und vorsichtig war. Was soll man noch sagen, wenn man überzeugt ist, dass die Regierung das Ziel, das sie erreichte, gar nicht im Auge gehabt hat?

Wir sprachen von den Hauptfehlern Wielopolskis. Seine Verantwortlichkeit ist deshalb so groß, weil er allein die Situation retten konnte, weil er allein am besten die Lage verstand und beurtheilte. Da können wir nicht die kleinen Mängel, die unglücklich gewählten oder überflüssigen Ausdrücke in Betracht ziehen. Wenn sie das große Werk verhindert hätten, so müsste fürwahr die Schuld auf die Gesellschaft und nicht auf Wielopolski fallen. Selbst der hervorragendste Mann ist nicht frei von Schwächen und Mängeln; die Gesellschaft, in der sie überwiegen, ist ihrer Aufgabe nicht gewachsen.

Wielopolski hat das weise Programm aufgestellt, den Aufstand zu beendigen und die nationalen Institutionen zu befestigen, aber er war nicht in der Lage, es durchzuführen, nicht infolge seines eigenen Verschuldens, sondern deshalb, weil er nicht immer die richtigen Mittel zu wählen wusste.

Sein Hauptfehler besteht darin, dass er den ersten Theil seines Programmes vernachlässigte. Sobald er sich einer Aufgabe unterzog, war er verpflichtet, von der russischen Regierung die Garantie zu verlangen, dass er entweder selbst die nothwendige Gewalt zur Unterdrückung des Aufstandes erhalte, oder aber dass die Regierung die nothwendigen Mittel zu diesem Zwecke aufwende.

Wielopolski unterschätzte die Bewegung in den ersten Momenten allzusehr, er pflegte zu sagen, „das ist ja nur Schaum, morgen wird er nicht mehr da sein." Inzwischen wurde die Bewegung mit jedem Tage stärker. Wielopolski konnte sich weder auf das Land noch auf die russischen Behörden, am allerwenigsten auf die Militärbehörden stützen, die er verletzte. Sein Glaube, durch nationale Institutionen und Reformen die Verschwörung und die Bewegung ohnmächtig machen zu können, täuschte ihn. Nirgends fand er die nothwendige Hilfe gegen die Verschwörung, weder bei den „Weißen" eine moralische, noch bei der russischen Regierung eine materielle Hilfe; er war in der schwierigen Situation, dass er anfangs nur eine geringe Gewalt, aber dafür die volle Verantwortlichkeit hatte. Er musste erst um die Gewalt kämpfen und sie erobern, anstatt den ganzen Kampf gegen die Verschwörung einzuleiten, so dass auch er in diesen sonderbaren Verhältnissen zu einem Elemente der Zersetzung wurde, bevor er im Interesse der öffentlichen Ordnung wirken konnte. Die Unordnung und die Zersetzung kamen Wielopolski gelegen, weil dadurch die Erfolglosigkeit des gegenwärtigen Regimes und die Nothwendigkeit seiner Herrschaft bewiesen wurden; er konnte auf diese Weise in den Besitz der vollen Gewalt gelangen, doch nur unter der Bedingung, dass er dann der Unordnung und der Zersetzung ein Ende machen würde. Allein er schien die Wichtigkeit des Kampfes mit dem widerspenstigen Adel und mit Zamoyski zu übersehen und der Beseitigung der Verschwörung nur eine geringe Bedeutung beizumessen. Es war ein Fehler Wielopolskis, dass er noch in der elften Stunde die Verschwörung bei den Füßen und nicht beim Kopfe ergreifen, dass er dies durch Anwendung offener und

legaler Mittel durchführen wollte und es dann ungeschickt und
unbeholfen that.

Sein Verkehr mit den „Weißen“ entbehrte jeder Kenntnis
des National- und Adelscharakters; er verkannte, dass man sich
durch kleine Details die Gunst desselben verschaffen oder ihn auf
das empfindlichste treffen konnte.

Wielopolski war wie jener Architekt, der die Idee eines
Palastes entwarf und denselben auf einem ungeeigneten Boden
aufzustellen begann. Er hatte mit den mittleren und unteren
Schichten der Bevölkerung, die an der Bewegung theilnahmen,
ja selbst mit den Juden zu kämpfen; er verletzte die
Geistlichkeit und reizte den Adel. Unter solchen Umständen fehlte es dem Gebäude an einem Fundamente. Wielopolski fühlte dies, aber er konnte dem Mangel nicht abhelfen,
er fühlte dies, als er einem Edelmanne, der ihm aus Anlass
seiner Ernennung zum Director des Unterrichtswesens gratulierte
und meinte, jetzt sei die Erziehung der Kinder gesichert, erwiderte: „Ich möchte auch die Erziehung der Eltern vollen-
den.“ Dieser Aufgabe konnte selbst er nicht gerecht werden.

Dass ein solcher Mann das Attentat auf den Großfürsten
Constantin nicht ausnützte, um, wenn auch durch Hinterlist,
wenn auch durch Entführung der „Weißen“ eine Wendung
herbeizuführen, dass er zugab, dass die Adresse an den Großfürsten an dem Widerstande Zamoyskis scheiterte, war sehr
bedauernswert. Wielopolski war ein bedeutender Politiker, ein
hervorragender Gesetzgeber, aber das Land und die Gesellschaft
zu regieren, war er nicht imstande. Man muss sagen, dass ihm
dazu die Zeit fehlte. Hätte man zu Wielopolski etwas von Gołuchowski hinzufügen können, so wäre wahrscheinlich ein Staatsmann entstanden, der die damalige Situation noch retten konnte.
Trotzdem waren und werden gegenüber der Geschichte die
Fehler und Mängel Wielopolskis nur von untergeordneter Natur
bleiben, denn sie beziehen sich nur auf Details; in Bezug auf
die Gesammtsituation waren die Wahrheit und Gerechtigkeit auf
seiner Seite. Deshalb mag er mitunter geirrt haben, aber ein
Verschulden trifft ihn nicht.

Der Großfürst Constantin kam nach Warschau, besorgt um
die Rolle, die er vor Europa und vor Russland spielen würde. Dass
er vorerst in dem eigenen Gebäude Ordnung einführen müsse, da-

rauf achtete er wenig. Um seine eigene Person zu schützen, gefährdete er die Sache. Aber man muss seinen guten Willen anerkennen, seine Fähigkeit, allen Schwierigkeiten und Gefahren zu
widerstehen, seine Großherzigkeit gegenüber jenem verabscheu-
ungswürdigen Schusse, mit dem ihn die Verschwörung begrüßt
hatte, jene bis an die Grenzen der Möglichkeit reichende Ausdauer und den Vorzug, dass er, obwohl er eine hervorragende
Persönlichkeit zur Seite hatte, sich weder durch Neid noch durch
Empfindlichkeit erniedrigte, wenn ihm auch diese Überlegenheit
zur Last wurde und wenn die Schwierigkeiten, auf die Wielopolski am Ende stieß, ihn gegen denselben unwillig machten.

Wir haben bereits die Stellung und das Wesen des vernünftigen Theiles der Emigration, der sich um das Hôtel Lambert scharte,
näher gekennzeichnet. Wir wissen, dass dieses eine unmittelbare
Folge des November-Aufstandes war, ein politisches Product,
erzeugt von der Unabhängigkeitsidee und von dem Glauben an
fremde Intervention. Dieser Glaube reicht weit in die polnische
Geschichte zurück. Noch vor den Theilungen war es eine fest-
stehende Anschauung, dass die fremden Mächte nie in eine Ver-
kürzung der Republik willigen würden, da dieselbe für das
Gleichgewicht Europas nöthig sei. Diese Anschauung war in
Polen verbreitet und darauf beschränkte sich zumeist die Sorge
um das Wohl des Staates. Zwischen der ersten und zweiten
Theilung geschah nichts oder es geschah nur zur Stärkung der
Republik und zur Vergrößerung ihrer bewaffneten Macht, denn
man rechnete wiederum auf fremden Schutz; zum Schlusse sogar
auf eine Allianz mit Preußen. Nach dem endgiltigen Verfalle
des polnischen Reiches dachten die Patrioten wiederum an
fremde Hilfe. Die polnischen Legionen, welche unter dem
General Dąbrowski Schulter an Schulter mit dem französischen
Heere kämpften, repräsentierten diesen Glauben an Frankreich.
Und o Wunder! diese französische Hilfe stellte sich ein. General
Dąbrowski kam aus Italien nach Polen zurück und Polen erlangte
zum Theile wiederum seine Unabhängigkeit.

Als es gleichzeitig mit seinem Wiedererwecker zusammen-
brach, da wandten sich die polnischen Bemühungen nach einer
anderen Richtung. Sie suchten nicht mehr nach bewaffneter,
sondern nach diplomatischer Unterstützung. Und abermals o Wunder! die Freundschaft des großen Patrioten Adam Czartoryski mit

dem mächtigen Herrscher Russlands*) bewirkte, dass er, der
Czar, den Polen seine Unterstützung gewährte und im Wiener
Vertrage einen vollständig erträglichen Zustand schaffte. Im
Jahre 1830 erwartete man wiederum die Hilfe Frankreichs. Als
in diesem Aufstande alle Vortheile des Wiener Vertrages leicht-
sinnig verschwendet wurden, appellierten Polen und das Hôtel
Lambert weiter durch 32 Jahre an die fremde Unterstützung.

Im Jahre 1846 und 1848 versprach man sich diese Hilfe
von einer allgemeinen Revolution — von der französischen bis
zur badensischen und englischen. Diese Empfindung und Überzeugung war so lebhaft und tief eingewurzelt, dass, als unter
der Regierung des Kaisers Nikolaus I. in die ländliche Stille
fremde, von der Warschauer Censur geschwärzte Blätter ein-
langten, oft die ganze Familie mit gespanntem Athem auf die
geschwärzten Stellen starrte und mit fieberhafter Ungeduld
wartete, bis dieselben durch ein chemisches Mittel leserlich
gemacht waren. Fand man eine Interpellation wegen der polnischen
Frage im französischen oder im englischen Parlamente oder
auch nur eine nichtssagende Erwähnung Polens, so schaffte
dies einen Vorrath an heiterer Stimmung und an froher Zuversicht für den ganzen Monat.

Der Glaube des Hôtels Lambert an fremde Hilfe hatte die
Macht einer Tradition, die Macht einer Gewohnheit. Er stützte
sich auf verwirklichte Wunder und mag er auch während der
Unabhängigkeit verderblich, nach deren Untergang gefährlich
gewesen sein, so entsprach er doch der Vernunft, denn wir
wissen ja, dass untergegangene Staaten nur durch fremde Hilfe
wiederum erstehen. Das Streben nach Unabhängigkeit wurde
somit durch das Hôtel Lambert auf diese einzige Möglichkeit,
eigentlich auf diese einzige Wahrscheinlichkeit, auf fremde Hilfe
gestützt und diese wollte es durch Anwendung aller ernsten
und würdigen Mittel herbeiführen, ohne zu ahnen, dass es nur
Phantomen nachjage. Dadurch trug das Hôtel Lambert dazu
bei, den Ideen und Bestrebungen der polnischen Gesellschaft
eine falsche Richtung und eine falsche Erziehung zu geben, die
zu einer Jagd nach Unwahrscheinlichkeiten und zu Täuschungen
führen musste.

*) Alexander I., dessen Minister des Äußern Fürst Czartoryski war.
(Anm. d. Übers.)

Es wird stets beklagenswert bleiben, dass das Hôtel
Lambert nicht imstande war, sich den Fesseln des November-
Aufstandes zu entwinden, den geistigen Fesseln, die es an die
Idee der Unabhängigkeit durch fremde Hilfe ketteten, dass es
sich nicht zu Begriffen, die mehr der Wirklichkeit entsprachen,
emporschwingen konnte, dass es weder selbst den Weg zu
erreichbaren Zielen beschritt, noch ihn der Gesellschaft zeigte.
Allein man darf nicht vergessen, dass die polnische Frage
hauptsächlich dem Hôtel Lambert ihre Existenz und den Um-
stand, dass sie zu einem Factor wurde, mit dem alle ihre Freunde
und Feinde rechnen mussten, zu verdanken hatte, so dass
schließlich jene Zeiten kamen, in welchen auch der mächtige
Herrscher Frankreichs an sie denken musste und der russische
Selbstherrscher sie nicht übersehen durfte.

Betrachten wir nun die Fehler des Hôtels Lambert und
das Verschulden, das ihm an den Ereignissen des Jahres 1863
zufällt.

Gestützt auf die polnische Unabhängigkeitsidee und auf
den Glauben, dass früher oder später eine Wiederherstellung
durch fremde Hilfe erfolgen müsse, konnte das Hôtel Lambert
die Wichtigkeit und große Bedeutung des Augenblickes, in dem
die Napoleonische Dynastie wieder in den Besitz des französischen Thrones gelangte, sowie die Regierung eines Monarchen,
welcher die Absicht, für die polnische Sache einzutreten, nicht
verheimlichte, nicht übersehen.

Deshalb war das Hôtel Lambert bemüht, den Kaiser über
die polnischen Verhältnisse aufzuklären und ihn in seinen
Absichten zu bestärken, seine Träume und Betrachtungen auf
den Weg der That zu leiten. Das machte es sich nunmehr zur
Hauptaufgabe, ohne an die Folgen und die Rückwirkung derselben auf das Land selbst zu denken. So entstand die Campagne
in den französischen Blättern, die mit außerordentlichem Talent
geführt wurde und die sowohl den Kaiser wie auch die öffentliche Meinung Frankreichs beeinflussen sollte und die schließlich
in den polnischen Ländern und in den polnischen Gemüthern
grundlose Hoffnungen erweckte. Das war ein Hauptfehler jenes
übertriebenen Eifers, den schon Talleyrand missbilligt hat und der
auf die Zaghaftigkeit der „Weißen" und auf den Erfolg der
Verschwörung nicht ohne Einfluss blieb.

Wenn das Hôtel Lambert, von seinem Gesichtspunkte und
seinen Traditionen ausgehend, bemüht war, die Absichten und
die Politik Napoleons für die polnische Sache auszunützen, so
war dies nur logisch und weder unbegründet, noch unvernünftig. Es war aber ein Fehler, dass es, indem es an die Ereignisse
und an den Willen des Kaisers seine eigenen Wünsche und Hoffnungen als Maßstab anlegte, jene überschätzte und, um sich zu
überzeugen, sich selbst mehr einredete, als die Wirklichkeit
zuließ. Von der Anschauung beeinflusst, dass die Lösung der
polnischen Frage lediglich in der Form der Unabhängigkeit
erfolgen könne, gab sich das Hôtel Lambert darüber nicht
genügende Rechenschaft, auf welche Weise man aus den
reformatorischen Absichten des Kaisers Alexander und dessen
Beziehungen zu Napoleon einen Nutzen ziehen könnte; es
war vielmehr bemüht, diese freundschaftlichen Bande zu
zerreißen, anstatt durch sie einen praktischen Ausgang aus den
polnischen Ereignissen herbeizuführen. Es glaubte, weil es
wünschte, dass die Unterhandlungen zwischen Frankreich und
Russland nur ein Anfang und ein Mittel zu weiteren Plänen
seien, und zwar damals, als in ihnen eine wirkliche Lösung
gesucht werden musste. Zwar wurde es durch die gewohnheits-
mäßige Zweideutigkeit Napoleons irregeführt, aber es hat auch
selbst das Land irregeführt, indem es dasselbe nicht darüber
aufklärte, dass Napoleon nach seinen eigenen Worten „nur mit
seinem Einflusse in Petersburg für die polnische Sache eintreten
werde".

Allein auch in einer andern Beziehung verschloss das Hôtel
Lambert seine Augen vor der Wirklichkeit und beurtheilte es
in ganz falscher Weise die Lage. Es glaubte, dass die Ereignisse
in ihrer Entwicklung den Kaiser zwingen würden, für die polnische Frage gegen Russland aufzutreten, anstatt sie mit Russland zu lösen. Es betrachtete die Absichten Napoleons, von
Russland Zugeständnisse zu erzwingen, als Verheißung, dass er
gegebenen Falles einen Krieg für die Unabhängigkeit Polens
beginnen würde; es wollte daher zeigen, dass nicht nur die
Regierung, sondern auch die Herrschaft Russlands in Polen
unmöglich sei, und es trat deshalb, trotzdem der Kaiser zu den
Demonstrationen nicht aufmunterte, trotzdem er ausdrücklich
sagte, dass er nur durch seine guten Beziehungen zum Kaiser

Alexander im Interesse Polens wirken könne und trotzdem, wie
wir wissen, selbst Walewski die Polen zur Annahme der russischen Concessionen überredete, trotzdem die officiöse französische
Presse vor den Demonstrationen warnte, gegen die Demonstrationen nicht auf, da es in ihnen nur ein Mittel sah, die polnische
Frage zur Reife und den Kaiser zum activen Eingreifen im Sinne
seiner Entschlüsse und vertraulichen Mittheilungen zu bringen.
Allein auch hier muss man an die damalige Lage, an die damaligen Anschauungen denken und von den heutigen abstrahieren.

Bevor das brutal realistische System Bismarcks in Europa
herrschte, glaubte man noch immer an die Macht der öffentlichen Meinung, und alle rechneten mit derselben wie mit einer
unsichtbaren, wenn auch nur durch die Kraft des Vorurtheiles
einflussreichen Gottheit. Das Beispiel Italiens und der Erfolg
Garibaldis waren so irreführend, dass man die politischen und
geographischen Unterschiede der zwei Nationen verkannte. Die
Fürstin Amparo Czartoryska, die fast zum Napoleonischen Hofe
gehörte, rief einmal in ihrem südlichen Enthusiasmus aus: „Man
muss ihm Schrecken einjagen, wie es die Italiener gethan haben!"
Von solchen Combinationen, Hoffnungen und Vergleichen ließ
sich das Hôtel Lambert gegenüber der polnischen Bewegung
leiten. Gestehen wir - es spielte mit dem Feuer. Es hätte viel
besser gethan, die Rathschläge der Fürstin Czartoryska zu
befolgen und noch vor Beginn seiner Action, wie Cavour es
gethan hatte, von Napoleon eine schriftliche Erklärung zu verlangen. Napoleon hätte sie wahrscheinlich nicht gegeben, aber
die Situation wäre dadurch klargestellt gewesen. Das Hôtel
Lambert zog es jedoch immer vor, mehr zu versprechen als zu
empfangen, mehr zu sagen, als zu hören und zu verstehen.
Alles, was es hörte, erklärte es sich dann im Sinne seiner eigenen
Wünsche, um dann zu dem Resultate zu gelangen, dass, wenn
der Kaiser die Bewegung auch nicht aufmuntere, sie ihm doch
gelegen käme, und wenn er auch keine Hilfe versprochen habe,
er sie doch gewähren würde. Die Absichten Napoleons wurden
daher stets als Pläne und die Pläne als Unternehmungen betrachtet;
daher glaubte das Hôtel Lambert auch, dass die diplomatische
Intervention die Mächte viel weiter führen wird, als sie es selbst
wollten, und dass deshalb mit dem System Wielopolski vollständig gebrochen werden muss.

Das Hôtel Lambert ließ sich anfangs durch den Schein
der Demonstrationen täuschen. Es verkannte hinter den Geboten
und Gesängen dasselbe Element, dieselbe Richtung, mit der es
in der Emigration zu kämpfen hatte, und als es dann zur Einsicht kam, dass die Bewegung gefährlich sei, wurden weder die
Demonstrationen noch die Nationaltrauer getadelt, sondern nur
eine Gruppierung um Wielopolski empfohlen. Obwohl Fürst
Adam Czartoryski die Bedeutung der Reformen auf dem Todten-
bette anerkannt hatte, wirkte das Hôtel Lambert doch nicht
auf die Annahme dieses Systems hin, sondern es begieng den
großen Fehler, der in der Folge so verderbliche Consequenzen
nach sich ziehen sollte.

Wenn das Hôtel Lambert durch das Verhalten der französischen Regierung und insbesondere des Kaisers irregeführt
wurde, so geschah es hauptsächlich, weil es irregeführt sein
wollte. Die feindseligen Erklärungen der officiösen Presse
und insbesondere des „Moniteur" wurden von ihm auf russischen
Einfluss oder russisches Gold, ja sogar auf einen Druck der
russischen Botschaft zurückgeführt, es berauschte sich an
den Artikeln, die von ihm selbst beeinflusst waren.

Als das Unglück des Aufstandes endlich hereinbrach, war
der Schmerz des Hôtels Lambert groß, aber stumm — dies entsprach nicht der Würde jener politischen Körperschaft, auf der
ein großer Theil der Verantwortung für die Ereignisse lastete.
Aber das Hôtel Lambert war durch seinen Ausgangspunkt,
durch die auf Napoleon gestützte Combination geknebelt. Da
Napoleon und seine Organe im ersten Augenblicke den Aufstand nicht missbilligten, so betrachtete es das Hôtel Lambert
seinerseits als widersinnig, ja als schädlich, dies zu thun.

Als das Hôtel Lambert zur Überzeugung gelangte, dass
der Aufstand den Combinationen Napoleons III. widerspreche
und seine Absichten durchkreuze, als der Kaiser sowohl öffentlich
wie vertraulich denselben missbilligte und Billault dies von der
Tribune wiederholte, da zögerte das Hôtel Lambert nicht einen
Augenblick, sondern übersandte die bekannten Instructionen an
die Comités. Es bereitete sich auch vor, offen und entschieden
den Aufstand zu verurtheilen. Da entstand die durch die preußisch-
russische Convention hervorgerufene Wendung in Paris. Das Hôtel
Lambert gab wiederum auf eigene Verantwortung das Schlag-

wort aus, den Aufstand zu unterdrücken, wodurch die ernsten Elemente der polnischen Bevölkerung und der „Krakauer Kreis" beeinflusst wurden. Wie alle, die sich dieser Wendung anschlossen, so irrte auch das Hôtel Lambert in dieser Richtung, aber es geschah dies hauptsächlich infolge der Fehler, den andere mächtigere, für ihre Thaten noch mehr verantwortliche Factoren begangen hatten. Ein Fehler geschah, aber es war ein unvermeidlicher Fehler, der nur eine nothwendige Consequenz der Fehler Napoleons und seiner Regierung war.

Anders verhält es sich mit den Grundelementen und den Hauptfactoren der Bewegung. Hier finden wir die Keime und Anfänge aller Fehler und Irrthümer, wir finden sie in dem Streben nach der Wiederherstellung Polens, in dem ganz grundlosen Glauben an das Interesse und an die Pflicht Europas, Polen wiederherzustellen, was zu der Illusion führte, dass die fremden Mächte bei der Vollendung dieses Werkes mithelfen müssten. Wollen wir jedoch, was einzig richtig ist, das Vorgehen des Hôtels Lambert in dem Augenblicke, als Napoleon die Nothwendigkeit der Unterdrückung des Aufstandes einsah, vom Standpunkte der gegebenen Verhältnisse beurtheilen, so werden wir uns hauptsächlich verwahren müssen gegen die Gefahr des übertriebenen Glaubens an einen einzigen, wenn auch übermächtigen Menschen und wir werden die Hauptschuld auf Napoleon III. wälzen müssen. Zweifellos konnte das Hôtel Lambert die Schwierigkeit, ja sogar das Unwahrscheinliche des Unternehmens, das Napoleon III. in die Hand nahm, ermessen, aber dasselbe genau zu berechnen, war nicht die Aufgabe des Hôtels Lambert, sondern des Kaisers und seiner Regierung. Viel gerechtfertigter wäre der Vorwurf gegen das Hôtel Lambert, dass es, während selbst nach den Combinationen Napoleons erst durch eine erfolgreiche Mission Metternichs das Unternehmen günstige Chancen gehabt hätte, schon infolge der Convention und ohne das Ergebnis der Mission Metternichs abzuwarten, das Land zur Unterdrückung des Aufstandes aufforderte. Aber auch hier konnte das Hôtel Lambert sein Urtheil nicht höher stellen als die Aufträge Napoleons, zumal es ja klar war, dass von nun an die Schicksale der Napoleonischen Politik mit der polnischen Frage verknüpft blieben, dass durch die Fehler und Misserfolge sowohl die eine wie die andere getroffen wurden. Das Hôtel Lambert konnte nicht zurückweisen, was Napoleon zur Sicherung eines Erfolges für nothwendig erachtete. Als es diesen Weg einmal betreten hatte, war es, wenn auch nicht unmöglich, so doch schwer, sich zurückzuziehen oder stehen zu bleiben.

Das Hôtel Lambert hatte allen Grund, zur Fortsetzung des Aufstandes aufzumuntern. Fürst Czartoryski erklärte, dass für sein Vorgehen hauptsächlich zwei Gründe maßgebend seien:

1. Das von allen Seiten seit dem Abschlusse der russisch-preußischen Convention den Polen zugerufene „Durez"!

2. Das von der französischen Regierung für die Zwecke des Aufstandes hergegebene Gold.

Fürst Czartoryski versuchte es wiederholt, gestützt auf dieses „durez", durch Vermittlung Drouyn de Lhuys' den Kaiser zu ersuchen, dass die französische Regierung, wenn der Aufstand dauern solle, ihm Gold und Waffen zur Verfügung stelle. Dadurch wollte der Fürst nicht nur die nothwendigen Fonds, sondern auch eine Garantie seitens der französischen Regierung erlangen. Der Kaiser wies dieses Ansinnen nach erfolgter Berathung mit Drouyn de Lhuys unter verschiedenen Vorwänden wiederholt zurück. Ja, er verweigerte dem Fürsten sogar eine zu diesem Zwecke verlangte Audienz. Plötzlich, gleichzeitig mit der galizischen Expedition nach Wolhynien, entsteht der Plan eines Angriffes d'un coup de main auf irgendeinen russischen Hafen. Man entscheidet sich für Odessa. Drouyn de Lhuys lobt diesen Vorschlag und als Czartoryski ihm Vorstellungen macht, dass zu diesem Zwecke Geld nothwendig sei, fragt ihn der Minister: „Wie viel?" Der Fürst erwidert: „Mindestens 300.000 Francs." Hierauf händigt ihm der Fürst das Geld ein. Der Fürst fragt verwundert — wie? woher? Drouyn de Lhuys antwortet ihm: „Ein Freund Eurer Sache stellt Euch dieses Geld zur Verfügung." Um das Unternehmen durchzuführen, braucht man einen Anführer und es wird zu diesem Zwecke dem Fürsten Czartoryski vom Admiral La Roncière ein Officier der französischen Marine namhaft gemacht. Die Sache wird eingeleitet. Es wird auch eine, Persönlichkeit nach Constantinopel geschickt, um die Vorbereitungen zu überwachen. Durch eine Indiscretion erfuhr jedoch die russische Regierung von dem Vorhaben.

War es möglich, den Umfang der Niederlage zu verringern?
Mit dem Misserfolge der Metternich'schen Mission waren
alle ernsten Bedingungen für den Aufstand verschwunden. Das
hätte man begreifen sollen und ebenso, wie es eine große, mannhafte
Tugend gewesen wäre, sich darnach einzurichten, so war es
ein Unglück, dass man sich dazu nicht entschließen konnte.
Die diplomatische Intervention, die darauf folgte, hat das
Meist dazu beigetragen, das Unglück und die Niederlage zu vergrößern. Sie war es, die den heute in den polnischen Ländern
Russlands bestehenden Zustand herbeigeführt und den kostspieligen, blutigen Kampf verlängert hat, ohne irgendwelche
Voraussetzungen eines Erfolges zu besitzen. Diese Zukunft zu
errathen und diese Wahrheit zu erkennen, war damals nicht so
leicht; für das Hôtel Lambert war es geradezu unmöglich, die
diplomatische Unterstützung von sich zu weisen, und es wäre auch
nutzlos gewesen, denn die Intervention war ein Ausfluss höherer,
complicierter europäischer Interessen, welche nicht zum Schweigen gekommen wären. Wenn diese auch die polnische Sache
nicht gefördert hätten, so hätten sie doch nichts unterlassen,
um sie zu ihren Zwecken, sogar gegen den Willen der polnischen Bevölkerung auszunützen. Dass die Sachen so standen,
sehen wir am besten daraus, dass Napoleon III. trotz seines
Misstrauens gegen die diplomatische Intervention sich doch nicht
von ihr zurückzog, wiewohl er das thun konnte und sollte,
während das Hôtel Lambert es zwar wollte, aber nicht konnte.
    In den Beziehungen zwischen Czartoryski und der fran-
zösischen Regierung erkennen wir verschiedene Stadien, voll
Täuschungen bald und bald voll Verbitterung. Zuerst sagte
Drouyn de Lhuys zum Fürsten: „Man muss uns Zeit lassen;“
später erklärte er ihm: „Wenn ich wüsste, dass es nie und
nimmer zu einem Kriege wegen Polens kommen soll, so würde
ich sofort mein Portefeuille zurücklegen und es vorziehen, im
Boulogner Wäldchen spazieren zu gehen.“ Als sich die fremde,
thatkräftige Hilfe noch immer nicht einstellte, da fühlte Czartoryski die ganze Last seiner Verantwortung, und er unterließ keine Gelegenheit, auf die französische Regierung einen
Druck auszuüben. Gegen Ende August machte er den Minister
Drouyn de Lhuys darauf aufmerksam, dass er sich durch seine
Rathschläge zur Fortsetzung des Aufstandes gegenüber dem

Lande engagiert habe. Drouyn antwortete: „Ich habe nie gesagt, dass Ihr für jeden Fall den Aufstand fortsetzen sollt." — „Aber Walewski hat mir ja das ausdrücklich aufgetragen!" — „Walewski mag das wohl gesagt haben, aber nicht ich." — „Als ich Walewski vertraute" — sagte der Fürst — „folgte ich nicht Walowski, sondern dem Minister des Kaisers." Nach einigen Tagen sagte ihm wiederum Drouyn de Lhuys: „Wartet noch, wartet."

Fürst Czartoryski fühlte endlich, dass er eine solche Verantwortung nicht weiter ertragen könne. Er provocierte und hörte aus dem Munde Napoleons den zu späten, entschiedenen Auftrag, den bewaffneten Kampf einzustellen; jetzt hielt er seine Mission für beendet und verständigte das Land von der Aussichtslosigkeit des Aufstandes. Mit tiefem Schmerze und in vollem Bewusstsein der schweren Verantwortung sah das Hôtel Lambert ein, dass seine Mission tragisch zu Ende gegangen; es stellte seine Thätigkeit ein. Das Bureau löste sich auf.

Aus dieser Unmasse des Unglückes schöpfte das Hôtel Lambert die Lehre, dass das Heil und die Rettung für die polnische Bevölkerung auf anderem Wege gesucht werden müsse. Seine Abdication als Emigrations-Körperschaft wurde zum politischen Testamente.

Nicht mehr das Hôtel Lambert, wohl aber die Familie Czartoryski mit dem Fürsten Ladislaus an der Spitze setzte diese ausdauernde, wenn auch nicht fehlerlose Thätigkeit auf dem anderen Wege fort.

Das Vorgehen des Krakauer Kreises war eine Folge der ihm vom Hôtel Lambert zugesandten Aufträge. Mag es auch an Argumenten für die Rechtfertigung des Verhaltens dieses Kreises nicht fehlen, in diesen Tagen hat er einen großen Fehler begangen. Wenn er sich von demselben auch würde reinigen können, so muss er doch die schwere Verantwortung gegenüber der Bevölkerung und gegenüber der Geschichte tragen. Wie in einem gerichtlichen, so kann man auch in einem politischen Processe von der Schuld befreit werden und braucht trotzdem nicht schuldlos zu sein. Die politischen Beweise und Zeugnisse entlasten diesen Kreis; vor dem Tribunal der Politik, das nach den damaligen Anschauungen urtheilen würde, könnte er nicht verurtheilt werden. Und doch trägt er ein schweres Verschulden.

Wenn sich auch alles vereinigte, um den Kreis irrezuführen,
wenn auch der Gang der Ereignisse ein derartiger war, dass er
selbst einen selbständigen politischen Fehler nicht begieng, so
war er doch ein Werkzeug des Übels. Das Verstecken hinter
der Verantwortung anderer ist stets eine schwache, ungenügende
und allzu elastische Rechtfertigung.

Mag auch der Kreis nur ein Werkzeug, ein Canal
oder nur theilweise ein selbständiger Factor gewesen sein,
die Folgen seines Vorgehens und seiner Stellung haben doch
den Umfang der Niederlage vergrößert. Sein Verhalten trug
dazu bei, dem Werke der Verschwörung allgemeine nationale
Merkmale einzuprägen, höhere und intelligentere Schichten der
Bevölkerung zur Unterstützung des Aufstandes aufzumuntern,
denn er eröffnete ihnen die Aussicht auf fremde Hilfe, dieses einzige Motiv, das den Anschluss dieser Schichten an die Verschwörung rechtfertigen konnte. Dadurch stärkte der Kreis den
ohnmächtigen Aufstand, der ohne seine Unterstützung keine
lange Dauer gehabt hätte, dadurch legte er mit Hand an, um
in Galizien eine Operationsbasis für den Aufstand zu schaffen;
dadurch machte er jede Wendung in Polen, die, solange Wielopolski und Großfürst Constantin sich in Warschau aufhielten, doch hätte erfolgen können, unmöglich. Er führte zur Vernichtung des Systems Wielopolski, indem er die Instructionen
des Hôtels Lambert befolgte und den polnischen Adel zur Demission von den öffentlichen Ämtern aufforderte. Durch seine
allzu leidenschaftliche Polemik gegen die Regierung trug er
dazu bei, in der russischen Bevölkerung Hass und Verbitterung gegen die polnische Nation hervorzurufen, die Theorien
Katkows zu fördern und dadurch die Kluft zwischen zwei
Nationen, die dazu bestimmt waren, miteinander oder wenigstens
nebeneinander zu leben, noch zu vertiefen. Jedenfalls hat er
einen rücksichtslosen Krieg heraufbeschworen. Eine Folge dieses
Vorgehens war es, dass Russland nunmehr die Heuchelei vor
Europa abstreifte, dass die Polen das Vertrauen, welches man
ihnen entgegenbrachte, verloren und der Kampf Russlands gegen
die polnische Bevölkerung aus einem politischen zu einem Rassen-
kampfe wurde.

Die Publicistik hat in unserem Jahrhundert einen derar-
tigen Umfang angenommen, dass die Presse zu einem mäch-

tigen Factor geworden ist, mit dem man nicht nur im all-
täglichen Leben, sondern auch in der Geschichte rechnen
muss. Für eine Bevölkerung, die einer jeden politischen Erziehung,
eines jeden politischen Verständnisses bar war, die unter exceptionellen Verhältnissen, unter einer fremden, bald lockeren,
bald straffen Censur lebte, für eine solche Gesellschaft war
die immer wachsende Bedeutung der Presse gefährlich; die
Begründung einer nützlichen, ernsten und würdigen Presse war
eine schwere Aufgabe, deren Bedeutung man in Polen lange
nicht verstand. Durch lange Zeit stand daher die Presse in
Polen auf einer niedrigen Stufe, sie verursachte der nationalen
Sache viel mehr Schaden als Nutzen und hat die Bevölkerung
mehr irregeführt als aufgeklärt. Es war daher ein erfreuliches
Symptom, dass im im Jahre 1848 der „Czas" gegründet wurde.
Der „Czas" gab im politischen Leben der Polen zu vielen
gesunden Ideen die Initiative und schuf eine Richtung, die zu
erreichbaren Zielen führen sollte.

Seine Bedeutung wurde noch erhöht angesichts der Verwicklungen in Polen. Durch seine Erfahrung, durch seine maßvolles Auftreten, durch die Nüchternheit seines Urtheils und
durch sein politisches Verständnis musste er die Ereignisse beeinflussen. Während die übrigen polnischen, in Russland er-
scheinenden Blätter, da ihnen jedes politische Urtheil fehlte und
da sie nur nach einer abgenützten politischen Schablone
geschrieben wurden, nicht in Betracht kamen, musste das
Wort des „Czas" schwer in die Wagschale fallen — unsomehr,
als ja bekannt war, dass trotz der Personaländerungen in der
Redaction stets seine ursprünglichen Gründer hinter ihm standen
und ihn beeinflussten. Die Persönlichkeit Moriz Manns sollte
eine Gewähr bieten für die Einhaltung der Principien des
Blattes.

Inzwischen geschah es anders.

Wenn nicht sofort, so hat der „Czas" im Laufe der
Ereignisse in Congress-Polen seine Aufgabe und wie Andere,
die Bedeutung und die Gefahr der Demonstrationen, die Verderblichkeit der Nationaltrauer und die Bedeutung des Systems
Wielopolski verkannt. Aus einem weisen Führer wurde er jetzt
unter so schwierigen Verhältnissen zu einem Aufwiegler, er
öffnete seine Spalten den Organen und Leitern der Ver-

schwörung und trug dadurch viel zur unglückseligen Wendung der polnischen Ereignisse bei.

Obwohl der „Czas" gleich Anderen in dem Aufstande ein Unglück sah, obwohl er Anderen in so ausdauernder Weise die Überzeugung einprägte, es werde zu keinem Aufstande kommen, dass er zuletzt selbst daran glaubte, konnte er sich doch, als der Aufstand ausgebrochen war, nicht entschließen, demselben entgegenzutreten. Er verkündete laut, dass der Aufstand nur ein Schutz vor der Corruption sei, und posaunte die kleinsten Scharmützel als Siege in die Welt hinaus.

Der „Czas" bewahrte die polnische Sache nicht vor einer Niederlage und warnte die polnische Gesellschaft nicht vor diesem großen Fehler – er wich von dem Ziele ab, das ihm bei seiner Gründung vorgeschwebt hatte, und erfüllte die Mission nicht, zu der er ins Leben gerufen worden war. Das Organ, welches die politische Vernunft repräsentieren sollte, erlag nicht nur selbst im entscheidenden Augenblicke dem Taumel, sondern es trug noch dazu bei, ihn hervorzurufen. Wie immer, müssen wir auch die Ursache dieses Umstandes in dem polnischen Nationalcharakter und in der Erziehung der Generation suchen.

In den Augen Napoleons beruhte das Interesse Frankreichs und der Napoleonischen Dynastie auf der Lösung der polnischen Frage in erster Linie deshalb, weil dadurch ihr Glanz erneuert und ihr Einfluss vergrößert worden wäre. Daran dachte auch Napoleon, als er mit so schönen Worten einmal sagte: „Das Interesse Frankreichs ist überall, wo es sich um eine gerechte und culturelle Frage handelt." Thatsächlich wäre auch die Lösung der polnischen Frage für Frankreich und die Napoleonische Dynastie deshalb von Vortheil gewesen, weil dadurch ein Reich entstanden wäre, welches sich als Keil zwischen die drei Theilungsmächte eingeschoben und so die seit der Theilung Polens bestehende Solidarität derselben, die unter der Form der Coalition Napoleon I. den Todesschlag versetzte, fortwährend Frankreich in Schach hielt und zum Kampfe gegen die wiedererstandene Napoleonische Dynastie bereit war, zerstört hätte. Die Wiederherstellung Polens wäre eine Befestigung der Napoleonischen Dynastie, eine Sicherung ihrer Existenz in Europa, umsomehr, als gewisse Charakterähnlichkeiten und die seit dem XVIII. Jahrhundert datierende französische Erziehung der polnischen Gesell-

schaft zu den politischen Garantien noch die der Gefühle hinzu-
fügten.

Endlich wäre für Napoleon III. durch die Wiederherstellung
des polnischen Reiches die Gelegenheit geschaffen worden, die
europäische Landkarte umzugestalten und die im Jahre 1815
verlorenen Grenzen wieder zu gewinnen. Die Wiederherstellung
Polens hätte somit zu allgemeinen Reformen, zu einer Sühne für
die begangenen Übel und Fehler, zur Befestigung des französischen Einflusses und des Ansehens der Napoleonischen Dynastie
geführt. So waren es denn Gefühle, Traditionen und Interessen,
auf die sich das polnische Programm Napoleons stützte.

Es handelte sich also nur um die Art und um die Möglichkeit der Durchführung.

Zum Erfolge waren zwei Voraussetzungen unbedingt nothwendig: die inneren und äußeren Mittel, und die Elemente zur
Erhaltung des einmal vollendeten Werkes, mit anderen Worten:
die Lebensfähigkeit und Sicherheit des wiederhergestellten polnischen Staates.

Das Unternehmen war schwer; eine cyklopische Aufgabe,
aber ohne cyklopische Steine. Die Wiederherstellung des polnischen Reiches durch Frankreich widersprach dem Interesse
und der Sicherheit der drei mächtigen Theilungsstaaten, da sie
den französischen Einfluss stärken sollte. Es war somit eine neue
Niederwerfung Europas durch Frankreich, ein siegreicher Krieg
und das Vordringen französischer Heere bis an die polnischen
Grenzen nöthig. Das hätte ungeheure Opfer und die Gefahr
eines Misserfolges nach sich ziehen können. Wenn auch das
Unternehmen keine Unwahrscheinlichkeit war, so machte es doch,
lediglich auf die Wiederherstellung Polens beschränkt, Nachtheile
möglich, die in den gewonnenen Vortheilen kein Gleichgewicht
gefunden hätten. Das Unternehmen entsprach daher nicht den
Principien einer gesunden Politik.

Die Wiederherstellung Polens hätte viele Opfer gefordert,
denn sie bedrohte die Sicherheit und Macht der drei Theilungsstaaten und machte eine Theilung ihrer Besitzungen nöthig. Nur
auf den Trümmern ihrer Macht konnte ein großes und starkes
polnisches Reich entstehen. Damit sich dieses jedoch, einmal
geschaffen, auch erhalte, hätte es eine Sicherheit nach außen
und die Bedingungen innerer Dauer besitzen müssen. Zu jener

Zeit, als Fürst Adam Czartoryski nicht mehr im Wege eines
europäischen Krieges, sondern auf diplomatischem Wege und im
Interesse des europäischen Gleichgewichtes neue Existenzbedingungen für Polen schaffen wollte, beurtheilte Fürst Talleyrand
in einem Briefe an Lord Castlereagh vom 28. September 1815
in folgender Weise die polnische Frage:

„Mylord! Als ich Sie verließ, versuchte ich es, meine Gedanken über die polnische Frage, die jetzt in Wien behandelt wird,
zu sammeln.

Ich denke darüber: Das polnische Königreich kann nur
unter den drei folgenden Bedingungen wieder hergestellt werden:

1. Es muss unabhängig sein.

2. Es muss eine feste Organisation besitzen.

3. Weder Preußen noch Österreich dürfen für das ihnen
Entzogene entschädigt werden.

Alle drei Bedingungen sind unmöglich; die zweite am
unmöglichsten. Russland will nicht eine Wiederherstellung Polens,
um das zu verlieren, was es gewonnen hat, sondern um das zu
gewinnen, was es nicht besitzt. Polen aber wiederherzustellen,
um es an Russland auszuliefern, um seine europäische Bevölkerung bis auf 44 Millionen zu vergrößern und seine Grenze
bis an die Oder zu rücken, das hieße für Europa eine so
große und unmittelbare Gefahr heraufbeschwören, dass, wiewohl man alles anwenden muss, um den Frieden zu erhalten,
selbst vor der Macht der Waffen nicht zurückgeschreckt worden
dürfte, um die Durchführung eines solchen Planes unmöglich
zu machen. Andererseits würde die Wiederherstellung der polnischen Unabhängigkeit auch die polnische Anarchie ins Leben
rufen. Der Umfang des Landes schließt die Herrschaft der
Aristokratie aus; eine Monarchie kann nicht bestehen, wenn es
dem Volke an jeder bürgerlichen Freiheit fehlt und sein Adel
die politische Freiheit missbraucht. Sowohl die menschliche
Vernunft wie die Geschichte Europas beweisen dies. Und
wie könnte man nach der Wiederherstellung Polens dem Adel
die politische Freiheit wegnehmen, um sie dem Volke zu geben?
Polen konnte sich aus dem Zustande der Anarchie lediglich
durch eine absolute Gewalt befreien, und da es eine solche in
seiner Mitte nicht besaß, so musste sie ihm von außen aufgezwungen, das heißt, es musste erobert werden.

Alle Umstände führen mich daher zur Ansicht, dass die vollständige Wiederherstellung Polens nur wahrscheinlich ist. Polen, wenn es auch getheilt wurde, wird nicht für immer vernichtet sein; die Polen werden unter den fremden Regierungen zu jener Reife gelangen, die sie während der zehn Jahrhunderte dauernden Unabhängigkeit nicht erreichen konnten, und dies ist die einzige Möglichkeit, sie zu einer europäischen Nation zu machen. Ich versichere Sie, dass dieser Brief, den ich Ihnen zu übersenden die Ehre habe, mehr von Menschlichkeit durchdrungen ist, als all' dasjenige, was ich in Wien darüber höre.

Entschuldigen Sie, Mylord, diesen langen Brief, aber der Gegenstand hat mich hingerissen; es war dies fast eine Conversation, und ich habe es so gern, mit Ihnen zu conversieren."

Durch seine geographischen Grenzen war Polen nie gesichert. Es hätte sich auch jetzt, nach der Wiederherstellung, auf diese Weise keine Sicherheit verschaffen können. Es hätte diese nur gefunden bei einer vollständigen Niederwerfung seiner Nachbarn, der drei Theilungsmächte, das ist vermöge einer Theilung der europäischen Herrschaft zwischen Polen und Frankreich. Sonst wäre das Bestreben der Theilungsmächte früher oder später darauf gerichtet gewesen, die Verminderung ihrer Reiche zu Gunsten Polens wieder wett zu machen, und das wiedererstandene Polen wäre ohne die fortwährende Unterstützung Frankreichs nicht in der Lage gewesen, den vereinigten drei Mächten Widerstand zu leisten. Es hätte sich auf eine derselben stützen müssen, was wiederum zu einer größeren oder geringeren Abhängigkeit oder zu denjenigen Folgen, die das System Wielopolski herbeiführen wollte, geführt hätte. Deshalb nannten viele die Wiederherstellung Polens durch Frankreich eine Riesenaufgabe, zu der oben die cyklopischen Steine fehlten.

Napoleon III. war nur mit Zuhilfenahme einer der drei Theilungsmächte in der Lage, die polnische Frage zu lösen, indem er jener Macht soviel Vortheile verschaffte, um ihre Verluste zu ersetzen. Dann hätte sich das Verhältnis der Kräfte geändert und das Unternehmen nicht als der Kampf Eines gegen alle dargestellt.

Wir zweifeln nicht an den allgemeinen Absichten und undefinierten Zielen Napoleons in der polnischen Frage; anders

verhält es sich jedoch mit den Mitteln und mit dem Umfange
der Lösung.

Es ist anzunehmen, dass Napoleon III. unter dem Einflusse
allgemeiner Ideen und Begriffe stand, dass er sich mit den
Details nie beschäftigte, an die Mittel nicht dachte und einen
entschiedenen Plan nie aufstellte. Man darf bezweifeln, ob er
sich über den Umfang, innerhalb dessen Polen wiederhergestellt
werden sollte, und darüber, ob es überhaupt in der Lage war,
selbständig zu existieren, klar war. Wie für viele, so war ver-
muthlich auch für ihn die Wiederherstellung nur etwas Undefi-
niertes und Nebelhaftes. Eine bestimmte, concrete Idee, die
zu einem klaren Ziele führte, hatte er nicht; es fehlte ihm an
einem festen Plane. Die Lösung der polnischen Frage war
für ihn mehr ein Ideal als eine Wahrscheinlichkeit. Selbst
als er schon die feste Absicht hatte, die polnische Frage mit
Zuhilfenahme Russlands und auf Grund seiner Concessionen zu
lösen, wusste er nicht, wie weit diese Concessionen zu reichen
hätten -- er war rathlos und unentschieden in dem, was er
den Polen sagte und zu verstehen gab. Wir wiederholen, ein
fester Plan bestand nie.

Im Jahre 1861 nach der Demission Wielopolskis besuchte
ein Mitglied des landwirtschaftlichen Comités den Minister
Walewski zusammen mit dem Fürsten Ladislaus Czartoryski. Im
Laufe des Gespräches drang jenes Comitémitglied in den
Grafen Walewski, dass die französische Regierung ihren Einfluss
behufs Durchsetzung der Ideen Wielopolskis geltend mache.
Schließlich erbat es seinen Rath. Walewski antwortete: „Man
kann noch nichts wissen. Wir haben noch keinen detailierten
Plan über Polen. Wenn wir ihn haben werden, wird er Euch
vorgelegt werden -- dann werdet Ihr ihn sehen und werdet
sagen, was zu thun sei."

Gleichzeitig hörte derselbe Bürger aus dem Munde des
Prinzen Napoleon, der stets die kaiserliche Politik tadelte, Folgendes: „Glauben Sie mir, der Kaiser hat jetzt andere Sorgen.
Amerika und die lateinischen Stämme beschäftigen ihn hauptsächlich. In diesem Augenblicke lässt sich gar nichts machen.
Gehen Sie zu Jules Favre! Vielleicht kann er in der Deputiertenkammer etwas zu Ihren Gunsten sagen."

Napoleon legte während der polnischen Ereignisse bei
Besprechung der polnischen Zukunftspläne stets diese Unklarheit
des Zieles an den Tag. Er mied den Ausdruck „Polen", ja selbst
die Bezeichnung „Königreich Polen", und sprach im Sinne der
Napoleonischen Traditionen, wie wir es schon in dem Gespräche
mit dem Prinzen Albert gehört haben, von dem Warschauer Großherzogthume. Schon während des Aufstandes und der Intervention
dachte er an die Wiederherstellung eines zwölf Millionen Einwohner zählenden Warschauer Großherzogthumes, ohne näher anzugeben, aus was für Ländern und aus wessen Besitzungen dasselbe zusammengesetzt sein sollte. Er hatte nur das Gefühl, dass
die Thatsache der Theilung Polens unter die drei Mächte beseitigt werden müsse, und deshalb bot er Russland Galizien an.
Nach den Bedingungen der Existenz, der Sicherheit und der
Dauer des polnischen Reiches fragte er schon gar nicht. Eine
fortwährende Unklarheit und Unsicherheit sowohl in Bezug auf
die Mittel wie auf die Ziele kam im Verhalten Napoleons gegenüber der polnischen Frage fortwährend zum Vorscheine.

Da Napoleon das polnische Reich nicht wiederherstellen
konnte, so war er entschlossen, wenigstens die polnische nationale Existenz zu sichern, und damals begab er sich auf den
richtigen, heilbringenden Weg. Unter dem Einflusse der Familie
Czartoryski beabsichtigte er die polnische Frage auf die Tagesordnung des Pariser Congresses zu setzen. Es war ein kühnes
Unterfangen. Seine Durchführung war schwer, ja sogar gefährlich, denn es fehlte an dem Willen, dieses Ziel zu erreichen, und
die bloße Kundgebung dieses Willens konnte Napoleons Ansehen
gefährden. Allein der russische Bevollmächtigte auf dem Pariser
Congresse erklärte, einer jeden Erwähnung der polnischen Frage
entgegentreten zu müssen, während anderernfalls Kaiser Alexander II. ganz spontan den Polen entgegenkommen und sie befriedigen würde. Napoleon ergriff dieses praktische Mittel, um die polnische Frage zu lösen, und hielt daran fest. In den Versprechungen des russischen Bevollmächtigten sah er eine zweiseitige
Verbindlichkeit, die als Gegenleistung für die Verschweigung
der polnischen Frage auf dem Pariser Congresse eingegangen
wurde.

An dem Tage, als sich Napoleon III. mit Russland bezüglich
Polens ins Einvernehmen setzte, war er gut inspiriert. Er verließ

den Boden der Unwahrscheinlichkeiten, um sich auf den Boden
der Möglichkeit zu stellen. Hier begann jene Wendung in der
polnischen Frage, die eine Folge des Thronwechsels in Russland,
der reformatorischen Bestrebungen Alexanders II. und der
zwischen Paris und Petersburg angeknüpften Beziehungen war.
Als Napoleon III. der polnischen Frage diese Wendung gab,
dachte er an die italienische Frage, und da er die Macht
Russlands nicht erschüttern konnte, so versuchte er es, Österreich, einer der drei Coalitionsmächte, einen Schlag zu versetzen.
Napoleon wollte durch Russland etwas für Polen erreichen, aber
er benöthigte auch der russischen Unterstützung zur Lösung der
italienischen Frage. Bei dieser Sachlage konnte er an eine Lösung
der polnischen Frage im großen Stile nicht denken und musste
sich mit einer Halbheit begnügen. Aber er täuschte sich, indem
er die Bedeutung der Russland angebotenen Compensation überschätzte und das Maß der Concessionen, zu denen sich Russland
in der polnischen Frage herbeilassen konnte, nicht genau beurtheilte. Es war ein Irrthum in seiner Berechnung und das führte
zu seiner unglückseligen Stellungnahme gegenüber den polnischen
Ereignissen. Er hatte es unterlassen, den Fürsten Czartoryski
darauf aufmerksam zu machen, dass die letzte Grenze der russischen Concessionen in der Absendung des Großfürsten Constantin nach Warschau bestand; er täuschte sich, indem er
glaubte, dass seine Connivenz gegenüber Russland im Oriente
den Kaiser Alexander zur Verleihung einer gewissen Unabhängigkeit an Polen unter dem Scepter seines Bruders bewegen
könnte. „Man hatte uns,“ sagte einmal der Großfürst Constantin zu einem Staatsrathe, „zweimal Constantinopel für
Warschau angeboten, wir lehnten jedoch ab. Constantinopel
könnte für uns zum Gifte werden.“

Da sich Napoleon in Bezug auf das Maß der russischen
Concessionen für Polen täuschte, so war er auch nicht in der
Lage, die polnische Bewegung richtig zu beurtheilen; er sah
in derselben lediglich ein Mittel, um von Russland größere Zugeständnisse zu erzwingen. Daher warnte er auch nicht vor den
Demonstrationen und sah in dem System Wielopolski nur ein Angeld. Er verkannte, dass die Stunde schlagen müsse, wo die bürgerliche Gesellschaft das Angeld opfern werde, um die ganze
Summe zu erwerben, zu deren Execution sie nicht die Macht besaß.

Das ganze Vorgehen Napoleons, das öffentliche und das vertrauliche, war somit nicht von bösem Willen, sondern von einer verderblichen Zweideutigkeit gekennzeichnet, die man polnischerseits in der günstigsten Weise auszulegen bestrebt war. Der Kaiser und seine Minister empfahlen maßvolles Verhalten, sie betonten den Wert der Concessionen, warnten vor einem Aufstande, aber sie gaben auch zu verstehen, dass das Maß der Concessionen noch nicht voll sei, dass sich Frankreich damit nicht begnügen würde, dass sich die Wiener Verträge überlebt hätten und daher als Basis für die Lösung der polnischen Frage nicht dienen könnten.

Unter solchen Umständen mussten die Polen in der Missbilligung des Aufstandes nur ein Doppelspiel sehen.

Dazu berechtigte sie auch das Napoleonische Nationalitäten-princip. Dieses war eine bezaubernde Neuheit und ein zweischneidiges Mittel, das die Macht Frankreichs vergrößern oder aber ihr einen Schlag versetzen konnte. Es schien, als ob eine neue Ära, einer der großen Momente in der Geschichte der Menschheit gekommen wäre; es fehlte diesem Momente nur die Weihe. Das aufgestellte Princip erschreckte die Mächtigen und forderte sie heraus; es schmeichelte nur den Schwachen und verpflichtete dazu, jene zu schwächen und diese zu stärken. Frankreich hätte dadurch neue Freunde gewinnen oder mächtigere Feinde sich zuziehen können. Im ersten Falle musste es sich zur Wiederherstellung Polens entschließen, allein in der Schwierigkeit dieser Aufgabe lag die Hauptgefahr. Das Nationalitätenprincip als Mittel konnte der Napoleonischen Dynastie nützen, als eine Basis für die internationalen Beziehungen war es unpraktisch und undurchführbar. Es barg in seinem Schoße zwei Übel, zwei Drohungen — eine Zerbröckelung und eine Stärkung; eine Zerbröckelung durch das Erwachen der Selbständigkeitsbestrebungen kleiner Nationen, die weder durch ihre Vergangenheit, noch durch ihr gegenwärtiges culturelles Niveau dazu berechtigt waren, eine Stärkung in der Form von Agglomeraten, die das europäische Gleichgewicht erschüttern müssten und deren erschreckende Namen Pangermanismus und Panslavismus lauteten. Es war eine schwere Aufgabe, diesen beiden Extremen zu entgehen durch die Beschränkung des Nationalitätenprincips im

öffentlichen Rechte auf angeborene Rechte und im internationalen
Rechte auf historische Individualitäten.

Indem Napoleon sein Nationalitätenprincip im Interesse der
italienischen Einheit aufstellte, übernahm er auch gegenüber
den Polen Verpflichtungen, und es ist merkwürdig, dass, während
in Polen für die italienische Sache ein begeisterter Enthusiasmus und die größten Sympathien bestanden und die Polen aus
Mitgefühl für dieselbe sogar auf Jahrhunderte alte Traditionen
Verzicht leisteten, gerade die italienische Einheit der Lösung
der polnischen Frage im Wege stand. Gerade Italien verhielt
sich während der polnischen Ereignisse am kühlsten ,und versuchte es, ihrer Lösung entgegenzutreten.

Als im Jänner 1863 der Aufstand ausbrach, fühlte der
Kaiser den schweren Schlag, der durch denselben seiner Politik,
seinem Einflusse, seiner Macht versetzt wurde; er war verblüfft.
Es wurde ihm schwer, dem schönen Traume zu entsagen und sich
des Talismans zu entledigen. Aber bald gewann er sein gesundes
politisches Urtheil und seine kühle Ruhe wieder; er sah ein,
dass nur durch die Aufrechterhaltung friedlicher Beziehungen
zu Russland etwas gerettet werden könnte. Und er beschloss,
diese Beziehungen, ohne Rücksicht auf Theorien und Illusionen,
ja selbst ohne Rücksicht auf sein Nationalitätenprincip aufrechtzuerhalten. Er missbilligte daher in der Rede Billaults den
Aufstand und wies die Polen an den Edelmuth des Czaren.
Warum blieb er nicht dabei stehen?

Das war sein Hauptverschulden. Die Consequenzen dieses
Fehlers haben ihm allmählich eine schwere Niederlage, eine der
schwersten in der Geschichte bereitet. Das Urtheil der Geschichte
wird Napoleon III. nicht vorwerfen, dass er die polnische Frage
nicht löste, denn es kann nicht beweisen, dass er die nothwendige Macht dazu hatte. Sie wird ihn nur verurtheilen, weil er
sich derselben bloß deshalb annahm, um zu zeigen, dass er sie
zu lösen nicht fähig war.

Die polnische Frage hatte unter den europäischen Verhältnissen die Bedeutung, dass man sie nicht straflos in Angriff
nehmen konnte; in Angriff genommen und nicht durchgeführt,
musste sie sich mit der ganzen Kraft ihrer Bedeutung gegen
denjenigen wenden, der sich unterfangen hat, sie lösen zu wollen.
Es musste erfolgen, was geschehen wäre, wenn Ödipus das

Räthsel der Sphinx nicht gelöst hätte: Die Sphinx hätte ihn verschlungen.

Aber bereits in jenem Augenblicke, als Napoleon III. in der preußisch-russischen Convention eine Gelegenheit zur Inangriffnahme der polnischen Frage sah, hatte der Schwärmer und Träumer über den Politiker das Übergewicht erlangt. Es war nicht mehr der Politiker, der sich in seinen eigenen Netzen verfieng, sondern der gutmüthige Schwärmer, der sich freiwillig harten Enttäuschungen aussetzte. Der Kaiser glaubte nicht an den Erfolg der diplomatischen Intervention, aber er war schwach genug, ihr zuzustimmen, anstatt sie zu verhindern; er rechnete darauf, dass dadurch unvorgesehene Überraschungen und Complicationen entstehen könnten, und bemerkte nicht, dass die diplomatische Intervention den beiden Mächten nöthig war, um den Bruch Frankreichs mit Russland und Russlands mit Polen zu documentieren.

Wir haben es daher nicht mehr mit einem politischen, sondern mit einem moralischen Irrthume zu thun, mit Schwäche, mit Ohnmacht und mit Mangel an Willenskraft.

Die Folge davon war eine Reihe von blutigen Ereignissen in Polen, von Demüthigungen und Niederlagen für Napoleon. Die Verantwortung dafür fällt zum größten Theil auf ihn; er zog sie sich zu durch seinen Mangel an Entschiedenheit und steigerte sie theils durch sein Schweigen, theils durch seine Aneiferung.

Die Polen leiteten Napoleon III. zwar irre, aber ein Kaiser, der an der Spitze einer großen Nation stand, hätte alle durch sein Urtheil überragen, er hätte führen und sich nicht durch andere auf Irrwege führen lassen sollen. Da er dies außeracht ließ, da er dieser Aufgabe nicht gewachsen war, so hat er zum großen Theile die Niederlage der polnischen Sache mitverschuldet und jene Elemente gekräftigt, die ihn zu Fall brachten. Schon damals betrat er den Weg, der ihn nach Sedan führen sollte. Hätte der Kaiser in der polnischen Frage böswillig gehandelt, so könnte ein Moralist und Philosoph in den Consequenzen eine Strafe sehen, aber er handelte in der besten und aufrichtigsten Absicht; darum wird sein Verhalten lediglich

in den Augen eines Politikers der Kritik nicht standhalten
können.

Und nun noch ein Beweis für die polnischen Sympathien
kaiserlichen Ehegatten. Als Kaiser Napoleon III. mit Alexander II.
bei der Durchreise des letzteren nach Nizza zu seinem kranken
Sohne zusammentraf, appellierte er an die edlen Gefühle und
an das Interesse des Czaren, indem er bemerkte, dass sich
nach Niederwerfung der Rebellion die beste Gelegenheit zur
Versöhnung und zur Gewährung von Concessionen darbiete und
dass er selbst in dieser Weise ebenso in Algier den Arabern gegenüber verfahre. Kaiser Alexander erwiderte, er habe dem Großfürsten Constantin nach Livadia geschrieben, und hege die Absicht, seinen Bruder wieder nach Warschau zu entsenden, sobald
der Moment hiezu gekommen sein werde. Doch ein Attentat auf
Alexander II. verhinderte damals die in Aussicht genommene
Systemänderung. Und als im Jahre 1870 am französischen Hofe
die Frage ventiliert wurde, ob nicht Russland dadurch für
Frankreich zu gewinnen wäre, dass man Russland den Besitz
von Galizien in Aussicht stelle, wies die Kaiserin Eugenie
dieses Ansinnen mit den Worten zurück: „Sprechen wir nicht
davon. Dieses Land ist jetzt die letzte Zufluchtsstätte der
Polen.“

Unter den Berathern Napoleons III. hat Walewski die größte
Verantwortung in der polnischen Frage zu tragen. Denn er kannte
die Frage am besten, er interessierte sich für sie am lebhaf-
testen. An seinen reinen und aufrichtigen Absichten darf nicht
gezweifelt werden. Zu einem Verdacht ist kein Grund vorhanden.
Er strebte die Lösung der polnischen Frage an in der Überzeugung, dass dieselbe sowohl für Frankreich wie für die Dynastie
von Nutzen, und zwar von größerem Nutzen als die italienische
Einheit sein würde. Wie sich der Kaiser in der polnischen Frage
mehr von Sympathie und Edelmuth als von Interessen leiten
ließ, so handelte Walewski mehr unter dem Einflusse seiner
chevaleresken Natur als seiner politischen Vernunft. Daher die
Irrthümer beider. Praktischer als der Kaiser, Schwärmereien
weniger zugänglich, war Walewski von Anfang an zugleich vorsichtiger und tiefer in seinen Anschauungen über die polnische
Frage, wiewohl ihm das Gefühl einer gewissen Solidarität Ver-

pflichtungen gegen dieselbe auferlegte. Aber andererseits zwang ihn wieder sein polnischer Name und seine Abstammung von einer polnischen Mutter zu einer gewissen Vorsicht. Walewski war bestrebt, der polnischen Sache zu dienen, aber ihretwegen konnte er nicht die Interessen Frankreichs und der Dynastie und seine eigene Stellung aufs Spiel setzen. Durch den öffentlichen Vorwurf des Grafen Montalembert, dass in einem unter seinem Vorsitze stattgefundenen Congresse Polen nicht einmal erwähnt worden, auf das tiefste verletzt, wollte er beweisen, dass ihm die polnische Frage nicht gleichgiltig sei.

Im Gegensatze zu anderen Kronräthen des Kaisers verhielt er sich gegenüber der italienischen Frage kühler. Er wollte nicht an die Zerstörung der weltlichen Macht des Papstes mit Hand anlegen und in der Tiefe seines Herzens wünschte er die Lösung der polnischen Frage sehnlicher als die Schaffung eines geeinigten Italien. In der polnischen Frage sah er ebenso wie Drouyn de Lhuys ein Mittel, die Aufmerksamkeit der Napoleonischen Politik von Italien abzulenken und dessen Einigung, die nach seiner Meinung für Frankreich schädlich werden konnte, zu hintertreiben. Deshalb plaidierte er nach dem italienischen Kriege für eine Annäherung an Österreich und für ein Bündnis mit demselben. Die Sympathien der Kaiserin, die unter dem Einflusse ihrer katholischen Gefühle der italienischen Frage ferner stand und die polnische Frage begünstigte, bestärkten ihn darin.

Walewski repräsentierte somit ein politisches System, in dem anfangs die polnische Frage nur eine untergeordnete Rolle spielte und das zu einem Antagonismus zwischen ihm und den anderen französischen Staatsmännern führte. Auf seiner Seite hatte er nur Drouyn de Lhuys, der gerade während der polnischen Ereignisse das Portefeuille für auswärtige Angelegenheiten erhielt; gegen sich hatte er den mächtigen Einfluss des ebenso wie er mit der Dynastie blutsverwandten Herzogs von Morny, der rücksichtslos, unter Aufopferung der polnischen Frage, ein Bündnis mit Russland anstrebte, einen Kreis von Financiers unter der Leitung des Finanzministers Fould und schließlich den Prinzen Napoleon, der ganz der italienischen Sache ergeben,

ihre Zurücksetzung gegenüber der polnischen Frage nicht zu-
lassen und die letztere durch Anwendung revolutionärer Mittel,
vielleicht durch Niederwerfung Europas, aber nicht durch ein
Bündnis mit Österreich oder durch russische Concessionen lösen
wollte.

Als in Warschau die Demonstrationen begannen, war Walewski nicht mehr Minister des Äußern, sondern Staatsminister:
er war im Besitze des kaiserlichen Vertrauens und sein Einfluss
war sowohl am kaiserlichen Hofe wie in der polnischen Gesellschaft ein großer. Aber auch er erlag der allgemeinen Täuschung.
dass man durch den Aufstand von Russland weitgehende Concessionen würde erlangen können. Deshalb trat er weder den
Demonstrationen noch dem Aufstand entgegen und setzte sich
in keiner Weise für das System Wielopolski ein. In der Ernennung des Großfürsten zum Statthalter in Warschau sah er eine
bedeutsame Thatsache; er sah darin die Möglichkeit für Polen,
auf Grund neuer, über die Wiener Verträge hinausgehender
Reformen eine Personalunion mit dem Großfürsten Constantin
als Vicekönig an der Spitze zu erreichen. Es mag dies daher
gekommen sein, dass Walewski bereits von dem Versprechen
des Kaisers Alexander an Napoleon, den Polen seinen Bruder
als Vicekönig zu senden, Kenntnis hatte.

Walewski war es, der, auf die Erklärungen Englands und
Österreichs bauend, am Vorabende der Mission Metternichs mit
aller Entschiedenheit die polnische Gesellschaft zur Unterstützung des Aufstandes aufforderte und zu dessen Verlängerung aneiferte. Von dem Standpunkte ausgehend, dass sich
die Mächte der polnischen Sache annehmen würden, hatte er
Recht, wenn er meinte, lediglich die Dauer des Aufstandes
könnte eine Einmengung hervorrufen, aber er verfocht diesen
Standpunkt ohne genügende Garantien. Freilich war es schwer,
nach Ausbruch des Aufstandes Garantien zu verlangen und zu
erhalten. Walewski entäußerte sich aber seiner diplomatischen
Behutsamkeit und seiner staatsmännischen Vernunft, er übersah die Vortheile des Systems Wielopolski, ließ sich in seinen
Rathschlägen von keiner Rücksicht mehr leiten und zog nicht
einmal jene Opfer in Betracht, die sie nach sich ziehen mussten;
lediglich in dem Umfange des Aufstandes sah er nunmehr die

Chancen des Erfolges. Deshalb die ganze Reihe seiner Aufträge, die wir aus den Briefen Koźmians, aus seinen Gesprächen mit Ludwig Wodzicki und Paul Popiel kennen lernten. Je vorsichtiger, langsamer und behutsamer er Anfangs gewesen war, desto mehr mussten seine Fehler in die Wagschale der Ereignisse fallen, desto mehr mussten sie selbst die Vernünftigsten beeinflussen.

Doch seine Verantwortung wird am schwersten und seine Fehler am größten in dem Augenblicke, da er nicht mehr den Muth hatte, das Unternehmen als ein verfehltes zu betrachten und zu seiner Sistirung zu rathen, obgleich er sah, dass hinter den Versprechungen beider Mächte die Absicht zu handeln nicht vorhanden war. So griff er denn zur Idee einer diplomatischen Intervention, in die Frankreich hineingezogen wurde und deren verderblichen Folgen Polen zum Opfer fiel.

Walewski, der in den Traditionen der alten diplomatischen Schule erzogen worden war, glaubte noch an die Mittel und Mittelchen derselben. Er wiederholte stets, dass man England gut kennen müsse, um zu wissen, dass es anfangs kühl sei, sich immer mehr erwärme und zuletzt mit einem unbeugsamen Starrsinn sein Unternehmen verfolge; dass gewiss die diplomatische Intervention auch England heranziehen und weiter führen werde, als es selbst denke. Walewski rechnete auch auf die Empfindlichkeit Russlands, auf die gegenseitige Verletzung der Eigenliebe und darauf, dass es von Worten zu Thaten kommen würde. Er errieth nicht, dass bereits die Epoche herannahte, in der an die Stelle der abgenützten diplomatischen Formen und Gebräuche eine realistische Methode gelangen sollte, die sich in brutaler Weise über alle Rücksichten hinwegsetzen würde, um zu ihrem Ziele zu gelangen, die in cynischer, unverhohlener Weise das Geschäft als ihr höchstes Ziel aufstellen und unter Außerachtlassung der Selbstachtung und des Anstandes anstreben würde, jedes Gefühl der Würde und Empfindlichkeit aus den internationalen Beziehungen zu beseitigen. Walewski ahnte nicht, dass der Meister dieser neuen Schule bereits am Ruder war und während der polnischen Ereignisse eine mächtige Rolle spielte.

Wir sehen somit, dass in diesen unglücklichen Ereignissen die besten Absichten und Pläne, die edelsten Gefühle, die

wärmsten Sympathien, ja selbst die aufrichtige Bereitwilligkeit
zur Hilfeleistung einerseits, ein wahrer Enthusiasmus, ein großer
Opfersinn andererseits in fatalster, unbarmherziger Weise mehr
noch als die Tücken der Gegner dazu beitrugen, die Sache,
der sie dienen sollten, in den Abgrund zu stoßen. Ist das nicht
ein Beweis, dass der Ausgangspunkt irrig und falsch war, dass
er nur zu einem Zusammenbruche führen konnte? Wo
alle gesündigt, die einen gefehlt, die andern geirrt haben, kann
die Ursache der Fehler und Irrthümer nicht in den Menschen
allein gelegen sein.

Und fürwahr, wenn wir uns die Thatsachen vergegenwärtigen und zur Quintessenz dieses Capitels über die Verantwortlichkeiten gelangen, so entdecken wir, dass die Hauptursache
aller Verantwortlichkeiten im Wesen der Begriffe und Ziele
selbst gelegen war. Alle Irrthümer und Fehler der polnischen
Gesellschaft entstammen dem großen Unterschiede zwischen
ihren Bestrebungen und dem System Wielopolski. Die ganze
polnische Gesellschaft mit allen ihren Schattierungen war von
dem ausschließlichen Bestreben nach Unabhängigkeit beseelt
und huldigte dem Glauben, dass sie dazu durch fremde Hilfe
gelangen werde; Wielopolski allein begriff, dass sowohl die
äußere wie die innere Lage eine so weitgehende Lösung nicht
erwarten lasse. Er verstand, welcher Nutzen, aber auch andererseits welche Gefahren der Nation erwachsen könnten,
und er stellte sich auf den praktischen Boden eines Compromisses mit Russland. Die Gesellschaft war weder die Reformen
Wielopolskis noch seine Persönlichkeit selbst zu würdigen befähigt. Nur, als er sich dem militärischen Regime entgegenstellte
und seine Demission überreichte, wurde er populär. Als er
jedoch im Besitze der Macht mit glänzenden Concessionen für
das Land zurückkehrte, traten Hass und Verachtung an die
Stelle der Popularität.

Die Politik Nikolaus' I. war eine Rache für das Jahr 1830,
die polnische Politik eine Revanche für das Jahr 1831. Mit der
Thronbesteigung Alexanders II. wurde die russische Politik der
Rache für das Jahr 1830 eingestellt. Wielopolski sah dies und
wollte davon Nutzen ziehen; die polnische Gesellschaft wollte es
nicht einsehen, nicht ausnützen und der Politik der Revanche

für das Jahr 1830 nicht entsagen. Sie konnte es nicht ver-
schmerzen und dem Markgrafen Wielopolski nicht verzeihen,
dass er sie auf einen andern Weg als auf den zur Unabhängigkeit führen wollte; sie zerstörte daher mit eigenen Händen sein
Werk. Die Frage, mit welchen Mitteln, ist für die Geschichte
nebensächlich.

Das Wichtigste ist, dass die Polen entweder alles oder gar
nichts haben wollten, Wielopolski hingegen den Grundsatz der
politischen Weisheit aufstellte: besser etwas als nichts.

Der schädliche Patriotimsus und der politische Patriotismus.

———

Der letzte Aufzug des letzten Actes der historischen Tragödie war zu Ende. Die Ereignisse des Jahres 1863 schlossen eine Periode der polnischen Geschichte seit der letzten Theilung ab und eine neue begann. Für Nationen, die ihre staatliche Existenz eingebüßt haben, ist es ebenso schwer, die Unabhängigkeit wieder zu erlangen, wie zu sterben. Der Tod oder der Untergang ist nie Gegenstand oder Zweck eines politischen Raisonnements; beschäftigen wir uns lieber mit der Frage des Seins und des Lebens.

Wir haben bereits erwähnt, dass das schönste und erhabenste Ziel einer Nation, die ihre staatliche Existenz verloren hat, die Wiedergewinnung derselben bildet, schon deshalb, weil dies nicht nur die vorzüglichste Form der nationalen Existenz, sondern auch deren beste Sicherung bedeutet. Um jedoch zur vorzüglichsten Form der Existenz zu gelangen, muss man überhaupt bestehen; wenn man durch das Streben nach jener Form seine Existenzbedingungen vernichtet, so kann man unmöglich jene Gestalt erreichen. Man weicht vom Ziele ab und nähert sich seinem Untergange.

Die innigen Beziehungen des Jahres 1863 zur ganzen polnischen Geschichte nach den Theilungen zeigen uns ein solches Abweichen vom Ziele und ein Streben nach der entgegengesetzten Richtung. An den Folgen erkannte die Nation die Verderblichkeit des eingeschlagenen Weges und sie fühlte daher die Nothwendigkeit einer Abschwenkung. Deshalb bildete das Jahr 1863 den Abschluss einer Epoche der polnischen

Geschichte, jener Epoche, die lediglich von der Unabhängigkeitsidee durchdrungen war.

Die Situation Polens war eine derartige, dass seiner Wiederherstellung die größten Hindernisse im Wege standen; sein
Untergang war dritten Grades, die Aussichten auf fremde Hilfe
beschränkten sich auf ein Minimum. Fremde Hilfe war sehr
schwer zu erlangen, denn sie hätte die größten Hindernisse zu
überwinden gehabt.

Die Erfahrung lehrte, dass es riesiger Anstrengungen bedurfte,
um das zusammengeschrumpfte Polen aufzurichten. Daher war
der Schluss, dass eine Wiederherstellung Polens ohne exceptionelle Umstände und außergewöhnliche Persönlichkeiten möglich
sei, eine fehlerhafte Combination.

In diesem politischen Wahne wurden trotzdem seit den
Theilungen alle Generationen erzogen. Die drei Theilungsmächte
wurden unterschätzt; in Russland sah man bloß den Koloss mit
thönernen Füßen, das barbarische Moskowiterthum, zu einer Zeit,
als es schon auf vielen Gebieten Polen überflügelt hatte; in Preußen ein untergeordnetes Gebilde, den früheren Lehensmann; in
Österreich ein der Zerbröckelung verfallenes Conglomerat. Wie
sollte da den Polen nicht alles leicht erscheinen?

Der Wahn nahm verschiedene Formen an. Die Wiederherstellung Polens ist nur vom Willen Europas abhängig. Das Interesse Europas erfordert die Wiederherstellung Polens. Die
Wiederherstellung Polens ist eine europäische Nothwendigkeit,
eine Pflicht Europas. Das waren für die polnische Nation Axiome,
an die sie glaubte und nach denen sie ihr Verhalten einrichtete.
Und doch waren es nur leere Phrasen!

Ein gemeinsames Interesse Europas war in keiner Frage
und in keiner geschichtlichen Periode vorhanden, am allerwenigsten bestand dasselbe in der Wiederherstellung Polens. Das
„Interesse" Europas war lediglich eine oratorische Wendung
oder eine poetische Übertreibung; es war eine heuchlerische
Formel. Selbst als die gewaltige Macht des Islams ein gemeinsames Interesse Europas zu Schutz und Gegenwehr zu schaffen
schien, da suchte so mancher Staat lieber nach Beziehungen
zum Sultan, und Ludwig XIV. schloss mit ihm ein Bündnis,
als die Türken bereits in das Herz Europas eingedrungen waren.
Wie kann man da von einem Interesse Europas an der

Wiederherstellung Polens sprechen? Es konnte der eine oder
der andere Staat daran ein Interesse haben und für sich entweder in der Erweckung der polnischen Hoffnungen oder selbst
in einem Wiederaufbau Polens Vortheile sehen; aber es ist nicht
anzunehmen, dass alle Mächte darin das gemeinsame Ziel ihrer
Bestrebungen gesehen hätten, und deshalb war dieser Glaube
an das Interesse Europas ein politischer Irrthum.

Die Theilung Polens und die daraus für die Theilungsmächte erwachsenen Vortheile hatten einen Gegensatz zwischen
den Interessen dreier mächtiger Staaten und den Wiederherstel-
lungs-Bestrebungen der Polen geschaffen. Es waren weitreichende
Gründe gewesen, die Politiker wie Friedrich II. und Katharina II.
veranlasst hatten, unter Aufopferung weiterreichender Pläne in
den Theilungen das richtige Mittel zur Beseitigung Polens von
der Landkarte zu suchen, denn darin sahen sie die beste
Gewähr, die Eroberungen am sichersten zu behalten. Sie giengen
im Gegensatze zu den Polen von dem Standpunkte aus, lieber
etwas als nichts zu wollen, lieber dauernd etwas als scheinbar
viel zu besitzen. Ein treffender, durch die Zukunft gerechtfertigter Gedanke!

Diesen mit der Wiederherstellung Polens nicht zu vereinbarenden Interessen, die sich auf die realste politische Basis,
den Besitz stützten, standen andere, weniger klar definierte
Vortheile gegenüber, die für den übrigen Theil Europas aus
der Restitution Polens erwachsen konnten.

England, ein Handels- und Seestaat, sah in der Unabhän-
gigkeitserklärung Polens nie einen Vortheil für sich; die polnische Frage war ihm nur ein Mittel, zwischen den Mächten
des Continents zu intriguieren. England beurtheilte die periodischen Aufstände von der negativen Seite, nicht vom Standpunkte
eigenen Nutzens, sondern vom Standpunkte fremder Verlegenheiten. Lord Russell setzte diese Politik am 25. März 1862 im
Oberhause offen und ehrlich auseinander: „Jede Erklärung der
Regierung in dieser Frage muss ungenügend erscheinen, wenn
sie nicht entweder den russischen Hof angenehm berührt oder
das Versprechen materieller Unterstützung an die Polen
enthält. Seit der ersten Theilung hat Polen in England Sympathien gefunden, aber noch nie hat ihm eine Regierung oder ein
Premier-Minister materielle Hilfe in Aussicht gestellt. Die letzte

Theilung wurde ebenso von Pitt wie von Fox in scharfer Weise gebrandmarkt, aber es hat sich keiner von beiden und überhaupt kein Minister Englands für verpflichtet gehalten, in anderer Weise als durch Kundgebung seiner Ansicht zu vermitteln."

Die französische Politik ahnte es schon während der Theilungen, dass ihr das Verschwinden eines unabhängigen Polens zum Schaden gereichen könnte. Es war aber mehr eine Ahnung als ein Calcul. Die Sympathien des officiellen Frankreich waren auf polnischer Seite, aber zu einer Verhinderung der Theilungen führten sie nicht. Selbst als durch die neuen Ideen der Revolution ein Gegensatz zwischen Frankreich und der bestehenden Rechtsordnung, ein Kampf zwischen ihm und dem alten Europa heraufbeschworen wurde, hat man über Polen bloß gesprochen und discutiert, es mit hohlen Theorien genährt und höchstens in pathetischer Weise bemitleidet. Erst als Napoleon das alte Europa niederstreckte und Frankreich die Übermacht in Europa sichern wollte, sah er den Nutzen und die Nothwendigkeit eines selbständigen Polens ein. Das Napoleonische Frankreich hatte nur Besiegte, aber keine aufrichtigen Bundesgenossen um sich. Die Errichtung eines mit Frankreich coalierten polnischen Staates, der sich wie ein Keil zwischen die drei Theilungsmächte eingeschoben hätte, war eine Nothwendigkeit; die außerordentlichen Siege Napoleons machten dies möglich. Das ist der historische Moment, in dem Frankreich nicht nur die Vortheile, sondern auch die Möglichkeit der Wiederherstellung Polens klar wurden. Damals wurde den Polen zum ersten-, aber auch zum letztenmale ihre Unabhängigkeit wiedergegeben. Doch das Genie Napoleons hatte diese Aufgabe nicht ganz bewältigen können. Die Entfernung der rettenden Hand vom Objecte, Frankreichs von Polen war zu groß; wenn sie auch Napoleon in rasendem Siegesschritte zurücklegte, sie bestand doch. Der Entschluss Napoleons, Polen wiederherzustellen, war zwar factisch realisierbar, doch politisch nicht ohne Hindernisse, die sich immer mehr thürmten, bis sie sein Genie überragten und an die Stelle eines seinen Siegen entsprechenden starken, mächtigen ein kleines, schwaches, den politischen Verhältnissen angepasstes Polen setzten. Napoleon fühlte, dass die Vollendung dieses Werkes viel Hass, Neid, Rache und Revanche-Gefühl gegen ihn erweckten, dass sich schließlich alles

bis auf das schwache Polen gegen ihn wenden würde. Und das
alles gerade deshalb, weil die Wiederherstellung Polens lediglich dem Interesse des Napoleonischen Frankreich, aber nicht
dem Interesse aller anderen Staaten entsprach.

Dass die Nothwendigkeit der Wiederherstellung Polens
nicht bestand, das beweist am besten die Geschichte Polens
nach den Theilungen. Die Welt gieng und geht noch jetzt
ihres Weges weiter, weder glücklicher noch unglücklicher, als
zur Zeit, da der polnische Staat bestand. Alle Weltniederlagen
dem Untergange Polens zuschreiben zu wollen, ist eine Illusion.
Siegmund Krasiński hat in poetischer Extase ausgerufen: „Polen
muss aufs neue erwachen, denn durch seine Zerstörung würde Europa das Herz aus dem Leibe gerissen werden!" Polen war nicht das
Herz Europas und Krasiński war nicht eingedenk der anatomischen
Wahrheit, dass ein Herausreißen des Herzens den Tod nach sich
ziehen muss, dass somit nicht nur Polen, sondern auch Europa
nicht mehr leben könnte, wenn Polen sein Herz gewesen wäre.

Polen selbst hätte die Pflicht gehabt, seinen Staat zu erhalten, und wenn es diese Pflicht nicht erfüllte, so hat es selbst,
nicht Europa die Schuld zu tragen. Ein Verschulden legt nur
demjenigen die Pflicht der Sühne auf, dem es zur Last fällt.

Die Geschichte Polens, seit den Theilungen, zerfällt in zwei
Hälften: in die Bestrebungen nach Erlangung der Selbständigkeit „durch eigene Kraft" und in die durch fremde Unterstützung.
Man könnte sagen, dass nur diese Merkmale eine Scheidewand
zwischen den demagogischen und conservativen Kreisen der
polnischen Gesellschaft bilden. Allein es ist bemerkenswert und
beweist die große Bedeutung des Axioms, dass Polen ohne
fremde Hilfe nicht wiederhergestellt werden kann, dass sich
auch alle Selbständigkeitsbestrebungen „durch eigene Kraft" auf
die Erwartung irgendeiner unklaren, nebelhaften, fremden Unterstützung durch diese oder jene Macht oder auf die Erwartung
einer allgemeinen Revolution, einer Umwälzung in Russland
stützten.

Während sich jedoch die Einen fremde Hilfe zu verschaffen
suchten, wollten die Anderen sie durch bewaffnete Aufstände
erzwingen. Das sind die Unterscheidungsmerkmale zwischen
den Conservativen und Demagogen. Letzteres System führte
zum 1863er Aufstande, das erstere zum Anschlusse an den Auf-

stand. Beide Lager verfolgten das gleiche Ziel, aber auf verschiedene Weise; das erste offen, das zweite geheim; dabei kam das erste dem zweiten zuvor und riss es mit sich fort.

Der Aufstand Kościuszkos war unter dem Drucke der Demüthigung ausgebrochen, die alle Edlen angesichts des schmachvollen Unterganges empfinden mussten. Der Aufstand war mehr eine Revolte gegen die Niedertracht des XVIII. Jahrhunderts, gegen die Schande der ersten Theilung, die ohne jeden Widerstand erfolgt war, gegen die Ohnmacht bei der zweiten Theilung, als ein Kampf für die Unabhängigkeit. Der Aufstand Kościuszkos hat weder politisch noch strategisch günstige Chancen gehabt; er konnte auf fremde Hilfe nicht rechnen und auch selbst seine Pläne nicht verwirklichen; er war lediglich ein Ausdruck der verspäteten Selbstvertheidigung und der verspäteten socialen Reform, ein Symptom der Verzweiflung, nicht der Überlegung. Aber dieser Aufstand hat eine Renaissance des öffentlichen Geistes herbeigeführt, er hat dem Egoismus der Individuen, durch den der Staat in den Abgrund gestürzt worden war, ein Ende gemacht, und an die Stelle derselben die Liebe zur gemeinsamen Sache gesetzt. Da er bis zu den letzten fundamentalen Schichten der Gesellschaft griff, so lenkte er die allgemeine Aufmerksamkeit auf die bedeutungsvolle Bauernfrage, deren Lösung erst Fremden beschieden sein sollte.

Die polnischen Legionen bildeten den lebendigen Ausdruck des Glaubens an fremde Hilfe. Es war eine weise That ihrer Begründer, dass sie die nationale Existenz nicht gefährdet, die polnischen Länder verschont und klar zu erkennen gegeben haben, das Land dürfe sich keiner Gefahr aussetzen, bevor nicht fremde Hilfe an Ort und Stelle erscheine. Das Aufgebot der Nation nach dem Einmarsche der Napoleonischen Truppen war seit der Theilung zum ersten Mal gerechtfertigt, ja sogar nothwendig. Es war auch ein Werk der Älteren, Erfahreneren. Und siehe! die Massen folgten nur spärlich; viele zogen sich zurück. Selbst Kościuszko wollte dem französischen Kaiser nicht folgen. Wie wenn die polnische Nation nur zu leichtfertigen Unternehmungen verurtheilt wäre! Das Vordringen der Napoleonischen Heere nach Polen, um hier einen polnischen Staat zu schaffen, machte zum erstenmal das Unternehmen realisierbar, denn es verschaffte ihm die unentbehrliche fremde

Hilfe. Es war auch das einzigemal, dass wenigstens ein Theil Polens eine unabhängige Staatsform erlangte.

Und doch zeigte es sich, dass es nicht genug ist, die Unabhängigkeit wieder zu erlangen, dass es viel schwerer ist, sie dauernd zu behalten. Die Dauer ist wohl zum Theil auch vom Umfange des Staatswesens, aber hauptsächlich nur von seiner inneren Kraft abhängig.

Das Großherzogthum Warschau, im Jahre 1807 in kleinem Umfange begründet und im Jahre 1809 erweitert, hätte sich noch ausdehnen können, aber es fehlte ihm an inneren Existenzbedingungen, und so war fremde Hilfe nicht nur zu seiner Begründung, sondern auch zu seiner Erhaltung nothwendig. Als Napoleon und mit ihm die auswärtige Stütze verschwunden war, hörte auch das Großherzogthum Warschau zu bestehen auf.

Doch die Nation unterließ es, die nöthigen Schlüsse daraus zu ziehen. Ein falscher Instinct sagte ihr, dass jetzt Europa die Sache nicht fallen lassen, nicht opfern werde; sie träumte von einer undefinierten fremden Macht, die stets bereit wäre, den Polen zu ihrer Unabhängigkeit zu verhelfen. Indem sie den Untergang des Großherzogthums Warschau mit den Siegen der Coalition und der Restauration der Bourbons in einen Zusammenhang brachte, meinte sie, es genüge, die letzteren zu stürzen, um die Selbständigkeit zu erlangen. Die jüngsten Beispiele der Befreiung Griechenlands und der Entstehung Belgiens wirkten auf die Gemüther, und bei dem angeborenen Nachahmungstrieb der Polen war es ein Leichtes, sie zur Befolgung dieser Beispiele zu bewegen.

Dazu gesellte sich noch die verblüffende Erscheinung eines sonderbaren Idealismus bei den Polen, der unter Übersehung der eigenen politischen Vortheile nur darnach strebte, jemanden oder etwas und zum Schlusse Europa zu schützen. Während der Republik schützten wir das Christenthum vor der Türkengefahr. Im Jahre 1830 bildete sich die Verschwörung und ein großer Theil der Nation ein, dass die Juli-Revolution eine Frage der Völkerfreiheit sei, für die sie eintreten müsse; sie griff zu den Waffen, in dem Glauben, die europäische Völkerfreiheit dadurch zu retten, dass sie dem Czaren Nikolaus den Weg nach Frankreich verlege.

Der November-Aufstand gieng weder von der ganzen Gesellschaft, noch von den Älteren und Erfahreneren aus. Mit ihm nahm die ungesunde, verderbliche Praxis ihren Anfang, dass lediglich junge, unerfahrene Männer zu entscheiden hatten, während sich die älteren durch die allgemeine Begeisterung fortreißen ließen. Zur ungelegensten Zeit, denn bald nach der Erdrückung der inneren Conspirationen in Russland und nach der Beendigung des Krieges mit der Türkei unternommen, hat der Aufstand die wertvolle Gegenwart und die nationale Zukunft ohne jede Nothwendigkeit unter Verleugnung aller politischen Combinationen in Gefahr gestürzt,, diesmal ohne die edlen Motive des Kościuszko-Aufstandes.

Einen militärisch und politisch so sicheren Posten des nationalen Lebens, wie es das Königreich Congress-Polen war, dem Untergange preiszugeben, war schlechthin wahnwitzig. Dieser Schritt war der größte politische Fehler in der polnischen Geschichte seit den Theilungen Polens; man konnte ihn ermessen an dem, was die Nation durch ihn verlor, an den unglückseligen Traditionen und Folgen des November-Aufstandes. Der Aufstand von 1830 war der größte politische Fehler, weil er nicht nur die eigenen Kräfte überschätzte, sondern auch das Verhältnis der Kräfte nicht genau berechnete; er wartete auf fremde Hilfe, aber auf eine unbestimmte, undefinierte, nicht nur nicht geleistete, sondern auch nicht einmal in Aussicht gestellte. Zu einer Zeit, als die neue Regierung Frankreichs vorerst nach einem guten Einvernehmen mit allen europäischen Mächten strebte, glaubten die Aufständischen, dass sich diese Regierung wegen Polens mit allen zerwerfen und Ludwig Philipp einen unmöglichen und verzweifelten Kampf für die polnische Unabhängigkeit aufnehmen werde. Die Verwirrung der Geister, die sich so oft wiederholen sollte, kam am deutlichsten während des Sturmes auf Warschau zum Ausdrucke, als die Polen von den Dächern auslugten, ob die Franzosen nicht kämen.

Der November-Aufstand hat nicht nur die nationale, sondern auch die leidliche politische Existenz zugrunde gerichtet; er hat die Garantien des Wiener Vertrages auf Gnade und Ungnade den Theilungsmächten ausgeliefert und eine lange Epoche der nationalen Stagnation eingeleitet. Seine herrlichen Waffenthaten, Grochów, Dąb, Wawer, Ostrołęka beweisen nur, dass nicht die

Politik, sondern der Militarismus den Beruf der polnischen Nation
bildete. Wenn diese Thaten dem polnischen Namen auch neuen
Ruhm verschafften, so haben sie aber auch die Bedeutung des
durch den Aufstand begangenen politischen Fehlers verhüllt.
Der Schaden an der nationalen Existenz wurde durch den militärischen Ruhm verdunkelt. So entstand die Theorie des Unrechtes
ohne Anerkennung des eigenen Verschuldens, die, anstatt zur
Gutmachung der begangenen Fehler, zu neuen Fehlern, zur
Revanche führte.

Mit geringen Ausnahmen suchte die polnische Gesellschaft
in der langen und traurigen Epoche von 1830 bis 1863 nur eine
Revanche für das Unrecht, das an ihr nach dem November-
Aufstande begangen war. Ein Emigrant, den man fragte, warum
Alle nach dem Jahre 1831 so massenhaft das Land verließen
und nach Paris geeilt wären, antwortete: „Wir wollten den
König Ludwig Philipp stürzen, um dann mit den Franzosen Polen
zu befreien."

Es waren jene Zeiten, während welcher die Polen an allen
Verschwörungen und Revolutionen, Excessen und Revolten
theilnahmen; es gab keine Bewegung in Europa, an der sie
nicht betheiligt gewesen wären und das war der Grund, dass
die polnische Frage in den Augen Europas nicht einen nationalen, sondern einen revolutionären, nicht einen conservativen,
sondern einen umstürzlerischen Charakter erhielt. Die Theilungsmächte nützten dies aus und schmiegten sich noch fester
aneinander auf Grund der Theilung Polens, dessen Wiederherstellung nicht mehr bloß ihren Ländererwerb, sondern auch
ihre Existenz bedrohte.

Die traurigste Consequenz der politischen Ethik der Epoche
von 1831 bis 1863 war — das Jahr 1863. Es war eine Krönung
des nationalen Vernichtungswerkes durch die Nation selbst.

Es ist klar, dass das Streben nach Unabhängigkeit fruchtlos
und für die nationale Existenz verderblich war; diese wurde
nur immer mehr von ihrem Ziele entfernt und ihre Chancen,
nicht als Staat, sondern selbst als Nation wurden immer geringer.
Die Lage der Nation wurde immer schlechter. Der eingeschlagene
Weg war falsch, die Anschauung irrig, die Erziehung verfehlt.

Trotz der kläglichen Niederlagen lebte in der Nation
noch immer der alte Patriotismus, die alte Anhänglichkeit an

das Vaterland. Moltke zählt unter den Völkern, die sich durch
besonderen Patriotismus auszeichnen, die Polen auf.

Die Polen zeichnen sich namentlich durch zwei Eigenschaften
aus: durch den Glauben an die Zukunft und durch die unerschütterliche Hoffnung. Diese zwei Vorzüge kamen am deutlichsten
während der Unglücksschläge und Niederlagen zum Vorschein und
sie erzeugten jene große Widerstandskraft, der die Nation ihre
Existenz zu verdanken hat: die Unverzagtheit im Unglück. Nie
war ein Pole bewunderungswürdiger, als unter dem Drucke,
denn er glaubte und hoffte; leider war er minder fähig, günstige
Verhältnisse auszunützen.

Wie kam es also, dass die polnische Nation trotz dieser Vorzüge den Untergang ihres Staates nicht verhüten konnte, sondern, statt ihre Unabhängigkeit wiederzuerlangen, sich selbst aufs
empfindlichste traf? . . . Es kam daher, dass sie kein Maß
kannte. Sie wusste nicht das Gleichgewicht zu erhalten zwischen ihren Tugenden und ihren Fehlern, sie hütete sich nicht
vor Übertreibung ihrer Vorzüge. Das führte wiederum zu den
Fehlern der Vorzüge. Der Mangel an Maß in den Tugenden
wie in den Schwächen ist nichts Anderes, als eine Absage an
die politische Raison.

Als sich die Fehler in maßloser Weise gehäuft hatten,
führten sie den Untergang Polens herbei. Die Vorzüge waren
nicht mehr imstande, den Zusammenbruch aufzuhalten. Die
Bestimmung der Nationalfehler war es, Unheil zu stiften;
die Vorzüge haben das Übel nur vergrößert, anstatt es gutzumachen.

Der Muth und die Tapferkeit wurden zur Verwegenheit,
Tollkühnheit, Zügellosigkeit, zur leichtfertigen Gefährdung von
Gut und Blut, zum Schaden des öffentlichen Wohles. Statt zur
Friedenspolitik die Zuflucht zu nehmen, glaubte man, sich nur
schlagen zu müssen. Der polnische Patriotismus unterließ es,
sich aus nationalen Rücksichten Beschränkung aufzuerlegen, er
wollte lieber den eigenen Leidenschaften, der eigenen Eitelkeit
genüge thun.

Wir haben wiederholt auf die Ähnlichkeit der polnischen
und jüdischen Nation in dieser Beziehung aufmerksam gemacht. Siegmund Krasiński empfand dies und las mit großem
Fleiße die Geschichte der Juden von Josephus Flavius. Wie

einst die Juden unter den härtesten Schicksalsschlägen verkündeten: „Bis an den Euphrat! Nach Egypten! Von Meer zu
Meer!" — ebenso schmeichelte auch der polnischen Eitelkeit
das Schlagwort: „Von Meer zu Meer!" Den jüdischen und
polnischen Losungsworten fehlte es jedoch an Realität. Die
Vaterlandsliebe, diese aufrichtigste und tiefste Liebe, wurde bei
den Juden und Polen zu einer Abstraction, die sich über das
Land, die Gesellschaft, die nationale Existenz emporschwingen
und zu einer Gottheit umgestalten wollte, auf deren Altar die
heiligsten Güter des Volkes, das Land, die Gesellschaft und
die nationale Existenz geopfert werden sollten. An die Stelle
von Opfersinn und Opferfreudigkeit traten Verschwendung und
Selbstzerfleischung; aus dem mannhaften Glauben wurde kin-
dische Leichtgläubigkeit und blinder Fanatismus, ein Fanatismus
gegen sich selbst, der zum Märtyrerthum, zur Verstümmelung
der Nation durch die Nation selbst drängte.

Der polnische Glauben kannte kein Maß und keine Grenzen;
er erzeugte daher nicht die in menschlichen Dingen nothwendigen
gesunden Erwartungen und Hoffnungen, sondern ein ganzes
Geschlecht kränklicher, zarter und doch mit aller Leidenschaft,
Verblendung und sündhaften Liebe verklammerter Illusionen.

Die Hoffnung bildete den ausschließlichen Nahrungsstoff
der Nation; alle anderen Factoren bestanden für sie nicht. Es
genügte ihr die Hoffnung auf Unabhängigkeit, der nationalen
Existenz wandte sie keine Aufmerksamkeit zu, denn diese
war für sie nur von untergeordneter Bedeutung. So kam
es, dass die polnische Nation in eine Stagnation gerathen war.
Eine Nation, die lediglich von Hoffnungen lebt, gleicht einem
in Spiritusgefäß gesetzten Körper. Der Spiritus conserviert
den Körper, aber dieser verliert die Fähigkeit zu selbständigem
Leben. Die lediglich auf Hoffnungen beschränkte Existenz der
polnischen Nation bewirkte es, dass sie in einem Zustande ver-
blieb, wie wenn sie in Spiritus gesetzt worden wäre.

Das stand im Gegensatze zur Politik und zu ihren Geboten.
Denn diese verlangen Kräftigung und Entwicklung des
Organismus, Vermehrung seiner Lebenskräfte. Der Orga-
nismus kann nur im Freien, nur durch die Bewegung seiner
Glieder und durch thätiges Leben gedeihen und sich ent-
falten.

Etwas anderes ist die Zuversicht, die zur mannhaften That aneifert, und etwas anderes eine Hoffnung, die nur Illusionen erweckt. Jener dürfen wir uns nie entledigen; vor dieser müssen wir uns inacht nehmen. Die ausschließliche Hinneigung der polnischen Nation zur Unabhängigkeitsidee machte sie gegen alles gleichgiltig, was diese Idee nicht sofort verwirklichte. Dadurch entstanden zwei Extreme: Die Nation, die ausschließlich für die Unabhängigkeitsidee lebte, schloss sich apathisch in dieselbe ein, oder raffte sich auf, um sie zu verwirklichen. Im ersteren Falle entsagte sie der frischen Luft und der gesunden Nahrung, im anderen nahm sie zur scharfen Luft und zu Arzneien ihre Zuflucht. Dies gesunde Nahrung bildet die Arbeit für das öffentliche Wohl, für die nationale Existenz, jene Arbeit, die man organisch, positiv, conservativ nennt, und die sich so genau in die Worte zusammenfassen lässt: stets und überall seinen Handlungen die obwaltenden Umstände zugrunde zu legen, in der Überzeugung, dass immer etwas zu machen wass, wobei auch nur das gemacht werden soll, was sich machen lässt. Die Arzneien dagegen reizen nur das patriotische Gefühl, zu unternehmen, was sich weder durchsetzen, noch unter den gegebenen Bedingungen erreichen lässt. So entstanden bei uns im letzten Jahrhundert zwei Systeme, die leider doch im letzten, im entscheidenden Augenblicke ineinander zusammenflossen.

Das erste System schloss die Hoffnung nicht aus, sondern es stützte sich noch auf dieselbe, es wirkte, so weit es gieng und nur so weit es unter den gegebenen Verhältnissen gieng. Das war die wirkliche, ernste Arbeit im Interesse der nationalen Existenz.

Thaddäus Czacki, die Träger des Namens Czartoryski und Sniadecki, dann Marcinkowski, Raczyński, Leo Sapieha, endlich Andreas Zamoyski waren die Begründer und Repräsentanten dieses Systems. In nationaler Beziehung conservativ, hat dasselbe doch in ökonomischer, sittlicher und geistiger Beziehung der Nation Siege gesichert und neue Güter in Aussicht gestellt. Die Consequenzen dieses Systems sind nicht zu übersehen. Wer weiß, wie viele Niederlagen durch dasselbe der Nation erspart und wie viel Kraft ihr zugeführt worden wäre!

Durch das zweite System wurde jede Thätigkeit im Interesse des nationalen Wohles wenn nicht ganz ausgeschlossen, so doch bedeutend erschwert, die Anwendung der geeignetesten Mittel zur Kräftigung der nationalen Existenz verhindert. Der Patriotismus wurde dogmatisiert; alle Gefühle, Gedanken und Thaten concentrierten sich in den Verschwörungen und Aufständen. Während das erste System die Kräfte ansammelte, hat das zweite sie verschwendet; in nationaler Beziehung demagogisch, opferte es den Gelüsten und der Unvernunft der Massen das durch Vernunft und Vorsicht gesicherte öffentliche Wohl. Dieses System fand in der revolutionären Partei seine Vertretung. Revolutionär war diese Partei nur insofern, als sie von einem Sieg der allgemeinen Revolution und von einem europäischen Umsturz das Heil der polnischen Sache erwartete; in Wirklichkeit war sie nur eine aufständische Partei, stets bereit, mit der Waffe in der Hand, blindlings den blutigen Kampf für die polnische Unabhängigkeit unter Aufopferung der nationalen Existenz aufzunehmen.

Die Verkörperung dieses Systems bildete ein Mann, wie prädestiniert, Verheerung anzurichten, die nationalen Begriffe zu trüben, der Nation Niederlagen zu bereiten, eine räthselhafte, unbegreifliche Erscheinung. Mierosławski war ein Apostel des Widersinnes und des Wahnes, der Selbstzerstörung und der nutzlosen Opfer; verderblich in seinen Thaten, unsinnig in seinen Reden, der Herold und Schöpfer aller politischen und militärischen Niederlagen.

Unter seinem Einflusse standen zwei Generationen und in ihm sah die Partei ihr Orakel; denn er ließ seine Unvernunft zum Volke, zu dessen Fehlern und Schwächen sprechen.

Dieses zweite System und dessen Partei mussten schon ihrem Wesen nach dem ersten System entgegengesetzt sein; denn jenes machte dieses nicht nur ohnmächtig, sondern auch überflüssig. Hätten da nicht innere Kämpfe sowohl im Lande, wie in der Emigration entstehen sollen?

Die Partei des ersten Systems durfte nie ihre Hand zu den selbstmörderischen Thaten des zweiten Systems hergeben. Nur unter der Voraussetzung einer fremden Hilfe, die bereits da war, konnte der Kampf für die staatliche Existenz aufgenommen werden. Auf sich selbst angewiesen, hätte das zweite System

wohl einzelne Niederlagen, aber keinen Zusammenbruch herbeiführen können. Es geschah anders!

Nie hat es in Polen eine genügend feste Minorität gegeben,
die durch ihre Vorzüge und durch ihr unerschütterliches Urtheil
ein Gleichgewicht gegen die allgemeinen Schwächen gebildet
hätte; es hat an einer Macht gefehlt, den gefährlichen Praktiken
und tödlichen Unternehmungen Widerstand zu leisten. Die Partei
des ersten Systems ist in den entscheidenden Momenten der
Jahre 1830 und 1863 ihrer Überzeugung und ihrem System
nicht mehr treu geblieben; sie ließ sich durch das Übel fortreißen und führte dann nicht etwa bloß zum Schaden, sondern
zum Untergange.

Zwischen der conservativen und der demagogischen Partei
bestand lediglich der Unterschied, dass jene die Arbeit für das
nationale Wohl nicht nur nicht unmöglich machte, sondern vielmehr in Angriff nahm, dass sie deren Bedeutung zu würdigen
verstand und die Wiederherstellung Polens nur von fremder
Intervention erwartete; der conservative Patriotismus handelte
darin vernünftig und gewissenhaft.

Wenn jedoch die conservative Partei bei ihrer Gewissenhaftigkeit, Weisheit und ihrem allein heilbringenden, weil vernünftigen Patriotismus nicht bis ans Ende verharrte, so geschah
es deshalb, weil sie von dem falschen Gesichtspunkte aus-
gieng, die Wiederherstellung Polens sei möglich und eine
fremde Intervention werde dieselbe herbeiführen. Darin fand
sie sich zusammen mit der unsinnigen und verderblichen,
von einem unvernünftigen Patriotismus geleiteten Partei des
zweiten Systems. Es war der Grundsatz entstanden, der die
Quintessenz aller Irrthümer, Schwächen und Fehler in sich fasste:
Wenn das Unabhängigkeitsbanner entfaltet ist, muss man ihm
folgen, auch wenn man nicht weiß, wohin es führt, und auch
wenn man weiß, dass es ins Verderben führt.

Beide Parteien trugen somit zu den Niederlagen nach
den Theilungen bei. Die polnische Gesellschaft strafte ihr
eigenes Sprichwort Lügen: „Durch Schaden wird der Pole klug.“
Es sollte sich zeigen, dass der Pole selbst durch Schaden nicht
klug wird.

Die Fehler und Irrthümer können daher nicht bloß Einer
Partei oder Einem System zur Last gelegt werden. Sie waren

allen gemeinsam, denn sie waren eine Folge der gemeinsamen geschichtlichen Vergangenheit, der gemeinsamen nationalen Charakterschwächen und der gemeinsamen Erziehung, die die Nation ausschließlich für die staatliche Existenz vorbereiteten, statt sie an die Arbeit für das nationale Wohl zu gewöhnen, die der Nation einen blinden Glauben und eine grenzenlose Hoffnung auf fremde Intervention einimpften, statt ihr über die wirklichen Aussichten derselben Klarheit zu verschaffen. Dazu gesellte sich noch die nationale Zeitpoesie.

Die nationale Poesie nahm inmitten der Gesellschaft, die schwere politische und sociale Aufgaben zu erfüllen hatte, einen allzugroßen Raum ein. Statt der Gesellschaft beizustehen, wurde die Poesie zu ihrem ausschließlichen Elemente. Die Politik fordert Nüchternheit; die Poesie in der Politik kann nur berauschen. Unter dem Einflusse der Poesie vergaß der polnische Patriotismus die Wirklichkeit und lebte nur von Illusionen. Durch die Poesie betäubt, raffte sich der Patriotismus zu übermenschlichen Thaten empor, die ihm seine Phantasie, nicht aber seine Vernunft dictierten. Er jagte Phantomen nach, unter Verzicht auf die Wirklichkeit; er zerstörte die nationale Existenz, denn er hatte mehr schwärmen als denken gelernt.

Die Poesie appellierte zuerst an die Jugend. Erfahrung, Vorsicht, Vernunft wurden fortgeschlendert; nicht die alten, ergrauten Männer, sondern die Jugend sollte fortan über die Schicksale der Nation entscheiden. So begannen die nutzlosen und verderblichen Opfer des Leichtsinns und des Wahns. Die Poesie stellte die Nation nicht als eine für ihre Niederlagen allein verantwortliche Gesellschaft, sondern als ein geistiges Opfer dar, sie lehrte die Nation die Ursachen ihres Unterganges nicht in den eigenen Fehlern, sondern in der Ungerechtigkeit anderer suchen; nicht die eigene Besserung, sondern die unerreichbare Revanche verkündete die Poesie als einziges Heil.

Aber es darf nicht geleugnet werden, dass die Poesie gleichzeitig der nationalen Existenz auch unermessliche Dienste leistete, indem sie durch ihre Blüte eine neue nationale Existenzbedingung ins Leben rief und die Bedeutung der polnischen Literatur, als eines mächtigen Factors der nationalen Existenz, in hervorragendem Maße erhöhte. Die Sprache der Nation, die einen „Pan Tadeusz" besitzt, kann nicht untergehen.

Und doch musste die Betrachtung der Dinge und Ereignisse durch das Prisma der Poesie Täuschungen hervorrufen und eine künstliche Atmosphäre schaffen. Die Religion der Täuschungen musste sodann zur Lüge ihre Zuflucht nehmen. Das Volk wurde belogen und es belog sich selbst; die Lüge feierte in der polnischen Gesellschaft Triumphe, denn sie entsprach seinen Gefühlen. Die Lüge wurde zur Gewohnheit.

Die Sünden und Fehler Polens waren vor den Theilungen zweifellos groß und schwer gewesen, sie verlangten eine Sühne, aber vorerst eine solche, die den Abgrund überbrücken, nicht vertiefen konnte. Weil die früheren Generationen Übles begangen hatten, waren die folgenden Generationen nicht zum Wahnsinn verpflichtet; nur durch eine heilbringende, nicht durch eine schädliche Aufopferung hätte die Schuld gesühnt werden müssen.

Diese periodischen Aufraffungen und diese Continuität der Aufstände hatten nur Verluste an Menschen und an Geld, eine Unterbrechung der nationalen Arbeit und der Pflege des nationalen Bewusstseins zur Folge; auf jedes fruchtlose Unternehmen folgte eine Periode des Niederganges und der Stagnation. Und so lebte die Gesellschaft nur von den Erinnerungen an die Napoleonischen Kriege und an das Großherzogthum Warschau, an das Großherzogthum Krakau und an die ihr durch den Wiener Congress in Galizien und in Posen eingeräumten Privilegien; diese Traditionen und Erinnerungen bildeten die geistige Nahrung mehrerer Generationen, sie gestatteten denselben weder zu leben noch zu sterben, sie bildeten eine Bürgschaft für die Continuität des polnischen Gedankens.

Ein großer und erhabener Gedanke, ein schönes und hehres Ziel besitzen an sich eine außerordentliche Gewalt. Sie geben die Kraft zu großen Bestrebungen und werden zur Springfeder übermenschlicher Aufopferung. Das höchste Ziel einer Nation, die Unabhängigkeit, die sie verloren hat, wieder zu erlangen, hat in sich diese Kraft. Sie der Nation wegnehmen, hieße sie schwächen und schädigen; das Schönste und Erhabenste kann durch etwas minder Schönes und Erhabenes nicht ersetzt werden. Ein unabhängiges Polen „von Meer zu Meer" musste viel besser der nationalen Phantasie entsprechen, als Militärparaden am sächsischen Platz oder eine Creditanstalt oder ein Staatsrath, und musste daher auch viel inniger die ganze

25*

Gesellschaft in Einem Gedanken und in Einem Entschlusse zusammenschließen. Sonst, ohne diesen Kitt und ohne diesen Hebel, könnte die Gefahr einer Lockerung oder Auflösung der nationalen Bande erfolgen. Die Bedeutung und die Macht der Unabhängigkeitsidee für die nationale Existenz darf daher selbst auf dem praktischen, positiven und ausschließlich politischen Boden nicht verkannt werden.

Und doch ist es gleich schön und erhaben, wenn man keinen Staat bilden kann, wenigstens eine Nation zu bleiben. Denn es ist schwerer, seine Existenz als Nation zu erretten, als Nation fortzubestehen. Darum finden auch hier jene Männer mehr Ruhm, die die Hindernisse bewältigen. Für die Polen ist es nicht nur eine Pflicht, sondern auch eine Nothwendigkeit, als Nation fortzubestehen. Ist es denn möglich, dass mehr als zehn Millionen plötzlich vom Erdball verschwinden? Will die polnische Nation nicht das Schicksal der jüdischen Nation aus den gleichen Gründen wie diese erleiden, will sie nicht erst aus einem Räubervolke wie die Griechen oder aus einem Bauernvolke wie die Bulgaren und Serben zur Wiedergeburt gelangen, so muss sie sich selbst treu bleiben und sich ganz der Erhaltung der nationalen Existenz zuwenden.

Die Erhaltung dieser Existenz erfordert ebensoviel Energie, Aufopferung, Ausdauer und Begeisterung, wie sie seit hundert Jahren aufgebraucht worden sind, um diese Existenz zugrunde zu richten.

Nicht der Patriotismus nach den Theilungen Polens war verderblich und verabscheuungswürdig, sondern seine Praktiken, nicht das Wesen der Sache war fehlerhaft, sondern ihre Form. Die ethische Wahrheit und absolute Schönheit dieses Patriotismus wurde von seinem krüppelhaften Organismus aufgewogen und der Patriotismus führte zur Gefahr statt zur Rettung. Mit diesem Patriotismus musste gebrochen werden. An Stelle des schädlichen Patriotismus musste der politische Patriotismus treten.

Zwölftes Capitel.
Die „Stanczyken-Schule".

Nach dem Zusammenbruche des Aufstandes vom Jahre 1863 bemächtigte sich aller Gemüther große Enttäuschung und außerordentliche Ernüchterung. Eine ungesunde Ernüchterung und Enttäuschung. Es war wie ein Erwachen nach einer Orgie oder nach einem bösen Traume.

Die bisherigen Hoffnungen hatten getäuscht, die bisherigen Bestrebungen hatten sich als unmöglich erwiesen und die alten Götter hatten gelogen — man musste sie durch andere, weniger concrete, weniger grausame, aber dafür heilige und erhabene ersetzen. Es musste den geänderten Begriffen und Anschauungen, und nicht bloß den durch die Ereignisse hervorgerufenen factischen Änderungen Rechnung getragen werden. Darin ist der erste und wichtigste Anlass der Entstehung der neuen politischen Schule zu suchen, hier steckt die Ursache ihres Erfolges und ihrer Siege. Sie entsprach nicht nur der politischen Lage, sondern auch den geistigen Bedürfnissen der Gesellschaft; sie schöpfte ihre Lebensfähigkeit nicht aus der Weisheit Einiger, sondern aus den Bedürfnissen Aller.

An die Stelle der unerfüllten Wünsche und der vereitelten Versuche nach Gewinnung der Unabhängigkeit hatte die Schule auf allen Gebieten die Arbeit für das allgemeine Wohl zu setzen. Sie verkündete das Gebot der Pflicht gegenüber der Nation und lehrte, wenn man dadurch auch nicht zur Unabhängigkeit gelangen, wenn man auch keine Ehren, keine Lorbeeren und keinen Ruhm ernten könne, so müsse dennoch die schöne, erhabene und verdienstvolle Arbeit im Interesse der nationalen Existenz begonnen werden. Unter diesem Banner sollte die Schule zum Siege gelangen und die Wahrheiten, die sie verkündete, waren die Ursache ihrer Entstehung. So war es möglich, dass die entstehende Schule jene geistige Öde, die durch die Ereignisse vom Jahre 1863 geschaffen war, ausfüllte, bevor sie noch, wenn auch nur theilweise, die politische Öde beseitigte.

Der Krakauer Kreis, der nach 1863 an die Festsetzung der Grundsätze der Schule schritt, war nicht der alleinige Übelthäter, aber er war mitschuldig an den verhängnisvollen Ereignissen und als Mitschuldiger fühlte er tief die Gründe der Verluste und Unglücksfälle.

Der Krakauer Kreis gründete die Schule des politischen Patriotismus nicht, trotzdem er an den Ereignissen des Jahres 1863, sondern weil er an ihnen betheiligt gewesen war. Die Worte des Cardinals Retz: „Größer ist derjenige, der sich zur Schuld bekennt, als wer ihr auszuweichen vermag,“ wollte der Krakauer Kreis zum Nutzen der eigenen Nation anwenden. Er suchte hinter den 1863er Ereignissen die Ursachen aller Niederlagen nach der Theilung Polens und die Lehre, was eine Gesellschaft zu meiden und was sie zu thun habe, um eine Nation zu bleiben. Man kann ihm vorwerfen, dass seine Weisheit de l'esprit d'escalier, dass sie verspätet war. Aber es ist besser, auf den Treppen und spät vernünftig zu sein, als nie und nirgends. Die Zukunft hat bewiesen, was in der Politik selbst auf den Treppen und in der letzten Stunde die Vernunft nützen kann.

Die Krakauer Schule besitzt das Verdienst, es verhindert zu haben, dass die 1863er Tradition zu einem nationalen Heiligthume wurde; indem sie jenes Jahr laut und muthig brandmarkte, beseitigte sie die Gefahr, die unter dem Einflusse der November-Tradition entstanden war.

Die Schule zerschnitt den Faden des schädlichen Patriotismus und nahm den Faden des politischen Patriotismus auf. Ihr fiel die traurige Aufgabe zu, der eigenen Nation die Wahrheit ihres Sprichwortes „Durch Schaden wird der Pole klug“ vor die Augen zu führen. Durch tiefes, eingehendes und aufmerksames Studium der letzten Niederlage überzeugten sich die Gründer der Schule, dass all' die Irrthümer und Fehler, die das Jahr 1863 herbeigeführt hatten, nicht nur in der polnischen Erziehung, in den Verhältnissen und Anschauungen, sondern auch im Wesen der Nation selbst, in ihrem Charakter und Temperament, also in ihrer historischen Entwicklung, in ihrer Geschichte wurzeln. Die nationalen Fehler waren es gewesen, die das Jahr 1863 herbeigeführt hatten.

Es entstand das Bedürfnis historischer Forschung, die Sehnsucht nach einer Psychologie der polnischen Geschichte. Ihr Schöpfer war Josef von Szujski. Um dem Übel abzuhelfen, musste man seine Diagnose kennen; um es zu beseitigen, mussten seine Ursachen entdeckt werden. Die Diagnose zeigte, dass das Leiden ein veraltetes war, dass seine Wurzeln bis in das 17. und 18. Jahrhundert zurückreichten. Das Übel war die Anarchie. In den Anschauungen und in der Wirksamkeit der polnischen Demagogie offenbarte sich das Szlacheien-Element, die Fehler dieser Demagogie waren durchaus den alten Gewohnheiten der Szlachta ähnlich. Das Übel war also dasselbe, wenn auch in einem anderen Theile des Organismus; seine neue Form war der schädliche Patriotismus.

Aus den Lehren des Jahres 1863 und aus den historischen Forschungen entstand die Schule des politischen Patriotismus. Wenn man sie anfangs für reactionär in ihren Grundsätzen und Bestrebungen, für ein Plagiat aller Reactionen und ultra-conservativen Richtungen hielt, so war dies ein Irrthum. Sie war weder aristokratisch, noch demokratisch — sie war national. Sie war ausschließlich die Schule des politischen Patriotismus. Und daher durfte sie nicht in die Vergangenheit blicken; sie musste vorwärts schauen. Conservativ war sie nur insofern, als sie sich zur einzigen Aufgabe die Conservierung der nationalen Existenz der polnischen Gesellschaft machte. Ihr Ziel war weder politische Reaction noch Conservatismus, weder Doctrine noch Theorie; ihr wirkliches, praktisches, ausschließliches Ziel war die polnische Nationalexistenz.

Die Existenz der polnischen Nation beruht in materieller und geographischer Beziehung auf dem Besitze des Landes durch das polnische Volk und auf dem Wohlergehen in allen Richtungen des gesellschaftlichen Lebens; in geistiger Beziehung auf der allgemeinen Moral, die der religiösen Unterlage nicht entrathen kann, also auf der Religion. Da jedoch kraft der Geschichte und der Situation Polens zwischen zwei andersgläubigen Nationen die Bedeutung des Katholicismus für die polnische National-existenz außerordentlich gesteigert wird, so beruht dieselbe auf dem Katholicismus. Das realste, rationellste, trotz seines ideellen

Inhaltes geradezu mathematische Element der polnischen Nationalexistenz ist der Katholicismus - als Katholicismus, und
nicht bloß als eine einzige Form des Patriotismus. Allein die
Religion darf nicht bloß Mittel zum Zwecke, sondern sie muss
Selbstzweck sein, sie muss alles im Leben bedeuten.

Die Sprache und die Literatur geben der nationalen Existenz
einen Inhalt; die Cultur und Sitte geben ihr eine Form.

Die Traditionen und die Geschichte lassen sich von der
nationalen Existenz nicht trennen, sie bleiben Eigenthum einer
jeden Nation, die dieselben mit der Wohlthat des Inventars
übernehmen und als Ganzes hochhalten muss. Die polnische
Nation kann ihre Geschichte, vor und nach der Theilung, ihre
guten und schlechten Seiten, das, was sie ehrte, und das, was
sie in den Abgrund stürzte, den ehrenvollen und den schädlichen Patriotismus nicht verleugnen. Wie die polnische Nation
ihre Geschichte in der Zeit vor den Theilungen weder vergessen noch verurtheilen darf, weil sich in derselben einige
hässliche Blätter finden und weil sie den Untergang herbeigeführt hat, so darf sie auch die spätere Geschichte nicht verurtheilen und deren erhabene Momente vergessen, weil es auch
schädliche gab, die die nationale Existenz erschütterten. Diese
Geschichte in den Bann thun, wäre gleichbedeutend mit einer
Vernichtung der polnischen Poesie des XIX. Jahrhundertes,
da auch diese der Unvernunft zustimmte. Nein! Ehren wir, preisen
wir, was an diesem Patriotismus schön, erhaben, edel war; aber
verschließen wir unsere Augen auch vor dem nicht, was verderblich war!

Die siegreichen Schlachten bei Racławice, Grochów, Dąb,
Ostrołęka können und dürfen dem Gedächtnisse der Nation nicht
entschwinden. Den Kościuszko-Hügel wird die Nation weder mit
ihren Händen, noch mit ihren Ideen aufwühlen, da sie sich sonst
selbst an den Pranger stellen würde. Die Krakauer Schule hat
daher historische Feste, die Ehrung der Vergangenheit und der
Verdienste von Zeitgenossen nicht nur nicht gebrandmarkt,
sie hat im Gegentheil deren Bedeutung und Nothwendigkeit
anerkannt, aber unter der unerlässlichen Bedingung, dass sie
nicht als Werkzeuge des schädlichen Patriotismus, nicht zur
Anfachung und Erhaltung desselben, sondern zur Gesundung
und Erfrischung des nationalen Geistes gebraucht würden.

In der Neigung zu Demonstrationen sah sie nicht nur eine Gefahr, sondern auch eine verderbliche Gewohnheit; sie konnte nicht und kann noch heute nicht vergessen, dass in Polen der schädliche Patriotismus stets mit Demonstrationen begonnen hat und dass die Warschauer Manifestationen den 1831er Aufstand zur Folge hatten; sie konnte und durfte nicht aufhören, zu erklären, dass die Demonstrationen nur eine wohlfeile, überflüssige Satisfaction für das patriotische Gefühl, aber nie eine Pflichterfüllung gegenüber der Nation bedeuten.

Die Schule durfte nie zugeben, dass durch Umzüge und Demonstrationen die vitalsten Kräfte der Nation gefährdet werden; alles war zu vermeiden, was die Gefahr für die Existenz der Nation vergrößern konnte. Es musste die Möglichkeit ausfindig gemacht werden, dass die Nation, wenn auch nicht in staatlicher Form, bestehe und unter den Völkern eine ehrenvolle Stellung einnehme. Dazu konnte nur das Festhalten an den nationalen Grundelementen und Principien, die Zurückweisung jeder Versuchung, wegen unberechenbarer Selbständigkeits-Utopien die nationale Existenz aufs Spiel zu setzen, führen; der verderblichen patriotischen Licitation sollte ein Ende gemacht werden.

Die Schule wollte den Richtungen, die von „unten" kamen, vorbeugen; sie erkannte die Nothwendigkeit einer Führerschaft von „oben". Die nationalen Traditionen machten es im Interesse der nationalen Existenz nöthig, den Adel zu erhalten, aber die Ungeheuerlichkeit einer demokratischen Aristokratie zu beseitigen. In der Szlachta selbst musste der Anarchie ein Ende gemacht werden; die Szlachta musste durch Zuführung neuer, gesunder Elemente gestärkt werden. Die Schule, die keine Classen-, sondern nationale Interessen vertritt, anerkannte die Nothwendigkeit der Erhaltung und Kräftigung des Adels lediglich, weil in anderen Gesellschaftsschichten weder genügend zahlreiche Elemente, noch genügende Garantion für die nationale Existenz vorhanden waren. Eine Erhaltung und Kräftigung des Adels war jedoch nicht anders möglich, als durch Erfassung und Festhaltung der Schicksale der Nation. Da jedoch die Geschichte und die jüngst gesammelten Erfahrungen bewiesen hatten, dass sich der Adel vor Extremen nicht bewahren könne, und bald in Apathie und Egoismus, bald in Fieberhitze und schädlichen Patriotismus zu verfallen pflege, so hielt die Schule vorerst für den Adel einen politischen Patriotismus nöthig.

Bei dieser Erziehung des Adels haben auch bürgerliche Elemente, die zu mächtigen Stützen der nationalen Existenz geworden sind, mit Hand angelegt; die Schule begrüßte sie mit jener Befriedigung, die der Sehnsucht nach ihnen gleich war. Denn sie war stets überzeugt, dass sich der Unterschied der Abstammung in unserem öffentlichen Leben verwischen und nur der Unterschied der Richtungen und Überzeugungen zurückbleiben müsse.

Da die Schule aus den historischen Erfahrungen und Forschungen des Jahres 1863 erstanden war, so fand sie in beiden nur nationale Fehler, die die staatliche Existenz zugrunde gerichtet und die nationale Existenz geschädigt hatten.

Nationale Fehler lassen sich nicht ausmerzen, aber Aufgabe der öffentlichen Erziehung ist es, wie im Privatleben, die bösen menschlichen Eigenschaften zu bekämpfen, um ihre Kraft lahmzulegen. Die Schule hat sich dieser Aufgabe unterzogen, sie bezeichnete es als Pflicht, die eigenen Leidenschaften zu zähmen, anstatt verzweifelte Kämpfe mit den Theilungsmächten zu führen. Da jedoch die Anarchie, sowohl der Thaten als der Begriffe, den Gesammtausdruck aller nationalen Fehler bildete, und durch die Anarchie der Thaten die staatliche Existenz ins Verderben gestürzt, durch die Anarchie der Begriffe die nationale Existenz erschüttert worden war, so erklärte die Schule dieser Anarchie den Krieg.

Um sich den Sieg über die Anarchie zu sichern, musste die Schule nach Bedingungen der nationalen Existenz unter den drei Theilungsmächten suchen. Sie sah das beste Mittel hiezu in der Verständigung mit der bestehenden Ordnung, in der Anerkennung und Unterstützung der Obrigkeit, in der Loyalität gegenüber dem Throne und in einem ehrlichen Mitwirken im Interesse des Staates, nachdem mit demselben die nationalen Rechte und Bedürfnisse vereinigt waren. Die Schule anerkannte daher nicht nur die Nothwendigkeit, sondern auch die Nützlichkeit des durch lange Zeit zurückgewiesenen Compromisses mit der Wirklichkeit. Aber nicht auf Grund eines etwa von persönlichen Ambitionen oder Absichten geleiteten Servilismus, sondern gestützt auf das unerschütterliche Gefühl des Rechtes einer jeden Gesellschaft auf nationale Existenz und auf die Gerechtigkeit, die jede Regierung und jede Rechtsordnung achten müssen.

Das Compromiss der polnischen Idee mit der bestehenden Ordnung war jedesmal verderblich, sofern es vom persönlichen Ehrgeize und privaten Interesse dictiert worden war; nach den Grundsätzen dieser Schule musste dasselbe als Opfer für die nationale Existenz und in deren Dienst abgeschlossen werden. Dadurch sollte die Gesellschaft auf den Mittelweg, den politischen Patriotismus, geleitet werden.

Durch die nationale Existenz sollte, nach den Grundsätzen der Schule, in Ermanglung einer s t a a t l i c h e n Einheit die n a t i o - n a l e Einheit erhalten bleiben. Es galt als Pflicht, die nationale Einheit zu erhalten, ohne sich vergebens zur Gewinnung der politischen Einheit emporzuraffen. Die Schule musste daher kämpfen. Obwohl sie den allgemeinen Bedürfnissen entsprungen war, setzte sie doch eine neue Ära an die Stelle der erloschenen, mit der sie sich auseinandersetzen musste. Die Macht der Gewohnheit ist so groß, dass sich die Menschen, besonders in Sachen des Glaubens, starr an althergebrachte Begriffe und Anschauungen halten, selbst dann, wenn sie die Flachheit und Haltlosigkeit derselben einsehen.

Denn aus Gemeinem ist der Mensch gemacht
Und die Gewohnheit nennt er seine Amme.

Es war im Frühling 1866, als Graf Stanislaus Tarnowski, nachdem er soeben das Gefängnis verlassen hatte, den Verfasser dieser Schrift am Krakauer Marktplatz traf. „Was geschieht, was werden wir jetzt beginnen?“ fragte er. · ·„Wir werden eine politische Zeitschrift herausgeben.“ — „Gut, aber wie denn, nur wir beide?“ · · „Und Szujski!“ — „Szujski? Er hat doch andere Anschauungen und Grundsätze.“ — „O, Szujski hat sich jetzt ganz geändert.“ Wir giengen beide zu Szujski, Ludwig Wodzicki schloss sich uns an, und am 1. Juli 1866 erschien das erste Heft des „P r z e g l ą d P o l s k i“ (Polnische Revue) mit einem Leitartikel von Florian Ziemiałkowski.

Die erste Form des Auftretens der Kampfesschule war die „T e k a S t a ń c z y k a“ (Mappe des Hofnarren).*) Die Satire malt

*) Eine Reihe von anonymen, dann in Buchform erschienenen Aufsätzen der „Polnischen Revue“, die mit beißendem Spotte die nationalen Fehler und

nicht nur die menschlichen Schwächen in den grellsten Farben, sie
entwaffnet sie auch am besten und bildet zugleich einen Prüfstein
für die Gesellschaft. Dass die „Teka Stańczyka" ein erfolgreiches
Mittel war, beweist ihr Eindruck und der der Schule beigelegte
Name; nicht sie nannte sich „Stańczyken-Schule", sondern die
polnische Gesellschaft gab ihr diesen Namen. Es beweist dies
auch die beispiellos leidenschaftliche Gegnerschaft, die die Schule
hervorrief. Die Entrüstung der einen, der Zorn und Hass der
anderen, die Verdächtigungen und Verleumdungen vieler und
schließlich das zähneknirschende Unterliegen der Majorität bilden
den besten Beweis für die richtige Wahl der Form, sie waren
aber auch eine Warnung und eine Verheißung der Nothwendigkeit des Kampfes.

Den unausbleiblichen Kampf nahm die „Teka Stańczyka"
auf. Es schrieben sie: Josef Szujski, Stanislaus Tarnowski,
Ludwig Wodzicki und Stanislaus Koźmian. Sie war also das
Werk der engeren Krakauer Partei. Die Gegner wollten
ihre Bedeutung bloß auf die Verhöhnung des Jahres 1863 und
seiner Opfer beschränken. Doch ihr Zweck war ein anderer.
Weder die „Teka", noch die Stanczyken-Partei hat die Opfer
des Aufstandes verhöhnt. Sie verspotteten nur die Fehler und
Leidenschaften, die den Aufstand herbeigeführt hatten, sie brandmarkten die Ursachen der Niederlage, aber nicht die Märtyrer.
Angesichts des Todes hört jeder Spott auf und das Lachen
erstirbt auf den Lippen.

Dass die Schule von praktischem Werte war und den
Bedürfnissen der Nation entsprach, beweist am besten die Entstehung einer politischen Partei auf Grund ihres Programms, die
nicht nur neben der Schule die Geister und Begriffe der Nation
beeinflusst, sondern die auch in dem österreichischen Theile
Polens für die polnische National-Existenz kräftige Existenz-
bedingungen geschaffen hat.

Aus den in der „Teka Stańczyka" in satirischer Form aufgestellten Regeln mussten auch, sowohl in theoretischer wie
in praktischer Beziehung, die weiteren Consequenzen gezogen
werden. Die Schule that dies; theoretisch durch eine Reihe von

---

Schwächen der Polen verhöhnten. Der eigenthümliche Titel stammt von der
Einrichtung der polnischen Hofnarren (Stanczyken) ab, die allein das Recht
hatten, dem Könige die Wahrheit zu sagen.   (Anm. d. Übers.)

historischen und publicistischen Arbeiten, praktisch durch jene Politik, die sich zur Arbeit für das öffentliche Wohl auf allen Gebieten drängt, von der Lehrkanzel bis zum Theater, von der parlamentarischen Carrière bis zum Redactionstisch, und die zur Gründung einer Partei führte.

Für die Gesammtheit der Nation war die Schule praktisch und politisch zu spät gekommen. Ihre praktische Bedeutung kam in einem Theile Polens, unter der österreichischen Herrschaft zum Vorscheine. Es war eine eigenthümliche Schicksalsfügung, dass sich seit der Theilung Polens stets ein Theil desselben besserer Zustände zu erfreuen hatte. Die Schule musste daher diese Zustände vorerst stabilisieren, um sie dann als Muster der Erfolge des neuen Systems hinzustellen; das sollte zu dem Grundsatze führen: anstatt fremde Hilfe zu suchen, lieber in jedem der Theilungsstaaten die Bedingungen der nationalen Entwickelung ausfindig zu machen. Darin bestand die einzige Möglichkeit, die polnische Nation gegen das versteckte Spiel der Mächte zu schützen und zu verhüten, dass sich nur ein Theil Polens des Wohlstandes erfreue.

Die Lehren der Stanczyken-Schule waren die Basis, die Schule selbst die Vollzieherin des neuen nationalen Systems in Galizien. Sie hat das heute bestehende Verhältnis zwischen diesem Theile Polens und dem österreichischen Staate herausgebildet, sie hat die nationale Existenz Galiziens gesichert und befestigt. In dieser Beziehung fand sie freilich bedeutende Erleichterungen vor. Schon die Organisation der österreichischen Monarchie und die in derselben entstandenen neuen Institutionen eigneten sich in hohem Maße zur Durchführung jenes Systems. Männer, wie Gołuchowski, Adam Potocki, Georg Lubomirski, Leo Sapieha, Paul Popiel, Mann, Helzel, endlich die denkwürdige Adresse an Schmerling vom 4. Jänner 1861, waren die Vorläufer der Schule in dem Bestreben nach einer Verständigung zwischen diesem Theile Polens und der österreichischen Idee, dem österreichischen Staate. Jene haben das Ziel gezeigt, die Schule befestigte nunmehr die Basis und fand den Weg. So gelang es, die polnische Nationalexistenz mit der Existenz dieser Monarchie zu vereinigen unter dem Losungsworte Adam Potockis: „Zu Dir, Sire, stehen wir, und wollen wir fürderhin stehen.“

Die vorgefundenen Erleichterungen waren groß, aber an und für sich hatten sie keinen Wert, denn man musste sie erst auszunützen verstehen. Dazu war der politische Patriotismus, das System und die Methode der Schule nöthig. Der politische Patriotismus enthält die Kunst, von den Umständen Gebrauch zu machen. Eine Vereinigung der polnischen Nationalexistenz mit der Existenz der österreichischen Monarchie wäre nicht so schnell und nicht in diesem Umfange erfolgt, wenn nicht die Ereignisse des Jahres 1863 die polnische Gesellschaft zu einem Bruche mit dem schädlichen Patriotismus und Österreich zur Erkenntnis seiner wirklichen Vortheile aus der polnischen Frage geführt hätten. Das Opfer war schwer; umso schätzenswerter bleibt die Errungenschaft.

Die Vernunft der Gesellschaft, ihrer Führer und Repräsentanten machte aus den Polen in Österreich eine Stütze des Thrones, dieser österreichischen Synthese, sie machte aus ihnen eine politische Garde des Kaisers, dieses lebendigen und sichtbaren Repräsentanten dieser Synthese, sie befestigte die Bedeutung der Polen für Österreich und damit die Bedeutung ihrer nationalen Existenz. Die Weisheit und der Edelsinn des regierenden Herrschers fügten diesen Bindemitteln einen nicht minder festen Kitt hinzu — das Gefühl.

Die Ereignisse des Jahres 1863 haben den Schwerpunkt der polnischen Nationalexistenz nach Österreich verlegt. Hier hat das polnische Element gegen den auch für Österreich tödtlichen Panslavismus Schutz gefunden, der sich bald nach jenen Ereignissen in der russischen Ausrottungspolitik offenbarte. Für die polnische Gesellschaft gab es vorderhand nur in Österreich und mit Österreich eine Rettung, denn nur durch Österreich, das zwischen Russland und Deutschland gelegen ist und das der ausschließlichen Herrschaft eines der beiden vorzubeugen hat, konnte sie ihre nationale Existenz schützen.

Nun gelangen wir zu einer Frage, die von vielen missverstanden und von vielen zum Gegenstande heftiger Vorwürfe gegen die Schule gemacht worden ist: zur polnisch-österreichischen Politik. Es ist zweifellos, dass unter den obwaltenden Verhältnissen, angesichts des Ausrottungskampfes gegen das Polenthum in Russland, der Niederdrückung desselben in Preußen und seiner Blüte in Österreich, dass da von einer polnisch-österreichischen Politik gesprochen werden kann. Allein es ist nicht wahr, dass diese Politik etwa mehr als die Wirklichkeit oder nicht die aufrichtige Zufriedenheit mit der polnischen National-existenz unter der Herrschaft der Habsburger zu bedeuten hätte und dass insbesondere dadurch die Schaffung von Existenz-bedingungen außerhalb der Grenzen Österreichs ausgeschlossen wäre. Dagegen sprechen die gesammte Thätigkeit, das Verhalten und die Grundsätze der Schule, die Umwandlung des schäd-lichen Patriotismus in einen politischen. Wenn sich jedoch oft in der Hitze des Gefechtes die Schule der polnisch-österreichischen Politik im weiteren Sinne des Wortes bediente, so geschah dies nur zur Befestigung ihres Systems, und es handelte sich nicht mehr um blutige Opfer, sondern um wohlriechenden Weihrauch auf den alten Altären. Die Schule hat in Galizien weder ein Piemont gesehen, noch hat sie Galizien zu einem solchen stempeln wollen.

Aber die Stanczyken-Schule, die das Gesammtinteresse der Nation im Auge behalten musste, durfte dasselbe nicht auf einen Theil der Nation beschränken. Sie wollte Einen Lebensmodus und Eine Grundlage der nationalen Existenz in allen Theilen Polens schaffen. In Galizien hat dieses System die reichsten und besten Früchte getragen. Sein wesentliches Merkmal ist es und wird es stets bleiben, Nachtheilen vorzubeugen, aber auch Vortheile nicht zu verhindern, die schönste Blüte der natio-nalen Existenz zu fördern und ihrem Zusammenbruche entgegen-zutreten.

In guten und schlechten Zeiten sollte die Gesellschaft auf der Warte ihrer nationalen Existenz stehen lernen; die Kunst, als Nation zu leben, sollte ihr beigebracht werden. Das ist der politische Patriotismus. Die Schule gab ihm den Anfang, nachdem sie die zwei unheilvollen Extreme, den Mangel an Patriotismus und den schädlichen Patriotismus, von sich geschleudert hatte.

Dann begann sie die politische Erziehung der Gesellschaft. Durch Trennung der nationalen Existenz von der Unabhängigkeit und von den Staatsformen ermöglichte sie die Erhaltung und erleichterte sie die Entwicklung der Nation. Ihr Bestreben war gerichtet auf staatsrechtliche und nicht auf territoriale Revindi-cationen, und diese stützte sie auf die angeborenen Rechte und

nicht etwa auf die bloße Existenz der Theilungsmächte. Die
Restauration des polnischen Königreiches würde die Theilungsmächte selbst mit der Theilung bedrohen, die polnische Nationalexistenz kann nur ihren vergänglichen und sich ablösenden
Systemen gefährlich werden.

Nach den Ereignissen des Jahres 1863 war die Bildung
einer Partei in Galizien angezeigt und deren feste Organisation
unentbehrlich. Die Stanczyken-Schule unterzog sich dieser Aufgabe; so entstand die Stanczyken-Partei. Ihre Wirksamkeit
gehört der Geschichte an, die Früchte und Folgen ihrer Thätigkeit sind bekannt. Sie hat es bewirkt, dass im Augenblicke des
Zusammenbruches, nach der Niederlage anstatt der Apathie und
Verzweiflung in einem Theile Polens auf allen Gebieten ein
neues Leben aufblühte, neue Talente erglänzten, die Publicistik
neu erwachte, die schönen Künste sich frisch entwickelten und
eine neue Ära entstand; dass neue Männer auf dem Schauplatze
erschienen, die im Staate hervorragende Stellungen erhielten
und den polnischen Einfluss in außerordentlichem Maße erweiterten. Diese Epoche könnte man die „Renaissance" Galiziens nennen.

In diese Epoche fallen die schönsten Momente der Wirksamkeit der Stanczyken-Partei; es waren jene Zeiten, als sie
noch wohlorganisiert und den Grundsätzen der Schule treu war.
Aber auch diese Partei hatte unter dem anarchischen Instinct
und unter dem tief eingewurzelten Gleichheitsgefühl, die jeder
Parteigründung widerstreben, zu leiden; infolge des Verlustes
ihrer energischen und begabten Führer hat sie an Bedeutung
eingebüßt.

Da musste die Schule eingreifen. Sie musste mit großer
Ausdauer alle Gelüste rücksichtsloser Gleichheit und verderblicher Anarchie bekämpfen; sie musste, losgebunden von allen
parlamentarischen Anforderungen, auch eine Minorität bleiben
können, sie musste stets die Gegenwart behüten und an die
Zukunft denken; die Reinheit der Lehre stand unter ihrer
Obhut. Sie durfte den nationalen Fehlern und Leidenschaften
nicht trauen, denn wie immer gedämpft, glimmen sie doch fort,
und stets finden sich Männer bereit, sie anzufachen. Es lässt
sich nicht vorhersagen, wann und in welcher Gestalt sie mit

erneuerter Kraft ausbrechen. Daher pflegte Szujski stets zu sagen, dass man sie mit scharfem Auge controliren, wir wollen hinzufügen, vom Standpunkte des politischen Patriotismus beobachten müsse.

Die Zeiten haben sich geändert und damit auch die Ansichten, aber die Gefahren, die aus dem National-Charakter entstehen können, sind stets bereit, wieder aufzuleben. Der Beruf der polnischen Nation war es, eine militärische Gesellschaft zu sein, da sie denselben jedoch verfehlt hat, so verwandelte sie sich in ein Lager, in dem sich Disciplinlosigkeit, Unbeholfenheit und Anarchie breit machen. Wenn wir auch keine blutigen Aufstände zu befürchten haben, so darf doch die Gefahr des Wiedererwachens der alten Fehler und Angewöhnungen und damit des schädlichen Patriotismus nicht unterschätzt werden. Die polnische Gesellschaft wird sich den Weltströmungen und Umwälzungen nicht entziehen können; vor den Gefahren derselben werden sie die Regeln der Schule zu schützen haben.

Diese Aufgabe ist in jeder Beziehung schwer, wie überhaupt unter den politischen Fragen die polnische die meisten Schwierigkeiten bietet. Gerade deshalb würde es der Nation zur höchsten Ehre gereichen, wenn sie die Frage vollständig lösen, wenn sie die Fehler vor und nach der Theilung gutmachen könnte. Die moralischen Factoren und vor allem das Gefühl der Verantwortung mögen dazu den Hebel bilden.

Was die Wirksamkeit der Stanczyken-Schule bisher bezweckte, das ist auch fürder ihre Aufgabe. Seit ihrem Entstehen handelt es sich um die Entscheidung zwischen dem schädlichen und dem politischen Patriotismus. Die früheren conservativen Parteien stützten sich auf sociale und religiöse Grundsätze, die Stanczyken-Schule bloß auf politische. In einer Gesellschaft, in der es das eifrigste Bestreben eines Demokraten ist, zum Adel zu gehören, wo in jedem Demokraten etwas vom Szlachcicen, in jedem Szlachcicen etwas vom Demokraten, in jedem Ultra-Revolutionär wie in jedem Ultra-Conservativen ein Demagoge steckt, in einer solchen Gesellschaft ist die Demokratie nicht gefährlich; aber eine unheilvolle Demagogie ist der schädliche Patriotismus, dessen verheerenden Wirkungen nur der politische Patriotismus vorzubeugen vermag. In einer solchen Gesellschaft können auch politische Gleichgiltigkeit, persönliche Selbstsucht und das Erlöschen der Begeisterung für die nationale Existenz tödlich wirken. Es darf daher die Begeisterung nicht hinschmelzen, sie muss vielmehr zu stiller Ausdauer umgeschmolzen werden.

Die Stanczyken-Schule hat angesichts der 1863er Ereignisse und der früheren historischen Umwälzungen der Sache der polnischen Nation den einzig wahren Inhalt und die einzig mögliche Form gegeben. Sie schuf, mit einem Worte, den politischen Patriotismus. Daher sind wir von ihrer Bedeutung und Wichtigkeit überzeugt.

Wir glauben, dass die Begründung dieser Schule die einzig mögliche Sühne für das Verschulden ihrer Gründer im Jahre 1863 war. Die Stanczyken-Schule hat es bewirkt und kann auch fürderhin bewirken, dass zum erstenmale die Lehren nicht erfolglos bleiben. Aber dort, wo alle gesündigt, sind auch alle berufen zur - Sühne.

Register.

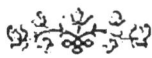

K. und k. Hofbuchdrucker Fr. Winiker & Schickardt, Brünn.